임동석중국사상100

정관정요

貞觀政要

2

吳兢 撰 / 林東錫 譯註

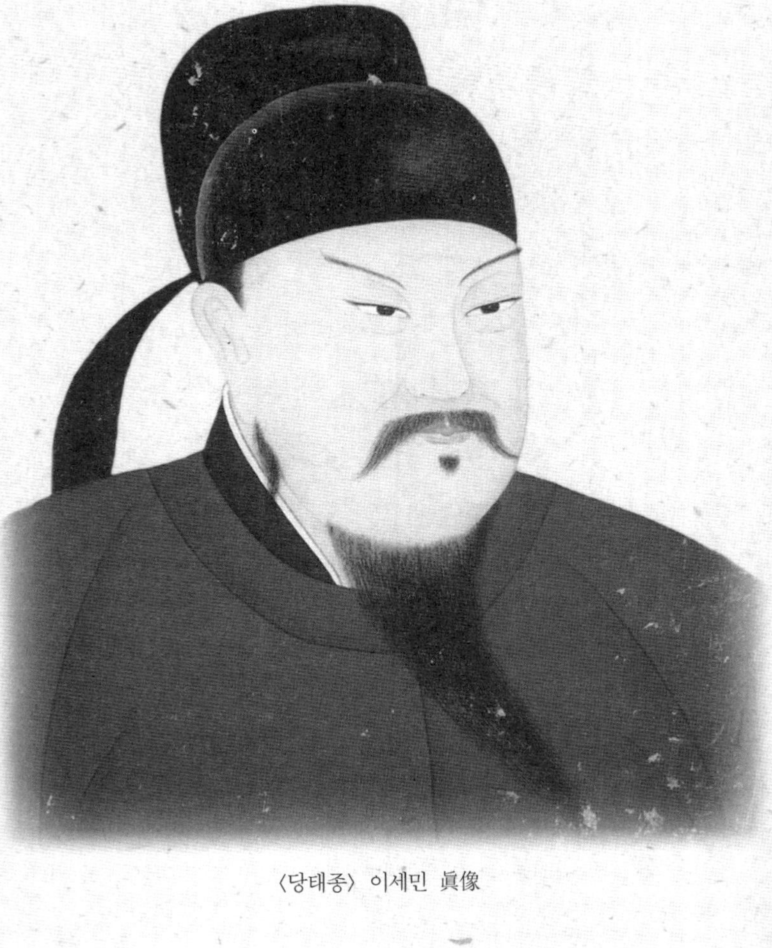

〈당태종〉 이세민 眞像

　"상아, 물소 뿔, 진주, 옥, 진괴한 이런 물건들은 사람의 이목은 즐겁게 하지만 쓰임에는 적절하지 않다. 그런가 하면 금석이나 초목, 실, 삼베, 오곡, 육재는 쓰임에는 적절하나 이를 사용하면 닳아지고 취하면 고갈된다. 그렇다면 사람의 이목을 즐겁게 하면서 이를 사용하기에도 적절하며, 써도 닳지 아니하고 취하여도 고갈되지 않고, 똑똑한 자나 불초한 자라도 그를 통해 얻는 바가 각기 그 자신의 재능에 따라주고, 어진 사람이나 지혜로운 사람이나 그를 통해 보는 바가 각기 그 자신의 분수에 따라주되 무엇이든지 구하여 얻지 못할 것이 없는 것은 오직 책뿐이로다!"

《소동파전집》(34) 〈이씨산방장서기〉에서 구당(丘堂) 여원구(呂元九) 선생의 글씨

책 머리에

　　근래(2006~2007) 중국에서는 82부작 《정관장가貞観長歌》라는 텔레비전 드라마를 제작, 당 태종 이세민의 모습을 최고의 본받을 지도자로 대대적인 방영을 하였다. 그리하여 대당기상大唐氣像을 거울삼아 2007년을 신조어 "당나라 시대를 바라보는 해"(観唐年)로 부르기도 하였다. 그리고 출판사들은 《대당제국大唐帝國》, 《정관정요》, 《대당정관大唐貞観》 등 유행 판본을 만들어 서점의 진열대를 덮고 있으며 《정관지치貞観之治》(Control by Zheng Guan)라는 DVD 제작물은 천지가 좁다 하며 퍼져나가고 있다. 그만큼 지금 중국은 역대 이래 가장 높은 자신감의 시대와 발전의 흥행시대를 맞아 천하를 내려다보고 있는 것이다. 그리고 금년 마침 중국 산서성을 집중적으로 답사할 기회가 있어 태원으로부터 그 근처 여러 곳을 돌아보았다. 그 때 가는 곳마다 모두 당 고조 이연과 태종 이세민의 전설과 역사가 서린 흔적이 너무 뚜렷하여 흥분을 감추지 못한 적이 있다. 그렇다면 이 정관시대는 어떠하였기에 그토록 열광하는 것일까? 그 진수만을 기록한 것이 바로 이 《정관정요》이며 이는 이미 당나라 때 나온 책이다. 그리고 그 내용은 그야말로 후대 제왕은 물론 일반인 누구라도 한번 읽고 나면 감동을 떨쳐버리지 못할 정도로 깊고 아름다운 사례들로 가득 차 있으며 지금도 누구나 그 가치관을 자신의 것으로 만들고 싶어하는 조목들이 전체를 구성하고 있다. 수성이 창업보다 어렵다는 말로 널리 알려진 이 《정관정요》는 이처럼 시대를 뛰어넘어 다시 살아나 있다.

　　그런가 하면 우리나라에서도 몇 년 전 이 책이 출간되자 이름난 정치인들이 즐겨 읽었다는 보도도 있어 매우 고무적이며 기대를 가졌던 기억도 난다. 그런데 조선시대 이미 우리나라에서는 관리 선발의 과거 시험에 이 책이 필수 과목으로 올라 있었다. 그만큼 중요하여 위정자나 행정가, 기업가라면 반드시 읽어야 할 필독서라 할 수 있다. 그러니 지금 와서 이 책의 아름다운 내용, 감동적인 지도자상, 남을 배려할 줄 알며 자신의 업적을 이세 삼세가 충실하게 이어가는 기업가상, 능력 있는 지휘자 모습을 갈구하는 것은 오히려 때늦은 감이 있다. 이 책에는 과연 그토록 대단한 내용들이 들어 있다. 읽으면 읽을수록 "진정 지도자는 이래야 한다. 우리가 바라는 선도자가 이런 당 태종과 같은 덕망을 가졌다면 얼마나 좋을까? 아니 내가 지도자라면 이 책을 한시도 손에서 떼지 못하고 경經으로 삼으리라. 그리고 지금 위정자들이 그 당 태종의 신하 곧 위징魏徵이나 두건덕竇建德처럼 자신 있게 우리 서민을 위해 바른 말을 해 준다면 얼마나 위안이 될까? 나의 작은 과실을 감싸주고 앞으로 잘 하도록 격려하며 따뜻한 말 한마디로 대해준다면 얼마나 행복할까!"라고 감탄할 것이다.

기성 세대로서 어렵고 힘든 세상을 살아오면서 반드시 자녀에게 해주고 싶은 말이 있고, 또 자신을 돌아보아 이제껏 이룬 업적을 어떻게 유지할 것이며 앞으로 어떻게 인간관계를 설정하여, 나의 정체성, 고유의 가치를 이루어나갈 것인가 하는 생각이 들 것이다. 그 해답이 바로 이 책에 있으며, 그러한 면에 절대적으로 소용이 닿는 책이 바로 이 교재이다.

당 태종은 아버지와 더불어 당을 건국한 창업자創業者이며 동시에 이를 지켜내고 뿌리를 내리도록 이끌어간 수성자守成者이다. 그리고 수성에 성공함으로써 그 거대한 당唐 제국帝國이 역사 속에서 빛을 발할 수 있도록 한 인물이다.

그렇다면 우리는 나라나 사회, 개인과 조직 속에서 어떻게 무리를 이끌어나갈 것인가, 그리하여 창업자로서 어떻게 이세에게 물려줄 것이며 물려받은 후손은 어떻게 수성해 나갈 것인가를 점검해 볼 필요가 있다. 그리고 나는 어느 위치에 속해 있으며 어떻게 처신해야 할 것인가 하는 문제에 고민해야 한다.

책의 내용 속에 후세 교육에 대한 올바른 길이 적혀 있다. 형이상학적인 덕이 형이하학적인 재물을 창출하며 나를 비웠을 때 비로소 같은 뜻을 가진 자가 모여들며, 천하를 내 것으로 보았을 때라야 눈앞의 작은 이익을 버릴 수 있음이 곳곳에 들어 있다. 《정관정요》는 정치서이면서도 수양서요, 교양서이 면서 철학서이다.

여기서는 시대를 규정지을 수 있는 잣대가 들어 있으며 이 시대 우리 도습을 다시 바로잡을 수 있는 규칙이 들어 있다. 이러한 잣대와 규칙을 내 것으로 하여 세상을 바라보고 이끌어나간다면, 그야말로 이루어놓은 업적은 더욱 빛날 것이며, 앞으로 덕스러운 처리는 더욱 드러날 것이며, 나의 과거와 우리의 미래는 더욱 희망차고 풍요로워질 것이다. 이처럼 희망과 긍정을 이야기하기 위해서라도 한번 차근차근 책장을 넘기며 음미해볼 아름다운 고전임에 틀림 없으리라 자부한다.

茆浦 林東錫이 醉碧軒에서 적음.

일러두기

1. 이 책은 《정관정요貞觀政要》의 여러 판본(四部備要本, 四庫全書本, 四部叢刊本 등)을 대조 비교하여 전체를 완역한 것이다.

2. 국내외의 번역본도 수집하여 참고하였으며 큰 도움을 받았다. 특히 《신역정관 정요新譯貞觀政要》(許道勳 注譯, 陳滿銘 校閱. 三民書局 2000 臺灣 臺北)는 구체적인 주석과 번역에 많은 참고 내용을 제공해 주어 결정적인 참고자료로 널리 활용하였다.

3. 한편 《정관정요전역貞觀政要全譯》(葉光大, 李萬壽, 黃滌明, 袁華忠 역주. 貴州人民 出版社 1991 貴州)은 〈왕씨근유당본〉을 근거로 한 것으로 분장과 순서가 삼민본三民本과 다르고 누락된 내용도 상당수 있어 이 책은 참고하였으되 기준으로 삼지는 않았다.

4. 모든 문장은 일련번호를 부여하여 연구와 검색에 용이하도록 하였다. 그러나 편장의 구분은 절대적인 것이 아니며 일부 문장은 실제 서로 연결되어 있으나 읽기의 편의를 위하여 중간에서 분장分章한 것도 있다. 따라서 혹 총 10권 40편 258장으로 알려져 있으나 이 책에서는 267장으로 분류하여 실었다.

5. 각주는 가능한 한 동일 문장이나 관련 자료를 모두 찾아 실어, 역주에서 다루지 못한 내용을 연구하고 대조하며 이해하는 데 도움이 되도록 하였다.

6. 부록에는 역대 《정관정요貞觀政要》 관련 서발문序跋文과 원 편찬자 오긍전 吳兢傳 등을 실어 연구에 도움이 될 수 있도록 하였다.

7. 이 책을 역주함에 참고한 주요 문헌은 아래와 같다.

● 참고문헌

1.《貞觀政要》四部備要本(45) 史部 上海 中華書局 印本. 1989. 上海

2.《貞觀政要》四庫全書(文淵閣本) 史部 雜史類 臺灣商務印書館 影印本

3.《貞觀政要》四部叢刊 史部 雜史類 北京 影印本

4.《新譯貞觀政要》(許道勳 注譯, 陳滿銘 校閱) 三民書局. 2000. 臺北

5.《貞觀政要》(上下) 劉德來(編輯) 時代文藝出版社. 2002. 吉林 長春

6.《貞觀政要全譯》(葉光大, 李萬壽, 黃滌明, 袁華忠 역주) 貴州人民出版社 1991. 貴州

7.《貞觀政要》(완역) 정애리시 새물결 1998. 서울

8.《정관정요에서 배우는 난세를 이기는 지혜》揚帆지음, 김태성옮김. 예담 2002. 서울

9.《소설 貞觀政要》(1,2,3) 나채훈 미래지식 2005. 서울

10.《貞觀政要》(5책) 나채훈 한림원 (1993-2003) 서울

11.《貞觀政要》(세상을 바꾸는 리더십의 고전) 현암사 2003. 서울

12.《貞觀政要》자유문고 편집부 1986(1998) 서울

13.《資治通鑑》,《舊唐書》,《新唐書》,《隋書》,《冊府元龜》등

14. 기타 十三經, 諸子百家書 등과 二十五史 및 工具書는 기재를 생략함.

編劇: 阿城　孟宪实　导演: 张建亚

貞觀之治

· 618 - 649 ·

大型史诗·完美巨制

Control by Zheng Guan

主要演员

《貞觀之治》DVD 표지 그림

해 제

Ⅰ. 시대개황

1. 남북조와 수나라의 통일

《정관정요》를 이해하는 데는 우선 수말당초隋末唐初의 시대 배경을 파악하는 것이 급선무이다.

동진東晉이 멸망(420)하고 나서 170여 년 간 중국은 '남북조'라는 대치 시대를 맞이하게 된다. 남쪽엔 건강(建康, 지금의 남경)을 중심으로 동진의 뒤를 이어 같은 곳을 수도로 한 송(宋, 劉氏, 420-489), 제(齊, 蕭氏, 479-502), 양(梁, 蕭氏, 502-557), 진(陳, 陳氏, 557-589)의 네 나라가 이어진다. 그리고 북쪽은 북위(北魏, 鮮卑族 拓跋氏, 386-534)가 들어섰다가 동위(東魏, 534-550), 서위(西魏, 535-556)로 분할되었으며 다시 동위는 북제(北齊, 高氏, 550-577), 서위는 북주(北周, 宇文氏, 557-578)로 이어진다.

그런데 북주의 무제(武帝, 宇文邕, 561-578 재위)는 농업을 중시하고 산업을 일으켜 일시 부강함을 구가하였으나 뒤를 이은 선제(宣帝, 宇文贇, 579)가 황음무도하게 굴자 외척 양견(楊堅)이 정권을 탈취하고 국호를 수隋로 고쳤다. 이 수나라는 남조의 마지막 왕조인 진陳나라까지 멸하고 긴 남북조 대치 상황을 마감하고 천하통일을 이루게 된다.(589) 이가 수 문제(隋文帝)이다.

❀ 남북조 시대 흥망표

南朝					北朝				
나라	건국자	기간	도읍	멸망	나라	건국자	기간	도읍	멸망
宋	劉裕	420 ~ 479	建康 (南京)	齊	北魏	拓跋珪	386 ~ 534	平城 (山西 大同) → 洛陽	東魏·西魏 로 분열
齊	蕭道成	479 ~ 502	〃	梁	東魏	拓跋元善	534 ~ 551	鄴 (河南 臨漳)	北齊
梁	蕭衍	502 ~ 557	〃	陳	西魏	拓跋元寶炬	534 ~ 556	長安 (陝西 西安)	北周
陳	陳霸先	557 ~ 589	〃	隋	北齊	高洋	551 ~ 578	鄴	北周
					北周	宇文覺	556 ~ 581	長安	隋

❀ 581년 楊堅이 北周 靜帝를 폐하고 칭제, 589년 남조 陳을 멸하고 중국을 통일함.

2. 수문제의 개황지치

수 문제 양견은 양충楊忠의 아들이었으며 양충은 북주의 개국공신으로써 수국공隨國公에 봉해졌던 인물이다. 양견은 아버지의 작위를 이어받아 북주의 외척이 되어 권력을 장악하였으며 선제가 무도하게 굴자 참다못해 어린 정제(靜帝, 宇文闡, 579–581 재위)를 세웠다가 이를 폐위시키고 자신이 제帝를 칭하며 국호를 자신의 봉호인 수隨로 정하였다. 그러나 '수隨'자가 '고정되지 못한' 의미를 가졌다고 여겨 '辵(辶)'을 제하고 '수隋'자를 만들어 이를 나라 이름으로 삼았다. 처음 장안長安에 도읍을 정하였으나 궁궐이 협소하다고 여겨 장안 동남쪽에 새로운 궁궐을 대대적으로 짓고 신 도읍지를 건설, 지명을 대흥大興이라 하였다.

수 문제 양견은 나라를 세운 뒤 중앙과 지방의 행정조직을 개혁하고 병제兵制를 정비하였으며 호적을 정리하고 균전제를 실시, 통일국가의 면모를 일신함과 아울러 장기간 대치국면을 이루었던 전 국토를 통합하고 교통할 수 있도록 하는데 온힘을 기울였다. 그리하여 20여 년 간 사업 끝에 큰 성과를 거두어 자신의 연호인 개황(開皇: 581-600)을 따서 '개황지치開皇之治'라는 칭송을 받기에 이르렀다.

3. 수양제의 폭정

그러나 수문제 양견의 뒤를 이은 양제(煬帝, 605-618 재위) 양광楊廣은 야심을 품고 전국 각지에 양창糧倉을 세우고 대운하를 건설하였으며 장성長城을 수축하는 등 대대적인 공사를 벌임으로써 민생은 도탄에 빠지고 민심은 이반하는 지경을 맞고 말았다. 특히 양제는 중국 역사상 비길 데 없는 폭군으로 널리 알려진 임금으로 아버지를 죽이고 제위를 찬탈한 자로써 기본적으로 결함을 가지고 있는 자였다. 그는 문제 양견의 둘째 아들로 아버지를 협박하여 자신의 형이며 태자였던 양용楊勇을 폐출시키도록 한 다음 스스로 태자에 올라 604년 드디어 중병에 걸린 아버지를 독살하고 스스로 제위에 오른 인물이었다. 게다가 장정들을 혹사하여 낙양洛陽을 건설하였고 운하와 치도馳道, 장성 수축에 국가 재정을 탕진하고 말았다. 그리고 매년 순수와 놀이에 빠져 재위 10여 년 중 수도 서울에 머문 기간은 겨우 1년 정도도 되지 않았다고 한다. 각지를 순행할 때면 수십만의 관료와 비빈이 수행하여야 하였으며 운하를 따라 남쪽을 순유할 때는 배를 끄는 장정만도 8만 여명, 그들이 이르는 곳마다 현지에서 물자를 조달하여야 하였기 때문에 그들이 닿을 고을의 백성과 관리들은 도시를 비우고 도망치기도 하였다.

4. 고구려 원정의 실패

그보다 더 멸망을 재촉한 일은 바로 고구려 원정의 실패였다. 3차에 걸친 이 전쟁에 무려 3백만의 군사를 동원하였으며 심지어 부녀자까지 징발할 정도였다. 전쟁 물자를 조달하고 제조하는데 국고를 탕진하였으며 성격이 급하여 군함을 제조할 때면 군선을 만드는 작업의 목수와 작업인들을 물에서 나오지 못하게 하였다. 그들이 물에 잠긴 채 서서 식사와 작업을 하도록 강요하여 열에 서넛은 허리 아래가 썩어 구더기가 기어나왔다고 할 정도였다. 당연히 원정은 처절한 패전으로 끝났고 전사자가 무려 백 만에 이르러 멸망을 자초하고 말았다.

5. 수나라의 멸망

수나라 말기에 천하에 흉년이 들어 기근이 심하였지만 나라에서는 이들을 위하여 곡식 창고를 열려고 들지 않았다. 참다 못한 백성들은 각지에서 반란을 일으켰고 이들 반란군의 세력이 커지자 드디어 군웅할거의 형세가 벌어지고 말았으며 일부는 나라를 세워 제帝를 칭하기도 하였다.

그들 중 태원유수太原留守였던 이연李淵은 그 아들 이세민李世民의 책동에 따라 결국 반기를 들게 되었고 시대 상황의 유리함을 얻은 채 수도 장안으로 진격하였다. 그리하여 공제(恭帝, 代王 楊侑, 617-618)를 세우고 당시 강도(江都, 지금의 江蘇 揚州)에 순유하여 놀이를 즐기고 있던 양제는 명의상 태상황太上皇으로 받들어 민심의 추이를 지켜 보고 있었다.

당시 각지 군현이 모두 이연에게 기울어 투항하자 이에 이연은 그 힘을 바탕으로 가혹한 세금과 요역을 줄여 백성의 믿음을 사게 되었다. 한편 마침 강도에 있던 양제는 여전히 미혹함에 빠져 헤어날 줄 몰랐다. 강도에 머물던 그들은 드디어 식량도 다하였고 마침 수행하던 이들 태반이 북쪽 관중關中 사람들로써 고향으로 돌아가고 싶은 염원에 괴로워하고 있었다. 이러한 분위기를 틈타 금군장군禁軍將軍의 직책을 가지고 있던 우문화급宇文化及이 정변을 일으켜 양제를 시살하고 말았다. 양제가 죽었다는 소식을 접한 이연은 결국 천하대권의 추대를 뿌리칠 수 없어 공제를 협박, 제위를 물려받아 대명大命을 이루게 된 것이다. 이가 바로 당 고조(618-626 재위)이다. 이로써 천하 통일을 이루었던 수나라는 2대 38년만 (581-618)에 멸망하고 그 지위를 당에게 넘겨주어 천하의 대당大唐으로 성장하도록 발판을 만들어준 역할로 그 임무에 끝을 맺고 만 것이다.

隋世系圖
(581 — 618年)

(一) 隋文帝(楊堅) —— (二) 煬帝(楊廣) —— 元德太子(楊昭) ┬ 代王(恭帝, 楊侑)
(581 — 604年)　　　　(605 — 618年)　　　　　　　　　　　 │ (617 — 618年)
　　　　　　　　　　　　　　　　　　　　　　　　　　　　　　 └ 越王(皇泰帝, 楊侗)
　　　　　　　　　　　　　　　　　　　　　　　　　　　　　　　 (618 — 619年)

6. 당의 건국과 재통일

당 고조(618-626 재위) 이연은 관서關西의 귀족으로 대대로 당국공唐國公의 작위를 세습하고 있었다. 617년 그는 아들 이세민의 권유와 책동을 뿌리치지 못한 채 군사를 이끌고 장안으로 순조롭게 진격하여 수도를 장악한 다음 이듬해 공제를 폐위하고 결국 제를 칭하여 국호를 자신의 봉호인 당唐으로 정하고 도읍을 장안으로 하였다. 당군은 고조 9년 재위기간 아들 이세민의 걸출한 지위와 뛰어난 책략에 힘입어 각지에서 군웅할거하던 반수反隋 세력들을 평정해 나가기 시작하였다.

당시 수나라가 망하였음에도 일부는 나라를 세워 버티고 있었다. 바로 초(楚, 李密), 주(周, 劉武周), 양(梁, 梁師都, 蕭銑), 하(夏, 竇建德), 진(秦, 薛舉), 초(楚, 林士弘), 송(宋, 輔公祏), 정(鄭, 王世充), 연(燕, 高開道), 허(許, 宇文化及), 초(楚, 朱粲)과 그 외 심법흥沈法興, 이궤李軌 등이었다. 고조와 이세민은 이들을 회유, 정복하는 방법 으로 차례로 멸하여 결국 다시 천하를 통일하게 된다.

● 수나라 말기 각지의 군웅할거도.

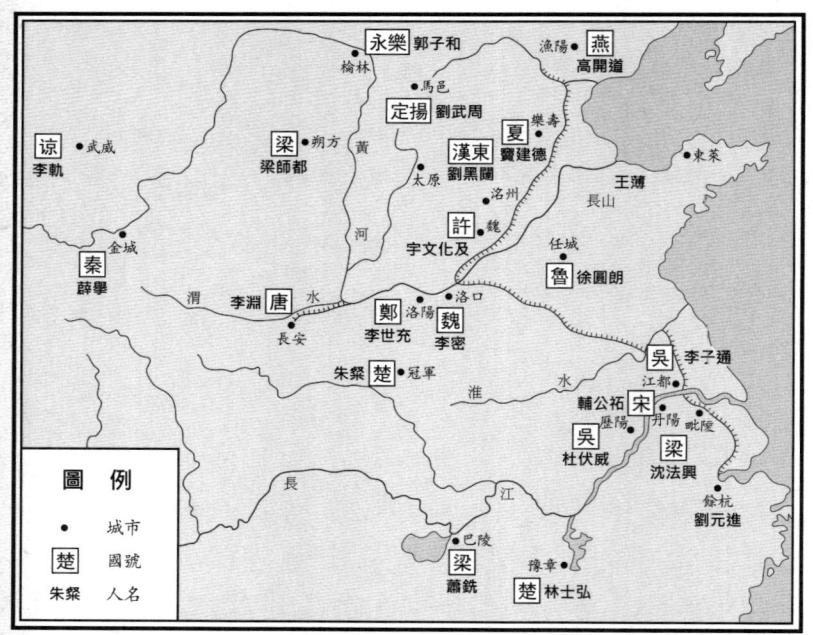

7. 당의 흥기와 당 태종

당 고조를 이은 당 태종(627-649 재위)은 고조 이연의 둘째 아들로 태원(지금의 山西 太原)에서 활약하며 아버지를 도와 당을 건국하는데 지대한 공을 세운 인물로 뒤에 진왕秦王에 봉해졌다. 그는 지략이 뛰어나고 야심도 만만치 않아 결국 아버지 고조 말년에 장안궁 북쪽 현무문玄武門에서 정변을 일으켜 자신의 형이자 태자였던 이건성李建成과 아우 제왕齊王 이원길李元吉을 죽이고(626년 6월) 차기 황제의 자리를 굳혀놓았다. 이를 역사적으로 '현무문지변玄武門之變'이라 한다. 결국 이듬해 고조 이연은 아들에게 제위를 물려주고 자신은 태상황으로 물러나고 말았으며 이세민(태종)은 자신이 꿈꾸던 대제국을 만들고자 천하의 중심으로 뛰어들게 된다.

제위에 오른 그는 즉시 자신의 포부대로 정치와 군사면에 특출한 능력을 발휘하기 시작하였다. 우선 현신 위징魏徵, 방현령房玄齡, 두여회杜如晦 등을 임용하여 역대이래 가장 영명한 시대를 창조하였다. 우선 마음을 비우고 간언을 받아들였으며 수나라가 망한 것을 거울로 삼아 백성을 위무하고 농업과 수공업을 대대로 회복시켰다. 그 뿐만 아니라 문교를 제창하여 중앙에 국자학國子學과 태학太學, 사문학四門學을 세우고, 지방에는 주학州學과 현학縣學을 일으켜 인재를 양성하고 이들이 관직으로 나올 수 있는 과거제도를 정비하여 온갖 인물들이 마음놓고 활약할 수 있는 계기를 만들어 주었다. 그는 재위 23년간 연호를 정관貞觀이라 하였다. 이 시대 민생 안정과 사회번영은 역사이래 가장 뛰어난 시대라 하여 흔히 '정관지치貞觀之治'라 불리오고 있으며 뒤 제왕들의 모범으로 학습 대상으로 여기게 되었다.

한편 태종도 "중국이 안정되면 사이는 저절로 복종해 온다"(中國旣安, 四夷自服)는 정책을 앞세워 우선 내정부터 정비하고 개선하며 이민족에 대한 차별정책을 줄여나갔다. 이러한 정책이 어느 정도 효과를 거두게 되자 태종은 사방으로 강역을 확대하기 위하여 정벌, 보호, 회유 등 3가지 정책을 병행, 각지에 도호부都護府, 도독부都督府를 두어 당 제국의 영향아래 두거나 아예 군현을 설치하여 편입하기도 하였다. 그 와중에 가장 끝까지 이 당나라 영향력을 거부한 나라는 바로 고구려高句麗였다. 이에 태종은 대대적인 군사작전으로 복속을 강요하였지만 결국 유일하게 실패로 끝난 대외 원정의 기록을 남기게 되었다. 이에 대한 기록은 바로 이 《정관정요》에 자세하게 실려 있으며 그 전쟁에서 태종의 인간적인 면을 강조함으로써 처절한 패전을 은폐한 면도 보이고 있다.

唐世系圖
(618 — 907年)

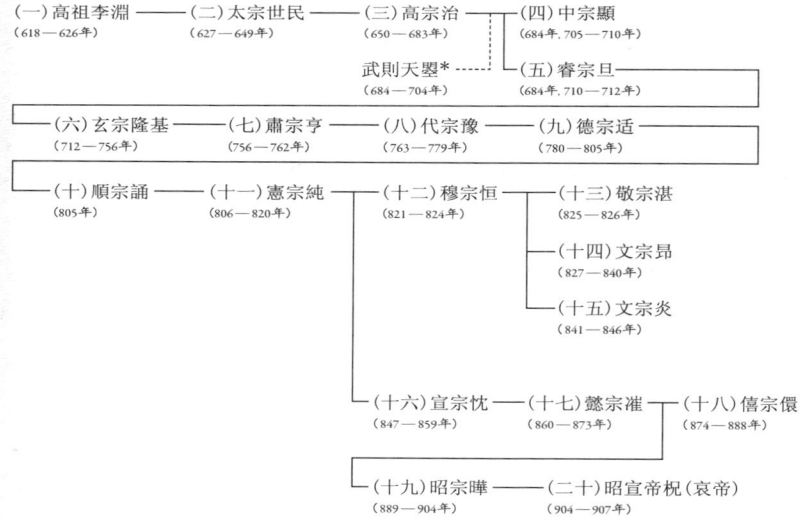

* 684년 中宗(李顯)이 재위 3개월 때 무측천(武則天)이 그를 여릉왕(廬陵王)으로 폐위하고 李旦을 睿宗으로 세운 뒤 자신이 나서서 수렴청정함. 다시 690년 무측천은 스스로 제(帝)를 칭하며 국호를 周라 하였으며 704년 중종이 복위하였으나 4년만에 죽고 예종이 뒤를 이음.

그 뒤 태종이 죽은 뒤 고종(高宗, 李治, 650-683 재위)이 들어섰으나 무측천武則天을 총애하여 황후로 세우자 그는 아들 중종中宗을 폐위하고 자신이 들어서 국호를 주周라 하고 일시 여황제女皇帝로써 천하에 군림하게 되는 역사로 이어진다.

한편 이 당 태종의 시기(627-649, 貞觀) 우리나라는, 신라는 진평왕(眞平王, 白淨: 579-632), 선덕여왕(善德女王, 德曼: 632-647), 진덕여왕(眞德女王, 勝曼: 647-654)의 재위 시기로써, 김유신金庾信, 김춘추金春秋 등의 활약이 있었으며 자장율사가 불교를 중흥시켰고 황룡사와 첨성대를 세웠던 때이다. 그리고 고구려는 영류왕(榮留王, 建武, 建成: 618-642), 보장왕(寶藏王, 寶臧)의 집정 시기로 연개소문淵蓋蘇文이 대제국 당을 상대로 굳건히 맞서 강국의 힘을 여지없이 발휘하던 시기였으며, 백제는 무왕(武王, 璋, 餘璋: 600-541), 의자왕(義慈王, 641-660) 때로써 신라, 고구려와 삼국쟁패에 휩싸여 국운의 갈림길에 고통을 겪던 시기였다.

II. 《정관정요》의 편자 오긍吳兢

《정관정요》를 편찬한 오긍(吳兢, 670-749)은 변주汴州 준의(浚儀, 지금의 河南 開封) 사람으로 당 고종 함형咸亨 원년(670)에 태어났으며, 당나라 무후武后, 중종中宗, 고종高宗, 현종玄宗 4대에 걸쳐 사관史官의 직을 수행했던 인물이다. 그의 가계는 자세히 알려져 있지 않으나 어릴 때부터 경사經史에 밝았으며 정관貞觀의 치적에서 그리 먼 때가 아니었고, 당시 당唐과 주周의 혼란기를 직접 눈으로 보게 되었다. 무측천 때 20여세의 나이로 이미 학문이 알려진 그는 당시 유명 인사였던 위원충 魏元忠과 주경칙朱敬則으로부터 기량을 인정받아 무측천 성력聖曆 2년(699)으로 부터 장안長安 3년(703) 사이 이 위원충과 주경칙이 차례로 재상의 지위에 오르자 이들은 오긍을 사관으로 적극 추천하여 업무를 수행하게 된다. 그리하여 오긍은 당대 최고 사학자이며 유명한 《사통史通》의 저자인 유지기劉知幾와 함께 《국사 國史》를 편찬하면서 정관시대 일들을 정리하고자 뜻을 세우게 된다.

그 뒤 신룡神龍 원년(705) 무측전이 하야하고 중종이 복위하자 그는 우습유右拾遺, 우보궐右補闕 등의 간관諫官의 직책을 수행하면서 《측천실록則天實錄》의 편수 작업에 참여하게 된다. 이 때 그는 이미 《정관정요》의 저술에 착수하기 시작한 것으로 보고 있다. 그리하여 일부 기록에는 오긍이 이미 이 신룡 연간에 책을 완성하여 바친 것으로 알려지기도 하였으나(宋,《관각서목館閣書目》) 이는 아직 완성 시기는 아니었던 것으로 보고 있다.

다시 개원(開元, 당 현종, 713-740) 초 당 현종이 정관고사貞觀故事에 관심을 갖고 이를 본받으려는 뜻을 가지고 있음을 알게 된 그는 이에 힘입어 상소를 올리고(《신당서》 오긍전) 이 책의 저술에 박차를 가하기 시작하였다.

그리하여 개원 5년(717) 9월 간관의 직위에서 회복되자 다시 궁중의 정치에 관여할 기회를 얻어 개원 8-9년 사이 책의 체재를 정하고 "옛 역사를 자세히 참고하여 그 요체를 묶는"(參詳舊史, 撮其旨要) 원칙을 정하여 이 책을 완성하게 된 것이다. 즉 당시 자신이 볼 수 있었던 관방권책官方卷冊, 실록實錄, 당안(檔案, File), 주소奏疏, 구문舊聞 등을 총망라하여 저술한 것이다. 그리고 "모두 한 질 10권 모두 40편으로 하고 이름을 정관정요라 하였으니 국가를 가진 자라면 옛 자취를 준수하여 훌륭한 것을 따르면 그 오래된 업적이 더욱 빛날 것이요, 그 큰 공적은 더욱 드러나게 될 것임을 기대한다"(凡一帙一十卷合四十編, 名曰貞觀政要, 庶乎有國有家者, 克遵前軌, 擇善而從, 則可久之業益彰矣, 可大之功尤著矣)라 하여 〈정관 정요서貞觀政要序〉에서 그 목적과 희망을 스스로 밝히고 있다.

오긍은 뒤에 태주(台州, 지금의 浙江 臨海), 홍주(洪州, 江西 南昌), 요주(饒州, 江西 鄱陽), 기주(蘄州, 湖北 蘄春) 등 네 주의 자사刺史를 역임하였으며 은청광록대부銀靑光祿大夫에 올랐다. 그리고 다시 상주(相州, 河北 臨漳) 장사長史를 거쳐 양원현자襄垣縣子에 봉해졌으며 천보天寶때에 업군태수鄴郡太守를 끝으로 관직을 마치고 서울로 귀환하여 현종의 27째 아들 항왕恒王 이진李瑱의 사부가 되기도 하였다.

만년에 그는 허리가 굽고 걸음을 걸을 수 없이 쇠약해졌으나 그래도 역사 편찬 작업에 미련을 버리지 못하여 이에 참여코자 하였다. 그러나 당시 재상 이림보李林甫의 반대로 뜻을 이루지 못하였으며 천보 8년(749) 집에서 80세의 생을 마감하게 된다. 그는 40여 년에 걸쳐 많은 사서 편찬에 온 힘을 기울여 많은 저작이 있었으나 지금은 모두 사라지고 오직 이 《정관정요》만이 전하고 있을 뿐이다.

Ⅲ. 《정관정요》

  '정관貞觀'은 당 태종의 연호로 23년 간(627~649)이며 당 고조를 이어 영명한 군주 태종이 다스린 당대 최고의 황금기였다. 그리고 '정요政要'는 글자 그대로 '정치의 요체'라는 뜻이다. 그러나 역사서에서 '정요'라는 용어를 사용한 것은 이 《정관정요》가 최초이며 그 이전에는 주로 '촬요撮要', '요략要略', '사요史要' 등의 용어를 써 왔다. 당나라 초기 유명한 역사학자 이연수李延壽의 《태종정전太宗政典》 30권이 있었으나 지금은 전하지 않는다. 이러한 저술 형식은 주로 군신 사이 대화와 문답을 통해 국사를 결정하여 그 대화의 의견, 토론 속에 나타나는 인물의 성격, 정치 성향, 특징, 판단력, 덕과 풍모를 살필 수 있도록 체재를 삼는 것이다. 아울러 이러한 기술 형식을 통해 눈앞에서 보는 듯, 살아있는 정책 결정의 모습을 통해 뒤의 행정가, 정치가들로 하여금 따라 배우고 모범을 삼도록 하는 것이다. 이 정관정요는 책 전체 당태종과 위징, 방현령, 두여회 등 45명 대신들의 언론을 주제별로 10권 40편, 258장(본인은 267장으로 분류하였음), 8만여 자로 구성하고 매 편의 내용은 시대별로 순서를 삼아 그 전후 관계와 정책 결정의 흐름, 그 결과의 상황 등을 쉽게 파악하도록 하고 있다. 편명에서 보듯이 내용의 편폭이 넓고 광범위하며 주제 또한 명확하여 당시 당나라 건국부터 황실의 흐름, 민생의 변화로 인한 민심, 인물의 활동사항 등을 일목요연하게 살필 수 있도록 되어 있다.

  한편 전체 내용의 전개로 보아 천하의 영명한 대군주 당 태종도 한 인생의 일생 변화 속에 인간으로써의 고뇌와 늙음, 안일에 빠질 수밖에 없는 상황 등도 여실히 나타나 있다. 즉 그이 재위 23년을 크게 나누어 전기와 후기가 판연히 다름을 볼 수 있다. 그 분기점은 정관 11년(637)이며 전체의 중간쯤에 해당하는 시기이다.

  전기는 현무문 정변의 피비린내 나는 골육상잔을 겪은 이듬해 그토록 원하는 제위에 오르자, 그는 존속 살해의 죄명을 만회하고자 겉으로 강한 의지와 탁월한

지도력을 발휘하며 안으로는 덕과 인의를 바탕으로 하여 그야말로 어디에 비길 데 없는 열정을 쏟아내고 있다. 그 결과 천하는 안정되고 국운은 창성하여 중국 역대이래 최고의 황금기를 건설하였다.

그러나 후기에 들어서자 점차 해이해지기 시작하여 처음 가졌던 청정에서 사치와 방종으로, 겸손에서 독선으로, 허기납간虛己納諫에서 점차 불호직언不好直言으로 변해 가는 모습을 역력히 드러내고 있다. 그리하여 말년인 정관 22년(648)에는 이렇게 실토하였다.

"내 스스로 재위에 있은 지 오래되어 그 동안 선하지 못한 면이 많아졌다. 비단과 주옥의 사치로운 물건이 내 앞에 자꾸 쌓이고, 궁실의 화려함을 거부하지 못하는구나. 견마와 사냥매가 멀리서 바쳐져 오고, 사방으로 놀이 가고 싶은 생각을 떨쳐버리지 못하며, 맛난 음식을 싫다하지 않는구나. 이 모두는 나의 큰 과실이다. 이러한 내 모습을 그대들은 따르지 않도록 하라. 돌아보니 백성을 구제하여 큰 성과를 이루었고, 중국 천지에 나라를 세워 그 공이 역시 컸도다. 그리하여 가진 자를 보호하고 없는 자의 것을 빼앗지 않았기에 원망이 적었던 것이다. 그런가 하면 공은 크데 허물을 줄였기에 그 때문에 제업이 패당하지 않은 것이다. 그럼에도 이 정도에 그치고 말았으니 진선진미에 비한다면 진실로 부끄러운 일이로다."(吾居位已來, 不善多矣, 錦繡珠玉不絶於前, 宮室臺樹屢有興作, 犬馬鷹隼無遠不致, 行遊四方, 供頓煩勞, 此皆吾之深過, 勿以爲是而法之. 顧我弘濟蒼生, 其益多; 肇造區夏, 其功大. 益多損少, 故人不怨; 功大過微, 故業不墮; 然比之盡美盡善, 固多愧矣. 《資治通鑑》198)

이렇게 보면 태종은 진실한 제왕이며 인간다운 면모도 갖춘 보기 드문 성군이었다 할 수 있다. 이리하여 태종이 죽음(649)으로써 그 찬란한 정관시대는 막을 내리게 된다.

IV. 《정관정요》의 판본

《정관정요》의 당송唐宋 시대 고본은 각기 출입이 있어 단일 확정본이 없었던 것으로 보고 있다. 그 때문에 원대元代 과직戈直은 다시 이를 정리하여 재편집하고 교감과 주석을 더하였으며 아울러 류방柳芳, 구양수歐陽脩, 사마광司馬光 등 22명의 평론을 더하여 가치를 승격시켰다. 이것이 《정관정요》의 1차 정리본이며 이를 〈과직집해본戈直集解本〉(약칭 〈戈本〉)이라 부른다. 이는 원元 지순至順 4년(1333)에 간행되었으며 비교적 완정하다고 알려져 가장 널리 퍼져나갔다. 그러나 일부 자신의 의견을 가미하기도 하였고 편장의 순서를 임의로 바꾸었으며 판각 또한 연문과 탈오가 심하여 원전의 모습을 훼손하였다고 평가를 받기도 한다. 그리하여 나진옥羅振玉은 "과직이 집론할 때 편장을 바꾸었으며 간행 판본도 역시 연문과 탈락이 많다"(戈氏作集論時, 往往移易篇章, 刊刻亦多衍脫)라 하였다. 이를테면 2권 〈납간편納諫篇〉의 부록 〈직간편直諫篇〉은 오긍의 원저가 아니며 뒷사람의 저술인 《위정공간록魏鄭公諫錄》 등의 자료를 부가하여 증보한 것이다.

다음으로 지금 전하고 있는 가장 오래된 판본으로는 명明 홍무洪武 3년(1370) 〈왕씨근유당王氏勤有堂〉에서 판각한 판본으로 〈홍무본〉이라 부르며 이는 〈과직본〉과 불과 40여년 차이를 보이고 있다. 이 판본은 지금 북경도서관 선본실繕本室에 소장되어 있다. 뒤를 이어 명明 성화成化 원년(1465)의 판본으로 이를 〈성화본〉이라 부르며 이는 도리어 〈과본〉을 판각간 것으로 지금도 전하고 있다. 이 두 판본을 비교해보면 〈성화본〉은 〈홍무본〉에 비하여 문장이 훨씬 순통하여 의미 전달로 정확하다.

한편 청대에 이르러 석세신席世臣은 〈과본〉의 일부 글자를 교정하였으나 큰 차이가 없으며 뒤를 이은 양수경楊守敬, 나진옥 등은 이들 판본에 대하여 새로운 정리를 시도하였으나 작업을 마치지 못하여 그 결말을 보여주지 못하고 말았다. 그리고 상해上海 함분루涵芬樓 영인본은 〈과본〉을 근거로 한 〈성화본〉이며 1978년

상해고적출판사上海古籍出版社에서 표점 정리하여 출간한 것이다. 이 책은 일부 착오를 바로잡았으나 역시 완전함에는 미치지 못한 것으로 평가받고 있다. 따라서 앞서 설명한 명대 〈성화본〉은 〈홍무본〉보다는 문장이 순통하며 상해고적출판사의 표점 정리는 〈성화본〉을 근거로 한 것으로 지금 전하는 판본 중에 가장 믿을 만 하다고 볼 수 있다.

그 외 현대 역주본으로 엽광대葉光大의 《정관정요역주貞觀政要譯注》(四川人民出版社, 1987)와 왕길상王吉祥의 《정관정요주역貞觀政要注譯》(河北人民出版社, 1987) 등이 비교적 상세한 저작이며 이를 근거로 아주 세밀하고 완정하다 할 정도로 낸 주석본으로 허도훈許道勳의 《신역정관정요新譯貞觀政要》(三民書局, 臺灣, 2000)가 있다. 그리고 엽대광, 이만수李萬壽, 황척명黃滌明, 원화충袁華忠 역주로 되어 있는 《정관정요전역貞觀政要全譯》(貴州人民出版社, 1991)은 〈홍무본〉의 〈왕씨근유당〉 본을 근거로 하여 편명과 문장의 순서 및 내용이 본 《정관정요》와 사뭇 다르며 시대문예출판사時代文藝出版社에서 펴낸 《정관정요貞觀政要》(上下, 吉林 長春, 2002) 는 간단한 주석에 백화 번역을 더하여 평역, 보급용으로 널리 읽히고 있다.

일본에는 원전종성原田種成의 《정관정요정본貞觀政要定本》이 있어 정편正篇 250장에 부편附篇 20장, 그리고 보편補篇 15장 등으로 실었으며 부록으로 《정관정요어회색인貞觀政要語匯索引》을 더하여 비교적 널리 알려져 있다.

우리나라에서도 이 《정관정요》는 이미 초략본, 번역본, 평역본, 연의본(演義本), 소설본 등이 널리 출간되어 《정관정요貞觀政要》(정애리시, 새물결 1998), 《정관정요에서 배우는 난세를 이기는 지혜》(揚帆지음, 김태성 옮김. 예담, 2002), 《소설 정관정요貞觀政要》(1,2,3. 나채훈 미래지식 2005), 《정관정요貞觀政要》((5책) 나채훈 한림원, 1993-2003), 《정관정요貞觀政要》(세상을 바꾸는 리더십의 고전. 현암사 2003), 《정관정요貞觀政要》(자유문고 편집부, 1986) 등이 나와 있어 일반인들에게도 널리 보급된 편이다.

貞觀政要卷一

　　　　唐　吳競　撰

　　　　元　戈直　集論

愚按貞觀者唐太宗年之號也易大傳曰天地之道貞觀者也觀言天之文理主於正以示人也政要者唐史臣吳競類輯貞觀間君臣之嘉言善行良法美政之大要也

本紀曰太宗皇帝諱世民高祖次子也母曰太穆皇后竇氏生而不驚方四歲有書生謁高祖曰公貴人也必有貴子及見太宗曰龍鳳之姿天日之表其年幾冠必能濟世安民書生既去乃采其語名之世民生大志能屈節下士結納豪傑佐高祖以定天下之

亂功業日隆隋義寧元年高祖以唐王安靖禪國號明年改元武德封世民為秦王九年立為皇太子其年八月即皇帝位明年改元貞觀在位凡二十三年一代之賢君其言行之美任賢使能之方從善納諫之實大畧皆聚此書也後文宗讀此慨然慕之故太

和初政號為清明則是書也不無補於治云

君道第一　凡五

貞觀初太宗謂侍臣曰為君之道必須先存百姓若損百姓以奉其身猶割股以啖腹腹飽而身斃若安天下必須先正其身未有身正而影曲上理而

下亂者朕每思傷其身者不在外物皆由嗜欲以成其禍若躭嗜滋味玩悅聲色所欲既多所損亦大既妨政事又擾生人且復出一非理之言萬姓為之解體怨讟既作離叛亦興朕每思此不敢縱逸

諫議大夫魏徵對曰古者聖哲之主皆亦近取諸身故能遠體諸物昔楚聘詹何問其理國之要詹

何對以修身之術楚王又問理國何如詹何曰未聞身理而國亂者陛下所明實同古義

按通鑑武德九年太宗即位貞觀其明年也詹何楚人莊王問為國何以為國亂者陛下所明實同古義

理而國亂者陛下所明實同古義按通鑑武德九年太宗即位

國依於民民刻於君猶割肉以充腹腹飽而身斃君富而國亡故人君當神器之重居域中之大不自外來常由身出夫欲盛則費廣費廣則賦重賦重則民愁民愁則國危國危則君喪矣朕常以此思之故不敢縱欲也與此章辭異而

見於此

愚按中庸九經修身為先大學八目修身為本古者二帝三王之治未有不先正其身而能正天下者也故堯必克明峻德而後能光被四表舜必祗台德先而後能光於四海湯必聖敬日躋而後能德教極而俊大德必得其位朔南暨聲教而後德教南而俊能萬邦咸寧禹必祗台德先而後能敷土隨山王必建其有極而後能敷錫厥庶民以至文王武必克明德慎罰而後能刑於寡妻至於兄弟以御於家邦其有表正萬邦者源潔而流清者也未有源清而流濁者也未有身正而影曲者君若漢高

戈直集論

貞觀政要卷第一

論君道第一 凡五章

論政體二

貞觀初，太宗謂侍臣曰：「為君之道，必須先存百姓。若損百姓以奉其身，猶割股以啖腹，腹飽而身斃。若安天下，必須先正其身，未有身正而影曲，上理而下亂者。朕每思傷其身者，不在外物，皆由嗜欲以成其禍。若耽嗜滋味，玩悅聲色，所欲既多，所損亦大，既妨政事，又擾生人。且復出一非理之言，萬姓為之解體，怨讟既作，離叛亦興。朕每思此，不敢縱逸。」魏徵對曰：「古者聖哲之主，皆亦近取諸身，故能遠體諸物。昔楚聘詹何，問其理國之要，詹何對以脩身之術。楚王又問理國何如，詹何曰：『未聞身理而國亂者。』陛下所明，實同古義。」

貞觀二年，太宗問魏徵曰：「何謂為明君暗君？」徵曰：「君之所以明者，兼聽也；其所以暗者，偏信也。詩云：『先人有言，詢于芻蕘。』昔唐虞之理，闢四門，明四目，達四聰。是以聖無不照，故共、鯀之徒不能塞也，靖言庸回不能惑也。秦二世則隱藏其身，捐隔疏賤而偏信趙高，及天下潰叛，不得聞也。梁武帝偏信朱异，而侯景舉兵向闕，竟不得知也。隋煬帝偏信虞世基，而諸賊攻城剽邑，亦不得知也。是故人君兼聽納下，則貴臣不得壅蔽，而下情必得上通也。」

《貞觀政要》四部備要本. 明刻本〈戈直集論本〉上海中華書局印本, 成化本(明, 1465)을 근거로 판각한 것

四部叢刊續編 史部

貞觀政要

上海涵芬樓影印明成化刊本原書板匡高二十七公分寬十九公分

貞觀政要卷第一

論君道一

　君道第一（凡五章）

論政體二

貞觀初太宗謂侍臣曰為君之道必須先存百姓若損百姓以奉其身猶割股（股一作脛）以啖（啖音淡食也）腹腹飽而身斃若安天下必須先正其身未有身正而影曲上理而下亂者朕每思傷其身者不在外物皆由嗜欲以成其禍若耽嗜滋味玩悅聲色所欲既多所損亦大既妨政事又擾生人且復出一非理之言萬姓為之解體怨讟（讟音讀怨也）既作離叛亦興朕每思

此不敢縱逸諫議大夫魏徵（侍從賛相之職唐制失詳見任賢篇）對曰古者聖哲之主皆亦近取諸身故能遠體諸物昔楚聘詹何（楚春秋時國名偕稱王詹何楚之隱於約者異於召于）問其理國之要詹何對以脩身之術楚王又問理國何如詹何曰未聞身理而國亂者陛下所明實同古義（按通典此德九年太宗謂侍臣曰以人為重賦斂既重則君

恐縱欲也天下者二帝德舜必帝德罔怨而后能萬邦咸寧馬必黎台德雍

敢縱則國危此章辭異而朕又先學正見於此身而能正民不自充見思于之身而能為正民時雍

實同古義國德九年太宗謂侍臣曰以人為重賦斂既重則民愁民愁則國危國危則君喪故人賦重由身欲國亡故人賦重不自充見思于之身而能為正

腹飽而身斃君富而國亡故國人賦重異而矣朕必脩身未有先正其身而後能明峻邦咸寧馬必黎台德雍

차 례

◈ 책머리에
◈ 일러두기
◈ 해제

貞観政要 **들**

16. 공평公平

17. 성신誠信

27. 숭유학崇儒學

28. 문사文史

29. 예악禮樂

32. 사령赦令

33. 공부貢賦

34. 변흥망辯興亡

35. 정벌征伐

36. 안변安邊

37. 행행行幸

◉ 부록

貞観政要 上

1. 군도君道

2. 정체政體

3. 임현任賢

4. 구간求諫

5. 납간納諫 ················ (附) 직간直諫

6. 군신감계君臣鑑戒

13. 인의仁義

14. 충의忠義

15. 효우孝友

〈唐高祖〉(李淵)《三才圖會》

〈隋文帝〉楊堅

〈隋文帝〉(楊堅) 唐, 閻立本 그림《歷代帝王圖》

北周 武帝. 唐, 閻立本 그림《歷代帝王圖卷》美 보스톤 미술관소장

16. 공평公平

　공평함은 백성을 따르게 하며 신하로서 임무를 다
하게 하며 어려움을 헤쳐 나가게 하는 명약이다. 물질의
다과는 결코 사람을 힘들게 하지 않지만 불공평은
모든 불만의 근원이 된다. 이를 정치에 어떻게 활용하였
는가의 내용을 담고 있다.

〈風俗圖〉 漢代 畫像磚

貞觀政要

129(16-1)
가까울수록 공평해야

태종이 막 즉위하였을 때 중서령中書令 방현령房玄齡이 상주하였다.
"진왕부秦王府의 옛 좌우들 중에 아직 관직을 얻지 못한 자는 모두
전궁前宮과 제부齊府의 좌우들이 자신들보다 먼저 발령을 받은 것을
두고 원망하고 있습니다."

태종이 말하였다.

"예로부터 지공至公이란 아마 평서平恕하며 사사로움이 없는 것을
말하는 것이리라. 단주丹朱와 상균商均은 아들이었지만 그 아버지인
요堯와 순舜은 이들을 폐출시켰다. 그리고 관숙管叔과 채숙蔡叔은 형제
였지만 주공周公은 이들을 죽여 버렸다. 그러므로 임금이란 천하를
공公으로 여겨 만물에 사사로움을 두지 않았음을 알 수 있다. 옛날
제갈공명諸葛孔明은 작은 나라의 재상이었지만 오히려 '내 마음은 저울과
같아 남에게 더 기울거나 덜 기울거나 하는 법이 없다'라 하였는데
하물며 지금 내가 이처럼 큰 나라를 다스리고 있음에랴? 나와 그대들이
입는 옷과 먹는 것은 백성으로부터 나온다. 그렇다면 백성들은 윗사람을
위하여 힘을 바치고 있는데 윗사람이 아래 사람들에게 은혜를 베풀지
못하고 있는 것이다. 지금 어질고 재능 있는 이를 택한 까닭은 대체로
백성을 편안하게 할 방법을 찾기 위한 것일 것이다. 사람을 등용하면서
단지 그 일을 감당할 수 있는가의 여부만을 따져야 한다면 어찌 새로운
자와 옛날 알고 정을 나누었던 자와 달리하겠는가? 무릇 한번 보기만
해도 오히려 서로 친해지거늘 하물며 옛날 친하던 사람을 어찌 갑자기

잊을 수 있겠는가! 그러나 재능이 그 일을 감당하지 못하는데도 어찌 옛 사람이라고 해서 남보다 먼저 등용해야만 한다는 것인가? 지금 그 능력의 여부를 논하지 아니한 채 곧바로 탄식과 원망만 늘어놓는다면 이것이 어찌 지공至公의 도리라 할 수 있겠는가?”

太宗初卽位, 中書令房玄齡奏言:「秦府舊左右未得官者, 並怨前宮及齊府左右處分之先己.」

太宗曰:「古稱至公者, 蓋謂平恕無私. 丹朱·商均, 子也, 而堯舜廢之. 管叔·蔡叔, 兄弟也, 而周公誅之. 故知君人者, 以天下爲公, 無私於物. 昔諸葛孔明, 小國之相, 猶曰『吾心如稱, 不能爲人作輕重』, 況我今理大國乎? 朕與公等, 衣食出於百姓, 此則人力已奉於上, 而上恩未被於下, 今所以擇賢才者, 蓋爲求安百姓也. 用人但問堪否, 豈以新故異情? 凡一面尚且相親, 況舊人而頓忘也! 才若不堪, 亦豈以舊人而先用? 今不論其能不能, 而直言其嗟怨, 豈是至公之道耶?」

【秦府】秦王府. 李世民이 太宗으로 등극하기 전에 秦王으로 있었으며 그 王府에서 돕던 좌우 신하들을 말함.

【前宮】전의 태자였던 李建成의 왕부에서 일하던 관료들.

【齊府】齊王府. 이세민의 아우 李元吉이 齊王에 봉해졌으며 그 왕부에서 일하던 사람들. 이건성과 이원길은 모두 玄武門 政變으로 죽어 그 王府가 해체되었으며 이세민이 태종에 등극하면서 이들을 다시 등용하여 관직을 줄 때의 일임.

【平恕無私】공평하고 仁愛로우며 사사로움이 없음.

【丹朱商均】丹朱는 堯임금의 아들. 商均은 舜임금의 아들. 둘 모두 으매하고 불초하였음.

【管叔蔡叔】모두 周 文王의 아들로 成王 때 이들이 武庚을 부추겨 반란을 꾀하자 周公이 東征하여 주벌함.

【諸葛孔明】 諸葛亮. 자는 孔明(191~234). 한말 陽都人. 은거하여 스스로 밭을 갈며 자신을 管仲과 樂毅에 비교하여 사람들이 그를 臥龍先生이라 불렀음. 뒤에 蜀漢 劉備의 三顧草廬로 불려가 天下三分之策을 정하고 유비를 도와 荊州와 益州를 차지하여 吳, 蜀, 魏 삼국 정립을 이루었음. 유비의 유촉에 의해 그 아들 劉禪을 도와 〈出師表〉를 쓰고 북벌을 시도했으나 五丈原에서 생을 마침. 죽은 뒤 武鄕侯에 봉해졌으며 시호는 忠武.《三國志》(35)에 전이 있음.

【稱】 '秤'과 같음. 저울.

【堪否】 능히 감당해 낼 수 있는지의 여부.

【新故】 새로운 사람과 옛 사람들.

【頓忘】 갑자기 망각함. 잊고 거들떠보지 아니함.

130(16-2)
오직 능력과 덕행이 기준일 뿐이다

정관 원년(627), 어떤 이가 봉사封事의 글을 올려 지난날 진왕부秦王府에 근무하던 병사들에게 무직無職을 수여하여 궁중 수비의 업무를 닫도록 해달라고 청하였다.

태종은 이렇게 말하였다.

"나는 천하를 집안으로 여기고 있어 단 한 가지 물건도 사사롭게 여길 수 없다. 오직 재능과 덕행이 있으면 임용할 것이니 어찌 새로운 사람과 지난날 나를 따랐던 사람을 차별하겠느냐? 하물며 옛사람이 '무력이란 불과 같다. 끄지 않으면 스스로 그 불에 타리라'라 하였는데 너의 그러한 요구는 정치에 도움이 되지 않는다."

貞觀元年, 有上封事者, 請秦府舊兵並授以武職, 追入宿衛.

太宗謂曰:「朕以天下爲家, 不能私於一物, 惟有才行是任, 豈以新舊爲差? 況古人云:『兵猶火也, 弗戢將自焚.』汝之此意, 非益政理.」

【封事】 글을 올려 일을 상주할 때 누설을 막기 위하여 봉투를 봉함.
【秦府】 秦王府. 태종 이세민이 제위에 오르기 전에 秦王이었으며 그 王府를 말함.
【宿衛】 궁중에서 숙식을 하면서 경비를 하는 직책을 말함.
【弗戢】 그치지 않음. 정지하지 않음. 불을 끄지 않음. '戢'은 '止'와 같음.《左傳》隱公 4년에 "兵猶火也, 不戢將自焚也"라 함.

131(16-3)
법은 천하를 위한 것

　정관 원년(627), 이부상서吏部尚書 장손무기長孫無忌가 임금이 불러 궁전으로 들어오면서 패도佩刀를 풀지 않은 채 동쪽 건물 상각上閣 문을 들어섰다. 그 문을 지나간 뒤에야 감문교위監門校尉가 이를 알게 되었다. 상서우복야尚書右僕射 봉덕이封德彝가 이 문제를 두고 감문교위는 이를 제대로 살피지 않은 죄로 마땅히 사형에 처해야 하며 장손무기는 모르고 칼을 찬 채 들어왔으니 도형徒刑 2년에 벌금으로 동銅 20 근에 처하는 정도여야 한다고 하였다. 태종이 이를 따랐다.

　대리소경大理少卿 대주戴冑가 반박하였다.

　"교위가 알아차리지 못한 것과 장손무기가 칼을 차고 들어온 것은 똑같이 잘못을 저지른 것입니다. 무릇 신하로서 극존의 황제에 대해서 한 일은 실수라 칭하지 않습니다. 법률에 준거하면 '임금에게 바치는 탕약, 음식, 주선舟船에 실수하여 법대로 하지 못한 자는 모두가 사형에 처한다'라고 되어 있습니다. 폐하께서 만약 그의 공훈을 생각하신다면 이는 헌사憲司의 판결이 아닌 것이 됩니다. 그러나 만약 법에 의거한다면 그의 동 20 근 벌금은 이치에 맞지 않습니다."

　태종이 말하였다.

　"법이란 나 하나를 위한 법이 아니며 천하의 법이다. 어찌 장손무기가 나라의 친척이라 하여 법을 마구 뒤흔들어 그에게 유리하게 할 수 있겠는가?"

　그리고 다시 그 판결을 의논하여 결정하도록 하였다.

봉덕이는 처음 판결을 고집하였고 태종도 역시 그의 의견을 따르려 하자 대주가 다시 반박하여 상주하였다.

"교위는 장손무기 때문에 죄를 짓게 된 것이니 법으로 보면 의당 그가 가벼운 처벌을 받아야 합니다. 만약 과오를 논한다면 그 정황은 동일한데도 한 사람은 사형을 당하고 한 사람은 버젓이 살아 있게 되는 것이니 감히 고집스럽게 청합니다."

태종은 이에 교위의 사형을 면하게 해 주었다.

貞觀元年, 吏部尚書長孫無忌嘗被召, 不解佩刀入東上閤門, 出閤門後, 監門校尉始覺. 尙書右僕射封德彛議, 以監門校尉不覺, 罪當死; 無忌誤帶刀入, 徒二年, 罰銅二十斤. 太宗從之.

大理少卿戴冑駁曰: 「校尉不覺, 無忌帶刀入內, 同爲誤耳. 夫臣子之於尊極, 不得稱誤, 准律云: 『供御湯藥·飮食·舟船, 誤不如法者, 皆死.』陛下若錄其功, 非憲司所決; 若當據法, 罰銅未爲得理.」

太宗曰: 「法者, 非朕一人之法, 乃天下之法. 何得以無忌國之親戚, 便欲撓法耶?」

更令定議.

德彛執議如初, 太宗將從其議, 冑又駁奏曰: 「校尉緣無忌以致罪, 於法當輕 若論其過誤, 則爲情一也, 而生死頓殊, 敢以固請.」

太宗乃免校尉之死.

【東上閤門】당나라 太極殿 양쪽에 동서 두 개의 上閤이 있었으며 그 뒤를 돌아 兩儀殿을 볼 수 있었다 함.
【監門校尉】궁중의 문을 수위하는 직책.

【徒二年】 徒役을 2년간 함. 그러나 다른 기록에는 모두 일년으로 되어 있으며 이 때에는 罰金으로 銅 20근을 바침.

【大理少卿】 대리시(大理寺)의 부장관. 大理는 옥을 관리하는 직책.

【尊極】 지존의 황제를 지칭함.

【憲司】 헌법 기관.

【撓法】 법을 마구 적용하여 혼란을 가져옴.

132(16-4)
문서를 위조한 자에 대한 가혹한 처벌

이때 조정에서 대거 사람을 뽑아 천거하는 일이 시작되자 혹 사기를 치는 자가 거짓으로 신분과 자격을 위조하여 응시하는 자가 나타나게 되었다.

이에 태종이 영을 내려 자수하도록 하였으며 자수하지 않는 자는 사형에까지 처하리라 선포하였다.

잠시 뒤 사기로 위조한 자의 사실이 누설되어 담당관 대주戴冑가 법의 판결에 의거하여 유형을 보내고 이를 임금에게 보고하였다.

태종이 말하였다.

"내 처음에 칙령을 내리기를 자수하지 않으면 사형에 처한다 하였었다. 그런데 지금 법의 판결에만 따랐다니 이는 천하에 나의 불신을 보여주는 것이다."

그러자 대주가 말하였다.

"폐하께서 의당 즉시 죽이라고 하는 것은 내가 할 수 있는 일이 아닙니다. 이미 해당 부서에 넘겼으니 저로서는 감히 법을 무너뜨릴 수 없습니다."

태종이 말하였다.

"그대가 스스로 법을 지키느라 대신 나로 하여금 신의를 잃게 할 작정인가?"

대주가 말하였다.

"법이란 나라가 천하에 그 믿음을 크게 선포한 것입니다. 그러나 임금의 말씀 한 마디란 당시 희로喜怒에 의한 것일 뿐입니다! 피하께서 하루아침의 분노로 인해 사람을 죽이기를 허락한다면 이는 지금 이미 불가함을 알았기에 법대로 처리한 것입니다. 이는 작은 분노를 참고 큰 믿음을 존속시키는 것입니다. 저는 속으로 폐하를 위하여 안타깝게 생각합니다."

태종이 말하였다.

"내 법에 실수가 있었는데 그대가 바로잡아 주었군. 내 다시 무엇을 걱정하겠는가?"

是時, 朝廷大開選擧, 或有詐僞階資者. 太宗令其自首, 不首, 罪至于死. 俄有詐僞者事洩, 冑據法斷流以奏之.

太宗曰:「朕初下敕, 不首者死, 今斷從法, 是示天下以不信矣.」

冑曰:「陛下當卽殺之, 非臣所及. 旣付所司, 臣不敢虧法.」

太宗曰:「卿自守法, 而令朕失信耶?」

冑曰:「法者, 國家所以布大信於天下; 言者, 當時喜怒之所發耳! 陛下發一朝之忿, 而許殺之, 旣知不可, 而置之以法, 此乃忍小 忿而存大信. 臣竊爲陛下惜之.」

太宗曰:「朕法有所失, 卿能正之, 朕復何憂也?」

【是時】 貞觀 元年(627).
【階資】 출신 계층과 자신이 가진 능력.
【冑】 戴冑. 당시 大理少卿(법관의 차관)을 지냈던 인물.
【斷流】 처단하여 流刑을 보냄.
【從法】 법에 따라 처리함.

133(16-5)
치우치지도 말고 당파도 짓지 말라

정관 2년(628), 태종이 방현령房玄齡 등에게 말하였다.

"내 근래 들으니 수隋나라 때의 유로遺老들이 모두 고경高熲은 훌륭한 재상이었다고 말들 합니다. 드디어 그의 본전本傳을 보았더니 과연 공평 정직하였고 더욱이 정치의 요체를 알고 있었소. 수나라의 안위는 그 한 사람의 생사에 달려 있었더군요. 양제煬帝가 무도하여 그에게 없는 죄를 뒤집어씌워 죽였으니 내 일찍이 이 사람을 생각하며 읽던 책을 덮어 버리고 탄식을 하지 않을 수 있었겠소! 또 한위漢魏 이래로 제갈량諸葛亮은 승상이 되어 역시 심히 공평하고 정직하였소. 그는 일찍이 요립廖立과 이엄李嚴을 강등시켜 남중으로 보낼 것을 표를 올렸지요. 그런데 요립은 제갈량이 죽었다는 소식을 듣고 눈물을 흘리면서 '나는 그에 비하면 야만인이었지!'라 하였고, 이엄은 제갈량이 죽었다는 스식을 듣자 발병하여 죽고 말았다지요. 그래서 진수陳壽는 칭하기를 '제갈량은 정치를 펴면서 성심誠心을 열었고 공도公道를 폈다. 충성을 다하여 그 당시에 이익이 된 자에게는 비록 원수라도 반드시 상을 내렸고, 법을 어기며 태만하게 군 자에게는 비록 친척이라도 반드시 벌을 내렸다'라고 썼던 것입니다. 그대들은 어찌 그러한 자를 따르겠다고 흠모하지 않을 수 있으리오? 나는 매번 전대 제왕의 훌륭한 업적을 사모하고 그대들 역시 재상으로서 어진 자를 사모하겠다고 마음을 가지기를 바라오. 만약 이와 같이 한다면 이름도 빛나고 지위도 높아질 수 있을 것이며 가히 길이 지켜 낼 수 있을 것입니다."

방현령 등이 대답하였다.

"저희들이 듣건대 나라를 다스리는 요체는 실제 공평정직에 있다 하였습니다. 그 때문에 《상서尙書》에 '치우치지도 말고 당을 짓지도 말라. 그리하면 왕도가 탕탕하리라. 당을 짓지도 말고 치우치지도 말라. 그리하면 왕도가 평평하리라'라고 한 것입니다. 또한 공자孔子는 '곧은 것을 들어 쓰고 굽은 자를 퇴출하면 백성들이 복종하리라'라 하였습니다. 지금 성상께서 염려하여 숭상하시는 바는 진실로 족히 지극한 정교政敎의 근원이며 지공至公의 요체로서 구우區宇를 낭괄囊括하고 천하를 교화시킬 수 있는 것입니다."

태종이 말하였다.

"이것이 바로 내가 품고 있는 뜻이니 어찌 그대들과 함께 말해 놓고 실행하지 않을 수 있겠소?"

貞觀二年, 太宗謂房玄齡等曰:「朕比見隋代遺老, 咸稱高潁善爲相者. 遂觀其本傳, 可謂公平正直, 尤識治體, 隋室安危, 繫其存沒. 煬帝無道, 枉見誅夷, 何嘗不想見此人, 廢書欽歎! 又漢魏已來, 諸葛亮爲丞相, 亦甚平直, 亮嘗表廢廖立·李嚴於南中. 立聞亮卒, 泣曰:『吾其左袒矣!』嚴聞亮卒, 發病而死. 故陳壽稱『亮之爲政, 開誠心, 布公道. 盡忠益時者, 雖讎必賞; 犯法怠慢者, 雖親必罰.』卿等豈可不企慕及之? 朕今每慕前代帝王之善者, 卿等亦可慕宰相之賢者. 若如是, 則榮名高位, 可以長守.」

房玄齡對曰:「臣聞理國要道, 實在於公平正直, 故《尙書》云:『無偏無黨, 王道蕩蕩. 無黨無偏, 王道平平.』又孔子稱:『擧直錯諸枉, 則民服.』今聖慮所尙, 誠足以極政敎之源, 盡至公之要, 囊括區宇, 化成天下.」

太宗曰:「此直朕之所懷, 豈有與卿等言之而不行也?」

【遺老】전대의 훌륭한 신하.

【高頌】자는 昭玄. 隋나라 때의 훌륭한 재상으로 煬帝에게 간언을 하다가 죽음을 당하였음.

【廖立】인명. 蜀에 벼슬하여 長水使者가 되었으나 너무 게을러 庶民으로 강등된 인물.

【李嚴】蜀에 벼슬하여 中都護가 되었으나 업무 처리의 잘못으로 죄를 짓고 서민으로 강등된 인물.

【南中】지금의 雲南, 貴州 및 四川 일대.

【左袵】'左衽'과 같음. 옷깃을 왼쪽으로 함. 中原의 華夏族은 오른쪽으로 하여 남방 미개 민족을 지칭하는 말로 쓰임.《論語》憲問篇에 "子貢曰:「管仲非仁者與? 桓公殺公子糾, 不能死, 又相之」子曰:「管仲相桓公, 霸諸侯, 一匡天下, 民到于今 受其賜. 微管仲, 吾其被髮左袵矣. 豈若匹夫匹婦之爲諒也, 自經於溝瀆而莫之 知也?」"라 함.

【陳壽】西晉 시대의 유명한 사학자.《三國志》를 편찬하였음. 그 아래 문장은 《三國志》蜀書 諸葛亮傳의 구절임.

【尙書】《尙書》周書 洪範篇을 가리킴.

【擧直錯諸枉】곧은 것을 들어 굽은 것에 놓아 사악한 이들이 물러나게 하는 것. 《論語》爲政篇에 "哀公問曰:「何爲則民服?」孔子對曰:「擧直錯諸枉, 則民服; 擧枉錯諸直, 則民不服.」"이라 함.

【區宇】彊域.

【囊括】주머니(자루)에 넣어 묶음. 천하를 하나로 묶어 다스림을 말함.

134(16-6)
공주 결혼 비용

장락공주長樂公主는 문덕황후文德皇后 소생이다. 정관 6년(632) 장차 출가하게 되자 태종이 칙령을 내려 그에 보내는 비용을 장공주長公主의 곱절이 되도록 하였다. 그러자 위징魏徵이 이렇게 상주하였다.

"옛날 한漢 명제明帝는 그 아들을 봉하고자 '내 아들이 어찌 선제先帝의 아들만 하겠는가? 가히 초왕楚王이나 회양왕淮陽王 봉지의 반 정도 땅이면 된다'라고 하여 전사前史 이 사건을 미담으로 삼고 있습니다. 천자의 누이나 여동생을 '장공주'라 하며 천자의 딸을 그냥 '공주'라 부릅니다. 이미 '장長'자를 더 붙인 것은 진실로 공주보다는 존경하는 의미입니다. 애정이 비록 남다르다 해도 의義에 차등이 있을 수는 없습니다. 만약 공주에게 하는 예禮가 장공주보다 지나침이 있으면 이치로 보아 불가한 것입니다. 실로 폐하께서는 생각해 보시기 바랍니다."

태종은 이를 훌륭하다 하여 이 말을 문덕황후에게 고하였다. 그러자 황후는 이렇게 말하는 것이었다.

"일찍이 폐하께서 위징을 공경하고 중히 여기신다는 말을 들었으나 그 까닭은 알지 못하고 있었습니다. 그런데 지금 그의 간언을 들어 보니 이에 능히 의로써 임금의 정을 억제하고 있으니 과연 사직의 신하입니다! 첩이 폐하와 머리를 묶고 부부가 되어 온갖 예의와 공경을 다 입어 정과 의가 깊고도 중합니다. 그런 가까운 사이임에도 매번 드릴 말씀이 있을 때면 반드시 안색을 살핀 다음에도 오히려 감히 마구 그 위엄을 범할 수 없었는데 하물며 신하의 위치란 정은 부부보다

멀고 예의는 서로 간격을 두고 있음에도 이와 같이 하다니요! 그 때문에
한비韓非는 유세가 어려운 것이라 하였고, 동방삭東方朔은 말이란 쉬운
것이 아니라 하였으니 진실로 그럴만한 이유가 있었던 것입니다. 충성된
말은 귀에는 거슬리나 행동에는 이롭다 하였으니 나라를 가진 자로서
심히 중요하고 급한 것입니다. 이를 받아들이면 세상이 다스려질 것이요,
이를 막아 버리면 정치가 혼란스러워질 것입니다. 진실로 원하건대
폐하께서 자상히 살피시면 천하가 크게 행복해질 것입니다!"

이에 중사中使를 보내어 비단 5백 필을 하사하여 위징의 집으로 가서
이를 보내 주도록 하였다.

長樂公主, 文德皇后所生也. 貞觀六年將出降, 敕所司資送,
倍於長公主.

魏徵奏言:「昔漢明帝欲封其子, 帝曰:『朕子豈得同於先帝
子乎? 可半楚淮陽王.』前史以爲美談. 天子姊妹爲長公主, 天子
之女爲公主, 旣加「長」字, 良以尊於公主也. 情雖有殊, 義無等別.
若令公主之禮有過長公主, 理恐不可, 實願陛下思之.」

太宗稱善, 乃以其言告后.

后歎曰:「嘗聞陛下敬重魏徵, 殊未知其故, 而今聞其諫, 乃能
以義制人主之情, 眞社稷臣矣! 妾與陛下結髮爲夫妻, 曲蒙禮敬,
情義深重. 每將有言, 必俟顔色, 尚不敢輕犯威嚴, 況在臣下,
情疏禮隔? 故韓非謂之說難, 東方朔稱其不易, 良有以也. 忠言逆
耳而利於行, 有國有家者深所要急, 納之則世治, 杜之則政亂.
誠願陛下詳之, 則天下幸甚!」

因請遣中使賚帛五百匹, 詣徵宅以賜之.

【長樂公主】당 태종의 다섯째 딸. 長樂君에 봉해졌으며 長孫沖에게 시집갔음.

【長公主】제왕이 자신의 누이나 여동생을 부르는 칭호. 여기서는 太宗 李世民의 누이인 永嘉長公主를 가리킴.

【明帝】동한의 제 2대 황제 劉莊. 光武帝 劉秀의 아들로 58년~75년 재위함.

【先帝】자신의 앞 대 황제. 여기서는 명제의 아버지인 광무제를 가리킴.

【楚淮陽王】楚王 劉英과 淮陽王 劉昞. 모두 東漢 光武帝 劉秀의 아들.

【結髮】결혼을 뜻함. 束髮이라고도 함.

【韓非】韓非子. 전국시대 법가사상의 대표 인물. 《韓非子》가 전하고 있으며 그중 〈說難〉편은 임금에게 유세하는 것이 어렵다는 내용을 담고 있음.

【東方朔】漢 武帝 때 太中大夫로 골계와 언변에 뛰어났던 인물. 자신의 상서가 받아들여지지 않자 〈答客難〉을 지었음. 《漢書》 東方朔傳 참조.

【忠言逆耳而利於行】《孔子家語》六本篇에 "孔子曰:「良藥苦於口而利於病, 忠言逆於耳而利於行. 湯武以諤諤而昌, 桀紂以唯唯而亡. 君無爭臣, 父無爭子, 兄無爭弟, 士無爭友, 無其過者, 未之有也.」"라 함.

【中使】궁중에서 파견된 사신. 宦官을 가리킴.

135(16-7)
이런 자가 형부시랑이 되어야

형부상서刑部尙書 장량張亮이 모반죄에 걸려 감옥에 갇히자 태종이 백관들로 하여금 이 일을 논의토록 하였다. 거의가 모두 장량을 주살해야 한다고 하였지만 오직 전중소감殿中少監 이도유李道裕만은 장량의 반역 죄상이 아직 구체적으로 드러나지 않았으니 명백히 무죄라고 상주하였다. 태종은 이미 노기가 등등하였던 터라 결국 장량을 죽이고 말았다. 얼마 뒤 형부시랑刑部侍郞의 자리가 비게 되어 태종이 재상들로 하여금 그에 맞는 인물을 선택하도록 하여 여러 차례 추천하였지만 모두 거부되었다.

태종이 말하였다.

"내 이미 그에 맞는 사람을 찾았소. 지난번 장량의 사건을 논의할 때 이도유는 '반역의 죄상이 구체적으로 드러나지 않았다'고 주장하였으니 이로 보면 그는 공평한 자라 할 수 있소. 당시 내 그의 말을 받아들이지는 않았지만 지금까지 후회하고 있었소."

그리고 드디어 이도유를 형부시랑刑部侍郞에 임명하였다.

刑部尙書張亮坐謀反下獄, 詔令百官議之, 多言亮當誅. 惟殿中少監李道裕, 奏亮反形未具, 明其無罪. 太宗旣盛怒, 竟殺之. 俄而刑部侍郞有闕, 令宰相妙擇其人, 累奏不可.

太宗曰:「吾已得其人矣. 往者李道裕議張亮云『反形未具』, 可謂公平矣. 當時雖不用其言, 至今追悔.」

遂授道裕刑部侍郞.

【張亮】 인명. 鄭州 滎陽(지금의 河南) 사람으로 당나라 초기의 명신. 貞觀 20년
 (646)에 어떤 사람이 그가 5백 명을 몰래 기르며 모반을 획책하고 있다고 고발
 하여 太宗이 죽여 버렸음.

【殿中少監】 벼슬 이름. 그러나 다른 기록에는 '將作少匠'으로 되어 있음.

【反形未具】 모반의 형세에 대한 증거가 충분하지 않음. 증거를 밝혀내지 못하였
 음을 말함.

〈車騎紋〉 漢代 畫像磚

136(16-8)
원수라도 능력이 있으면 추천하라

정관 초, 태종이 시종하는 신하에게 말하였다.

"짐은 지금 열심을 다하여 선비를 찾아 정치의 도리에 전념하고자 좋은 인물이 있다고 들으면 그런 자를 발탁하여 부리고자 하오. 그런데 사람이 거론될 때마다 흔히 '그는 재상의 친척이나 친구'라고들 하고 있소. 단지 공들께서는 지극히 공평하게 하여 일을 처리함에 있어서 이러한 말에 개의치 말고 다만 그러한 자의 형적形跡만을 기준으로 하면 될 것이오. 옛 사람들이 '안으로는 가족이라고 해서 추천을 피할 이유도 없으며, 밖으로는 원수라고 해서 추천을 피해서도 안 된다'라고 하였으니 추천에는 그 진실함과 어짊이면 되기 때문이오. 단지 재능에 따라 거용할 수 있는 것이니 비록 자신의 자제나 원수라는 혐의가 있다 해도 추천하지 않으면 안 되는 것이오."

貞觀初, 太宗謂侍臣曰:「朕今孜孜求士, 欲專心政道, 聞有好人, 則抽擢驅使. 而議者多稱『彼者皆宰臣親故』. 但公等至公, 行事勿避此言, 便爲形跡. 古人『內擧不避親, 外擧不避讎』, 而爲擧得其眞賢故也. 但能擧用得才, 雖是子弟及有讎嫌, 不得不擧.」

【孜孜】매우 부지런함을 뜻함.
【抽擢驅使】발탁하여 일을 맡김.

【便爲形跡】본래의 모습과 행적. 사람을 뽑는 기준. 의용이 굳건하고 구속을 받지 않음. 禮貌가 있음을 말함.

【內擧不避親】祁奚와 같은 경우를 가리킴. 《新序》(1)에 "晉大夫祁奚老, 晉君問曰:「孰可使嗣?」祁奚對曰:「解狐可.」君曰:「非子之讎邪?」對曰:「君問可, 非問讎也.」晉遂擧解狐. 後又問:「孰可以爲國尉?」祁奚對曰:「午也可.」君曰: 「非子之子邪?」對曰:「君問可, 非問子也.」君子謂祁奚能擧善矣. 稱其讎不爲諂, 立其子不爲比. 書曰:『不偏不黨, 王道蕩蕩.』祁奚之謂也. 外擧不避仇讎, 內擧不回親戚, 可謂至公矣. 唯善, 故能擧其類. 詩曰:『唯其有之, 是以似之.』祁奚有焉"이라 하였고, 《左傳》襄公 21년에는 "祁大夫外擧不棄仇, 內擧不失親"이라 함.

137(16-9)
납으로 만든 칼

정관 2년(628), 당시 자주 엄환閹宦을 외사外使로 충당하자 그들이 마구 상서를 올리는 것이었다. 사건이 드러나자 태종이 노하였다.

위징魏徵이 나서서 말하였다.

"내시의 무리들은 비록 미천한 신분이지만 임금 측근으로 친하다고 여겨 때로 하고 싶은 말을 마구 하며 아무것도 아닌 일을 쉽게 믿도록 합니다. 이리하여 피부에 서서히 젖어 들어오듯 헐뜯는 말을 하고 있으니 그 폐해가 특히 깊습니다. 오늘날처럼 이렇게 밝은 시대에는 틀림없이 이러한 걱정이 없을 것이지만 자손을 위하여 대책으로써 그 근원을 막지 않을 수 없습니다."

태종이 말하였다.

"그대가 아니면 내 어떻게 이런 말을 들을 수 있겠소? 지금부터는 그들을 외임으로 충당하는 것은 중지해야겠소."

위징은 이 일을 계기로 이렇게 상소하였다.

"제가 듣기로 임금 된 자는 선을 선하다 하고 악을 악하다 하여 군자를 가까이 하고 소인은 멀리해야 합니다. 선을 선하다함이 분명하면 군자가 찾아올 것이요 악을 악하다 여기기가 드러나면 소인이 물러날 것입니다. 군자를 가까이 하면 조정에 쭉정이 정치가 없어지고 소인을 멀리하면 사사롭고 사악한 말을 듣지 않게 됩니다. 소인이라고 해서 작은 선을 가지고 있지 않은 것은 아니며 군자라고 해서 작은 허물을 가지고 있지 않은 것은 아닙니다. 그러나 군자의 작은 허물은 백옥에 있어서의 작은 흠과 같은 것이며 소인에게 있어서의 작은 선이란 마치 납으로 만든 칼이 한 번 어쩌다 물건을 벨 수 있는 경우와 같을 뿐입니다.

납 칼이 한 번 어쩌다 들었다 해도 훌륭한 공인은 이를 중시하지 않습니다. 그러니 작은 선이란 그가 가진 많은 악을 감싸 주기에는 부족합니다. 그러나 백옥에게 있어서의 작은 흠이란 훌륭한 장사꾼은 이 때문에 그 옥을 버리지는 않습니다. 그 작은 흠이 그 전체의 아름다움에 방해가 되지 않기 때문이지요. 소인의 작은 선을 선하다 하거나 군자의 작은 악을 악하다 한다면 이는 지푸라기와 난초를 같은 냄새로 여기는 것이며, 옥과 돌을 구분하지 못하는 것으로 굴원屈原이 그 때문에 강에 투신한 것이며 변화卞和가 이 때문에 피눈물을 흘린 것입니다. 이미 옥과 돌을 구분할 능력을 가지고 있고 지푸라기와 난초의 냄새를 변별할 수 있으면서도 소인의 선을 선하다 한다면 군자는 다가오지 않을 것이며, 군자의 작은 흠을 악하다 한다면 소인들이 물러서지 않을 것이니 이것이 곽씨郭氏가 망하여 빈 터가 된 것이며, 사어史魚가 죽어서도 한을 남긴 사례가 되는 것입니다.

　폐하께서는 총명하시고 신무神武하시며 하늘과 같은 자세에 영명하시며 밝으십니다. 널리 사랑하기에 뜻을 두시고 많은 길을 통해 간언을 받아들이십니다. 그러나 선을 좋아하시되 사람은 그에 맞게 선택하지 못하고 있으며 악을 미워하면서 아직 참녕한 자를 멀리하지 못하고 계십니다. 그리고 말을 할 때면 숨기는 것이 없고 악을 미워할 때는 너무 심하게 나무라시며, 남의 선을 들으면 혹 아닐 지도 모른다고 온전히 믿지 않으시면서 도리어 남의 악을 들으면 반드시 그럴 것이라 여기십니다. 비록 남다른 명확한 견해가 있다 해도 도리어 이치로 보아 그럴 수 있다고 여겨야 합니다. 어찌 그렇겠습니까? 군자는 남을 선을 드러내 주기를 잘하지만 소인은 남의 악을 몰래 엿보아 이를 드러내기를 잘합니다. 악을 듣고 마음으로 이를 믿는다면 소인의 도가 자라나는 것이요, 선을 듣고 혹 의심한다면 군자의 도가 사그라지는 것입니다. 나라를 다스리는 자는 군자를 나서게 하고 소인을 물러서게 하는 일에 급히 서둘러야 합니다. 그런데도 군자의 도가 사그라지게 하고 소인의 도가 자라도록 한다면 군신의 질서는 허물어지고 상하는 서로 막혀 혼란과 패망에서 구제할 수 없게 될 것이니 장차 어찌 다스려나가겠습니까? 그리고 세속의 보통 사람들이란 마음에 원대한 염려는 갖지 못한 채 남의 험담에는 귀가 쫑긋하게 마련이며 붕당朋黨을 지어 말하기 좋아합니다. 무릇 선으로써 서로를 키워 주는 것을 일러 동덕同德이라 하고 악으로써 서로 구제받고자 하는 것을 일러 붕당이라 합니다. 지금은 청탁淸濁이 함께 흐르고 선악이 구별되지 않고 있어서 남의 험담을 성실한 정직함인 줄 알고 동덕을 붕당인 줄 여기고 있습니다. 이를 붕당인 줄 여기면 일러 주는 말을 믿을 수가 없고 이를 성실한 정직으로 여기면 그 어떤 말도 모두 들어주게 됩니다. 이것이 임금의 은혜가 아래에까지 미치지 못하는 이유이며 충신이 위로 통하지 못하는 원인이 됩니다. 이리하여 대신이 바른말을 하지 못하고 소신이 감히 의견을 내지 못하게 되어 원근이 이러한 풍조를 받아 서로 뒤섞여 풍속을 이루고 말았습니다. 이는 국가의 복이 아닐뿐더러 정치의 도리가 아닙니다. 게다가 간사함을 조장시키며 시청視聽을 어지럽혀 임금으로 하여금 무엇을 믿어야 할지 갈피를 잡지 못하도록 하고 신사로 하여금 서로 안정을 얻지 못하도록 하는 것입니다. 만약 먼 장래를 염려하여 이들의 근원을 막지 아니하신다면 후환은 사그라들지 않을 것입니다. 지금 다행히 아직 실패를 보지 않은 것은 임금께서 멀리 염려를 하였기 때문이며 비록 시작은 실책을 범하였으나 틀림없이 그 끝은 좋은 결과를 맞이하게 될 것입니다. 만약 조금 틈을 만났는데 계속 밀고 나가 되돌아오지 않는다면 비록 그때 뉘우치고자 해도 틀림없이 미치지 못할 것입니다. 이를 후손에게 물려줄 수 없다면 다시 어떻게 장래 모범을 보일 수 있겠습니까? 게다가 선을 맞아들이고 악을 퇴출시키는 것은 남에게 베풀 일이며, 옛것으로 거울을 삼는 것은 자신에게 베풀 일입니다. 자신의 모습을 고요한 물에 비춰 보듯이 자신의 마음은 철인哲人에게 비춰 보면 됩니다. 능히 옛 철왕哲王으로써 자신의 행동을 비춰 본다면 자신 모습의 연치姸媸가 확연히 눈에 들어올 것이요 일의 선악이 그 마음속에 저절로 터득될 것입니다. 그 과오를 사관이 기록하도록 노역을 시킬 필요도 없으며 추요芻蕘의 의논을 빌릴 필요도 없이 그 우뚝한 공로가 해처럼 드러나고 그 혁혁한 이름이 영원히 이어질 것입니다. 그러니 임금 된 자가 어찌 여기에 힘쓰지 않을 수 있겠습니까?”

貞觀十一年, 時屢有閹宦充外使, 妄有奏, 事發, 太宗怒.

魏徵進曰:「閹豎雖微, 狎近左右, 時有言語, 輕而易信, 浸潤之譖, 爲患特深, 今日之明, 必無此慮, 爲子孫敎, 不可不杜絶其源.」

太宗曰:「非卿, 朕安得聞此語? 自今已後, 充使宜停.」

魏徵因上疏曰:

「臣聞爲人君者, 在乎善善而惡惡, 近君子而遠小人. 善善明, 則君子進矣; 惡惡著, 則小人退矣. 近君子, 則朝無秕政; 遠小人, 則聽不私邪. 小人非無小善, 君子非無小過. 君子小過, 蓋白玉之微瑕; 小人小善, 乃鉛刀之一割. 鉛刀一割, 良工之所不重, 小善不足以拚衆惡也; 白玉微瑕, 善賈之所不棄, 小疵不足以妨大美也. 善小人之小善, 謂之善善, 惡君子之小過, 謂之惡惡, 此則蒿蘭同嗅, 玉石不分, 屈原所以沈江, 卞和所以泣血者也. 旣識玉石之分, 又辨蒿蘭之臭, 善善而不能進, 惡惡而不能去, 此郭氏所以爲墟, 史魚所以遺恨也.

陛下聰明神武, 天姿英叡. 志存泛愛, 引納多塗. 好善而不甚擇人, 疾惡而未能遠佞. 又出言無隱, 疾惡太深, 聞人之善, 或未全信; 聞人之惡, 以爲必然. 雖有獨見之明, 猶恐理或未盡. 何則? 君子揚人之善, 小人訐人之惡. 聞惡心信, 則小人之道長矣; 聞善或疑, 則君子之道消矣. 爲國家者急於進君子而退小人, 乃使君子道消, 小人道長, 則君臣失序, 上下否隔, 亂亡不卹, 將何以治乎? 且世俗常人, 心無遠慮, 情在告訐, 好言朋黨. 夫以善相成, 謂之同德; 以惡相濟, 謂之朋黨. 今則淸濁共流, 善惡無別, 以告訐爲誠直, 以同德爲朋黨. 以之爲朋黨, 則謂事無可信; 以之爲誠直, 則謂言皆可取. 此君恩所以不結於下, 臣忠所以不達於上. 大臣不能辯正, 小臣莫之敢論, 遠近承風, 混然成俗. 非國家之福,非爲治之道. 適足以長姦邪, 亂視聽, 使人君不知所信, 臣下不得相安. 若不遠慮, 深絶其源, 則後患未之息也. 今之幸而未敗者, 由乎君有遠慮, 雖失之於始, 必得之於終故也. 若時逢少隙, 往而不返, 雖欲悔之, 必無所及. 旣不可以傳諸後嗣, 復何以垂法將來? 且夫進善黜惡, 施於人者也; 以古作鑒, 施於己者也. 鑒貌在乎止水; 鑒己在乎哲人. 能以古之哲王, 鑒於己之行事, 則貌之姸媸宛然在目, 事之善惡自得於心. 無勞司過之史, 不假芻蕘之議, 巍巍之功日著, 赫赫之名彌遠. 爲人君者可不務乎?」

【閹宦】宦官의 다른 말.

【外使】임시로 외지에 파견하여 그곳의 행정을 처리하도록 한 사신.

【浸潤之譖】물기가 스며들 듯 조금씩 젖어 들어오는 讒言.

【疏】〈論君子小人疏〉라는 글.

【秕政】훌륭하지 못한 행정.

【鉛刀】납으로 만든 칼. 무디어 날카롭지 못함을 뜻함.

【屈原】전국시대 楚나라 대부이며 시인. 楚懷王에게 간언을 하였으나 채납되지 않고 참녕한 신하들의 말을 듣고 국정의 실패를 거듭하는 것을 보고 참지 못하여 멱라수(汨羅水)에 투신하여 자결함.《史記》屈原賈生列傳 참조.

【卞和】춘추시대 楚나라 사람으로 玉璞을 주워 훌륭한 옥이 될 것이라 초왕에게 바쳤으나 왕을 속였다고 여겨 다리를 잘림. 뒤에 과연 피눈물을 흘리며 다시 바쳐 그 옥은 유명한 和氏璧이 되어 전국시대까지 많은 일화를 남김.《韓非子》和氏篇 참조.

【郭氏】춘추시대 郭君(虢君). 악한 자를 악한 줄로 알면서 이들을 물리치지는 못하여 나라를 망친 고사를 남겼음.《新序》雜事(五)에 "先是靖郭君殘賊其百姓, 害傷其群臣, 國人將背叛共逐之, 其御知之, 豫裝齎食, 及亂作, 靖郭君出亡, 至於野而饑, 其御出所裝食進之. 靖郭君曰:「何以知之而齎食?」對曰:「君之暴虐, 其臣下之謀久矣.」靖郭君怒, 不食. 曰:「以吾賢至聞也, 何謂暴虐?」其御懼曰:「臣言過也, 君實賢, 唯群臣不肖共害賢.」然後靖郭君悅, 然後食. 故齊閔王. 靖郭君, 雖至死亡, 終身不諭者也. 悲夫!"라 하였으며 (여기서 靖郭君은 郭君의 오기이며

賈誼《新書》에는 '虢君'으로 되어 있음) 그 외에《韓詩外傳》(6) 등에도 이 기록이 전함.

【史魚】史鰌(史鰍). 衛나라 大夫. 이름은 鰌(鰍)이며, 字는 子魚. 蘧伯玉을 추천하지 못하고 彌子瑕를 퇴진시키지 못하자 죽음에 이르러 그 아들로 하여금 正堂에서 治喪하지 못하도록 하였다. 衛靈公이 問喪을 왔을 때 그 아들이 "臣下의 道理를 다하지 못하여 正堂에서 治喪하지 못하게 하였다"라고 하는 말을 듣고, 蘧伯玉을 들어 쓰고 彌子瑕는 퇴진시켰다 함. 이를 흔히 '尸諫'이라 하며,《韓詩外傳》(七)·《新序》(雜事)·《韓非子》 說難·《孔子家語》 困誓·《說苑》(雜言)·《史記》 韓非子列傳·《文選》注·《後漢書》注·《藝文類聚》·《太平御覽》·《冊府元龜》 등에 아주 널리 전재되어 있음.《論語》衛靈公篇에 "子曰:「直哉史魚! 邦有道, 如矢; 邦無道, 如矢. 君子哉蘧伯玉! 邦有道, 則仕; 邦無道, 則可卷而懷之.」"라 하였음.《孔子家語》困誓篇에 "衛蘧伯玉賢而靈公不用, 彌子瑕不肖反任之, 史魚驟諫而不從. 史魚病將卒, 命其子曰:「吾在衛朝, 不能進蘧伯玉退彌子瑕, 是吾爲臣不能正君也. 生而不能正君, 則死無以成禮. 我死, 汝置屍牖下, 於我畢矣.」其子從之, 靈公弔焉, 怪而問焉, 其子以其父言告公, 公愕然失容曰:「是寡人之過也.」於是命之殯於客位, 進蘧伯玉而用之, 退彌子瑕而遠之. 孔子問之:「古之列諫之者, 死則已矣, 未有若史魚死而屍諫, 忠感其君者也, 不可謂直乎?」"라 하였으며,《韓詩外傳》(7)과《新序》(1)에도 같은 문장이 실려 있음.

【訐】남의 사사로운 일을 밝혀내는 것.《論語》陽貨篇에 "子貢曰:「君子亦有惡乎?」子曰:「有惡: 惡稱人之惡者, 惡居下流而訕上者, 惡勇而無禮者, 惡果敢而窒者.」曰:「賜也亦有惡乎?」「惡徼以爲知者, 惡不孫以爲勇者, 惡訐以爲直者.」"라 함.

【否隔】'비격'으로 읽으며 막혀서 통하지 못함을 뜻함.

【隳】허물어짐.

【妍媸】미추와 같음. 예쁘고 미운 모습.

【司過之史】잘못된 과오를 기록하는 史官.

【芻蕘】초야에 묻혀 사는 하찮은 신분의 사람들에게도 묻기를 꺼려하지 않음. 그들의 의견도 들어 존중함을 말함.《詩經》大雅 板에 "先民有言, 詢于芻蕘"라 함.

138(16-10)
허리가 가는 여자를 좋아하자
후궁들이 거의 굶어 죽어

"제가 듣건대 도덕의 풍성함으로는 헌원씨軒轅氏 황제黃帝나 도당씨陶唐氏 요堯임금만 한 이가 없고, 인의의 융성함으로는 순舜이나 우禹만한 이가 없다고 하더이다. 황제와 요임금의 유풍을 이어받고 순, 우의 발자취를 따르고자 한다면 모름지기 도덕으로써 누르고, 인의로써 넓히며 잘하는 이를 거용하여 일을 맡기며 선한 이를 발탁하여 그를 따르면 됩니다. 훌륭한 이를 택하여 능력에 따라 맡기지 아니하고 도리어 속리俗吏에게 맡긴다면 그들의 법도로부터 멀어져 반드시 대체大體를 잃고 말 것이며, 오직 세 척의 법률만 받들고 사해의 백성을 먹줄로 재듯하면서 손을 모은 채 무위이치無爲而治를 실행하고자 한다면 불가능할 것입니다. 그러므로 성철한 임금이 군림했을 때는 풍속을 바꾸기에 엄하고 날카로운 법을 바탕으로 하지 아니하고 인의로써 하였을 뿐이었습니다. 고로 인仁이 아니면 널리 펼 수가 없고 의義가 없이는 자신을 바르게 가질 수가 없는 것입니다. 아랫사람에게 인으로써 혜택을 베풀고 자신을 의로써 바로잡으면 그 정치는 엄하게 하지 않아도 다스려지는 것이며 그 교화는 엄숙하게 하지 않아도 성취되는 것입니다. 그렇다면 인의란 정치의 본本이며 형벌이란 다스림의 말末입니다. 그런데 다스림에 형벌이 있다는 것은 마치 수레를 모는데 채찍과 같은 것으로서 백성이 모두 그에 따라 교화되었다면 형벌은 필요 없는 것이 되며, 말의 힘이 다하였다면 비록 채찍을 휘두른다 해도 아무런 소용이 없는 것과 같습니다. 이로 말미암아 말씀드리건대 형벌은 다스림을 이룰 수 없음이 이미 역시 명확한 것입니다.

그러므로 왕부王符는 《잠부론潛夫論》에서 이렇게 말하였던 것입니다. '임금의 다스림으로서 도덕과 교화보다 큰 것은 없다. 백성에게는 성性과 정情, 교화教化와 풍속風俗이 있다. 정과 성이란 마음이며, 근본이다. 교화와 풍속이란 행동이며 말단이다. 이로써 고대 군주가 세상을 어루만짐에는 그 근본을 먼저 하고 그 말단은 뒤로하였으며 그 마음을 따르고 그 행동을 실천하였다. 마음과 정이 진실로 바르다면 간특姦慝함이 생겨날 수 없고 사악한 뜻은 어디에 실려 돌아다닐 수가 없게 된다. 이 까닭으로 고대 성인은 백성의 마음을 다스리는 데에 힘을 쏟지 않은 경우가 없었다. 그리하여 공자는 「송사를 처리하는 것은 나라고 다른 사람과 다를 것이 없으나 꼭 이루고 싶다면 송사가 아예 없도록 하는 것이로다!」라 하였으니 이는 예로써 인도하여 그 성품을 후박하게 하며 그 정을 밝혔던 것이다. 백성이 서로 사랑하게 되면 서로 상해를 입힐 뜻을 갖지 않게 되며, 행동에 의를 생각한다면 간사한 마음을 품지 않게 된다. 이와 같이 되는 것은 율령律令으로써 되는 것이 아니며 이는 바로 교화로써 되는 것이다. 성인은 이토록 덕과 예를 존중하고 형벌을 낮게 보았으니 그 때문에 순임금은 먼저 설契에게 공경히 오교五教로써 할 것을 칙명으로 내렸고 그 뒤에 구요咎繇를 임명하여 오형五刑으로써 하도록 하였다. 무릇 법을 정하는 것은 백성의 단점을 맡아 그 과오를 주벌하기 위한 것이 아니라 간악함을 방지하고 그들이 빠질 화환에서 구제하는 것이며 음사淫邪를 검사하여 정도正道로 들어오게 하기 위한 것이다. 백성이 그 좋은 교화를 입게 되면 사람에게는 사군자士君子의 마음이 들어서게 되고 악한 정치에 얽매이게 되면 사람들은 간란姦亂의 생각을 품게 된다. 그러므로 교화를 잘 받은 백성은 마치 음식 만드는 자에게 있어서의 누룩이나 된장과 같은 것이 된다. 온 천지 육합六合의 백성들이 모두 그릇을 덮는 헝겊이 되고, 천하의 검수黔首는 콩이나 밀기울 같이 되어 발효되어 그렇게 되는 것은 장인이 그렇게 만들어 주어서 되는 것이다! 이들이 훌륭한 관리를 만나면 충신忠信을 품고 인후仁厚를 실천할 것이지만 만약 악한 관리를 만나면 간사하고 사악한 마음을 품고 천박한 짓을 하게 될 것이다. 충후가 쌓이면 태평을 이룰 것이요 천박함이 쌓이면 위망危亡을 불러올 것이다. 이 까닭으로 성제聖帝와 명왕明王은 모두가 덕화를 돈독히 하고 위엄의 형벌은 박하게 여겼던 것이다. 덕이란 자신을 따르기 위한 것이요 위엄이란 남을 다스리기 위한 것이다. 백성이 세상에 태어남은 오히려 쇠붙이가 용광로에서 녹고 있는 것과 같아 그 모나거나 둥글거나 얇거나 두꺼운 정도는 그 녹여 붓는 틀을 따르는 것이다! 이 까닭으로 세상의 선악과 풍속의 후박厚薄 여부는 모두가 임금에게 달린 것이다. 세상의 군주가 능히 온 우주 안과 세상 모든 사람들로 하여금 충의 정을 느끼게 하고, 천박한 악을 갖지 않도록 하여 각기 공정한 마음을 받들고 간험한 생각을 없이 한다면 잘 익은 술과 같은 풍속이 다시 여기에 드러나게 될 것이다.'

그 뒤의 왕들은 비록 아직 이를 준행하지는 못했다 해도 오로지 인의를 숭상하고 형벌에는 신중히 하여 긍휼히 여기며 애경哀敬에는 사사로움이 없었던 것입니다. 그래서 관자管子는 '성군은 법에 맡겼지 지혜에 맡기지 않았으며, 공公에 맡겼지 사私에 맡기지는 않았다'라 하였으니 그 때문에 천하에 왕 노릇을 할 수 있었고 나라를 다스릴 수 있었던 것입니다.

정관 초기에 폐하께서는 뜻을 공도公道에 두시고 백성이 법을 범하는 일이 있으면 일일이 법으로 처리하셨습니다. 비록 그 사안에 의해서 처단하기도 하고 혹 경중을 두기도 하였습니다. 다만 신하들의 논쟁을 만나면 기쁜 마음으로 받아들이지 않은 적이 없었습니다. 백성들은 죄에 사사로움이 없다는 것을 알았기 때문에 달게 이를 받아들이고 원망이 없었으며, 신하들은 자신들의 말이 폐하의 뜻을 거스르지 않았다고 여겨 있는 힘을 다해 충성을 바쳤던 것입니다. 그런데 근년에 이르러 폐하의 의지가 점차 심각해져서 비록 삼면을 열어 놓은 그물일지라도 자세히 살펴 못 안에 갇힌 물고기를 보듯이 하고 취사를 애증에 따라 선택하며 경중을 희로에 따라 결정합니다. 사랑하는 자에게는 죄가 비록 무겁다 해도 억지로 변호하는 말을 만들어 내고, 미워하는 자의 경우 비록 그 죄가 작다 해도 깊이 그 내용을 파고드십니다.

법에는 정해진 형량이 없고 뜻에 맞추어 경중이 결정되며, 사람이 논리를 고집하면 이를 아부나 거짓이 아닌가 의심을 하십니다. 그러므로 벌을 받은 자는 어디에 호소할 데가 없게 되었고 판결을 맡은 법관은 감히 바른말을 할 수가 없습니다. 마음에 굴복을 시키지 못하면서 하고 싶은 말을 다하라 하지만 죄를 더 가중시키고자 하는 쪽에서야 무슨 말인들 못하겠습니까? 또 오품五品 이상으로서 죄를 범한 자는 모조리 조사曹司에서 보고를 올리도록 명하십니다. 이는 본래 그 정황을 살려 그 일이 있게 된 정상을 두고 불쌍히 여기고자 하는 것이었는데 지금은 그 작은 일조차 파고들어 그 죄를 더 중하게 하고자 하는 것이 되어, 그 구성원들로 하여금 서로 공격하여 깊은 원한을 갖지 않으면 어쩌나 하는 것이 되고 말았습니다. 한 가지 사안은 두 조항에 겹쳐서는 안 되는데 이를 법 밖에서까지 구하여 벌을 가중시키는 예가 열에 여섯 일곱은 되니 그 때문에 법을 어긴 자는 임금이 이를 알면 어쩌나 하고 겁을 내어 사법부의 판결로 끝나기만 하면 이를 큰 행운으로 여기고 있습니다. 남의 사사로운 작은 과실을 고발하기가 그치지 아니 하고 그 사안을 두고 끝까지 가 보겠다는 사례가 수그러들지 아니하여 임금은 위에서 사사롭게 생각하고 신하는 아래에서 간악한 짓을 저지르고 있습니다. 그리하여 미세한 과실도 찾아내느라 대체大體를 잊고 있으며 하나의 벌을 시행하느라 간악한 자들이 무리 지어 일어나고 있습니다. 이는 공평한 도리를 위배하는 것이며 순임금이 죄인을 보고 울었던 덕을 허물어뜨리는 것이니 이렇게 되고도 백성이 화합을 이루고 송사가 숙여 들기를 바란다면 이는 불가능한 일입니다.

그러므로 두서杜恕의 〈체론體論〉에는 이렇게 말한 것입니다.

'무릇 음일淫泆과 도절盜竊은 백성들이 미워하는 바로서 나는 백성의 뜻에 따라 이들을 형벌로 처리한다. 비록 그 형벌이 과도하다 해도 백성들이 나를 두고 포악하다 여기지 않는다면 이는 내가 공公의 마음으로써 했기 때문이리라. 원녀怨女와 광부曠夫, 그리고 굶주림은 역시 백성들이 모두 불쌍히 여기는 것으로서 어쩔 수 없이 잘못하여 이를 어기고 죄에 빠진 경우가 있다면 나는 관용을 베풀어 용서한다. 백성들이 이를 두고 나를 편파적인 자로 여기지 아니하면 역시 이는 공公이다. 내가 무거운 판결을 내리는 것은 백성이 싫어하는 것들이며 내가 가볍게 판결하는 것은 백성들이 불쌍히 여기는 것들이다. 이 까닭으로 가벼운 상을 주어도 선행이 권면되고 형벌을 가볍게 줄여 주어도 간악함이 금지되는 것이다.'

　이로써 말씀을 드린다면 법에 있어서 공정함으로 하면 되지 못할 것이 없으니 지나치게 가볍게 처리해도 역시 가합니다. 그러나 사사롭게 법을 집행한다면 비록 아무리 가볍게 한다 해도 마구 간사함을 부릴 것이요, 지나치게 무겁게 하면 선善에 손상을 주기 때문에 성인은 법에 있어서 공정함을 다하면서도 오히려 그것만으로는 미흡한 것이 있을까 하여 교화로써 이들을 구제하였으니 이것이 상고시대 힘을 기울였던 부분입니다. 그러나 그 뒤의 판결을 맡은 자는 그렇게 하지 못하였습니다. 아직 죄인을 신문하기 전이라면 그에 앞서 그 의도를 정해 놓고 이미 신문을 시작하였다면 정해진 의도대로 이를 몰고 가며 이렇게 하는 것을 능한 것이라 여겼습니다. 그런가 하면 판결의 이유를 탐구해보지도 않은 채 생짜로 분석을 해서 임금의 뜻에 맞추어 이를 결정하며 이를 두고 충성이라 여겼습니다. 그들이 이렇게 관직에 임하는 것이 곧 능력이요 이렇게 임금을 모시는 것이 곧 충성이라 여긴다면 명분과 이익이 그에 따라 수시로 변하게 마련이며 죄인을 몰아 함정에 빠뜨리는 것이 되고 맙니다. 그렇게 하고도 치도와 교화가 융성하기를 바라는 것은 역시 어려운 일입니다.

　무릇 재판을 담당하고 감옥을 다스림에는 모름지기 부자지친父子之親을 근본으로 하고 군신지의君臣之義를 세우며, 저울의 경중에 대한 질서를 바로잡고 물건의 깊이를 바르게 재는 것입니다. 총명을 모두 동원하고 충성과 사랑을 이루어야 하며 의심스러운 부분이 있으면 여러 사람들과 공동으로 의견을 모아야 합니다. 그래도 의심스러우면 벌이 가벼운 쪽으로 선택하여 따르는 것이니 이는 법을 신중히 하고자 함입니다. 그래서 순임금은 구요에게 '네가 법관이 되었으니 오직 형벌은 긍휼히 여김을 기본으로 하라'라고 명하였던 것입니다. 그리고 다시 삼신三訊

제도까지 두어 모든 이들이 타당하다고 한 연후에야 판결을 내렸던 것입니다. 이로써 법이란 인정을 참작한 것이니 그 때문에 《춘추전春秋傳》에는 '크고 작은 판결은 비록 능히 잘 살피지 못할지라도 반드시 인정으로 하라'라고 하였습니다. 그런데 세속의 어리석음에 얽매인 가혹하고 각박한 관리는 여기에서 말한 정을 뇌물을 받는 것이라 여기며 그에 따라 애증을 결정하여 친척은 우대하고 원수는 함정에 빠뜨리고 있습니다. 어찌 이처럼 세속의 관리가 보는 사정이란 것이 옛 사람들이 생각하는 것과 이렇게도 멀까요? 유사有司는 이런 정으로 여러 다른 관리를 의심하고 임금은 이러한 정으로써 유사를 의심하니 임금과 신하 위아래 모두가 서로 의심을 하고 있는 것입니다. 이렇게 하고도 그들이 충성을 다하고 절의를 세우기란 어려운 것입니다.

무릇 재판을 처리하는 정이란 반드시 어떤 일을 범했는가에 근본을 두고 위주로 삼아야 합니다. 엄한 신문이 있어서도 안 되며, 관련 없는 일로 괴롭혀서도 안 되며, 많은 단서를 들이대는 것을 중시해서도 안 되며 오직 그 일에 대해서만 총명함과 명확함을 가지고 해야 합니다. 그리하여 법을 정확히 하여 탄핵을 끌어내며 그 변론을 종합하여 참작하되 사실을 찾기 위한 것이어야지 사실을 거짓으로 수식하기 위한 것이어서는 안 됩니다. 다만 종합하고 바르게 들으려는 태도만 가지고 있어야지 옥리獄吏로 하여금 자신의 능력을 단련하여 논리를 내세워 그 주장을 수식하는 수단이 되도록 해서도 안 됩니다. 공자는 '옛날의 재판은 그를 살려주기 위한 것이었는데 지금의 재판은 그를 죽이려고 하고 있다'라 하였습니다. 따라서 범인의 말을 분석하여 법률을 파괴하며, 임의대로 사안을 만들어 이를 법으로 여기고 있으며, 옳지 못한 이론을 고집하며 그에 가중시키고 있습니다. 또 《회남자淮南子》에는 '풍수灃水의 깊이가 열 길인데 그 속에 금과 철이 들어 있다면 밖으로 그 형태가 드러날 것이다. 물이 깊고 맑지 않은 것은 아니지만 물고기나 자라가 그곳으로 모여들지 않기 때문이다'라 하였습니다. 그러므로 윗사람을 위해서 가혹하게 하는 것을 잘 살피는 것이라 여기며, 그렇게 거둔 공을 명석한 것이라 여기고, 아랫사람을 각박하게 하는 것을 충성이라 여기며, 남의 숨은 허물을 많이 찾아낼수록 공으로 여긴다면 이는 비유컨대 가죽으로 만든 넓은 방패와 같아서 크기는 크지만 쉽게 찢어지고 말 것입니다. 무릇 상이란 많이 줄수록 좋지만 벌은 가볍게 할수록 마땅한 것이니 임금이 그 후덕함을 차지하고 있는 것은 모든 왕으로서 통상적인 제도입니다. 형벌의 경중과 은혜의 후박厚薄은 이를 입는 사람에 따라 그리워하기도 하고 증오하기도 하는 것으로 그 결과를 어찌 같은 선상에 놓고 말할 수 있겠습니까! 게다가 법은 국가의 저울이며 시기에 맞추어야 할 먹줄입니다. 저울은 무게의 경중을 판별해 주고 먹줄은 금의 곡직을 정확히 해 주는 것입니다. 지금 법은 관대함과 공평함을 귀하게 여긴다면서 죄인은 엄혹하게 다스려, 희로에 따라 그 기준이 바뀌고 신분의 고하에 따라 마음대로 한다면 이는 먹줄을 버리고 금의 곡직을 바르게 하겠다는 것이요, 저울을 버리고 경중을 변별해 보겠다는 것이니 어찌 미혹한 일이 아니겠습니까? 제갈공명諸葛孔明은 작은 나라의 재상이었지만 오히려 '내 마음이 저울이니 남의 경중을 내 멋대로 할 수 없다'라 하였는데 하물며 만승의 군주로서 집집마다 누구나 봉을 받을 정도로 덕행을 닦고 있는 태평시대에 어찌 임의로 법을 버리고 백성에게 원망을 사는 일을 하겠습니까?

또 폐하께서는 때로 사소한 일이라 남이 몰라주었으면 할 때는 갑자기 노기를 드러내어 비방과 의논을 막으려 하십니다. 만약 옳은 일을 하셨다면 이것이 밖으로 알려진들 무슨 손상이 있겠습니까? 그러나 만약 그릇된 일을 하셨다면 비록 이를 덮어 둔다 한들 무슨 이익이 되겠습니까? 그 때문에 속담에 '남이 알지 않기를 바란다면 그런 일을 하지 않는 것이 최상이요, 남이 듣지 않기를 바라는 말이라면 그런 말을 하지 않느니만 못하다'라 한 것입니다. 일을 저질러 놓고 남이 알지 않았으면 하고, 말을 해 놓고 남이 듣지 않았으면 한다면 이는 참새를 잡고자 하면서 눈을 가리고, 종을 훔치면서 귀를 막는 것과 같으니 단지 비웃음만 살 뿐 무슨 도움이 되겠습니까?

제가 또 듣기로 항상 혼란하기만 한 나라란 없으며 다스릴 수 없는 백성이란 없다 하더이다. 무릇 임금의 선악이란 교화가 후한가 박한가에 달려 있는 것이니 그 때문에 우탕禹湯은 이로써 다스려졌고 걸주桀紂는 이로써 혼란을 불러왔으며, 문무文武는 이로써 편안함을 얻었고 유려幽厲는 이로써 위험을 자초하였다 하였습니다. 이 까닭으로 옛날 명철한 임금은 모든 것을 자신의 탓으로 돌렸지 남을 탓하지 않았고, 자신에게 요구하였지 아랫사람에게 책임을 돌리지 않았습니다. 그러므로 '우임금과 탕 임금은 자신에게 죄가 있다고 하였기에 그토록 발흥할 수 있었고 걸주는 남에게 죄를 돌렸기에 그렇게 갑자기 망하고 만 것이다'라 하였습니다. 이렇게 일을 저질러 놓고 끝없이 자신의 죄를 미룬다면 측은지정惻隱之情을 깊이 허물어뜨리는 것이며 실제로 간사한 자의 길을 열어 주는 것입니다. 한나라 때 온서溫舒는 자신이 지난날 저지른 일을 후회하였고, 저 역시 지금 일어나는 일에 대하여 안타깝게 생각합니다. 사람의 마음에 은혜를 베풀지 못하면서 형벌이 버려진 채 사용되지 않는다는 말은 들어 보지 못하였습니다.

제가 듣기로 요임금은 마음 놓고 간언할 수 있는 북을 만들어 놓았고, 순임금은 자신을 비방할 수 있는 나무를 세워 놓았으며, 탕 임금은 자신의 잘못을 담당하는 사관을 세워 놓았으며, 무왕은 자신을 경계하는 명문銘文을 새겨 놓았다 합니다. 이는 아직 형성되지 않은 사실을 듣고자 한 것이요 아직 나타나지 않은 일을 찾으려 한 것입니다. 마음을 비워 아랫사람을 대우함으로써 아랫사람의 사정이 위로 통하기를 바란 것이요, 이로써 상하가 사사로움을 없이하여 임금과 신하가 덕을 합한 것입니다. 위魏 무제武帝 조조曹操는 '덕이 있는 군주는 귀에 거슬리는 말을 듣기를 좋아하고, 자신의 얼굴을 붉히도록 하는 간쟁을 즐겨 들으며, 충신을 친히 여기고 간언하는 선비를 후히 대접하며 중상모략하고 간특한 자를 배척하여 참녕한 자를 멀리하나니 진실로 자신을 온전히 하고 나라를 보위하여 멸망으로부터 멀리 피해 가는 자이다'라고 하였습니다. 무릇 모든 군왕 그 누군들 그 시기에 응하여 운세를 통어하면서 비록 아직 능히 상하가 사사롭게 하지 못하고 임금과 신하가 덕을 합치지 아니하더라도 자신을 보전하고 나라를 보위하여 멸망으로부터 멀리 피하고 싶어 하지 않는 자가 있겠습니까? 그러니 자고로 성철한 임금으로서 공을 이루고 사업을 성취시킨 자는 한마음을 바탕으로 하지 아니하거나 내게 잘못이 있으면 너는 보필로서 고쳐 주어야 한다는 말에 의지하지 아니한 자는 없습니다.

옛날 정관 초기에는 폐하께서는 온몸을 기울여 행동을 바로 닦았고 겸양을 다하여 남의 말을 귀담아 들었습니다. 그리하여 좋은 말을 들으면 반드시 고쳤고 때에 따라 작은 허물만 있어도 충간을 받아들이셨으며, 매번 직언을 들을 때마다 얼굴에 즐거운 표정을 지으셨습니다. 그 때문에 충렬忠烈한 자들이 누구나 그 하고 싶은 말을 다 할 수 있었습니다. 그런데 근년에 들어서 해내에 걱정거리가 없어지고 먼 이민족도 겁을 내어 복종해 오자 거만한 뜻이 차고 넘쳐 처음 먹었던 마음과 달라지고 말았습니다. 사악한 자는 질색이라 소리쳐 말하면서 실제로는 임금의 뜻에 순종하는 말을 즐겨 듣고, 말은 충직해야 한다고 헛되이 들먹이면서 실제로는 귀에 거슬리는 말은 불쾌히 여기십니다. 사폐私嬖의 지름길은 점차 열리고 지공至公의 바른길은 날로 막혀 길가는 그 누구도 모두 이를 알게 되었습니다. 나라의 흥쇠興衰는 실로 이런 길로 말미암는 것입니다. 임금의 높은 자리에 있는 자로서 어찌 이에 힘쓰지 않을 수 있겠습니까?

저는 수년 동안 매번 폐하의 명석한 뜻을 받들면서 신하들이 속에 있는 말을 다하려 들지 않음에 대하여 깊이 두려워합니다. 제가 간절히 생각하건대 근래 혹 어떤 이가 글을 올려 옳을 수도 있고 그를 수도 있는 일에서 폐하께서는 오직 그 단점만 말씀하시면서 그 장점을 갈하는 것을 보지 못하였습니다. 또 폐하께서 높은 자리에 임하시니 용린龍鱗을 범하기 어려운 터에 경황이 없는 상황에서 감히 있는 말을 다하지 못하며, 때에 따라 진술할 것이 있다 해도 능히 그 뜻을 다 갈하지 못합니다. 다시 충정을 다해야겠다고 생각하지만 그 기회를 찾지 못하고 있습니다. 게다가 드린 말씀이 이치에 합당하다 해도 꼭 총애나 상을 받는다는 법도 없고, 혹 폐하의 뜻을 거역하기라도 하면 장차 치욕이 뒤를 따를 것임에 능히 신하로서의 절의를 다할 수가 없음은 바로 여기에서 비롯되는 것입니다. 비록 좌우의 가까운 신하들이 조석으로 계단에 서서 대기하고 있지만 일에 혹 폐하의 얼굴을 범하는 경우가 생기면 어쩌나 하고 모두가 서로 쳐다보기 바쁩니다. 하물며 폐하와 소원하여 접근하기조차 어려운 사람이라면 장차 어찌 그 충관忠款을 끝까지 해볼 수가 있겠습니까? 또 혹 때에 따라서는 폐하께서는 '신하로서 일이 생기면 단지 말로만 해 주면서 어찌 나에게 그 말을 즉시 채용해 주기를 바라는가?'라고 선언하시니, 이는 간언을 거절하겠다는 말이며 진실로 충언을 받아들이지 않겠다는 뜻입니다. 어떻게 이렇게 말할 수 있느냐구요? 폐하의 엄한 얼굴을 범하면서 가히 고칠 수 있다고 일러 주는 것은 폐하로 하여금 아름다움을 이루고 폐하의 과실을 바로잡아 주기 위함입니다. 그런데 만약 폐하께서 들으시고 의혹을 가진 채 그 일을 실행하지 않으면서 신하로 하여금 충당忠讜한 말을 다 올리고, 고굉股肱으로서의 힘을 다하라 하신다면 그들은 오히려 그러한 일에 임할 때면 두려움을 느끼며 자신의 성실함을 다 바치려 들지 않게 됩니다. 그런데 만약 폐하께서 조칙에 말한 대로 하되 곧바로 앞에서 순종하기를 바라면서 다시 하고 싶은 말을 했다고 책망을 하신다면 신하로서 무엇을 근거로 진퇴를 결정할 수 있겠습니까? 신하로 하여금 반드시 간언을 하도록 하는 것은 폐하께서 그렇게 하는 것을 좋아하는 데에 있을 뿐입니다. 그 때문에 제齊 환공桓公이 보라색 옷 입기를 좋아하자 그 나라 경내에 다른 색깔의 옷을 입는 자가 없었고, 초楚 영왕靈王이 허리가 가는 여자를 좋아하자 후궁들이 거의 굶어죽었던 것입니다. 무릇 군주가 이목으로 느끼는 즐거움에 대하여 백성은 죽음으로도 흉내를 내게 마련인데, 하물며 성명聖明한 군주가 충정忠正한 선비를 찾는다면 천리 밖에서 이에 응할 것임은 진실로 어려운 일이 아닙니다. 만약 한갓 말로만 그렇게 하면서 안으로 그 실질이 없다면 그들이 다가오기를 아무리 기다린다 해도 불가능할 것입니다."

「臣聞道德之厚, 莫尚於軒·唐; 仁義之隆, 莫彰於舜·禹. 欲繼軒·唐之風, 將追舜·禹之跡, 必鎭之以道德, 弘之以仁義, 擧善而任之, 擇善而從之. 不擇善任能, 而委之俗吏, 旣無遠度, 必失大體, 惟奉三尺之律, 以繩四海之人, 欲求垂拱無爲, 不可得也. 故聖哲君臨, 移風易俗, 不資嚴刑峻法, 在仁義而已. 故非仁無以廣施, 非義無以正身. 惠下以仁, 正身以義, 則其政不嚴而理, 其教不肅而成矣. 然則仁義, 理之本也; 刑罰, 理之末也. 爲理之有刑罰, 猶執御之有鞭策也, 人皆從化, 而刑罰無所施; 馬盡其力, 則有鞭策無所用. 由此言之, 刑罰不可致理, 亦已明矣. 故《潛夫論》曰: 『人君之治莫大於道德教化也. 民有性·有情·有化·有俗. 情性者, 心也, 本也; 化俗者, 行也, 末也. 是以上君撫世, 先其本而後其末, 順其心而履其行. 心情苟正, 則姦慝無所生, 邪意無所載矣. 是故上聖無不務治民心, 故曰: '聽訟, 吾猶人也, 必也無使訟乎!' 道之以禮, 務厚其性而明其情. 民相愛, 則無相傷害之意; 動思義, 則無畜姦邪之心. 若此, 非律令之所理也, 此乃教化之所致也. 聖人甚尊德禮而卑刑罰, 故舜先敕契以敬敷五教, 而後任咎繇以五刑也. 凡立法者, 非以司民短, 而誅過誤也, 乃以防奸惡, 而救禍患, 檢淫邪, 而內正道. 民蒙善化, 則人有士君子之心; 被惡政, 則人有懷姦亂之慮. 故善化之養民, 猶工之爲麯蘖也. 六合之民, 猶一麕也, 黔首之屬, 猶豆麥也, 變化云爲, 在將者耳! 遭良吏, 則懷忠信而履仁厚; 遇惡吏, 則懷姦邪而行淺薄. 忠厚積, 則致太平; 淺薄積, 則致危亡. 是以聖帝明王, 皆敦德化而薄威刑也. 德者, 所以循已也, 威者, 所以治人也. 民之生也, 猶鑠金在爐, 方圓薄厚, 隨鎔制耳! 是故世之善惡, 俗之薄厚, 皆在於君. 世之主誠能使六合之內·擧世之人,感忠厚之情而無淺薄之惡, 各奉公正之心, 而無姦險之慮, 則醇釀之俗, 復見於玆矣.』

後王雖未能遵, 專尙仁義, 當愼刑卹典, 哀敬無私, 故管子曰: 『聖君任法不任智, 任公不任私.』故王天下, 理國家.

貞觀之初, 志存公道, 人有所犯, 一一於法. 縱臨時處斷或有輕重, 但見臣下執論, 無不忻然受納. 民知罪之無私, 故甘心而不怨; 臣下見言無忤, 故盡力以效忠. 頃年以來, 意漸深刻, 雖開三面之網, 而察見淵中之魚, 取捨在於愛憎, 輕重由乎喜怒. 愛之者, 罪雖重而强爲之辭; 惡之者, 過雖小而深探其意. 法無定科, 任情以輕重; 人有執論, 疑之以阿僞. 故受罰者無所控告, 當官者莫敢正言. 不服其心, 但窮其口, 欲加之罪, 其無辭乎? 又五品已上有犯, 悉令曹司聞奏. 本欲察其情狀, 有所哀矜; 今乃曲求小節, 或重其罪, 使人攻擊惟恨不深. 事無重條, 求之法外所加, 十有六七, 故頃年犯者懼上聞, 得付法司, 以爲多幸. 告訐無已, 窮理不息, 君私於上, 吏姦於下, 求細過而忘大體, 行一罰而起衆姦, 此乃背公平之道, 乖泣辜之意, 欲其人和訟息, 不可得也.

故〈體論〉云: 『夫淫泆盜竊, 百姓之所惡也, 我從而刑罰之, 雖過乎當, 百姓不以我爲暴者, 公也. 怨曠飢寒, 亦百姓之所惡也, 遁而陷之法, 我從而寬宥之, 百姓不以我爲偏者, 公也. 我之所重, 百姓之所憎也; 我之所輕, 百姓之所憐也. 是故賞輕而勸善, 刑省而禁姦.』由此言之, 公之於法, 無不可也, 過輕亦可; 私之於法無可也, 過輕則縱姦, 過重則傷善, 聖人之於法也公矣, 然猶懼其未也, 而救之以化, 此上古所務也. 後之理獄者則不然: 未訊罪人, 則先爲之意; 及其訊之, 則驅而致之意, 謂之能; 不探獄之所由, 生爲之分, 而上求人主之微旨以爲制, 謂之忠, 其當官

也能, 其事上也忠, 則名利隨而與之, 驅而陷之, 欲望道化之隆,
亦難矣.

　凡聽訟理獄, 必原父子之親, 立君臣之義, 權輕重之序, 測淺
深之量. 悉其聰明, 致其忠愛, 疑則與衆共之. 疑則從輕者, 所以
重之也, 故舜命咎繇曰: 『汝作士, 惟刑之恤.』又復加之以三訊,
衆所善, 然後斷之. 是以爲法, 參之人情, 故《傳》曰: 『大小之獄,
雖不能察, 必以情.』而世俗拘愚苛刻之吏, 以爲情也者取貨者也,
立愛憎者也, 右親戚者也, 陷怨讎者也. 何世俗小吏之情, 與夫
古人之懸遠乎? 有司以此情疑之群吏, 人主以此情疑之有司,
是君臣上下通相疑也, 欲其盡忠立節, 難矣.

　凡理獄之情, 必本所犯之事以爲主, 不嚴訊, 不旁求, 不貴多端,
以見聰明, 故律正其擧劾之法, 參伍其辭, 所以求實也, 非所以飾
實也, 但當參伍明聽之耳, 不使獄吏鍛鍊飾理成辭於手. 孔子曰:
『古之聽獄, 求所以生之也; 今之聽獄, 求所以殺之也.』故柝言以
破律, 任案以成法, 執左道以必加也. 又《淮南子》曰: 『澧水之深
十仞, 金鐵在焉, 則形見於外. 非不深且清, 而魚鱉莫之歸也.』
故爲上者以苛爲察, 以功爲明, 以刻下爲忠, 以訐多爲功, 譬猶
廣革, 大則大矣, 裂之道也. 夫賞宜從重, 罰宜從輕, 君居其厚,
百王通制. 刑之輕重, 恩之厚薄, 見思與見疾, 其可同日言哉!
且法, 國之權衡也, 時之準繩也. 權衡所以定輕重, 準繩所以正
曲直. 今作法貴其寬平, 罪人欲其嚴酷, 喜怒肆志, 高下在心,
是則捨準繩而正曲直, 棄權衡而定輕重者也. 不亦惑哉? 諸葛
孔明, 小國之相, 猶曰: 『吾心如秤, 不能爲人作輕重.』況萬乘
之主, 當可封之日, 而任心棄法, 取怨於人乎?

　又時有小事, 不欲人聞, 則暴作威怒, 以弭謗議. 若所爲是也,

聞於外, 其何傷? 若所爲非也, 雖掩之, 何益? 故諺曰:『欲人不知,
莫若不爲; 欲人不聞, 莫若勿言.』爲之而欲人不知, 言之而欲人
不聞, 此猶捕雀而掩目, 盜鐘而掩耳者, 只以取誚, 將何益乎?

臣又聞之, 無常亂之國, 無不可理之民者. 夫君之善惡由乎化
之薄厚, 故禹湯以之理, 桀紂以之亂; 文武以之安, 幽厲以之危.
是以古之哲王, 盡己而不以尤人, 求身而不以責下. 故曰:『禹湯
罪己, 其興也勃焉; 桀紂罪人, 其亡也忽焉.』爲之無已, 深乖惻隱
之情, 實啓姦邪之路. 溫舒恨於曩日, 臣亦欲惜不用, 非所不聞也.

臣聞堯有敢諫之鼓, 舜有誹謗之木, 湯有司過之史, 武有戒
身之銘. 此則聽之於無形, 求之於未有, 虛心以待下, 庶下情之
達上, 上下無私, 君臣合德者也. 魏武帝云:『有德之君樂聞逆
耳之言, 犯顏之諍, 親忠臣, 厚諫士, 斥讒慝, 遠佞人者, 誠欲全身
保國, 遠避滅亡者也.』凡百君子, 膺期統運, 縱未能上下無私,
君臣合德, 可不全身保國, 遠避滅亡乎? 然自古聖哲之君, 功成
事立, 未有不資同心, 予違汝弼者也.

昔在貞觀之初, 側身勵行, 謙以受物. 蓋聞善必改, 時有小過,
引納忠規, 每聽直言, 喜形顏色. 故凡在忠烈, 咸竭其辭. 自頃年
海內無虞, 遠夷慴服, 志意盈滿, 事異厥初. 高談疾邪, 而喜聞順
旨之說; 空論忠讜, 而不悅逆耳之言. 私嬖之徑漸開, 至公之道
日塞, 往來行路, 咸知之矣. 邦之興衰, 實由斯道. 爲人上者,
可不勉乎?

臣數年以來, 每奉明旨, 深懼群臣莫肯盡言. 臣切思之, 自比
來人或上書, 事有得失, 惟見述其所短, 未有稱其所長. 又天居
自高, 龍鱗難犯, 在於造次, 不敢盡言, 時有所陳, 不能盡意,
更思重竭, 其道無因. 且所言當理, 未必加於寵秩, 意或乖忤,

將有恥辱隨之, 莫能盡節, 實由於此. 雖左右近侍, 朝夕皆摩,
事或犯顏, 咸懷顧望. 況疏遠不接, 將何以極其忠款哉? 又時或
宣言云:『臣下見事, 只可來道, 何因所言, 卽望我用?』此乃拒
諫之辭, 誠非納忠之意. 何以言之? 犯主嚴顏, 獻可替否, 所以
成主之美, 匡主之過. 若主聽則惑, 事有不行, 使其盡忠讜之言,
竭股肱之力, 猶恐臨時恐懼, 莫肯效其誠款. 若如明詔所道, 便是
許其面從, 而又責其盡言, 進退將何所據? 欲必使乎致諫, 在乎
好之而已. 故齊桓好服紫, 而合境無異色; 楚王好細腰, 而後宮
多餓死. 夫以耳目之玩, 人猶死而不違, 況聖明之君求忠正之士,
千里斯應, 信不爲難. 若徒有其言, 而內無其實, 欲其必至, 不可
得也.」

【臣聞】 이 글은 魏徵의 〈理獄聽諫疏〉이며 貞觀 11년(637)에 태종에게 상소한
  것임.
【軒唐】 黃帝 軒轅氏와 陶唐氏 堯임금을 말함.
【三尺之律】 고대 법 조문을 세 치의 죽간에 기록하였음.
【垂拱】 옷을 늘어뜨리고 손을 모아 단정히 하면서 無爲而治를 실행함.
【潛夫論】 東漢 王符가 지은 政論書. 10권 36편으로 되어 있음. 본문에 인용된
  내용은 〈德化篇〉에 실려 있음.
【聽訟】《論語》顏淵篇에 “子曰:「聽訟, 吾猶人也. 必也使無訟乎!」"라 함.
【契】 商族의 시조. 禹를 도와 치수에 공이 있었으며 舜임금이 司徒로 삼아 교화를
  책임지도록 하였음.《史記》殷本紀 참조.
【五敎】 五倫을 말함.《孟子》滕文公(上)에 “人之有道也, 飽食煖衣, 逸居而無敎,
  則近於禽獸. 聖人有憂之; 使契爲司徒, 敎以人倫: 父子有親, 君臣有義, 夫婦有別,
  長幼有序, 朋友有信"이라 함.
【咎繇】 皐陶. 東夷族의 영수였으며 舜임금에게 발탁되어 刑法을 맡아 관장함.
  《尙書》皐陶謨 참조.
【五刑】 고대 형벌의 종류. 墨, 劓, 剕, 宮, 大辟을 말함.

【麴豉】누룩과 된장. '豉'는 '시'로 읽음. 발효 酵母를 뜻함.《齊民要術》에 "作豉法, 先作暖蔭屋, 坎地深三二尺, 密泥塞戶牖, 勿今風及蟲泉入也"라 하였고, "作麥 麴法, 其房欲得板戶, 密泥塗之"라 함.

【循己】《潛夫論》德化篇에는 '脩己'로 되어 있음.

【管子】管仲. 管夷吾. 춘추시대 齊 桓公을 도와 패업을 이룸.《管子》책은 그의 정치 사상과 일화를 다룬 것으로 뒷사람이 의탁하여 지은 것임. 인용된 구절은 《管子》(45) 任法篇에 "聖君任法而不任智, 任數而不任說, 任公而不任私, 任大道 而不任小物, 然后身佚而天下治. 失君則不然, 舍法而任智, 故民舍事而好譽; 舍數而 任說, 故民舍實而好言; 舍公而好私, 故民離法而妄行; 舍大道而任小物, 故上 勞煩, 百姓迷惑, 而國家不治. 聖君則不然, 守道要, 處佚樂, 馳騁弋獵, 鍾鼓竽瑟, 宮中之樂, 無禁圉也; 不思不慮, 不憂不圖, 利身體, 便形軀, 養壽命, 垂拱而 天下治"라 함.

【深刻】형벌이 매우 엄격함을 말함.

【三面之網】湯이 들에 나섰다가 사면을 모두 그물을 치고 새를 잡는 것을 보고 한쪽을 풀어 주도록 한 일을 보고 많은 제후들이 탕의 덕행을 높이 샀다 함. 《史記》殷本紀에 "湯出, 見野張網四面, 祝曰:「自天下四方皆入吾網.」湯曰:「嘻, 盡之矣!」乃去其三面, 祝曰:「欲左, 左. 欲右, 右. 不用命, 乃入吾網.」諸侯聞之, 曰:「湯德至矣, 及禽獸.」"라 함.

【曹司】해당 관서. 여기서는 범법을 저지른 자가 소속된 부서를 말함.

【泣辜】禹임금이 밖에 나섰다가 죄인을 보고 수레에서 내려 자신의 죄라 여겨 눈물을 흘린 일.《說苑》君道篇에 "禹出見罪人, 下車問而泣之, 左右曰:「夫罪人不 順道, 故使然焉, 君王何爲痛之至於此也?」禹曰:「堯舜之人, 皆以堯舜之心爲心, 今寡人爲君也, 百姓各自以其心爲心, 是以痛之.」書曰:「百姓有罪, 在予一人.」" 이라 하였으며,《十八史略》(1)에도 "禹出見罪人, 下車問而泣曰:「堯舜之人, 以堯舜之心爲心; 寡人爲君, 百姓各自以其心爲心, 寡人痛之.」"라 함.

【體論】삼국시대 魏나라 사람 杜恕가 지은 문장.

【怨曠】怨女와 曠夫. 늙도록 시집을 가지 못한 여자와 나이가 들도록 장가를 들지 못한 남자를 일컫는 말.《孟子》梁惠王(下)에 "王曰:「寡人有疾, 寡人好色.」 對曰:「昔者, 大王好色, 愛厥妃. 詩云:『古公亶甫, 來朝走馬, 率西水滸, 至于岐下. 爰及姜女, 聿來胥宇.』當是時也, 內無怨女, 外無曠夫. 王如好色, 與百姓同之, 於王何有?」"라 함.

【汝作士】《尚書》虞書 舜典에 "帝曰:「皐陶, 蠻夷猾夏, 寇賊姦宄, 汝作士, 五刑有服, 五服三就, 五流有宅, 五宅三居, 惟明克允.」"이라 함.

【三訊】재판의 三審制度. 세 번의 심문 과정을 거쳐 죄를 확정 짓는 것. 一審은 群臣에게 묻고 이심은 群吏에게 물으며 삼심은 萬民에게 묻는 것.

【傳】《春秋傳》을 말함.《左傳》莊公 10년에 "齊師伐我. 公將戰. 曹劌請見. 其鄉人曰:「肉食者謀之, 又何間焉?」劌曰:「肉食者鄙, 未能遠謀.」乃入見, 問何以戰. 公曰:「衣食所安, 弗敢專也, 必以分人.」對曰:「小惠未徧, 民弗從也.」公曰:「犠牲·玉帛, 弗敢加也. 必以信.」對曰:「小信未孚, 神弗福也.」公曰:「小大之獄, 雖不能察, 必以情.」對曰:「忠之屬也, 可以一戰. 戰, 則請從.」公與之乘. 戰于長勺. 公將鼓之. 劌曰:「未可.」齊人三鼓. 劌曰:「可矣!」齊師敗績. 公將馳之. 劌曰:「未可.」下, 視其轍, 登軾而望之, 曰:「可矣!」遂逐齊師. 旣克, 公問其故. 對曰:「夫戰, 勇氣也. 一鼓作氣, 再而衰, 三而竭. 彼竭我盈, 故克之. 夫大國, 難測也, 懼有伏焉. 吾視其轍亂, 望其旗靡, 故逐之.」"라 함.

【左道】옳지 못한 사상이나 이론. 흔히 儒家 이외의 학술이나 사상을 말함.

【淮南子】漢나라 때 淮南王 劉安이 문객들과 함께 지은 책.《淮南鴻烈》이라고도 함. 인용된 문장은《淮南子》道應訓에 "澧水之深千仞, 而不受塵垢, 投金鐵鍼焉, 則形見於外. 非不深且淸也, 魚鼈龍蛇 莫肯之歸也. 是故石上不生五穀, 禿山不游麋鹿, 無所陰蔽隱也. 昔趙文子問於叔向曰:「晉六將軍, 其孰先亡乎?」對曰:「中行知氏.」文子曰:「何乎?」對曰:「其爲政也. 以苛爲察, 以切爲明, 以刻下爲忠, 以計多爲功. 譬之猶廓革者也. 廓之大則大矣, 裂之道也. 故老子曰:『其政悶悶, 其民淳淳, 其政察察, 其民缺缺.』」"이라 함.

【澧水】물 이름. 지금의 陝西 秦嶺에서 발원하여 渭水로 흘러드는 물.

【廣革】가죽으로 만든 아주 큰 방패나 갑옷.

【諸葛孔明】諸葛亮(191~234). 자는 孔明. 漢末 陽都人. 은거하여 스스로 밭을 갈며 자신을 管仲과 樂毅에 비교하여 사람들이 그를 臥龍先生이라 불렀음. 뒤에 蜀漢 劉備의 三顧草廬로 불려가 天下三分之策을 정하고 유비를 도와 荊州와 益州를 차지하여 吳, 蜀, 魏 삼국 정립을 이루었음. 유비의 유촉에 의해 그 아들 劉禪을 도와 〈出師表〉를 쓰고 북벌을 시도했으나 五丈原에서 생을 마침. 죽은 뒤 武鄕侯에 봉해졌으며 시호는 忠武.《三國志》(35)에 전이 있음.

【可封】堯舜 시대에는 어느 집이나 封을 받을 정도로 모두 덕행이 있었고 어질었다 함.

【諺曰】《明心寶鑑》正己篇에 "老子曰:「欲人不知, 莫若無爲; 欲人不言, 莫若不言.」"이라 함.

【盜鐘掩耳】 '掩耳盜鈴'과 같음. 남의 방울 훔치는 도둑이 자신의 귀를 막음. 「揜耳盜鈴」으로도 씀. 《呂氏春秋》自知篇에 「百姓有得鐘者, 欲負而走, 則鐘大不可負; 以椎毁之, 鐘況然有音, 恐人聞之而奪己也, 遽揜其耳」라 한 고사에서 비롯되었으며, 朱熹의 〈答江德功書〉에 「成書不出姓名, 以避斥民之譏, 此與掩耳盜鈴之見何異?」라 함. 《增廣賢文》에도 "護疾忌醫, 掩耳盜鈴"이라 함.

【無常亂之國, 無不可理之民】《說苑》尊賢篇에 "故無常安之國, 無恒治之民; 得賢者則安昌, 失之者則危亡, 自古及今, 未有不然者也. 明鏡所以照形也, 往古所以知今也, 夫知惡往古之所以危亡, 而不務襲迹於其所以安昌, 則未有異乎却走而求逮前人也, 太公知之, 故擧微子之後而封比干之墓, 夫聖人之於死尙如是其厚也, 況當世而生存者乎! 則其弗失可識矣"라 하였고 《大戴禮記》保傳篇에도 "故無常安之國, 無宜治之民, 得賢者安存, 失賢者則危亡, 自古及今, 未有不然者也. 明鏡者, 所以察形也; 往古者, 所以知今也"라 함. 한편 《韓詩外傳》(5)에는 "昔者, 禹以夏王, 桀以夏亡. 湯以殷王, 紂以殷亡. 故無常安之國, 無恒治之民, 得賢則昌, 失賢則亡. 自古及今, 未有不然者也. 夫明鏡者, 所以照形也, 往古者, 所以知今也. 夫知惡往古之所以危亡, 而不襲蹈其所以安存者, 則無以異乎卻行而求逮於前人也"라 하였으며, 같은 《韓詩外傳》(7)에도 "故無常安之國, 無恒治之民, 得賢者昌, 失賢者亡, 自古及今, 未有不然者也. 明鏡者, 所以照形也, 脩往古者, 所以知今也"라 함.

【幽厲】 주나라 때 幽王과 厲王. 모두 혼암한 폭군으로 널리 거론됨.

【禹湯罪己】《左傳》莊公 11년에 臧文仲이 魯나라 임금에게 한 말. "宋大水. 公使弔焉, 曰:「天作淫雨, 害於粢盛, 若之何不弔?」對曰:「孤實不敬, 天降之災, 又以爲君憂, 拜命之辱.」臧文仲曰:「宋其興乎! 禹·湯罪己, 其興也悖焉; 桀·紂罪人, 其亡也忽焉. 且列國有凶, 稱孤, 禮也. 言懼而名禮, 其庶乎!」旣而聞之曰公子御說之辭也. 臧孫達曰:「是宜爲君, 有恤民之心.」"이라 함.

【溫舒】 王溫舒. 西漢 때 인물. 《史記》酷吏列傳에 "溫舒頓足歎曰:「嗟乎, 令冬月益展一月, 足吾事矣!」其好殺伐行威不愛人如此. 天子聞之, 以爲能, 遷爲中尉"라 함.

【溫舒恨於曩日, 臣亦欲惜不用, 非所不聞也】 이 구절은 착간이 있거나 오류가 있음. 《貞觀政要》古寫本에는 "溫舒恨之於曩日, 臣亦欲惜於當今, 恩不結於人心而望刑措不用, 非所聞也"라 함. 이에 따라 풀이함.

【堯有敢諫之鼓】요임금은 거리에 감히 간언할 수 있는 나무를 설치하여 백성의 의견을 들었음. 《淮南子》主術訓에 "古者天子聽朝, 公卿正諫. 博士誦詩, 瞽箴師誦, 庶人傳語. 史書其過, 宰徹其膳, 猶以爲未足也. 故堯置敢諫之鼓, 舜立誹謗之木, 湯有司直之人, 武王立戒愼之鞀, 過若豪氂, 而旣已備之也"라 함.

【戒愼之銘】太公의 《丹書》에 "敬勝怠者吉, 怠勝敬者滅, 義勝欲者從, 欲勝義者凶"이라 하자 武王이 이를 듣고 근신하였다 함. 《大戴禮記》武王踐阼 참조.

【魏武帝】曹操(155~220). 자는 孟德. 어릴 때는 阿瞞으로 불렸음. 沛國 출신으로 기지와 변화는 물론 문장에도 뛰어났으며 曹丕의 아버지로 한말 세력을 키워 魏나라를 건립하는 기초를 세움. 아들 조비가 獻帝로부터 선양을 받아 武帝로 추존함. 《孫子略解》, 《兵書接要》, 《曹操集》 등이 있음. 《三國志》(1)에 紀가 있음.

【予違汝弼】'내가 위배된 일을 저지르거든 너는 나를 보필하라'라는 뜻.

【堦墀】계단. 여기서는 황제를 시종함을 말함.

【齊桓】춘추 오패의 하나인 제나라 桓公. B.C.685~B.C.643년까지 43년간 재위.

【楚王】춘추시대 楚나라 靈王을 가리킴. 허리가 가는 여자를 좋아하자 모든 여자들이 이를 따라 굶어 죽기도 하였다 함. 《韓非子》二柄篇에 "故越王好勇而民多輕死; 楚靈王好細腰而國中多餓人; 齊桓公妬而好內, 故竪刁自宮以治內; 桓公好味, 易牙蒸其子首而進之; 燕子噲好賢, 故子之明不受國"이라 함. 《墨子》兼愛篇(中)에도 실려 있음.

139(16-11)
왕이 직접 써서 내린 조서

태종은 직접 손으로 이렇게 조서를 작성하여 내렸다.

"차례로 올린 상소문의 풍유諷諭를 살펴보니 모두가 지극히 간절한 뜻이었으며 본래 그대에게 바라던 바였소. 나는 옛날 민간에 있을 때 아직 어린 시절이었으므로 사보師保의 가르침을 제대로 받지 못하였고 선달先達의 훌륭한 말을 제대로 들어 볼 수 없었소. 그러다가 수隋나라가 분란을 일으키다가 죽고 천하가 도탄에 빠져 백성들이 자신의 몸을 숨길 곳조차 없는 고통을 안타까워하였소. 나는 18세 나이에 이들을 구해 내리라 큰 뜻을 품고 분기를 일으켜 소매를 떨치고 방패와 창을 잡고 일어섰소. 그리하여 서리와 이슬을 뒤집어쓰며 동서 정벌에 나서서 하루도 한가한 날이 없었으며 어느 한 해 편안한 때가 없었소. 그러다가 하늘의 신령이 내려 왕의 자리에 앉아 국가 경영의 책략을 짜게 되었으며 의기義旗가 향하는 곳이면 어디나 닿는 대로 평정되었소. 약수弱水와 유사流沙의 먼 곳까지도 외교 사신이 통하게 되었고, 피발좌임被髮左衽의 미개지도 모두 의관衣冠을 갖춘 지역으로 변모시켰소. 정삭正朔의 책력도 널리 퍼져 아무리 먼 곳이라도 이르지 않은 곳이 없소. 공경스럽게 보력寶曆을 받아 제왕의 업무를 수행하되 손을 공손히 잡고 무위이치無爲而治로 다스려 세상의 먼지가 가라앉게 된 것이 이에 10여 년이 되어 가고 있소. 이는 대체로 고굉股肱들이 장막 안에서 모책을 다 짜내고 조아爪牙가 웅비熊羆의 힘을 다하였으며, 덕을 모아 한 마음으로 하였기에 여기에 이른 것일 것입니다. 스스로 재능이 적고 박덕한데도 이러한 복을 두텁게 누리고 있다고 여겨 매번 큰 신기神器를 어루만질 때마다 그 책임이 막중함을 우려하며, 항상 만기萬機가 엉성하여 사방의 총명한 의견을 듣지 못하면 어쩌나 전전긍긍하면서 밤이면 앉아서 아침을 기다리고 있을 정도라오. 그리하여 공경公卿들과 심지어 노예들에게도 물어 오로지 순수한 마음으로 끌고 나가고 있다오. 이리하여 명석한 이들의 도움으로 한 번의 행동일지라도 종석鐘石에 기록되며, 풍속을 순박하게 한 지극한 덕이 영원히 죽백竹帛에 기록되어 전해지되 그 큰 이름이 널리 퍼져 항상 가장 훌륭했다는 칭송을 듣기를 바라고 있소. 나는 재덕이 갖추어지지 못하여 지난 시대에 미치지 못함을 부끄럽게 여기고 있다오. 만약 배와 노가 없다면 저 큰물을 어찌 건널 수 있겠소? 마찬가지로 소금과 매실에 의지하지 않으면 어찌 오미五味의 조화를 이룰 수 있겠소?"

그리고 이에 비단 3백 필을 하사하였다.

太宗手詔曰:

「省前後諷諭, 皆切至之意, 固所望於卿也. 朕昔在衡門, 尚惟童幼, 未漸師保之訓, 罕聞先達之言. 值隋主分崩, 萬邦塗炭, 懍懍黔黎, 庇身無所. 朕自二九之年, 有懷拯溺, 發憤投袂, 便提干戈, 蒙犯霜露, 東西征伐, 日不暇給, 居無寧歲. 降蒼昊之靈, 稟廟堂之畧, 義旗所指, 觸向平夷. 弱水・流沙, 並通輶軒之使; 被髮左衽, 皆爲衣冠之域. 正朔所班, 無遠不屆. 及恭承寶曆, 寅奉帝圖, 垂拱無爲, 氛埃靖息, 於玆十有餘年. 斯蓋股肱馨惟幄之謀, 爪牙竭熊羆之力, 協德同心, 以致於此. 自惟寡薄, 厚享斯休, 每以撫大神器, 憂深責重, 常懼萬機多曠, 四聰不達, 戰戰兢兢, 坐以待旦. 詢於公卿, 以至隸皂, 推以赤心. 庶幾明賴, 一動以鐘石; 淳風至德, 永傳於竹帛. 克播鴻名, 常爲稱首. 朕以虛薄, 多慚往代, 若不任舟楫, 豈得濟彼巨川? 不藉鹽梅, 安得調夫五味?」

賜絹三百匹.

【諷諫】魏徵이 두 번 올린 〈論君子小人疏〉와 〈理獄聽諫疏〉를 말함.

【衡門】나무를 가로로 걸쳐 대문을 삼은 집. 衡은 橫과 같음. 가난한 집, 혹은 은거하고 있는 집을 가리킴.《詩經》陳風 衡門에 “衡門之下, 可以棲遲”라 함. 여기서는 일반 백성의 집을 뜻함.

【師保】제왕을 보필하는 스승. 太師, 太保를 합하여 칭한 것.

【黔黎】黔首와 黎民을 합하여 칭한 것. 일반 백성을 뜻함.

【投袂】옷깃을 떨치고 일어남. 결별이나 분발을 뜻함.

【廟堂】조정. 조정에서 국가의 대사를 결정하고 모책을 세움을 말함.

【弱水】서북쪽 아주 먼 곳에 있다고 여겼던 물. 貞觀 초에 奚阿會部를 弱水州로 삼았는데 지금의 내몽고 동쪽이었음.

【流沙】서북쪽 사막 지역.

【輶軒】가벼운 수레. 제왕의 사신이 타는 수레로 흔히 먼 곳의 사신으로 감을 지칭하는 말.

【被髮左袵】흔히 문명이 미개한 먼 곳의 소수민족을 뜻함.《論語》憲問篇에 “子貢曰：「管仲非仁者與？桓公殺公子糾, 不能死, 又相之.」子曰：「管仲相桓公, 霸諸侯, 一匡天下, 民到于今受其賜. 微管仲, 吾其被髮左袵矣. 豈若匹夫匹婦之爲諒也, 自經於溝瀆而莫之知也?」”라 함.

【衣冠】문명이 발달한 中原 華夏族을 일컫는 말.

【寅奉帝圖】제왕의 통치를 공경히 받들어 모심.

【爪牙】손톱과 어금니. 武將을 비유함.

【熊羆】곰. 여기서는 용맹함을 말함.

【多曠】조악하고 엉성하여 세밀하지 못함. 면밀히 잘 수행하지 못함을 겸손하게 표현한 것.

【隷皁】노예. 검은 옷을 입고 검은 띠를 둘러 신분을 표시하였음.

【竹帛】전적. 竹簡과 帛書.

【五味】鹹, 辛, 甘, 苦, 酸. 여기서는 아주 훌륭한 음식을 말함.

17. 성신 誠信

정성과 믿음. 참으로 중요한 덕목이다. 그 때문에
"정성은 하늘의 도이지만 이를 정성스럽게 실천해야
하는 것은 사람으로서의 의무(誠者, 天之道也; 誠之者, 人之道也.
《중용》)"라 하였고, 공자는 《논어》에서 "믿음을 얻지
못하면 설 수가 없다無信不立"라 하였던 것이다. 콩으로
메주를 쑨다 해도 믿어 주지 않는 분위기를 만들었
다면 그러한 지도자는 크게 실패한 것이다.

李淵이 그 아들 李世民의 祈福却病을 위하여 세운 비

140(17-1)
윗물이 맑아야 아랫물이 맑다

　정관 초에 어떤 사람이 글을 올려 참녕한 신하를 퇴출시킬 것을 청하였다. 그러자 태종이 물었다.

　"내가 임용한 이들은 모두가 어질다고 여기고 있소. 그대가 알고 있는 참녕한 자란 누구요?"

　그 자가 대답하였다.

　"저는 초택草澤에 묻혀 살아 누가 참녕한 자인지 정확하게는 알지 못합니다. 청컨대 폐하께서 거짓으로 노하셔서 신하들을 시험해 보십시오. 만약 벽력같은 노기에도 능히 두려워하지 아니하고 직언으로 들어와 간언을 한다는 이런 자는 올바른 사람입니다. 그러나 사정에 순응하여 임금의 뜻에 아부한다면 이런 자가 바로 참녕한 자입니다."

　이에 태종이 봉덕이封德彝에게 이렇게 말하였다.

　"흐르는 물의 청탁清濁이란 그 근원에 있다. 임금은 바로 정치의 근원이며 백성은 물과 같은 것이다. 그런데 임금이 스스로 거짓을 꾸미며 신하의 행동이 올바른가를 시험하고자 한다면 이는 근원이 탁하면서 아랫물이 맑기를 바라는 것과 같아 이치로 보아 불가한 일이다. 나는 항상 위魏 무제武帝 조조의 궤휼과 사술을 두고 깊이 그의 사람됨을 비루하다 여겼었다. 이와 같이 하고서 어찌 교화와 법령을 낼 수 있겠는가?"

　그리고 글을 올린 자에게 이렇게 말하였다.

　"나는 큰 믿음으로 천하를 다스리고자 하오. 사기술로 세속을 가르치고 싶지는 않소. 그대의 말은 비록 훌륭하나 내 그렇게 할 수는 없소."

貞觀初, 有上書請去佞臣者, 太宗謂曰:「朕之所任, 皆以爲賢,
卿知佞者誰耶?」

對曰:「臣居草澤, 不的知佞者. 請陛下佯怒以試群臣, 若能不
畏雷霆, 直言進諫, 則是正人; 順情阿旨, 則是佞人.」

太宗謂封德彝曰:「流水淸濁, 在其源也. 君者政源, 人庶猶水.
君自爲詐, 欲臣下行直, 是猶源濁而望水淸, 理不可得. 朕常以
魏武帝多詭詐, 深鄙其爲人. 如此, 豈可堪爲敎令?」

謂上書人曰:「朕欲使大信行於天下, 不欲以詐道訓俗. 卿言
雖善, 朕所不取也.」

【貞觀初】貞觀 元年(627).
【佞臣】讒佞한 신하. 아첨과 아부로 임금에게 환심을 사는 간신.
【草澤】荒野. 여기서는 民間을 뜻함.
【的知】정확하게 알고 있음.
【佯怒】거짓으로 노한 체 함.
【雷霆】우레나 벽력처럼 노함.
【政源】《韓詩外傳》(5)에 "君者, 民之源也. 源淸則流淸, 源濁則流濁. 故有社
  稷者, 不能愛其民, 而求民親己愛己, 不可得也. 民不親不愛, 而求爲己用, 爲己死,
  不可得也. 民弗爲用, 弗爲死, 而求兵之勁, 城之固, 不可得也. 兵不勁, 城不固,
  而欲不危削滅亡, 不可得也"라 함.
【人庶】서인. 백성.
【魏武帝】曹操(155~220). 자는 孟德. 어릴 때는 阿瞞으로 불렸음. 沛國 즐신으로
  기지와 변화는 물론 문장에도 뛰어났으며 曹丕의 아버지로 한말 세력을 키워
  魏나라를 건립하는 기초를 세움. 그는 모든 일을 사술과 꾀로 하여 "治世의
  姦臣, 亂世의 英雄"이라는 평을 들었음. 아들 조비가 獻帝로부터 선양을 받아
  武帝로 추존함.《孫子略解》,《兵書接要》,《曹操集》 등이 있음.《三國志》(1)에 紀가
  있음.

141(17-2)
오직 성신誠信밖에 없습니다

정관 2년(628), 위징魏徵이 상소하였다.

"제가 듣기로 나라를 다스리는 기본은 반드시 덕례德禮에 바탕을 두어야 하며, 임금이 보호를 받을 수 있는 것은 오직 성신誠信밖에 없다고 하더이다. 성신이 서면 아랫사람들이 두 마음을 가질 수 없고, 덕례가 형성되면 먼 곳 사람들도 이곳으로 찾아오는 법입니다. 그렇다면 덕례와 성신은 나라의 기강이며, 이는 군신과 부자 사이에도 있는 것으로 잠시라도 이를 폐기할 수가 없는 것입니다. 그 때문에 공자는 '임금은 신하를 부릴 때 예로써 하고 신하는 임금을 섬김에 충으로써 한다'라 하였고, 다시 '자고로 사람은 어쨌거나 죽지만 백성에게 믿음을 얻지 못하면 설 수가 없다'라 하였습니다. 그런가 하면 문자文子는 '같은 말이라도 믿음이 있어야 하며 믿음이란 말하기 전에 있어야 한다. 같은 명령이라도 실천할 수 있어야 하며 성실함이란 그 명령 밖에 있는 것이다'라 하였습니다. 그렇다면 말하고 나서 믿음을 얻지 못한다면 그 말에 믿음이 없기 때문이요, 법령을 내려놓았는데 백성이 따라 주지 않는다면 그들에게 성신誠信함을 주지 못했기 때문일 것입니다. 믿음을 주지 못하는 말이나 성신함을 얻지 못하는 법령은 위로는 덕을 어그러뜨리며 아래로는 그 자신을 위태롭게 하는 것이니 비록 엎어지고 넘어지는 급박한 상황에서도 군자는 그러한 행동을 하지 않는 법입니다.

폐하께서 왕도를 아름답게 밝히신 지 10여 년이 되어 위엄이 해외에 더해졌으며 만국이 우리 조정을 찾아왔습니다. 그리하여 창고가 날로 차고 토지는 날로 넓어졌습니다. 그러나 도덕은 아직 더 두터워지지 못하고 있으며 인의는 아직 널리 퍼지지 못하고 있으니 어찌 그렇겠습니까? 이는 아랫사람을 대하시기에 아직 성신을 다하지 아니하여 비록 그 시작은 부지런히 잘하였으나 그 끝을 아름답게 잘 마무리하지 못하였기 때문입니다. 그와 같이 된 것은 점차 물젖듯 한 것으로 일조일석에 그렇게 된 것은 아닙니다. 옛날 정관의 초기에는 선을 들으면 놀라 감탄하였으며 8, 9년이 되도록 간언을 즐겁게 받아들여 이를 따랐습니다. 그러나 그로부터 점점 직언을 싫어하기 시작하였고 혹 받아들인다 해도 억지로 마지못해 용납한 것이지 지난날 시원한 그런 모습은 아니었 습니다. 그리하여 바른말을 하던 무리들은 조금씩 용린龍鱗을 피하기 시작하였고, 대신 참녕한 무리들은 제멋대로 그 교묘한 말솜씨를 자랑 하기 시작하였습니다. 한 마음을 가진 자를 일러 권력을 휘두른다 여기셨고 충성된 말을 비방한다고 생각하셨습니다. 붕당이라고 여겨지면 이들은 비록 충언을 말해도 의심스럽다 하시고 지공至公이라 여겨지면 이들은 비록 거짓말을 하고 있는데도 허물을 지적하지 않으셨습니다. 그러자 강직한 자는 권력을 휘두른다는 말을 들을까 겁을 내었고 바른말을 하는 자는 비방이라고 여기실까 염려하였던 것입니다. 이리하여 도끼를 훔친 자는 모든 행동이 훔친 것처럼 보였고, 세 사람이 똑같이 증삼이 사람을 죽였다고 하자 짜던 베틀의 북을 던지고 달려 나간 증삼 어머니처럼 되었으니 바른 신하는 그 말을 다할 수 없게 되었고 큰 신하는 더불어 쟁론을 벌이려 들지 않게 된 것입니다. 형혹熒惑이 임금의 보고 듣는 바를 미혹하게 하여 대도大道를 바로 보지 못하도록 가로막으며, 정치와 덕을 방해하고 손해를 끼친 것이 바로 이에 여기에 있었던 것이 아니겠습 니까? 그 때문에 공자孔子는 '말 잘하는 입이 나라를 엎어 버리는 것을 증오한다'라 하였으니 바로 이런 경우를 위해서 한 말일 것입니다.

또 군자와 소인이란 겉모습은 같으나 속마음은 다른 것입니다. 군자는 남의 악을 덮어 주고 대신 남의 선을 드러내어 주며, 어려움에 임해서는 구차스럽게 면하려 들지 않고 자신을 죽여서라도 인仁을 성취시킵니다. 그러나 소인은 어질지 못함에 대하여 부끄러움을 느끼지 아니하며 불의를 두려워하지도 아니합니다. 오직 이익이 있는 곳이면 그가 있고 남을 위태롭게 해서라도 자신은 편하고자 합니다. 무릇 남을 위태롭게 하는 자라면 무슨 짓인들 하지 못하겠습니까? 지금 장차 잘 다스려지기를 바라며 틀림없이 군자에게 맡겼다 하나 일의 득실은 가끔 소인에게 묻고 있습니다. 그리하여 군자를 대할 때는 공경하면서도 멀리하고 소인을 만나면 틀림없이 경시하면서도 친압하고 있습니다. 소인을 친압하면 그들은 하고 싶은 말을 털어놓지 못할 것이 없게 되고, 군자를 멀리하면 실정이 위로 통할 수가 없게 됩니다. 이렇게 되면 비방과 칭찬이 소인의 손아귀에 들게 되며 형벌은 군자에게 가해지게 됩니다. 실제 흥함과 망함의 소재가 거기에 있는 것이니 가히 신중히 하지 않을 수 있겠습니까! 이것이 바로 손경孫卿이 말한 '지혜로운 자에게 모책을 세우도록 해 놓고는 어리석은 자와 더불어 이를 토론하고 깨끗한 선비로 하여금 실행하도록 해 놓고는 더러운 자와 더불어 이를 의심하니 그 일을 성취시키고자 하나 될 일이겠는가!'라는 뜻입니다. 중간 정도의 지혜를 가진 자라고 해서 어찌 작은 총명함이 없겠습니까? 그러나 그러한 재주로는 나라를 이끌 수 없으며 그들의 사려는 원대하지 못합니다. 비록 그들이 힘을 다하고 정성을 다한다 해도 나라를 기울게 함을 면할 수 없습니다. 그런데 하물며 간사한 이익을 마음에 품고 있으면서 임금의 뜻을 받들기에 얼굴 표정을 꾸미는 자라면 그들이 저지를 화환禍患은 역시 깊지 않겠습니까? 무릇 곧은 나무를 세워 놓고 그 그림자가 비뚤지 않나 의심을 하고 있으니 비록 아무리 정신을 차리고 사려를 다한다 해도 그렇게 될 수 없음은 역시 명확한 일입니다.

무릇 임금은 예를 다하고 신하는 충성을 다하려면 모름지기 안팎으로 사사로움이 없어야 하며 상하가 서로 믿어야 합니다. 윗사람이 믿어 주지 않으면 아랫사람을 부릴 수 없고 아랫사람이 윗사람을 믿지 않으면 윗사람을 모실 수가 없으니 믿음의 도란 이처럼 큰 것입니다!

옛날 제齊 환공桓公이 관중管仲에게 물었습니다. '내 술이 술잔에서 썩어나고 고기가 도마 위에서 부패할 정도의 사치를 부린다면 이것이 패업霸業에 해가 되지 않겠습니까?'라고 물었지요. 그랬더니 관중은 '이는 틀림없이 선한 행동은 아니지요. 그러나 패업에는 해가 되지 않습니다'라 하였습니다. 이에 환공이 '어찌 하는 것이 패업에 해가 됩니까?'라고 되물었지요. 그러자 관중은 '사람을 알아보지 못하는 것이 패업에 해가 됩니다. 그리고 사람을 알아보았으면서 능히 그에게 임무를 맡기지 못하는 것이 패업에 해가 되며, 맡겨 놓고도 믿어 주지 않는 것이 해가 되며, 이미 믿었다고 하면서 다시 소인을 참여시키는 것이 해가 됩니다'라고 하였답니다.

그리고 진晉나라 중항목백中行穆伯이 고鼓 땅을 공격할 때 1년이 지나도록 함락시키지 못하였습니다. 그때 궤간륜餽間倫이라는 자가 '고 땅의 색부嗇夫는 저와 잘 아는 사이입니다. 청컨대 그들 사대부들을 괴롭히지 않는다는 조건이면 고 땅은 가히 얻을 수 있습니다'라고 하였습니다. 그러나 중항목백은 이를 허락하지 아니하였습니다. 좌우가 '창 하나 쓰지 아니하고 병졸 하나 다치지 아니하고 고 땅을 얻을 수 있다는데 어찌 그러한 건의를 받아들이지 않습니까?'라고 묻자 목백은 이렇게 말했지요. '궤간륜은 사람됨이 참녕하고 어질지 못하다. 만약 그 자를 통해 고 땅을 얻게 된다면 내 어찌 그에게 상을 주지 않을 수 있겠는가? 그런데 내가 상을 주고 나면 이는 참녕한 자에게 상을 주는 것이 된다. 참녕한 자가 뜻을 얻으면 우리 진나라 선비들로 하여금 인을 버리고 참녕한 짓을 하도록 하는 것이 된다. 그렇게 되면 비록 우리가 고 땅을 얻은들 무슨 소용이 있겠는가?' 무릇 중항목백은 제후국의 대부이며 관중은 패자의 뛰어난 보좌였음에도 오히려 사람에게 믿고 맡기는 일과 참녕한 자를 멀리하기를 이처럼 하였는데, 하물며 사해를 위해 큰일을 하는 임금이라면 응당 천년을 두고 성스러운 일을 높이 여기며, 그 높고 높은 덕을 성하게 하여야 할 것이니 어찌 그와 간격이 있어서야 되겠습니까?

만약 군자와 소인의 시비가 서로 뒤섞이지 않도록 하고자 하신다면 반드시 덕을 가슴에 품고 믿음으로 대해 주며, 의로써 다그치고 예로써 절제한 다음에 선한 것을 선하다 하고, 악한 것을 악하다 하며 처벌은 깊이 따지고 상을 줄 때는 명확히 해야 할 것입니다. 그렇게 되면 소인은 그 사사로이 참녕한 짓을 하는 자는 사라질 것이며, 군자는

스스로 자신을 강하게 하기에 쉼이 없게 될 것이니 무위이치無爲之治가
어찌 먼 일이겠습니까? 그러나 선을 선하다 하면서 이들을 진달시키지
못하고 악을 악하다 하면서 이들을 퇴출시키지 못하거나 처벌이 죄
있는 자에게 미치지 아니하고, 상이 공 있는 자에게 주어지지 않는다면
위망危亡의 시기는 없어지기를 보장할 수 없을 뿐이니, 자손에게 복록을
이어 준다는 것을 어찌 기대할 수 있겠습니까!"

　　태종은 이 상소를 보고 이렇게 감탄하였다.

　　"만약 그대를 만나지 못하였더라면 어찌 이런 말을 들어 볼 수 있었
으리오!"

　　貞觀十年, 魏徵上疏曰:

「臣聞爲國之基, 必資於德禮; 君之所保, 惟在於誠信. 誠信立則
下無二心, 德禮形則遠人斯格. 然則德禮誠信, 國之大綱, 在於
君臣父子, 不可斯須而廢也. 故孔子曰:『君使臣以禮, 臣事君
以忠.』又曰:『自古皆有死, 民無信不立.』文子曰:『同言而信,
信在言前; 同令而行, 誠在令外.』然則言而不信, 言無信也; 令而
不從, 令無誠也. 不信之言, 無誠之令, 爲上則敗德, 爲下則危身,
雖在顚沛之中, 君子之所不爲也.

　　自王道休明, 十有餘載, 威加海外, 萬國來庭, 倉廩日積, 土地
日廣. 然而道德未益厚, 仁義未益博者, 何哉? 由乎待下之情,
未盡於誠信, 雖有善始之勤, 未睹克終之美故也. 其所由來有漸,
非一朝一夕. 昔貞觀之始, 乃聞善驚歎, 暨八九年間, 猶悅以從諫.
自玆厥後, 漸惡直言; 雖或勉强有所容, 非復曩時之豁如. 謇諤
之輩, 稍避龍鱗; 便佞之徒, 肆其巧辯. 謂同心者爲擅權, 謂忠
讜者爲誹謗. 謂之爲朋黨, 雖忠信而可疑; 謂之爲至公, 雖矯僞而
無咎. 强直者畏擅權之議, 忠讜者慮誹謗之尤. 至于竊斧生疑,

投杼致惑, 正臣不得盡其言, 大臣莫能與之爭. 熒惑視聽, 鬱於大道, 妨政損德, 其在此乎? 故孔子曰『惡利口之覆邦家』者, 蓋爲此也.

且君子小人, 貌同心異. 君子掩人之惡, 揚人之善, 臨難無苟免, 殺身以成仁. 小人不恥不仁, 不畏不義; 唯利之所在, 危人自安. 夫苟在危人, 則何所不至? 今欲將求致治, 必委之於君子; 事有得失, 或訪之於小人. 其待君子也則敬而疏, 遇小人也必輕而狎. 狎則言無不盡, 疏則情不上通. 是則毁譽在於小人, 刑罰加於君子, 實興喪之所在, 可不愼哉! 此乃孫卿所謂: 『使智者謀之, 與愚者論之; 使脩潔之士行之, 與汙鄙之人疑之. 欲其成功, 可得乎哉!』夫中智之人, 豈無小惠? 然才非經國, 慮不及遠, 雖竭力盡誠, 猶未免於傾敗. 況內懷姦利, 承顏順旨, 其爲禍患, 不亦深乎? 夫立直木而疑影之不直, 雖竭精神, 勞思慮, 其不得, 亦已明矣.

夫君能盡禮, 臣得竭忠, 必在於內外無私, 上下相信. 上不信, 則無以使下; 下不信, 則無以事上, 信之爲道大矣!

昔齊桓公問於管仲曰: 『吾欲使酒腐於爵, 肉腐於俎, 得無害於霸乎?』管仲曰: 『此極非其善者, 然亦無害霸也.』桓公曰: 『如何而害霸乎?』管仲曰: 『不能知人, 害霸也; 知而不能任, 害霸也; 任而不能信, 害霸也; 旣信而又使小人參之, 害霸也.』

晉中行穆伯攻鼓, 經年而弗能下, 餽間倫曰: 『鼓之嗇夫. 間倫知之. 請無疲士大夫, 而鼓可得.』穆伯不應. 左右曰: 『不折一戟, 不傷一卒, 而鼓可得, 君奚爲不取?』穆伯曰: 『間倫之爲人也, 佞而不仁. 若使間倫下之, 吾可以不賞之乎? 若賞之, 是賞佞人也. 佞人得志, 是使晉國之士捨仁而爲佞. 雖得鼓, 將何用之?』夫穆伯, 列國之大夫, 管仲, 霸者之良佐, 猶能愼於信任·遠避佞人

也如此, 況乎爲四海之大君, 應千齡之上聖, 而可使巍巍至德
之盛, 將有所間乎?

若欲令君子小人是非不雜, 必懷之以德, 待之以信, 屬之以義,
節之以禮, 然後善善而惡惡, 審罰而明賞. 則小人絶其私佞, 君子
自強不息, 無爲之治, 何遠之有? 善善而不能進, 惡惡而不能去,
罰不及於有罪, 賞不加於有功, 則危亡之期, 或未可保, 永錫祚胤,
將何望哉!」

太宗覽疏歎曰:「若不遇公, 何由得聞此語!」

【十年】 다른 기록에는 정관 11년(637) 7월로 되어 있음.
【遠人斯格】 먼 곳 사람들이 찾아와 귀부함. '格'은 '至'와 같음.
【君使臣以禮】《論語》八佾篇에 "定公問:「君使臣, 臣事君, 如之何?」孔子對曰:
「君使臣以禮, 臣事君以忠.」"이라 함.
【自古皆有死】《論語》顔淵篇에 "子貢問政. 子曰:「足食, 足兵, 民信之矣.」子貢
曰:「必不得已而去, 於斯三者何先?」曰:「去兵.」子貢曰:「必不得已而去, 於斯二
者何先?」曰:「去食. 自古皆有死, 民無信不立.」"이라 함.
【文子】 辛鈃. 일명 計然. 老子를 섬겨《通玄眞經》을 지은 도가의 인물.
【顚沛】 곤궁하고 정신을 차리지 못하는 급한 상황.《論語》里仁篇에 "子曰:
「富與貴, 是人之所欲也; 不以其道得之, 不處也. 貧與賤, 是人之所惡也; 不以其道
得之, 不去也. 君子去仁, 惡乎成名? 君子無終食之間違仁, 造次必於是, 顚沛必
於是.」"라 함.
【擅權】《舊唐書》魏徵傳에는 "朋黨, 謂告訐者謂至公, 謂强直者謂擅權"으로
되어 있음.
【竊斧生疑】 도끼를 훔쳐간 것으로 여기자 모든 것이 그렇게 보임.《列子》說符篇
에 "人有亡鈇者, 意其鄰之子, 視其行步, 竊鈇也; 顔色, 竊鈇也; 言語, 竊鈇也;
動作態度, 無爲而不竊鈇也. 俄而抇其谷而得其鈇, 他日復見其鄰人之子, 動作態
度無似竊鈇者"라 함.
【投杼致惑】 曾參殺人의 고사를 말함. 증삼의 어머니가 베를 짜고 있을 때 세
사람이 차례로 증삼이 밖에서 살인을 저질렀다고 하자 어머니의 믿음이 깨어졌다는

고사. 066의 참고란을 볼 것.

【惡利口之覆邦家者】《論語》陽貨篇에 "子曰：「惡紫之奪朱也, 惡鄭聲之亂雅樂也, 惡利口之覆邦家者.」"라 함.

【孫卿】荀子. 荀況. 戰國 말 儒家의 인물.《荀子》책을 남김. 西漢 宣帝 劉詢의 詢자를 피휘하여 '孫卿'이라 불렀음. 인용된 구절은《荀子》君道篇에 "今人主有 六患：使賢者爲之, 則與不肖者規之; 使知者慮之, 則與愚者論之; 使脩士行之, 則與汚邪之人疑之. 雖欲成功, 得乎哉? 譬之是猶立直木而恐其景之枉也, 惑莫大焉!" 이라 함.

【中行穆伯】中行氏 穆伯. 춘추시대 晉나라 六卿의 하나.

【鼓】지명. 지금의 河北 晉縣 서쪽. 한편 이 이야기는《左傳》昭公 15년에 실려 있으나 여기에 인용된 고사와는 다름. "晉荀吳帥師伐鮮虞, 圍鼓. 鼓人或請以 城叛, 穆子弗許. 左右曰：「師徒不勤, 而可以獲城, 何故不爲?」穆子曰：「吾聞諸叔 向曰：'好惡不愆, 民知所適, 事無不濟.' 或以吾城叛, 吾所甚惡也; 人以城來, 吾獨 何好焉? 賞所甚惡, 若所好何? 若其弗賞, 是失信也, 何以庇民? 力能則進, 否則退, 量力而行. 吾不可以欲城而邇姦, 所喪滋多.」使鼓人殺叛人而繕守備. 圍鼓三月, 鼓人或請降. 使其民見, 曰：「猶有食色, 姑修而城.」軍吏曰：「獲城而弗取, 勤民而 頓兵, 何以事君?」穆子曰：「吾以事君也. 獲一邑而敎民怠, 將焉用邑? 邑以賈怠, 不如完舊. 賈怠無卒, 棄舊不祥. 鼓人能事其君, 我亦能事吾君. 率義不爽, 好惡 不愆, 城可獲而民知義所, 有死命而無二心, 不亦可乎?」鼓人告食竭‧力盡, 而後 取之. 克鼓而反, 不戮一人, 以鼓子鳶鞮歸"라 함.

【餽間倫】인명. 매우 아첨이 심하고 말이 뛰어났던 인물.

【嗇夫】춘추시대 관직 이름. 司空의 속관.

【永錫祚胤】훌륭한 복을 후손까지 영원히 내려 줌.《詩經》大雅 旣醉의 구절.

142(17-3)
문치와 무치

태종이 일찍이 장손무기長孫無忌 등에게 이렇게 말한 적이 있었다.
"내가 막 즉위했을 때 사람들이 올리는 상소가 각기 달랐소. 어떤
사람은 임금이 되었으니 모름지기 권위를 세워 홀로 전임해 일을 처리하여
여러 신하들에게 맡겨서는 안 된다고 하고, 또 어떤 이는 병력을 빛내어
무력을 떨쳐 사이四夷가 두려워 복종하도록 해야 한다고도 하더이다.
그런데 오직 위징魏徵만은 나에게 '무력을 낮추고 문치를 흥하게 하며,
덕을 펴고 은혜를 베풀어, 중국이 안정되면 먼 데 사람들이 저절로
복종해 올 것'이라 하더이다. 나는 이 말을 따라 천하가 크게 안녕을
얻어 절역絶域의 군장君長들이 모두 찾아와 조공을 바치며 구이九夷의
이민족이 두세 번의 통역을 거쳐 길에 서로 바라볼 정도가 되었소.
무릇 이러한 일들은 모두가 위징의 힘이었소. 내가 그를 임용한 것은
바로 사람을 얻은 것이 아니겠소?"
위징이 절하며 이렇게 감사함을 표하였다.
"폐하께서는 성덕聖德이 하늘로부터 주어진 것으로 정치에 마음을
기울이셨습니다. 실로 저의 용렬하고 짧은 식견으로 폐하를 모시기에
겨를이 없기는 하오나 어찌 성스러운 명석함에 보탬이 되겠습니까?"

太宗嘗謂長孫無忌等曰:

「朕卽位之初, 有上書者非一, 或言人主必須威權獨任, 不得
委任群下; 或欲輝兵振武, 懾服四夷. 惟有魏徵勸朕『偃革興文,

布德施惠, 中國旣安, 遠人自服』. 朕從此語, 天下大寧, 絶域君長, 皆來朝貢, 九夷重譯, 相望於道. 凡此等事, 皆魏徵之力也. 朕任用, 豈不得人?」

徵拜謝曰:「陛下聖德自天, 留心政術. 實以庸短, 承受不暇, 豈有益於聖明?」

【太宗嘗謂】《册府元龜》(78)에는 貞觀 11년(637) 6월로 되어 있음.

【偃革興文】輕武尙文과 같음. 전쟁을 그치고 문치에 힘쓸 것을 주장한 것.

【絶域】 아주 먼 지역.

【九夷】 東夷의 아홉 종류. 여러 동이족들을 말함. 원래는 古代 中國 동쪽 바닷가에 살던 사람들을 지칭하는 말. '淮夷'이라고도 하며 혹 지금의 韓國을 뜻한다고 보기도 함. 한편《後漢書》東夷傳에「夷有九種: 曰畎夷·于夷·方夷·黃夷·白夷· 赤夷·玄夷·風夷·陽夷. 故孔子欲居九夷也」라 하였음. 그러나 여기서는 멀리 있는 이민족들을 아울러 칭한 것임.

【重譯】 여러 단계의 통역을 거침.

【庸短】 재능이 용렬하고 지혜가 천박함.

143(17-4)
믿음이 없으면 설 수가 없다

정관 17년(643), 태종이 시종하는 신하에게 말하였다.

"전傳에 '먹을 것을 없앨지언정 믿음은 있어야 한다'라 하였고, 공자孔子는 '백성으로부터 믿음을 얻지 못하면 설 수가 없다'라 하였소. 옛날 항우項羽가 이미 함양咸陽에 입성하여 천하를 제압하였을 때 만약 능히 인의와 믿음을 힘써 행하였다면 누가 그를 빼앗을 수 있었겠소?"

방현령房玄齡이 대답하였다.

"인의예지신仁義禮智信은 일러 오상五常이라 하며 그중 하나도 없앨 수 없습니다. 능히 부지런히 이를 행하면 많은 보탬이 있을 것입니다. 은殷나라 주紂는 이 오상을 무시하고 모욕을 주었기 때문에 무왕武王이 그 나라를 탈취한 것이며, 항씨項氏는 인과 신信이 없었기 때문에 한漢 고조高祖에게 빼앗긴 것이니 진실로 폐하의 뜻과 같습니다."

貞觀十七年, 太宗謂侍臣曰:「傳稱『去食存信』, 孔子曰:『民無信不立.』昔項羽旣入咸陽, 已制天下, 向使能力行仁信, 誰奪耶?」

房玄齡對曰:「仁義禮智信, 謂之五常, 廢一不可. 能勤行之, 甚有裨益. 殷紂狎侮五常, 而武王奪之; 項氏以無仁信爲漢高祖所奪, 誠如聖旨.」

【去食存信】《論語》顔淵篇의 "子貢問政. 子曰:「足食, 足兵, 民信之矣.」子貢曰: 「必不得已而去, 於斯三者何先?」曰:「去兵.」子貢曰:「必不得已而去, 於斯二者 何先?」曰:「去食. 自古皆有死, 民無信不立.」"의 내용을 말함. 먹을 것은 포기할지 언정 믿음은 가지고 있어야 함을 말함.

【項羽】이름은 籍. 자는 羽. 楚나라 귀족 출신으로 秦末 기병하여 咸陽을 도륙하고 항복한 진나라 왕자 子嬰을 죽였으며, 아방궁을 태우는 등 잔혹한 짓을 하자 秦나라 백성들이 크게 실망하였음. 楚漢戰을 거쳐 천하를 잃고 漢나라 劉邦에 의해 垓下에서 최후를 마침. 《史記》項羽本紀 참조.

【向】'만약 ~라면'의 뜻

【五常】유가에서 주장하는 다섯 가지 덕목. 仁義禮智信 따위.

【殷紂狎侮五常】殷(商)나라 말왕 紂가 인륜의 떳떳한 덕목을 훼손함. 《尙書》 周書 泰誓(下)에 "今商王受, 狎侮五常"이라 함.

정관정요

18. 검약(儉約)

　검소함과 절약을 통해 국가 재정을 건전하게 활용하며 백성을 위해 물질을 사용하겠다는 의지를 표명한 것이다. 제왕의 지위에 있으면서 이를 모범으로 보여 백성으로 하여금 믿음을 사는 것은 정치의 첫걸음이다.

〈宮女圖〉唐. 1960 陝西 乾縣 永泰公主 묘 출토 벽화

144(18-1)
덕의에 손상을 줄 일을 하지 말라

정관 원년(627), 태종이 시종하는 신하에게 말하였다.

"자고로 제왕이 큰 공사를 벌일 때는 반드시 백성의 물정에 따르는 것을 귀하게 여겼다. 옛날 대우大禹가 구산九山을 파서 구강九江을 소통시킬 때 엄청난 인력을 동원하였지만 그들 누구 하나 원망하는 기색이 없었다. 백성들이 바라는 바가 바로 그 이익이 공동에게 돌아오기 때문이었다. 그러나 진시황秦始皇이 궁실을 지을 때는 많은 사람들이 비방하여 원망하였다. 이는 그것이 왕의 사사로운 욕심을 위한 것일 뿐 민중에 이익을 함께 하는 것이 아니었기 때문이었다. 내 지금 하나의 궁전을 지으려고 재목도 이미 갖추어져 있으나 멀리 진시황의 일을 떠올리고 다시 이를 더 이상 계속하지 않았으면 한다. 또 옛 사람이 이르기를 '무익하기만 할 뿐 덕의에 손해를 끼치는 일은 하지 말라', '욕망을 이루기 위한 것을 보지 말아 백성들로 하여금 혼란을 일으키지 않도록 하라'라 하였다. 진실로 욕심을 이루기 위한 것은 그 마음에 반드시 혼란을 일으킨다는 것을 알 수 있다. 그릇을 아름답게 조각하고 주옥을 옷에 달아 즐기며 제멋대로 교만과 사치를 부린다면 위망의 시간은 서서 기다려야 할 것이다. 왕공王公 이하는 저택, 수레와 복식, 혼인, 상례 등에 그 계품과 직위에 따라 사용하지 말도록 되어 있는 것은 일제히 금하라."

이로부터 20년간 풍속이 간소하고 소박해졌으며 옷은 비단으로 장식함이 없어 재물과 옷감이 풍요롭고 넉넉해, 기한飢寒의 고통을 겪지 않았다.

貞觀元年, 太宗謂侍臣曰:「自古帝王凡有興造, 必須貴順物情. 昔大禹鑿九山, 通九江, 用人力極廣, 而無怨讟者, 物情所欲, 而衆所共有故也. 秦始皇營建宮室, 而人多謗議者, 爲徇其私欲, 不與衆共故也. 朕今欲造一殿, 材木已具, 遠想秦皇之事, 遂不復作也. 又古人云:『不作無益害有益.』『不見可欲, 使民心不亂.』固知見可欲, 其心必亂矣. 至如雕鏤器物, 珠玉服玩, 若恣其驕奢, 則危亡之期可立待也. 自王公已下, 第宅·車服·婚嫁·喪葬, 準品秩不合服用者, 宜一切禁斷.」

由是二十年間, 風俗簡樸, 衣無錦繡, 財帛富饒, 無飢寒之弊.

【九山】九州의 산.《尙書》禹貢에 실려 있음.
【九江】長江 북쪽의 아홉 개 지류. 漢나라 때 尋陽縣 경내이며 지금의 湖北 廣濟, 黃梅 일대.《史記》五帝本紀에 "唯禹之功爲大, 披九山, 通九澤, 決九河, 定九州. 各以其職來貢, 不失厥宜, 方五千里, 至于荒服"이라 함.
【怨讟】원한. '讟'은 원망하는 말.
【不作無益害有益】《尙書》周書 旅獒의 구절.
【不見可欲】《老子》3장에 "不尙賢, 使民不爭; 不貴難得之貨, 使民不爲盜; 不見可欲, 使民心不亂"이라 함.
【準品秩】관직의 품계와 질서를 기준으로 함.

145(18-2)
더위를 피할 누각을 지으십시오

정관 2년(628), 공경公卿들이 이렇게 상주하였다.

"《예禮》에 의하면 계하季夏 때에는 대사臺榭에 거할 수 있다 하였습니다. 지금 여름의 더위가 아직 물러가지 않았고 가을장마가 바야흐로 시작되고 있습니다. 그런데 궁중은 낮고 습하니 청컨대 누각을 하나 지어 거기에 거하심이 어떨지요."

태종이 말하였다.

"나에게는 풍기의 질환이 있으니 어찌 낮고 습한 곳이 맞겠소? 그러나 만약 그대들이 청하는 대로 하고자 하면 많은 비용이 들 것입니다. 옛날 한漢 문제文帝가 장차 노대露臺를 짓고자 하다가 그 비용이 민간 열 가구의 재산이 든다는 것을 아깝게 여겨 그만두었소. 나는 덕이 그 한 문제에 미치지 못하면서 도리어 그보다 많은 비용을 쓴다면 이 어찌 부모 된 자의 도리라 하겠소?"

두세 번을 고청固請하였지만 끝내 허락하지 않았다.

貞觀二年, 公卿奏曰:「依《禮》, 季夏之月, 可以居臺榭. 今夏暑未退, 秋霖方始, 宮中卑濕, 請營一閣以居之.」

太宗曰:「朕有氣疾, 豈宜下濕? 若遂來請, 糜費良多. 昔漢文將起露臺, 而惜十家之産. 朕德不逮于漢帝, 而所費過之, 豈爲人父母之道也?」

固請至于再三, 竟不許.

【禮】《禮記》月令篇을 말함. "仲夏之月, 毋用火南方, 可以居高明, 可以遠眺望, 可以升山陵, 可以處臺榭"라 함.

【季夏】음력 6월. 여름의 끝.

【臺榭】높이 지은 누대.

【秋霖】가을장마.

【氣疾】기후 변화에 의한 질환. 감기, 천식 등을 말함.

【靡費】낭비함.

【漢文】한나라 文帝. 서한의 3대 황제로 劉恒. B.C.179~B.C.157년까지 재위함. 露臺를 짓고 싶어 비용을 계산하였더니 무려 백금이 들며 이는 中人 10집의 재산이라는 말을 듣고 계획을 철회하였음.《漢書》文帝紀 참조.《十八史略》(2) 文帝篇에 "七年, 帝崩. 在位二十三年, 宮室苑囿, 車騎服御, 無所增益. 嘗欲作露臺, 召匠計之, 直百金. 上曰:「中人十家之産也. 何以臺爲?」"라 함.

146(18-3)
궁궐을 높이 짓고 싶은 것은 제왕의 욕망

정관 4년(630), 태종이 시종하는 신하에게 말하였다.

"궁궐을 높이 지어 장식하고 못이나 누대에 올라 구경하면서 노는 것은 제왕이라면 누구나 하고 싶은 바이지만 도리어 백성들은 제왕이 그렇게 하지 않았으면 하고 바라는 바이다. 제왕이라면 하고 싶은 대로 방탕하게 즐기고 싶어 하지만 백성들은 제왕의 그런 일을 위해 힘들고 피폐해지는 것을 원하지 않는다.

공자孔子는 '한 마디로써 종신토록 실행해야 할 말이 있다면 그것은 서恕이리라! 자신이 하고 싶지 않은 바를 하도록 하지 말라' 하였으니 힘들고 피폐하게 하는 일은 진실로 백성에게 시켜서는 안 될 것이다. 나는 존귀하기는 제왕이요 부유하기는 사해를 가졌지만 하는 일마다 내 스스로에게서 비롯하여 능히 스스로 절제할 것이다. 백성이 싫어하는 일이라면 반드시 그들의 정서에 순종하리라."

위징魏徵이 말하였다.

"폐하께서는 백성을 불쌍히 여기셔서 모든 일에서 자신을 절제하고 백성을 따르십니다. 제가 듣기로 '백성이 하고 싶어 하는 바를 따라하는 자는 창성하고 백성을 자신을 즐기기 위해 이용하는 자는 망한다'고 하더이다. 수隋 양제煬帝는 싫증을 모른 채 오직 사치만을 좋아하여 그 맡은 부서에서 궁궐을 지어 떠받드는 것 중에서 조금이라도 성에 차지 않으면 준엄한 형벌을 내렸습니다. 윗사람이 좋아하는 바가 있으면 아랫사람은 반드시 그보다 심한 자가 있게 마련이니 이렇게 경쟁이 끝이 없어 드디어 멸망에 이른 것입니다. 이는 서적에 그렇게 전해

올 뿐만 아니라 역시 폐하께서 직접 눈으로 보아 오신 바입니다. 그처럼 무도한 짓을 하였기 때문에 천명이 폐하로써 그 나라를 대신하도록 한 것입니다. 폐하께서 만약 만족해하신다면 이는 단지 오늘 하루만 만족하는 것이 아니며 만약 부족하게 여기신다면 그 만 배를 더해드려도 역시 부족할 것입니다."

태종이 말하였다.

"그대가 올린 상주는 심히 훌륭하오! 그대가 아니었다면 내 어디서 이런 말을 들어 볼 수 있었겠소?"

貞觀四年, 太宗謂侍臣曰:「崇飾宮宇, 游賞池臺, 帝王之所欲, 百姓之所不欲. 帝王所欲者放逸, 百姓所不欲者勞弊. 孔子云: 『有一言可以終身行之者, 其恕乎! 己所不欲, 勿施於人.』勞弊之事, 誠不可施於百姓. 朕尊爲帝王, 富有四海, 每事由己, 誠能自節. 若百姓不欲, 必能順其情也.」

魏徵曰:「陛下本憐百姓, 每節己以順人. 臣聞:『以欲從人者昌, 以人樂己者亡.』隋煬帝志在無厭, 惟好奢侈, 所司每有供奉營造, 小不稱意, 則有峻罰嚴刑. 上之所好, 下必有甚, 競爲無限, 遂至滅亡. 此非書籍所傳, 亦陛下目所親見. 爲其無道, 故天命陛下代之. 陛下若以爲足, 今日不啻足矣. 若以爲不足, 更萬倍過此亦不足.」

太宗曰:「公所奏對甚善! 非公, 朕安得聞此言?」

【孔子云】《論語》衛靈公篇의 구절. "子貢問曰:「有一言而可以終身行之者乎?」子曰:「其『恕』乎! 己所不欲, 勿施於人.」"이라 함.
【不啻】'~에 그치지 않음'. '不止', '不僅'과 같음.

147(18-4)
유총의 왕비 유후

정관 16년(642), 태종이 시종하는 신하에게 말하였다.

"내가 근래 유총전劉聰傳을 읽어 보았더니 유총이 유후劉后를 위하여 봉의전鳳儀殿을 지어 주고자 하자 정위廷尉 진원달陳元達이 간절히 그만 둘 것을 간언하여 결국 유총이 크게 노하여 그를 참수하도록 하였다. 그때 유후가 직접 상소를 올려 그만둘 것을 청하였으며 그 내용이 심히 간절하여 결국 유총은 노기를 풀고 심히 부끄러워하였다 하오. 사람이 책을 읽는 것은 견문을 넓혀 자신에게 보탬이 되고자 함이오. 나는 이 사건을 보고 깊은 경계를 삼을 수 있었소. 요즈음 궁전 하나를 짓고자 하고 있는데 여전히 겹겹의 건물로서 지금 남전藍田에서 재목을 구해 와 거의 준비가 갖추어지고 있소. 그러나 멀리 지난날 유총의 일을 생각하니 이에 그 공사를 중지하고자 하오."

貞觀十六年, 太宗謂侍臣曰:「朕近讀劉聰傳, 聰將爲劉后起鳳儀殿, 廷尉陳元達切諫, 聰大怒, 命斬之. 劉后手疏啓請, 辭情甚切. 聰怒乃解, 而甚愧之. 人之讀書, 欲廣聞見以自益耳. 朕見此事, 可以爲深誡. 比者欲造一殿, 仍構重閣, 今於藍田採木, 並已備具. 遠想聰事, 斯作遂止.」

【劉聰傳】《十六國春秋》의 劉聰傳을 말함. 劉聰은 劉載라고도 하며 자는 玄明. 劉元海의 아들로 匈奴 사람. 十六國 시대 漢나라 임금이었음.

【劉后】十六國의 漢나라 太保 劉殷의 딸로 左貴嬪이 되었다가 뒤에 皇后가 됨. 房玄齡이 지은 《晉書》에 劉聰載記에 劉后가 상소하여 "今宮室已備, 宜愛民力, 廷尉之言, 四海之福也. 陛下宜加封賞, 而更誅之, 四海謂陛下如何哉? 陛下今興工費廣, 爲妾營殿, 而殺諫臣,, 使天下罪妾, 妾何以當之? 願賜死以塞陛下之過"라 함.

【陳元達】자는 長宏. 廷尉에 올랐으며 뒤에 刑獄을 관장함.

【藍田】지금의 陝西 藍田縣. 궁궐을 지을 목재를 이곳에서 구해 왔음을 말함.

148(18-5)
장례를 간소히 하라

정관 2년(628), 태종이 이렇게 조서를 내렸다.

"내 듣기로 죽음이란 끝이며 모두 본래의 모습으로 돌아가려 한다는 것이다. 그리고 장례란 묻어 감추는 것이며 사람들로 하여금 그를 볼 수 없도록 하는 것이라 하였다. 상고上古 시대로부터 내려온 풍습에는 무덤에 봉분을 하거나 그 곁에 나무를 심는 일은 들어 보지 못하였으나 후대로 내려오면서 관곽棺槨을 구비하였다. 장례에 사치를 부리는 자를 비방하는 것은 그 후하게 쓰는 재물이 아까워서 그런 것이 아니며, 검소하게 치르는 것을 아름답다 여기는 것은 그렇게 해도 죽은 자에게 아무런 위험이 없음을 귀히 여기기 때문이다. 이 까닭으로 당요唐堯는 성제聖帝였음에도 곡림穀林에 장례를 치러 네 주위에 나무만 심었다는 설이 있으며, 진秦 목공穆公은 명군明君이었음에도 탁천궁橐泉宮 아래에 묻으면서 구릉은 만들지 않았던 것이다. 그리고 중니仲尼는 효자였지만 방防 땅에 부모를 합장하면서 봉분을 하지 않았고, 연릉계자延陵季子는 어진 아버지였지만 그 아들이 죽자 영박嬴博 사이에 묻고 고향으로 옮겨 가지 않았던 것이다. 이는 모두가 무궁히 멀리 내다보는 염려를 품고 홀로 그렇게 분명한 결단을 내린 것으로써, 시종하는 신하로 하여금 구천九泉에서 편히 쉬게 하고자 함이었지 그 이름을 백대百代에 남기고자 함이 아니었다. 그런데 합려闔閭에 이르러 예를 벗어나기 시작하여 주옥으로 부안鳧鴈의 부장품을 만들었고 진시황秦始皇은 한도 끝도 없이 수은水銀으로 무덤 속의 강해江海를 만들었으며 계손씨季孫氏는 노魯나라에서 권세를 휘두르며 여번璵璠을 부장품으로 썼으며, 환퇴桓魋는 송宋나라에서 횡포를 부리며 죽은 뒤 들어가겠다고 석곽石槨을 만들기도 하였다. 이는 무덤에 많이 넣어 속히 그 화를 입는 것이 아님이 없으며 뒤에 이익을 남기겠다고 하다가 치욕을 부르는 것이다. 다시 말해 어둡던 무덤이 파헤쳐지면 곧바로 그 무덤은 불에 타듯 사라지는 것이며, 관곽이 다시 열어지게 되면 해골은 들판에 허옇게 드러나고 마는 것이다. 이런 옛일을 자세히 생각해 보면 어찌 비통한 일이 아니겠는가! 이로 말미암아 보건대 사치는 경계할 일이며 절검節儉은 본받아야 할 일이다. 나는 사해의 존귀한 자이며 백왕百王의 폐단을 이어받아 아직 어떻게 교화해야 할지 명백히 알지는 못하지만 깊은 밤이면 전전긍긍하면서 많은 생각을 하고 있다. 비록 죽은 이를 보내는 상례가 의제儀制에 상세히 적혀 있고 예를 범해서는 안 되는 사례가 형서刑書에 기록되어 있으나 훈척勳戚들은 거의 이제껏 해 온 습속을 그대로 따르고 있고, 여염閭閻집 민가에서는 혹 지나친 사치를 부려 풍속을 해치고 있다. 그리하여 후한 장례를 가는 이의 마지막 받듦인 줄로 여기며 봉분을 높이 올리는 것을 효도의 실천인 줄로 여기고 있어 드디어 의금衣衾과 관곽은 지극한 조각으로 화려하게 꾸미며, 영이靈輀와 명기冥器는 금옥을 다하여 장식하고 있다. 부자는 법도를 뛰어넘어 이를 숭상하고 가난한 자는 재산을 탕진해도 이에 미칠 수 없게 되었다. 이는 한갓 교화와 의만 해칠 뿐 천양泉壤에는 아무런 도움이 되지 않는다. 그 폐해가 이미 이렇게 깊어졌으니 마땅히 징벌하고 개혁하여야 한다. 왕공王公 이하 서민에 이르기까지 지금부터는 장례의 도구에 대하여 법령에 따르지 않는 자는 주부州府와 현관縣官이 검색을 더욱 명확히 하여 그 죄과에 따라 다스리기를 바란다. 그리고 서울에 있는 오품 이상 및 훈척들은 그 상황을 기록하여 나에게 보고하라.”

貞觀十一年, 詔曰:「朕聞死者終也, 欲物之反眞也; 葬者藏也, 欲令人之不得見也. 上古垂風, 未聞於封樹; 後世貽則, 乃備於棺槨. 譏僭侈者, 非愛其厚費; 美儉薄者, 實貴其無危. 是以唐堯,

聖帝也, 穀林有通樹之說; 秦穆, 明君也, 橐泉無丘隴之處. 仲尼,
孝子也, 防墓不墳; 延陵, 慈父也, 嬴博可隱. 斯皆懷無窮之慮,
成獨決之明, 乃便體於九泉, 非徇名於百代也. 洎乎闔閭違禮,
珠玉爲鳧鴈; 始皇無度, 水銀爲江海; 季孫擅魯, 斂以璵璠; 桓魋
專宋, 葬以石槨. 莫不因多藏以速禍, 由有利而招辱. 玄廬旣發,
致焚如於夜臺; 黃腸再開, 同暴骸於中野. 詳思曩事, 豈不悲哉!
由此觀之, 奢侈者可以爲戒, 節儉者可以爲師矣. 朕居四海之尊,
承百王之弊, 未明思化, 中宵戰惕. 雖送往之典, 詳諸儀制, 失禮
之禁, 著在刑書, 而勳戚之家多流遁於習俗, 閭閻之內或侈靡
而傷風. 以厚葬爲奉終, 以高墳爲行孝, 遂使衣衾棺槨, 極雕刻
之華; 靈輀冥器, 窮金玉之飾. 富者越法度以相尙, 貧者破資産而
不逮. 徒傷敎義, 無益泉壤, 爲害旣深, 宜爲懲革. 其王公已下,
爰及黎庶, 自今已後, 送葬之具有不依令式者, 仰州府縣官明
加檢察, 隨狀科罪. 在京五品已上及勳戚家, 仍錄聞奏.」

【反眞】 진솔한 원래 상태로 돌아감. 道家에서 말하는 죽음을 뜻함.
【封樹】 고대 사 이상의 벼슬은 죽은 뒤 그 무덤가에 나무를 심어 표시를 하였음.
【穀林有通樹之說】 穀林은 지명. 城陽. 지금의 山東. 通樹는 사방 주위에 심은
　　나무. 《呂氏春秋》에 "堯葬穀林, 通樹之"라 함.
【秦穆】 춘추시대 秦나라 穆公. 춘추 오패의 하나. B.C.659~B.C.621년까지 39년간
　　재위함.
【橐泉】《史記》秦本紀 注에 《皇覽》을 인용하여 "秦穆公冢在橐泉宮祈年觀下"라
　　함. 橐泉宮은 雍州(지금의 陝西 鳳翔縣).
【防墓不墳】 공자가 防(지금의 山東 費城 동북쪽)에 어머니를 합장하면서 묘혈만
　　있지 분봉은 만들지 않았음.《禮記》檀弓篇에 "孔子少孤, 不知其墓. 殯於五父
　　之衢. 人之見之者, 皆以爲葬也. 其愼也, 蓋殯也. 問於郰曼父之母, 然後得合葬於防"
　　이라 하였고,《孔子家語》曲禮公西赤問에도 이 내용이 자세히 기록되어 있음.

【延陵】吳나라의 季札. 吳王 壽夢의 막내아들로 왕위가 자신에게 왔으나 뒤를 잇지 아니하고 형들에게 양보함. 延陵(지금의 江蘇 常州)에 봉해져 '연릉계자'라 부름. 중원 여러 나라에 초빙을 받아 齊나라에 갔다 돌아오는 길에 아들이 죽자 嬴博 사이에 묻고 고향으로 시종하는 신하를 옮겨 가지 않았음.《禮記》 檀弓(下)에 "延陵季子適齊, 於其反也, 其長子死, 葬於嬴博之間. 孔子曰:「延陵季子, 吳之習於禮者也.」往而觀其葬焉. 其坎深不至於泉, 其斂以時服. 旣葬而封, 廣輪揜坎, 其高可隱也. 旣封, 左袒, 右還其封且號者三, 曰:「骨肉歸復于土, 命也. 若魂氣則無不之也, 無不之也.」而遂行. 孔子曰:「延陵季子之於禮也, 其合矣乎.」라 하였고《孔子家語》曲禮子貢問에도 실려 있음.

【嬴博】두 지명. 嬴은 지금의 山東 萊蕪縣 경내이며 博은 山東 泰安 동늗쪽임.

【闔閭】闔廬로도 표기하며 춘추 말 吳나라 임금. 죽은 뒤 虎丘山 아래에 장례를 치르며 桐棺을 삼중으로 하고 수은으로 6척 깊이의 못을 만들었으며 금옥으로 오리를 만들어 장식하였다 함.《越絕書》참조.

【水銀爲江海】진시황의 廬山陵 무덤 속은 수은으로 江海를 만들고 水車와 천문 등을 꾸며 놓았음.《史記》秦始皇本紀 참조.

【季孫】춘추시대 魯나라 대부 季平子.

【璠璵】季平子의 장례에 '번여'라는 옥을 함께 묻어 사치를 부림.《左傳》定公 5년에 "六月, 季平子行東野. 還, 未至, 丙申, 卒于房. 陽虎將以璵璠斂, 仲梁懷弗與, 曰:「改步改玉.」陽虎欲逐之, 告公山不狃. 不狃曰:「彼爲君也, 子何怨焉?」旣葬, 桓子行東野, 及費. 子洩爲費宰, 逆勞於郊, 桓子敬之. 勞仲梁懷, 仲梁懷弗敬. 子洩怒, 謂陽虎:「子行之乎?」"라 하였으며,《孔子家語》曲禮子夏問에 "季平子卒, 將以君之璵璠斂, 贈以珠玉, 孔子初爲中都宰, 聞之, 歷級而救焉, 曰:「送而以寶玉, 是猶曝屍於中原也, 其示民以姦利之端, 而有害於死者, 安用之? 且孝子不順情以危親, 忠臣不兆姦以陷君.」乃止"라 함.

【桓魋】춘추시대 衛나라 상술(向戌)의 손자. 司馬桓魋, 상퇴(向魋).

【石槨】돌과 곽을 만들며 3년이 되도록 마치지 못할 정도로 화려하게 준비함.《禮記》檀弓(上)에 "有子問於曾子曰:「問喪於夫子乎?」曰:「聞之矣: 喪欲速貧, 死欲速朽.」有子曰:「是非君子之言也.」曾子曰:「參也聞諸夫子也.」有子又曰:「是非君子之言也」曾子曰:「參也與子游聞之」有子曰:「然, 然則夫子有爲言之也」曾子以斯言告於子游. 子游曰:「甚哉, 有子之言似夫子也. 昔者夫子居於宋, 見桓司馬自爲石木享, 三年而不成. 夫子: 若是其靡也, 死不如速朽之愈也. 死之欲速朽, 爲桓司馬言之也. 南宮敬叔反, 必載寶而朝. 夫子: 若是其貨也, 喪不如速

貧之愈也. 喪之欲速貧, 爲敬叔言之也.」曾子以子游之言告於有子, 有子曰:「然,
吾固曰, 非夫子之言也.」曾子曰:「子何以知之?」有子曰:「夫子制於中都, 四寸之棺,
五寸之木享, 以斯知不欲速朽也. 昔者夫子失魯司寇, 將之荊, 蓋先之以子夏, 又申
之以冉有, 以斯知不欲速貧也.」라 하였으며,《孔子家語》曲禮子貢問에도 "孔子
在宋, 見桓魋自爲石槨, 三年而不成, 工匠皆病, 夫子愀然曰:「若是其靡也, 死不如
朽之速愈.」冉子僕曰:「禮, 凶事不豫, 此何謂也?」夫子曰:「旣死而議謚, 謚定而
卜葬, 旣葬而立廟, 皆臣子之事, 非所豫囑也. 況自爲之哉?」南宮敬叔以富得罪於
定公, 奔衛, 衛人請復之, 載其寶以朝, 夫子聞之曰:「若是其貨也, 喪不若速貧之愈.」
子游侍曰:「敢問何謂如此?」孔子曰:「富而不好禮, 殃也. 敬叔以富喪矣, 而又弗改,
吾懼其將有後患也.」敬叔聞之, 驟如孔氏, 而後循禮施散焉"이라 함.

【縣廬】무덤의 다른 말.

【致焚如於夜臺】《周易》離卦 九四에 "突如其來如, 焚如, 死如, 棄如"라 함. 夜臺는
무덤의 별칭.

【黃腸】고대 장례 도구. 잣나무 黃心으로 만든 槨.《漢書》霍光傳 顔師古 주에
蘇林의 말을 인용하여 "以柏木黃心致累棺外, 故曰黃腸; 木頭皆內向, 故曰題湊"
라 함.

【勳戚】나라에 공훈을 세운 자나 황제의 친척. 나라의 지도자급을 말함.

【衣衾】壽衣와 염할 때 쓰는 이불.

【靈輀】靈柩 수레.

【冥器】明器. 무덤에 함께 넣는 부장품.

【泉壤】九泉의 흙덩이. 죽은 사람의 무덤.

【罪科】법률 조문에 의해 定罪함.

149(18-6)
일개 포의로 중서령이 되었으니

잠문본岑文本이 중서령中書令이 되었는데 그의 집이 낮고 습기가 차는데도 휘장의 장식조차 없었다. 어떤 이가 그에게 산업을 경영하여 돈을 좀 벌도록 권하자 잠문본은 이렇게 한탄하였다.

"나는 본래 한남漢南의 일개 포의布衣였을 뿐이며 결국 그 어떤 전투의 공로도 세운 것이 없이 그저 글 좀 안다고 이렇게 중서령에까지 오르게 되었다. 그러니 이 정도면 역시 극에 이른 것이다. 봉록의 귀중함을 이렇게 짐을 지고 있어 도리어 두려움을 느낀 지가 오래이거늘 다시 어찌 산업을 거론할 수 있단 말인가?"

말했던 자가 탄식을 하면서 물러섰다.

岑文本爲中書令, 宅卑濕, 無帷帳之飾. 有勸其營産業者, 文本歎曰:「吾本漢南一布衣耳, 竟無汗馬之勞, 徒以文墨, 致位中書令, 斯亦極矣. 荷俸祿之重, 爲懼已多, 更得言産業乎?」
言者歎息而退.

【中書令】貞觀 18년(644) 8월에 岑文本을 中書令으로 임명함.
【産業】따로 돈을 벌 것을 경영함을 말함.
【漢南】南陽. 지금의 河南으로 岑文本의 고향.
【汗馬之勞】전쟁에서의 노고나 戰功을 말함.
【文墨】문장에 뛰어남을 말함. 律令과 文辭 등 문자에 대한 작업.

150(18-7)
대주戴胄의 검소함

호부상서戸部尚書 대주戴胄가 죽자 태종이 그 살던 집안이 너무 누추하고 제사를 지낼 장소조차 없음을 알고 유사有司에게 명하여 특별히 그를 위해 사당을 지어 주도록 하였다.

戸部尚書戴胄卒, 太宗以其居宅弊陋, 祭享無所, 令有司特爲之造廟.

【戴胄】대주는 정관 7년(633)에 죽음.
【廟】사당. 여기서는 家廟를 뜻함.《唐會要》에 의하면 백관들은 長安城 中都에 각기 家廟를 둘 수 있도록 되어 있음.

151(18-8)
정침도 없이 산 온언박

온언박溫彦博이 상서우복야尚書右僕射로서 집이 가난하여 정침正寢도 없었으며 그가 죽자 옆방에 빈소를 차리게 되었다. 태종이 이를 듣고 안타까이 여겨 탄식하면서 급히 관련 부서에게 명하여 정침을 지어 주도록 하고 아울러 부의賻儀의 물품을 더 후하게 보태 주도록 하였다.

溫彦博爲尚書右僕射, 家貧無正寢, 及薨, 殯於旁室. 太宗聞而嗟嘆, 遽命所司爲造, 當厚加賻贈.

【正寢】집의 안방. 정실. 죽은 이의 염을 하고 빈소로 사용하는 곳.
【薨】公侯나 大臣의 죽음을 일컫는 말. 溫彦博이 정관 11년(637) 6월에 죽음.
【殯】염은 하고 아직 장례를 치르지 않은 상태를 말함.
【賻】장례에 쓰일 비용이나 물질 등으로 부조함.

152(18-9)
정당이 없이 살았던 위징

　위징魏徵의 집안에는 원래 정당正堂이 없었다. 그가 병이 들자 태종은
마침 작은 궁전을 하나 짓고자 하였는데 이에 쓸 재목들을 모두 거두어
위징의 집을 지어 주도록 하여 닷새 만에 일을 마치게 되었다. 그리고
중사中使를 보내어 흰 깔개와 이불을 보내어 하사하였다. 이리하여
태종이 평소 위징을 숭상하던 바를 이루게 되었다.

　魏徵宅內, 先無正堂. 及遇疾, 太宗時欲造小殿, 而輟其材爲
徵營構, 五日而就. 遣中使齎素褥布被而賜之, 以遂其所尙.

【正堂】 집의 여러 건물 중 가장 중앙이 되는 건물. 正屋.
【輟】 정지함.
【中使】 궁중에서 파견된 사자. 주로 宦官을 가리킴.
【齎】 물건이나 재물을 가지고 감.
【素褥布被】 흰색의 깔개나 베로 만든 이불.

19. 겸양 謙讓

지도자에게 있어서의 겸양謙讓은 필수적이다. 높은 지위에 있게 되면 자신도 모르게 자긍심과 뽐냄이 몸에 밸 수 있다. 따라서 일반 백성보다 곱절 이상 겸양의 미덕을 보여 주어야 한다.

〈觀鳥捕蟬圖〉 1971 陝西 乾縣 唐 章懷太子(李賢) 묘 출토 벽화

153(19-1)
자랑하지 말고 겸손하라

정관 2년(628), 태종이 시종하는 신하에게 말하였다.

"사람들은 천자가 되었으면 스스로 자존自尊을 맘껏 높여 두려워할 것이 없이하라 말하지만, 나는 스스로 겸공謙恭에 합당하도록 지켜 내어 항상 두려움을 품고 있어야 한다고 여기고 있다. 옛날 순舜임금이 우禹에게 '네가 스스로를 능력 있다 자랑하지 않기만 하면 천하에 그 누구도 너와 능력을 다투려 들지 않을 것이다. 네게 오직 공 있다고 뽐내지 않기만 하면 천하에 누구도 너와 공을 다투려 들지 않을 것이다'라 경계하였다. 그리고 또《역易》에는 '사람의 도란 가득 찬 것을 미워하고 겸손한 것을 좋아하게 마련'이라 하였다. 무릇 천자가 되어 스스로 자존을 높이면서 겸공謙恭을 지켜 내지 못한다면 자신에게 만약 옳지 못한 일이 있을 때 누가 얼굴을 붉히며 간언을 해 주려 하겠는가? 나는 매번 이 한 마디를 생각해 내고 한 가지 일을 실행할 때마다 반드시 위로는 하늘을 두려워하고 아래로는 여러 신하들을 두려워한다. 하늘이 높으나 낮은 곳까지 듣고 있으니 어찌 두렵지 않을 수 있겠는가. 여러 공경들과 선비들이 모두 쳐다보고 있으니 어찌 겁나지 않을 수 있겠는가? 이로써 생각하건대 단지 항상 겸손히 하고 항상 두려워해야 할 것을 안다고 하는 것만으로도 천심이나 백성의 뜻에 맞지 않으면 어쩌나 두려워하는 것과 같은 것이 되리라."

위징魏徵이 말하였다.

"옛 사람이 '처음부터 잘하려 하지 않은 것은 아니나 그 끝마무리를 잘 하는 자는 드물도다' 하였으니 원컨대 폐하께서는 이 상겸상구常謙

常懼의 도를 잘 지키셔서 매일 그 날을 신중히 하신다면 종묘사직은 길이 견고하여 무너지거나 엎어질 리가 없을 것입니다. 당우唐虞가 태평을 이룬 것은 실로 이러한 법을 사용하였기 때문이었습니다."

貞觀二年, 太宗謂侍臣曰:「人言作天子則得自尊崇, 無所畏懼, 朕則以爲正合自守謙恭, 常懷畏懼. 昔舜誡禹曰:『汝惟不矜, 天下莫與汝爭能; 汝惟不伐, 天下莫與汝爭功.』 又《易》曰: 『人道惡盈而好謙.』 凡爲天子, 若惟自尊崇, 不守謙恭者, 在身儻有不是之事, 誰肯犯顏諫奏? 朕每思出一言, 行一事, 必上畏皇天, 下懼群臣. 天高聽卑, 何得不畏? 群公卿士, 皆見瞻仰, 何得不懼? 以此思之, 但知常謙常懼, 猶恐不稱天心及百姓意也.」

魏徵曰:「古人云:『靡不有初, 鮮克有終.』願陛下守此常謙常懼之道, 日愼一日, 則宗社永固, 無傾覆矣. 唐虞所以太平, 實用此法.」

【誡】 경계할 일을 일러 줌. 이는 《尚書》 虞書 大禹謨의 구절임.
【惡盈而好謙】 사람은 가득 찬 것을 미워하고 겸손한 것을 좋아함. 《周易》 謙卦 象辭의 구절.
【天高聽卑】 하늘은 높이 있지만 아주 낮은 곳의 사정도 듣고 있음.
【靡不有初】 《詩經》 大雅 蕩의 구절.
【宗社】 종묘와 사직. 국가를 뜻함.
【唐虞】 唐堯와 虞舜 시대.

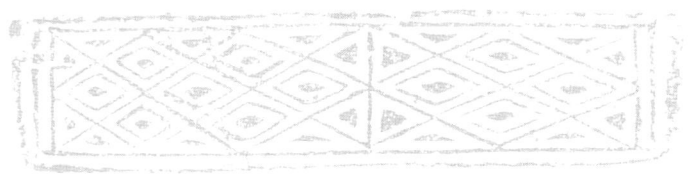

154(19-2)
있어도 없는 듯이 하라

정관 3년(629), 태종이 급사중給事中 공영달孔穎達에게 물었다.

"《논어論語》에 '자신이 능한 것으로써 능하지 못한 자에게 묻고, 자신에게 풍부한 것으로써 부족한 자에게 물어야 한다. 있어도 없는 듯이 보이며, 가득 차도 빈 듯이 하라'라 하였는데 무엇을 이른 것인가?"

공영달이 대답하였다.

"성인이 교화를 설정함에 사람으로 하여금 겸손으로 빛을 내도록 하였습니다. 자신이 비록 능력이 있다 해도 스스로 뽐내지 않아야 능력이 없는 이에게 나갈 수 있어 그 능함을 찾아낼 수 있는 것입니다. 또 자신의 재주가 많다고 해도 오히려 부족하다고 걱정을 하여야 능력이 적은 사람에게 다가가 더 큰 것을 구할 수 있는 것입니다. 그리고 자신이 소유하고 있다고 해도 그 모습을 마치 없는 듯이 하고, 자신이 비록 가득 찼다 해도 그 모습을 마치 빈 듯이 해야 하는 것입니다. 이는 필부의 서민뿐만 아니라 제왕의 덕도 역시 이와 같아야 하는 것입니다. 무릇 제왕이란 안으로 신명함을 감추고 있으면서 밖으로 현묘한 침묵을 지키고 있어 남으로 하여금 그 깊이를 알 수 없도록 해야 하는 것입니다. 그 때문에 《역易》에 '몽매함을 가지고 바른 것을 기른다' 하였고, '명이明夷로써 백성에게 임하라'라 하였던 것입니다. 만약 그 지위가 지극히 높으면서 총명함을 뽐내거나 자신이 재능 있다고 남을 능멸하거나, 그릇된 것을 수식하여 간언을 거부한다면 임금과 신하의 도를 어긋나게 하는 것입니다. 자고로 멸망이란 여기에서 비롯되지 않은 것이 없습니다."

태종이 말하였다.

"《역易》에 '힘쓰고 겸손히 하여 군자가 그 끝을 잘 마무리하니 길하도다' 한 것이 바로 그대가 말한 것과 같도다."

그리고 조서를 내려 비단 2백 단을 하사하였다.

貞觀三年, 太宗問給事中孔穎達曰:「《論語》云:『以能問於不能, 以多問於寡; 有若無, 實若虛』. 何謂也?」

孔穎達對曰:「聖人設教, 欲人謙光. 己雖有能, 不自矜大, 仍就不能之人, 求訪能事. 己之才藝雖多, 猶病以爲少, 仍就寡少之人, 更求所益. 己之雖有, 其狀若無; 己之雖實, 其容若虛. 非惟匹庶, 帝王之德, 亦當如此. 夫帝王內蘊神明, 外須玄黙, 使深不可知. 故《易》稱『以蒙養正』, 『以明夷莅衆』. 若其位居尊極, 炫耀聰明, 以才陵人, 飾非拒諫, 則上下情隔, 君臣道乖. 自古滅亡, 莫不由此也.」

太宗曰:「《易》云:『勞謙, 君子有終, 吉.』 誠如卿言.」

詔賜物二百段.

【論語】《論語》泰伯篇에 "曾子曰:「以能問於不能, 以多問於寡; 有若無, 實若虛, 犯而不校. 昔者吾友嘗從事於斯矣.」"라 함.

【謙光】《周易》謙卦의 구절.

【以蒙養正】은미한 침묵으로 스스로 바른 도를 길러 냄.《周易》蒙卦의 象辭.

【以明夷莅衆】밖에서 밝은 빛을 기다려 이를 민중을 다스리는 데에 이용함. 《周易》明夷卦의 象辭.

【易】《周易》謙卦 九三의 爻辭.

【物】견직물. 비단.

155(19-3)
겸손을 다한 왕실의 인물들

하간왕河間王 이효공李孝恭은 무덕武德 초에 조군왕趙郡王으로 봉해졌다가 계속하여 동남도행대상서좌복야東南道行臺尚書左僕射에 올랐다. 이효공은 이미 소선蕭銑과 보공석輔公祏을 토벌하여 그 공으로 드디어 강회江淮와 영남嶺南 영북嶺北을 다스려 모두가 그가 통치하는 임무를 맡게 되었다. 이렇게 한 지역을 독자적으로 다스리게 되자 그 위엄과 명성이 크게 드러나게 되었으며 계속 승진하여 예부상서禮部尚書에 까지 오르게 되었다. 그럼에도 이효공은 성격이 겸손하여 교만함이나 스스로 자랑하는 기색이 전혀 없었다.

당시 특진特進 강하왕江夏王 이도종李道宗은 더욱 전략에 뛰어난 명성을 가지고 있었음에도 역시 학문을 좋아하고 어진 선비를 경모하였으며 행동은 예의와 겸양을 닦았다.

태종은 이 두 사람을 아주 특별히 친히 여겼다. 여러 종실 중에 오직 이효공과 이도종은 누구도 그에 비교할 수가 없어 일대의 뛰어난 종실이었다고 할 수 있다.

河間王孝恭, 武德初, 封爲趙郡王, 累授東南道行臺尚書左僕射. 孝恭旣討平蕭銑‧輔公祏, 遂領江淮及嶺南北, 皆統攝之. 專制一方, 威名甚著, 累遷禮部尚書. 孝恭性惟退讓, 無驕矜自伐之色. 時有特進江夏王道宗, 尤以將略馳名, 兼好學, 敬慕賢士, 動修禮讓. 太宗並加親待. 諸宗室中, 惟孝恭‧道宗, 莫與爲比, 一代宗英云.

【孝恭】唐 高祖 李淵의 堂弟. 통일 전쟁 때 많은 공을 세웠음.

【東南道行臺】중국 동남지방을 진무하고 행정 처리를 하기 위하여 武德 연간에
　세운 행정기관이었으나 貞觀 元年(627) 전국을 十道로 나눌 때 폐지함.

【蕭銑】인명. 江陵 지역을 할거하고 있던 대표적인 세력의 우두머리.

【輔公祏】江淮지력 義軍의 수령 중 하나.

【道宗】李道宗. 당나라 종실이며 李淵의 먼 친척 아우. 唐 高宗 永徽 원년(550)에
　特進을 수여 받음.

【宗英】종실의 뛰어난 영웅들.

정관정요

20. 인측〈仁惻〉

자신은 천하를 잡았으니 물질이나 신분상 모자랄 것이 없다. 그러나 백성을 보기를 측은하게 대하고 그들에게 어짊을 베푸는 것은 의무이며 동시에 행복이기도 하다. 고대 지도자들이 백성을 자신의 자녀처럼 여김으로써 긴 역사를 두고 칭송을 받아 왔다. 그렇게 보면 성인이란 사랑을 베풀 기회를 하늘로 받은 인물이며 그 기회를 놓치지 않은 사람이라 할 수 있으리라.

〈宮女圖〉唐. 1960 陝西 乾縣 永泰公主 묘 출토 벽화

貞観政要

156(20-1)
백성을 불쌍히 여겨라

정관 초, 태종이 시종하는 신하에게 말하였다.

"부인으로서 깊은 궁궐에 유폐된 자가 있으니 그 실정이 참으로 불쌍하다. 수나라 말년에 끝없이 이들을 모아들여 이궁離宮과 별관別館에 이르기까지 임금이 행차하지 아니하는 곳인데도 궁인들이 모여 있다. 이는 모두 사람의 재력을 고갈시키는 것으로 나는 이를 원하지 않는다. 게다가 이들이 물 뿌리고 청소하는 일 외에 어디에 쓰인단 말인가? 지금 곧 이들을 풀어 내보내 임의대로 짝을 찾도록 하라. 이는 비용을 절약하는 것일뿐더러 아울러 사람을 쉬게 하는 것이며 역시 각기 자신의 정성情性을 얻어 살 수 있도록 하는 것이다."

이리하여 후궁 및 액정掖庭의 여인들이 차례대로 3천여 명이 풀려나게 되었다.

貞觀初, 太宗謂侍臣曰:「婦人幽閉深宮, 情實可愍. 隋氏末年, 求採無已, 至於離宮別館, 非幸御之所, 多聚宮人. 此皆竭人財力, 朕所不取. 且灑掃之餘, 更何所用? 今將出之, 任求伉儷. 非獨以省費, 兼以息人, 亦各得遂其情性.」

於是後宮及掖庭, 前後所出三千餘人.

【貞觀初】다른 기록에 의하면 貞觀 2년(628) 9월로 되어 있음.
【掖庭】皇宮의 곁에 있는 건물로 宮嬪이 거처하는 곳.
【三千餘人】당 태종이 즉위한 뒤 武德 9년(626) 8월에 3천여 명의 궁녀를 석방하였으며 貞觀 2년(628) 9월에 다시 많은 수를 석방하였음.

157(20-2)
수재와 가뭄은 나의 부덕 탓

　정관 2년(628), 관중關中에 가뭄이 들어 큰 기근이 발생하였다. 태종이 이에 신하들에게 말하였다.

　"수재와 가뭄이 순조롭지 못함은 모두가 임금 된 자가 덕을 잃었기 때문이다. 내가 덕을 닦지 않아 하늘이 나를 질책하고 있는 것이니 백성이 무슨 죄가 있어 이러한 곤액을 당하겠는가! 듣자하니 남에게 팔려나간 사내와 딸들이 있다고 하던데 나는 이를 심히 불쌍히 여기고 있다."

　이에 어사대부御史大夫 두엄杜淹을 파견하여 순검巡檢하도록 하여 어부御府의 돈을 내어 이들을 대속하여 그 부모들에게 되돌아 갈 수 있도록 하였다.

　貞觀二年, 關中旱, 大饑. 太宗謂侍臣曰:「水旱不調, 皆爲人君失德. 朕德之不修, 天當責朕, 百姓何罪而多遭困因窮! 聞有鬻男女者, 朕甚愍之焉.」

　乃遣御史大夫杜淹巡檢, 出御府金寶贖之, 還其父母.

【關中】函谷關 서쪽 지금의 陝西省 일대. 서안을 포함한 지역으로 고대 역사적으로 가장 중요한 지역이었음.

【鬻】 '팔다'(賣)와 같은 뜻.
【杜淹】 인명. 자는 執禮. 杜如晦의 숙부.
【御府】 황실의 府庫.

158(20-3)
금기일이라도 곡을 하지 않을 수 없다

정관 7년(633) 양주도독襄州都督 장공근張公謹이 죽자 태종이 이를 듣고 안타까워하며 애도하고 이튿날 교외의 장례에까지 가서 슬픔을 표하였다.

그러자 유사가 이렇게 상주하였다.

"음양서陰陽書에 따르면 '진일辰日에는 곡읍해서는 안 된다'라고 하였습니다. 이 역시 풍속에 따라 꺼리는 날이니 피하셔야 합니다."

이에 태종은 이렇게 말하였다.

"군신 사이의 의義란 부자 사이와 같다. 가슴속에서 슬픈 감정이 솟구치는데 어찌 진일이라고 피할 수 있겠는가?"

그리고 드디어 곡을 하였다.

貞觀七年, 襄州都督張公謹卒, 太宗聞而嗟悼, 出次發哀.
有司奏言:「準陰陽書云:『日在辰, 不可哭泣.』此亦流俗所忌.」
太宗曰:「君臣之義, 同於父子, 情發於中, 安避辰日?」
遂哭之.

【貞觀七年】다른 사서에 의하면 6년(632)으로 되어 있음.
【張公謹】자는 弘愼. 일찍이 玄武門 정변에 참여하였으며 太宗의 측근. 뒤에 突厥을 깨뜨려 鄒國公에 봉해졌다가 襄州都督이 되어 덕정을 베풀었음.
【出次發哀】이튿날 교외에 이르러 상례를 치름.

【陰陽書】음양 오행의 길흉이나 금기 등을 기록한 책.
【辰】十干十二支에서 진(辰)자가 들어가는 날. 여기서는 壬辰日. 정관 6년(632) 4월 辛卯日에 죽었으며 이틀 뒤에 壬辰日에 발상하였음.

159(20-4)
고구려와의 전투에 죽은 병사들에 대한 큰 제사

　　정관 19년(645), 태종이 고구려高句麗 정벌에 나서서 정주定州에 이르러 모든 병사들이 그곳에 집결하자 태종은 정주성의 북문 성루에 임하여 사졸들을 위로하였다. 그때 한 병졸이 병이 나서 걸을 수가 없었다. 태종은 조서를 내려 그의 침상에 이르러 그의 고통을 위문하고 아울러 그 주현州縣의 의원으로 하여금 치료해 주도록 하였다. 이렇게 하자 장병들은 누구 하나 흔연히 나서서 싸우겠다고 하지 않는 자가 없었다.

　　마침내 출정을 마치고 회군할 때 유성柳城에 이르러서는 지난번 출정과 이번 출정의 전쟁으로 죽은 이들의 해골을 모아 태뢰太牢를 마련하고 제사 준비를 하도록 하였다. 태종은 직접 이에 임하여 곡을 하면서 슬픔을 다하였다. 그러자 군인들도 눈물을 흩뿌리지 않은 자가 없었다.

　　병사들로서 그 제사를 본 자들이 집으로 돌아가 이를 일러 주자 죽은 병사의 부모들은 "내 아들이 죽어 천자가 곡을 하였다니 죽었어도 한은 없을 것이다"라 하였다.

　　태종이 요동遼東을 원정하여 백암성白巖城을 공격할 때 우위대장군右衛大將軍 이사마李思摩가 흐르는 화살에 맞았다. 이에 태종이 친히 그 피를 빨아 주자 장사들은 감동하지 않은 자가 없었다.

　　貞觀十九年, 太宗征高麗, 次定州. 有兵士到者, 帝御州城北門樓撫慰之. 有從卒一人病, 不能進, 詔至床前, 問其所苦, 仍敕州縣醫療之, 是以將士莫不欣然願從. 及大軍回次柳城, 詔集前後戰亡人骸骨, 設太牢致祭. 親臨, 哭之盡哀, 軍人無不灑泣.

兵士觀祭者, 歸家以言, 其父母曰:「吾兒之喪, 天子哭之, 死無所恨.」

太宗征遼東, 攻白巖城, 右衛大將軍李思摩, 爲流矢所中. 帝親爲吮血, 將士莫不感勵.

【次定州】행군 중에 정주에 주둔함. '次'는 주둔하거나 일시 멈춤을 뜻함.
【柳城】營州의 치소가 있던 곳. 지금의 遼寧 朝陽. 혹 河北 昌黎라고도 함.
【太牢】소, 양, 돼지를 잡아 치르는 연회나 잔치. 혹은 제사.
【白巖城】지금의 遼寧 撫順시 남쪽에 있던 성.
【李思摩】突厥 頡利部 출신으로 李氏성을 하사 받아 化州都督이 되었음. 뒤에 당나라에 입조하여 遼東 정벌에 나섬.

정관정요

21. 신소호 愼所好

　자신이 좋아하는 기호나 취향에 대하여 신중히 할
것을 부탁한 내용이다. 윗사람이 무엇을 좋아하는가에
따라 그 아랫사람은 곧바로 풍조를 이루게 마련이다.
그런 영향력을 도리어 교화의 방법으로 이용하는 것이
정치술이며 또한 자산이다.

〈狩獵圖〉 북제 시대 嘉峪關 戈壁灘 출토 磚畵

貞觀政要

160(21-1)
물은 담는 그릇에 따라 모양이 다를 뿐

정관 2년(628), 태종이 시종하는 신하에게 말하였다.

"옛 사람이 '임금은 그릇과 같고 백성은 물과 같다. 모나게 담기느냐 둥글게 담기느냐 하는 것은 그릇에 있지 물에 있는 것이 아니다'라 하였다. 그 때문에 요순堯舜이 천하를 인仁으로 이끌자 백성들이 인으로 따랐고, 걸주桀紂가 포악함으로 천하를 다스리자 백성들이 그를 흉내 내었던 것이다. 아랫사람의 행동이란 모두가 위에서 좋아하는 바를 따르게 되어 있는 것이다.

이를테면 양梁 무제武帝 부자는 부화浮華한 것을 숭상하여 오직 불교釋氏와 노자老氏의 교의를 좋아하였다. 무제 말년에는 자주 동태사同泰寺에 행차하여 직접 불경을 강론하여 백관들은 모두가 커다란 모자에 높은 신발을 신고 수레를 타고 임금을 뒤따라가서는 종일토록 불교의 고苦와 공空에 대하여 담론을 벌이면서 나라의 군사문제나 전장典章 따위에 대해서 뜻을 둔 적이 없었다. 그러다가 후경侯景이 군사를 이끌고 궁궐을 향해 밀고 들어오자 상서랑尙書郎 이하 관료들이 거의가 말을 탈 줄 몰라 걸어 도망가면서 낭패를 겪어 죽은 자가 길에 서로 이어질 정도였다. 무제와 간문제簡文帝는 마침내 후경에게 유폐 당하였다가 핍박을 받아 죽고 말았다. 한편 무제의 아들 효원제孝元帝는 당시 강릉江陵에서 만뉴우근萬紐于謹이 포위를 하였음에도 원제는 오히려 《노자老子》 강의를 그치지 않으면서 백관들은 모두가 군복을 입고 그 강의를 듣고 있다가 이윽고 성이 함락되자 임금과 신하들은 모두 붙잡혀 묶이고 말았다. 유신庾信도 역시 이와 같은 일을 한탄하여 〈애강남부哀江南賦〉

라는 글을 지어 '재상은 전쟁을 아이들 놀이인 줄로 여겼고, 사대부들은 청담淸談을 조정의 책략으로 여겼다'라고 하였다. 이러한 일도 역시 거울과 경계로 삼을 만하다. 나는 지금 좋아하는 바가 오직 요순의 도와 주공周孔의 교화에 있다. 이는 새에게 있어서의 날개이며 물고기에게 있어서 물과 같은 것이다. 이를 잃으면 틀림없이 죽고 말 것이니 잠시라도 없어서는 안 될 것이라 여기고 있을 뿐이다."

貞觀二年, 太宗謂侍臣曰:「古人云:『君猶器也, 人猶水也; 方圓在於器, 不在於水.』故堯舜率天下以仁, 而人從之; 桀紂率天下以暴, 而人從之. 下之所行, 皆從上之所好. 至如梁武帝父子, 志尚浮華, 惟好釋氏·老氏之敎. 武帝末年, 頻幸同泰寺, 親講佛經. 百寮皆大冠高履, 乘車扈從, 終日談論苦空, 未嘗以軍國典章爲意. 及侯景率兵向闕, 尚書郎已下, 多不解乘馬, 狼狽步走, 死者相繼於道路. 武帝及簡文卒被侯景幽逼而死. 孝元帝在于江陵, 爲萬紐于謹所圍, 帝猶講《老子》不輟, 百寮皆戎服以聽. 俄而城陷, 君臣俱被囚繫. 庾信亦歎其如此, 及作〈哀江南賦〉, 乃云:『宰衡以干戈爲兒戲, 縉紳以淸談爲廟略.』此事亦足爲鑒戒. 朕今所好者, 惟在堯舜之道, 周孔之敎, 以爲如鳥有翼, 如魚依水, 失之必死, 不可暫無耳.」

【梁武帝】 南朝 梁(502~557)나라 개국 군주 武帝(502~549 재위) 蕭衍과 태자 蕭綱.
【釋氏】 釋迦牟尼를 줄여서 한 말로 佛敎를 뜻함.
【老氏】 老子 李耳. 道家(道敎)를 말함.
【同泰寺】 梁나라 때 도읍 建康에 세웠던 절.
【苦空】 불교의 苦行과 空寂.

【侯景】 자는 萬景. 懷朔鎭(지금의 내몽고 包頭) 출신. 원래 東魏의 신하였으나 뒤에 梁나라에 귀순하고자 하자 양 무제가 주이의 의견을 들어 그를 大將軍에 임명함. 그러나 그가 반란을 일으키자 조야가 모두 주이를 원망하였고 후경이 마침내 建康(지금의 南京) 궁궐을 공격해 오자 무제는 분을 품고 죽음. 이를 侯景의 亂이라 함.

【簡文】 南朝 梁나라 2대 군주. 簡文帝 蕭綱. 550~551년 재위함. 侯景이 建康을 함락하여 梁 武帝를 가두어 굶어죽도록 하고 蕭綱을 세워 簡文帝라 칭함. 뒤에 후경은 다시 흙 주머니로 간문제를 압살하여 죽임.

【孝元帝】 남조 양나라 3대 군주 蕭繹. 552~555년 재위. 원래 梁 武帝의 일곱째 아들로서 후경을 토벌하고 江陵(湖北)에서 칭제하여 제위에 오름.

【萬紐于謹】 西魏의 장수 이름. 5만 병력을 이끌고 江陵으로 공격하여 왔을 때 梁 武帝는 태연하게 龍光殿에서 《老子》를 강의하고 있었음.

【戎服】 군복.

【庾信】 남북조 시대의 유명한 문학가. 그이 〈哀江南賦〉는 후경의 난과 西魏의 강릉 공격을 주제로 한 것임.

【宰衡】 재상을 말함.

【縉紳】 사대부 관료를 지칭함.

【淸談】 魏晉 시대 풍미를 이루었던 玄學에 대한 토론. 《老子》, 《莊子》, 《周易》을 '三玄學'이라 하여 그 심오하고 현미한 형이상학을 서로 분석하였던 철학 학술 분석 풍조.

【廟略】 조정에서 세우는 계책.

【周孔之敎】 周公과 孔子의 가르침. 儒家를 뜻함.

161(21-2)
신선술이란 거짓된 것

정관 2년(628), 태종이 시종하는 신하에게 말하였다.

"신선神仙의 일이란 본래 허망한 것이며 그 이름도 거짓이다. 진시황秦始皇이 지나치게 이를 좋아하여 결국 방사方士들에게 속아 동남동녀 수천 명을 보내어 그들로 하여금 바다를 따라 들어가 신선을 찾아브도록 하였다. 방사들이 진나라의 가혹한 학정을 피하여 그곳에 머물며 돌아오지 않자 진시황은 그래도 바닷가에서 서성이며 그들을 기다리다가 돌아오는 길에 사구沙丘에서 죽고 말았다. 그런가 하면 한漢 무제武帝도 신선을 찾고자 그 딸을 도술을 부리는 방사에게 시집을 보내기까지 하였으나 효험이 없자 드디어 그를 죽여 버렸다. 이 두 가지 사건을 근거로 보건대 신선술이란 망령되이 찾아보겠다고 번거롭게 굴 일이 아니다."

貞觀二年, 太宗謂侍臣曰:「神仙事本是虛妄, 空有其名. 秦始皇非分愛好, 遂爲方士所詐, 乃遣童男童女數千人. 隨其入海求神仙. 方士避秦苛虐, 因留不歸, 始皇猶海側踟躕以待之, 還至沙丘而死. 漢武帝爲求神仙, 乃將女嫁道術之人, 事旣無驗, 便行誅戮. 據此二事, 神仙不煩妄求也.」

【貞觀二年】《舊唐書》太宗本紀와《冊府元龜》(46)에 의하면 정관 원년(627)
 으로 되어 있음.
【方士】신선 방술을 주장하며 다니는 사람. 여기서는 秦나라 때 '서불徐市'과
 漢 武帝 때의 徐福 등을 가리킴.
【沙丘】지금의 河北 廣宗縣 서북. 진시황이 이곳에서 죽음.
【道術之人】여기서는 欒大를 가리킴. 漢 武帝가 그에게 衛長公主를 주어 사위로
 삼았으나 뒤에 誣罔罪를 저질러 죽음을 당하였음.

162(21-3)
바르게 덕을 닦으면 그 뿐

정관 4년(630), 태종이 말하였다.

"수隋 양제煬帝는 남을 시기하며 자신을 방어하는 성품이라 오로지 사악한 도를 믿었으며 호인胡人을 아주 기피하였다. 이에 호상胡牀을 교상交牀이라 하고 호과胡瓜를 황과黃瓜로 바꾸어 불렀으며, 장성長城을 축조하여 호인을 피하고자 하였다. 그러나 끝내 호인 우문화급宇文化及이 영호행달令狐行達로 하여금 양제를 죽이게 하여 결국 죽음을 당하고 말았다. 그리고 이금재李金才를 죽여 이씨들이 거의 멸족하고 말았으니 양제의 그런 방비가 무슨 보탬이 되었는가? 게다가 천하에 군림하는 자는 오직 자신을 바르게 하여 덕을 닦을 뿐이니 그 밖의 일은 모두 헛된 것으로 마음에 둘 필요가 없다."

貞觀四年, 太宗曰:「隋煬帝性好猜防, 專信邪道, 大忌胡人, 乃至謂胡牀爲交牀, 胡瓜爲黃瓜, 築長城以避胡. 終被宇文化及使令狐行達殺之. 又誅戮李金才, 及諸李殆盡, 卒何所益? 且君天下者, 惟須正身修德而已. 此外虛事, 不足在懷.」

【猜防】 시기와 이를 막기 위한 대책들.
【邪道】 儒家가 말하는 인의도덕 이외의 것을 믿고 금기나 길흉을 겁내는 것을 말함.

【交牀】胡牀. 북방 이민족들이 사용하는 의자의 일종.

【宇文化及】宇文述의 아들로 右屯衛將軍을 지냈으며 북방 이민족 출신이었음. 隋 煬帝를 江都(揚州)에서 목 졸라 죽임.《隋書》에 전이 있음.

【令狐行達】令狐는 姓. 당시 校尉였음. 우문화급을 섬겨 煬帝를 살해함.

【李金才】이름은 李渾. 右驍衛大將軍을 지냈으며 우문술과 틈이 벌어져 멸족을 당함. 李氏가 명을 받은 것으로 오해하여 그 일가 30여 명을 살해함.

163(21-4)
꼭두각시 인형극

　정관 7년(633), 공부상서工部尙書 단륜段綸이 교묘한 재능을 가진 양사제楊思齊를 소개하여 이르게 되었다. 태종이 그에게 시범을 명하자 단륜은 양사제를 보내어 꼭두각시 인형극을 갖추어 보여 주도록 하였다.
　그러자 태종이 단륜에게 말하였다.
　"나에게 뛰어난 예인을 소개하였음은 장차 나랏일에 도움이 되고자 함이었을 것이오. 그대가 먼저 이러한 교묘한 물건을 만들도록 하였으니 이는 백공百工들이 서로 이런 교묘한 물건을 만들지 못하도록 경계하고자 하는 뜻이었겠지요?"
　그리고 조서를 내려 단륜의 직급을 삭탈하고 아울러 이러한 유희를 금지하도록 명령을 내렸다.

　貞觀七年, 工部尙書段綸奏進巧人楊思齊至, 太宗令試, 綸遣造傀儡戲具.
　太宗謂綸曰:「所進巧匠, 將供國事, 卿令先造此物, 是豈百工相戒無作奇巧之意耶?」
　乃詔削綸階級, 並禁斷此戲.

【段綸】인명. 正史에는 이 이름이 보이지 않음.
【巧人】기교한 물건을 잘 만드는 사람.

【楊思齊】 당시 꼭두각시 놀음에 뛰어난 藝人의 이름.
【傀儡】 꼭두각시를 지칭하는 疊韻連綿語. 여기서는 괴뢰희. 꼭두각시놀음. 인형
극을 말함. 태종은 실질적인 도움이 되는 것이 아니라 하여 부정적으로 보았음을
알 수 있음.

22. 신언어愼言語

　말을 조심하라는 것은 참으로 많은 이들이 경험하고 또한 긴 세월을 두고 경계한 내용이다. 한번 내놓은 말은 다시 주워 담을 수 없다. 특히 좋은 말은 퍼져나가는 속도가 느리지만 좋지 않은 말은 네 필 말이 끄는 속도로도 따라가지 못한다 하였다. 필부에게도 그럴진대 하물며 지도자의 말 한 마디는 얼마나 많은 영향을 미치는지에 대하여 기록한 것이다.

〈唐太宗接見吐蕃使臣圖〉(〈步輦圖〉 부분)

164(22-1)
황제의 말 한 마디

정관 2년(628), 태종이 시종하는 신하에게 말하였다.

"내 매일 조회를 할 때마다 한 마디 하고 싶은 말이 있다. 그런데 이 말이 백성에게 유리할 것인 지의 여부를 몰라 그 때문에 감히 많은 말을 하지 않은 것이다."

그러자 급사중겸지기거사給事中兼知起居事 두정륜杜正倫이 나서서 말하였다.

"임금의 거동은 반드시 기록하도록 되어 있어 말씀은 좌사左史가 기록하는 것입니다. 저의 직책은 기거주起居注를 수찬修撰하는 임무를 겸하고 있으니 감히 충직한 업무를 다하지 아니할 수 없습니다. 폐하께서 만약 한 마디라도 도리에 어긋나는 것이 있으면 천년을 두고 성덕聖德에 누가 될 것이오니 이는 비단 오늘 당장 백성에게 손해를 끼치는 것에서 끝나지 않습니다. 원컨대 폐하께서는 신중을 기하시기 바랍니다."

태종은 크게 기뻐하며 채색 비단 백 단段을 하사하였다.

貞觀二年, 太宗謂侍臣曰:「朕每日坐朝, 欲出一言, 卽思此一言於百姓有利益否, 所以不敢多言.」

給事中兼知起居事杜正倫進曰:「君擧必書, 言存左史. 臣職當兼修起居注, 不敢不盡愚直. 陛下若一言乖於道理, 則千載累於聖德, 非止當今損於百姓. 願陛下愼之.」

太宗大悅, 賜綵百段.

【杜正倫】 정관 초에 魏徵의 추천으로 兵部員外郞이 되었다가 給事中과 知起居注의
  임무를 맡았으며 정관 4년(630) 中書侍郞에 오름.
【坐朝】 조정에 앉아 정치를 들음.
【知起居事】 황제의 일상생활을 정리하고 기록하도록 명을 받은 관직.
【左史】 고대 左史와 右史가 있었으며 左史는 천자의 言을 기록하고 右史는
  行動을 기록하였음. 《禮記》와 《漢書》 藝文志에 "左史記言, 右史記事"라 함.

165(22-2)
반딧불을 채집하여 궁궐을 밝히라

정관 8년(634), 태종이 시종하는 신하에게 말하였다.

"말이란 군자의 가장 중요한 근본이니 말이 어찌 쉬운 것이겠는가? 무릇 보통 민중에게 있어서도 말 한 마디 옳지 않으면 사람들이 이를 기억하여 그 사람의 결점과 치욕이 되고 마는 법인데, 하물며 만승의 군주로서는 그릇되거나 실수하는 말을 내뱉어서는 절대 안 될 것이니 그 한 번 실수하여 생기는 손실의 지대함이 어찌 필부의 그것과 같겠는가? 나는 언제나 이를 경계로 삼고 있다. 수隋 양제煬帝가 처음 감천궁甘泉宮에 행차하였을 때 샘물과 돌의 경치는 자신의 마음에 들었으나 밤에 반딧불이 없는 것을 탓하여 '얼마간의 반딧불이라도 잡아 이 궁중에 비추도록 하라'고 칙령을 내리자 그 일을 맡은 부서에서 급히 수천 명을 보내어 반딧불을 채집하도록 하여 5백 수레를 궁궐 곁에 보내왔다. 작은 일도 오히려 이와 같거늘 하물며 큰 일임에랴?"

위징魏徵이 대답하였다.

"임금이란 사해에 지극히 높은 존재로서 만약 실수를 하거나 어긋나는 것이 있으면 옛 사람의 말처럼 일식이나 월식이 있으면 사람들이 다 보게 되는 것과 같습니다. 실로 폐하가 경계하시고 신중히 하시는 바와 같습니다."

貞觀八年, 太宗謂侍臣曰:「言語者, 君子之樞機, 談何容易? 凡在衆庶, 一言不善, 則人記之, 成其恥累. 況是萬乘之主, 不可出言有所乖失. 其所虧損至大, 豈同匹夫? 我常以此爲戒. 隋煬帝初幸甘泉宮, 泉石稱意, 而怪無螢火, 敕云:『捉取多少於宮中照夜.』所司遽遣數千人採拾, 送五百輿於宮側. 小事尚爾, 況其大乎?」

魏徵對曰:「人君居四海之尊, 若有虧失, 古人以爲如日月之蝕, 人皆見之. 實如陛下所戒愼.」

【樞機】 사람에게 있어서 가장 중요한 근본.《周易》繫辭(上)에 "言行, 君子之樞機. 樞機之發, 榮辱之主也"라 함.
【甘泉宮】 궁전 이름. 다른 기록에는 東都의 景華宮이라 하였으며 隋나라 大業 12년(616) 5월에 있었던 일임.

166(22-3)
진짜 잘 하는 말은 어눌하다

　정관 16년(642), 태종은 매번 공경들과 고대의 도道를 토론하면서 걸핏하면 지난 일을 힐난하며 비평하는 것이었다. 그러자 산기상시散騎常侍 유계劉洎가 이렇게 글을 올려 간언하였다.

　"제왕과 일반 서민은 그 성철聖哲함과 용우庸愚함의 위아래 간격이 현격하여 서로 비슷하고자 해도 소통될 수가 없습니다. 이로써 알 수 있듯이 지극히 어리석은 것으로써 지극히 성스러운 것을 대하는 것이나, 지극히 낮은 것으로써 지극히 높은 것을 대하는 것은 스스로 강해지고자 해도 그렇게 될 수가 없다는 것입니다. 폐하께서 은혜로운 뜻을 낮추시며 겉으로 인자한 얼굴을 하시고 유관旒冠을 멈추고 신하의 말을 들어주며, 흉금을 터놓고 남의 말을 채납한다 해도 오히려 여러 신하들은 감히 마주 대하여 의기양양할 수 없을 것인데 하물며 신기神機를 마음대로 발동하여 천변天辯을 풀어 놓거나, 말을 꾸며 그 논리를 꺾어 버리거나 옛 일을 들어 의논을 배척하면서 아랫사람이 말을 해 주기를 바란들 어느 계제에 그들이 대답을 해 줄 수 있겠습니까? 제가 듣건대 하늘은 아무런 말이 없기 때문에 귀함을 받는 것이요, 성인은 말을 하지 않기 때문에 덕이 있다고 여김을 받는 것이라 하였습니다. 노자老子는 '진짜 훌륭한 언변은 마치 어눌한 듯하다'라 하였고, 장생莊生은 '지극한 도는 무늬가 없다'라 하였습니다. 이는 모두가 번거롭게 말로 설명하지 않겠다는 뜻입니다. 이 까닭으로 제후齊侯가 책을 읽고 있을 때 윤편輪扁이 사사롭게 의논거리로 삼았고, 한漢 무제武帝가 옛날 정치를 사모하자 장유張鄒가 이를 비꼬았던 것입니다. 이 역시 말로써 노고롭지 않고자 함이었습니다. 게다가 기억을 많이 하고자 하면 마음에 손상이 오고 말을 많이 하고자 하면 기氣를 해칩니다. 마음과 기가 안으로 손상을 입으면 육체와 정신이 밖으로 피로하게 됩니다. 처음에는 비록 깨닫지 못한다 할 지라도 뒤에는 반드시 누적되게 됩니다. 모름지기 사직을 위하여 스스로 애중히 여기셔야 하는데 어찌 성격의 호기심을 위하여 스스로 상처를 입으시려 하십니까? 몰래 생각하건대 오늘날의 이러한 승평升平은 모두가 폐하의 능력과 실행에 의해 이룬 것입니다. 그러니 길이 이어 가고자 하신다면 변론의 박식함을 버리셔야 합니다. 다만 저 애중愛憎을 다 잊으시고 여기에서 취사取捨를 신중히 하실 것이며, 매사에 돈독함과 박실함으로 지공至公이 아닌 것이 없도록 하시면 정관 초의 모습을 실현할 수 있을 것입니다. 진시황秦始皇 영정嬴政은 강변强辯의 말솜씨에 뛰어나 자신을 뽐내느라 인심을 잃었고, 위魏 문제文帝 조비曹조는 자신이 굉장한 재주를 가지고 있다고 하다가 그 헛된 말솜씨에 백성의 성망을 놓치고 말았습니다. 이러한 재변才辯의 폐해는 확연하여 가히 알 수 있습니다. 엎드려 원하건대 이에 웅변雄辯을 줄이시고 호연양기浩然養氣하셔서 저 책들에 쓰인 내용은 간단히 여겨 담담히 즐기십시오. 진실로 남산만큼의 긴 장수를 누리시고 백성을 동호씨東戶氏 시대와 같게 해 주신다면 천하가 행복을 마음껏 누릴 것이며 황은皇恩은 그에게 마무리 될 것입니다."

태종은 손으로 직접 조서를 써서 답을 주었다.

"사려가 없이는 천하에 임할 수 없으며 말이 아니면 그 사려를 진술할 수 없습니다. 근래 담론들이 드디어 이토록 번거로운 지경에 이르렀군요. 사물에 경솔하여 남에게 교만하게 군 것은 아마 여기에서 비롯된 것인가 합니다. 육신과 정신, 심기가 이렇게 번거롭지는 않았을 텐데. 지금 훌륭한 말을 들으니 마음을 비워 고치도록 하겠소."

貞觀十六年, 太宗每與公卿言及古道, 必詰難往復. 散騎常侍劉洎上書諫曰:

「帝王之與凡庶, 聖哲之與庸愚, 上下相懸, 擬倫斯絶. 是知以至愚而對至聖, 以極卑而對極尊, 徒思自强, 不可得也. 陛下降恩旨, 假慈顔, 凝旒以聽其言, 虛襟以納其說, 猶恐群下未敢對揚. 況動神機, 縱天辯, 飾辭以折其理, 援古以排其議, 欲令凡庶何階應答? 臣聞皇天以無言爲貴, 聖人以不言爲德. 老君稱『大辯若訥』, 莊生稱『至道無文』. 此皆不欲煩也. 是以齊侯讀書, 輪扁竊議; 漢皇慕古, 張孺陳譏. 此亦不欲勞也. 且多記則損心, 多語則損氣, 心氣內損, 形神外勞, 初雖不覺, 後必爲累. 須爲社稷自愛, 豈爲性好自傷乎? 竊以今日升平, 皆陛下力行所至, 欲其長久, 匪由辯博. 但當忘彼愛憎, 愼茲取捨, 每事敦朴, 無非至公, 若貞觀之初則可矣. 至如秦政强辯, 失人心於自矜; 魏文宏材, 虧衆望於虛說. 此才辯之累, 皎然可知. 伏願略茲雄辯, 浩然養氣, 簡彼緗圖, 澹焉怡悅. 固萬壽於南岳, 齊百姓於東戶, 則天下幸甚, 皇恩斯畢.」

太宗手詔答曰:「非慮無以臨下, 非言無以述慮. 比有談論, 遂至煩多. 輕物驕人, 恐由茲道. 形神心氣, 非此爲勞. 今聞讜言, 虛懷以改.」

【十六年】《資治通鑑》에는 정관 18년(644)으로 되어 있음.
【擬倫斯絶】채택된 논거가 실질과 모두 맞는 것은 아님.
【凝旒】정신을 집중함. '旒'는 원래 임금 관의 앞뒤에 늘어뜨린 玉串으로 이것이
 움직이지 않고 있음을 표현한 것.
【神機】자신이 알고 있는 천하의 신비로운 기미.
【天辯】하늘과 같은 변론. 황제의 지위에 말까지 달변인 경우를 말함.

【大辯若訥】《老子》45장에 "大直若屈, 大巧若拙, 大辯若訥"이라 함.

【莊生】莊子(莊周)를 가리킴.

【至道無文】지극한 도는 무늬를 더 보태지 않음.

【齊侯】齊나라 桓公을 말함.

【輪扁】춘추시대 齊나라 사람. 수레바퀴를 만드는데 뛰어났던 장인.《莊子》
天道篇에 "桓公讀書於堂上, 輪扁斲輪於堂下, 釋椎鑿而上, 問桓公曰:「敢問. 公之
所讀者何言邪?」公曰:「聖人之言也.」曰:「聖人在乎?」公曰:「已死矣.」曰:「然則
君之所讀者, 故人之糟魄已夫!」桓公曰:「寡人讀書, 輪人安得議乎! 有說則可,
无說則死.」輪扁曰:「臣也以臣之事觀之. 斲輪, 徐則甘而不固, 疾則苦而不入.
不徐不疾, 得之於手而應於心, 口不能言, 有數存焉於其間. 臣不能以喩臣之子,
臣之子亦不能受之於臣, 是以行年七十而老斲輪. 古之人與其不可傳也死矣, 然則
君之所讀者, 故人之糟魄已夫!」라 하였으며,《韓詩外傳》(5)에는 '楚成王'으로
되어 있고,《淮南子》道應訓에도 전재되어 있음.

【漢皇】漢 武帝.

【長孺】'張孺'로 되어 있으나 이는 오기임. 長孺는 汲黯의 字이며 汲黯이 무제
에게 "陛下內多欲而外施仁義, 奈何欲效唐虞之治乎?"라고 비평함.《漢書》
汲黯傳 참조.

【秦政】秦始皇 嬴政.

【魏文】삼국시대 魏나라 文帝. 曹丕.

【浩然養氣】浩然之氣를 기름.《孟子》公孫丑(上)에 "曰:「我知言, 我善養吾浩然
之氣.」「敢問何謂浩然之氣?」曰:「難言也. 其爲氣也, 至大至剛; 以直養而無害,
則塞于天地之閒. 其爲氣也, 配義與道; 無是, 餒也. 是集義所生者, 非義襲而取之也.
行有不慊於心, 則餒矣.」라 함.

【緗圖】책. 도서.

【南岳】長安 남쪽 秦嶺의 終南山.

【東戶】상고시대 東戶季子가 통치할 때 천하가 아주 태평하였다 함.《淮南子》
繆稱訓에 실려 있음.

【讜言】정직하고 바른말.

정관정요

唐〈人物壁畫〉

23. 두참사杜讒邪

'두杜'는 '도堵'와 같다. '막아 버림'을 뜻한다. 특히 물이 젖어들 듯 나를 파고드는 남에 대한 비방이나 사악함을 막는 것은 일반인에게도 삶의 중요한 태도이며 방법이다. 높은 지위에 있는 자는 많은 사람을 접할 기회는 적고 판단하고 처리해야 할 일은 많다. 이 경우 가장 가까운 측근을 믿고 그들의 의견을 중시할 수밖에 없다. 이 경우 그들이 친함을 믿고 훌륭하고 능력 있는 자를 참훼하고 사악한 짓을 하고 있는데도 이를 판별하지 못한다면 이는 나라 전체를 엉뚱한 길로 몰고 가게 된다.

167(23-1)
보이지 않는 것을 경계하라

정관 초, 태종이 시종하는 신하에게 말하였다.

"내 보기에 전대의 참녕讒佞한 무리들은 모두가 나라의 모적蟊賊이었다. 혹 교언영색巧言令色으로 붕당비주朋黨比周하여 만약 임금이 혼암할 경우 그를 미혹迷惑하게 하지 않은 자가 없었다. 이 때문에 충신忠臣과 효자孝子는 피눈물을 흘리며 억울한 일을 당하게 된 것이다. 그러므로 떨기를 이룬 난초가 무성하고자 하나 가을바람이 이를 꺾어 버리고, 임금이 현명히 하고자 하나 참녕한 무리들이 앞을 가리는 법이다. 이러한 일은 역사책에 기록되어 있어 일일이 다 갖추어 말할 수가 없을 정도이다. 이를테면 제齊나라 수隋나라 사이의 참녕한 사례는 귀와 눈으로 직접 접한 것으로 대략 그대들에게 말하고자 한다. 곡률명월斛律明月은 제나라의 훌륭한 장수로서 그 위세가 적국을 떨게 했었다. 주周나라에서 매년 분하汾河의 얼음을 깨어 없애 제나라 병사들이 서쪽으로 건너 침입해 올 것을 걱정할 정도였다. 그런데 곡률명월이 조효징祖孝徵의 참소를 입어 죽음을 당하고 나자 북주는 비로소 북제를 병탄할 뜻을 갖게 된 것이다. 한편 고경高熲은 나라를 다스릴 큰 재능을 가지고 있어 수隋 문제文帝를 도와 패업을 이루도록 하였으며 20여 년 국정을 다스려 천하가 그를 통해 안정을 얻을 수 있었다. 그런데 문제는 부인婦人의 말을 듣고 특명을 내려 그를 배척해 버렸고 뒤에 그는 결국 양제煬帝에게 죽음을 당하고 말아 이로부터 형정刑政이 허물어지게 된 것이다. 또 수나라 태자 양용楊勇은 군대를 다스려 나라를 감독하기를 무릇 20년을 하여 역시 일찍부터 나라를 이끌 제왕의 자리를 굳혀가고 있었다.

그런데 양소楊素가 그 임금을 속여 이 선량한 양용을 적해하여 부자의 도가 하루아침에 그 천성을 파멸되도록 하고 말았다. 역란逆亂의 근원은 이로부터 시작된 것이다. 수나라 문제는 이렇게 적서嫡庶를 뒤바꾸어 놓아 결국 화가 그 자신에게까지 미쳤고 사직은 곧이어 패망하고 말았던 것이다. 옛사람이 '난세에는 참녕한 자가 승세를 탄다'라 하였으니 진실로 허망한 말이 아니로다. 내 매번 미세한 것을 예방하고 점차 젖어드는 악을 막으며, 참녕한 발단을 끊고자 하면서도 그래도 마음과 힘이 그에 미치지 못하면 어쩌나 걱정을 하고 있다. 옛 역사 기록에 '맹수가 출몰하는 산림의 야채는 아무도 이를 따러 들어가지 않으며, 곧은 신하가 버티고 있는 조정에는 간사한 무리가 감히 그 모의를 잠재운다!'라 하였으니 이것이 실로 내가 그대들에게 희망하는 바이다."

위징魏徵이 말하였다.

"《예禮》에 '보이지 않는 것에 경계하고 신중을 기하라. 들리지 않는 일을 두려워하고 겁을 내어라'라 하였습니다. 그리고 《시詩》에 '훌륭하신 저 군자들, 참녕한 말은 믿지 않으시네. 참언이란 끝이 없어서 사방 나라를 차례로 어지럽히지'라 하였습니다. 그런가 하면 공자는 '날카로운 언변이 나라를 엎어 버리는 것을 증오한다' 하였으니 대체로 이 때문일 것입니다. 제가 일찍이 자고로 국가를 가진 자를 보건대 만약 그들이 참녕한 아첨을 받아들여서 충량한 자을 해치게 되면 반드시 종묘는 허물어지고 시조市朝는 서리와 이슬이 내려 조락한다고 하였으니 원컨대 폐하께서는 깊이 신중을 기하시기를 바랍니다!"

貞觀初, 太宗謂侍臣曰:「朕觀前代讒佞之徒, 皆國之蟊賊也. 或巧言令色, 朋黨比周, 若暗主庸君, 莫不以之迷惑. 忠臣孝子 所以泣血銜冤. 故叢蘭欲茂, 秋風敗之; 王者欲明, 讒人蔽之. 此事著於史籍, 不能具道. 至如齊隋間讒譖事, 耳目所接者, 略與 公等言之. 斛律明月, 齊朝良將, 威震敵國. 周家每歲斷汾河冰, 慮齊兵之西渡. 及明月被祖孝徵讒構伏誅, 周人始有吞齊之意.

高潁有經國大才, 爲隋文帝贊成霸業, 知國政者二十餘載, 天下賴以安寧. 文帝惟婦言是聽, 特令擯斥. 及爲煬帝所殺, 刑政由是衰壞. 又隋太子勇撫軍監國, 凡二十年間, 固亦早有定分. 楊素欺主罔上, 賊害良善, 使父子之道一朝滅於天性. 逆亂之源, 自此開矣. 隋文旣淆混嫡庶, 竟禍及其身, 社稷尋亦覆敗. 古人云『世亂則讒勝』, 誠非妄言. 朕每防微杜漸, 用絕讒構之端, 猶恐心力所不至, 或不能覺悟. 前史云:『猛獸處山林, 藜藿爲之不採; 直臣立朝廷, 姦邪爲之寢謀!』此實朕所望於群公也.」

魏徵曰:「《禮》云:『戒愼乎其所不睹, 恐懼乎其所不聞.』《詩》云:『愷悌君子, 無信讒言. 讒言罔極, 交亂四國.』又孔子曰『惡利口之覆邦家』, 蓋爲此也. 臣嘗觀自古有國有家者, 若曲受讒譖, 妄害忠良, 必宗廟丘墟, 市朝霜露矣. 願陛下深愼之!」

【蟊賊】 벼의 싹을 갉아먹는 해충의 일종. 뿌리를 갉아먹는 것을 '蟊'라 하며 마디를 잘라먹는 것을 '賊'이라 함. 나라에 危害한 인물을 뜻함.

【比周】 결탁하여 당을 이룸.《論語》爲政篇에 "子曰:「君子周而不比, 小人比而不周.」"라 함.

【齊】 北齊(551~578년)를 가리킴. 高洋이 東魏를 폐하고 세운 나라 이름.

【斛律明月】 515~572. 斛律光. 자는 明月. 북제의 명장. 뒤에 祖孝徵의 참훼를 입어 齊 後主에게 멸족을 당함.

【周】 北周(556~581년)를 가리킴. 원래 宇文覺이 西魏를 폐하고 세운 나라.

【汾河】 山西省 중부를 흐르는 물.

【祖孝徵】 이름은 珽. 斛律明月을 모함하여 죽인 자.

【高潁】 자는 昭玄. 隋나라 때의 훌륭한 재상으로 煬帝에게 간언을 하다가 죽음을 당하였음.

【勇】 楊勇. 隋 文帝 楊堅의 장자. 뒤에 아우 楊廣(煬帝)에 의해 서인으로 폐위되었음.

【撫軍監國】 태자가 전투에 나섰을 때 군사를 위무한다는 뜻으로 '撫軍'이라 하며, 태자가 서울에 남아 있을 때 나라를 감독한다는 뜻으로 '監國'이라 함.

【楊素】 수나라 때의 명신. 당시 태자 楊勇의 불초함을 성토하며 楊廣을 태자로 세울 것을 주장하였음. 뒤에 양광과 모의하여 文帝 楊堅을 시살하고 제위(煬帝)에 오르도록 하였음.

【嫡庶】 적자 楊勇과 서자 楊廣.

【寢謀】 모책을 짜기를 중지함.

【禮】《禮記》中庸篇의 구절.《中庸》제1장에 "道也者, 不可須臾離也, 可離非道也. 是故君子戒愼乎其所不睹, 恐懼乎其所不聞. 莫見乎隱, 莫顯乎微, 故君子愼其獨也"라 함.

【詩】《詩經》小雅 靑蠅의 구절. "營營靑蠅, 止于樊. 豈弟君子, 無信讒言. 營營靑蠅, 止于棘. 讒人罔極, 交亂四國"이라 함.

【覆邦家】《論語》陽貨篇에 "子曰:「惡紫之奪朱也, 惡鄭聲之亂雅樂也, 惡利口之覆邦家者.」"라 함.

【市朝霜露】 시장과 조정이 서리와 이슬이 내려 썰렁함. 나라가 조락하여 망함을 뜻함.

168(23-2)
아부하며 접근하는 자

    정관 7년(633), 태종이 포주蒲州에 행차하자 그곳의 자사刺史 조원해趙元楷가 그곳 부로父老들에게 황사단의黃紗單衣를 입혀 길 왼쪽에 서서 황제를 맞이하도록 하였으며, 그곳의 건물들도 아주 화려하게 장식을 하고 누치樓雉를 만들어 황제의 환심을 사고자 하였다. 그리고 다시 몰래 양 수백 마리와 물고기 수천 마리를 길러 두었다가 장차 황제의 귀척貴戚들에게 음식을 만들어 대접할 준비를 하고 있었다.

    태종이 이를 알고 그를 불러 이렇게 질책하였다.

    "내가 하락河洛 지역을 순시하면서 여러 주州를 두루 돌아다니는데 무릇 필요한 것은 그 물자를 모두 관물官物로 충당하고 있다. 그런데 그대는 양과 물고기를 몰래 기르고 있고 건물을 조각하고 장식하고 있다니 이는 수隋나라가 패망한 폐속弊俗이니 지금 다시 똑같이 그렇게 해서는 안 될 것이다. 마땅히 나의 마음을 이해하고 구태를 고치기를 바란다."

    조원해는 원래 수나라 때의 사악하고 참녕한 신하였다. 그 때문에 태종이 이렇게 말하여 그를 경계시킨 것이다. 조원해는 몹시 부끄러워 하며 며칠 밥을 먹지 못하다가 죽고 말았다.

    貞觀七年, 太宗幸蒲州, 刺史趙元楷課父老服黃紗單衣, 迎謁路左, 盛飾廨宇, 修營樓雉以求媚. 又潛飼羊百餘口, 魚數千頭, 將饋貴戚.

太宗知, 召而數之曰:「朕巡省河洛, 經歷數州, 凡有所須, 皆資官物. 卿爲飼羊養魚, 雕飾院宇, 此乃亡隋弊俗, 今不可復行. 當識朕心, 改舊態也.」

以元楷在隋邪佞, 故太宗發此言以戒之. 元楷慚懼, 數日不食而卒.

【七年】貞觀 12년(638)의 일임. 唐 太宗이 洛陽에서 서쪽 長安으로 돌아오는 길에 蒲州를 경과함.
【蒲州】치소는 지금의 山西 永濟縣 서쪽 蒲州.
【趙元楷】세금을 아주 잘 거둔 것으로 이름이 높았음. 貞觀 2년(628)에 司農少卿이 되었다가 뒤에 刺史가 됨.
【廨宇】관청의 건물.
【樓雉】樓觀. 雉는 雉堞. 城 위에 배열한 이빨 모양의 낮은 담장.
【數】잘못을 지적하여 질책함.
【河洛】河水와 洛水.

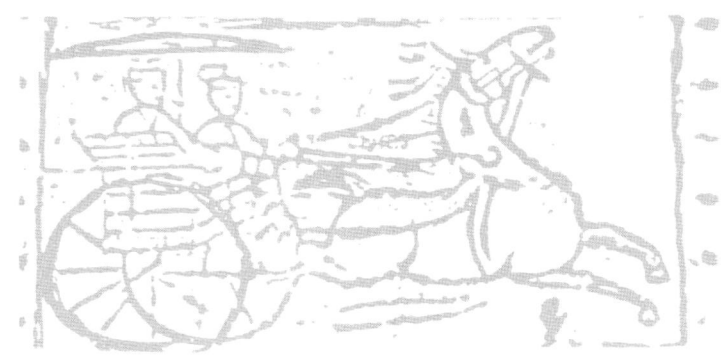

169(23-3)
어떠한 자를 친구로 사귈 것인가

정관 10년(636), 태종이 시종하는 신하에게 말하였다.

"태자의 보부保傅는 옛날에도 선발하기가 어려웠다. 성왕成王이 어려 주공周公과 소공召公이 보부가 되고, 좌우에는 모두 어진 자들이 있어 족히 성왕을 어질게 자라도록 하여 태평을 이루었으며, 그를 성주聖主라 칭함을 받도록 한 것이다.

그러나 진秦나라의 호해胡亥는 진시황이 아끼던 아들로 조고趙高가 보부가 되어 형법만을 가르쳤다. 뒤에 호해가 제위를 찬탈하자 공신功臣을 죽이고 친척을 살해하며 그 혹독하기가 끝이 없어 결국 발길 돌리는 사이에 망하고 말았다. 이로써 말하건대 사람의 선악이란 진실로 가까이 있는 사람에게서 배우게 마련이다. 나는 약관弱冠의 나이에 사귄 친구란 오직 시소柴紹와 두탄竇誕 등이었는데 이들은 사람됨이 이미 삼익三益의 도움은 갖추고 있지 못한 자들이었다. 내가 제위에 올라 거하여 천하를 경영하면서 비록 요순堯舜의 명석함에는 미치지 못하나 손호孫皓나 고위高緯 같은 포악함은 가지고 있지 않다. 이로써 말하건대 더는 그들에게 물들지 않았으니 어찌하여 그럴 수 있었겠는가?"

위징魏徵이 말하였다.

"중인中人 정도라면 그와 더불어 선해지게 할 수도 있고 악해지게 할 수도 있습니다. 그러나 상지上智의 사람이라면 스스로가 물들지 않기 때문이지요. 폐하께서는 천명을 받아 구란寇亂을 평정하시고 만민의 생명을 구하셔서 승평升平을 이루셨으니 어찌 시소나 두탄 같은 무리들이 능히 성덕에 누를 끼칠 수 있었겠습니까? 다만 경서에 '정鄭나라 음악을

추방하고 참녕한 자를 멀리하라'라 하였으니 가까운 이들 사이에 겨욱
신중을 기하셔야 할 것입니다."

태종이 말하였다.

"훌륭하도다."

貞觀十年, 太宗謂侍臣曰:「太子保傅, 古難其選. 成王幼小,
以周召爲保傅, 左右皆賢, 足以長仁, 致理太平, 稱爲聖主. 及秦
之胡亥, 始皇所愛, 趙高作傅, 教以刑法. 及其簒也. 誅功臣,
殺親戚, 酷烈不已, 旋踵亦亡. 以此而言, 人之善惡, 誠由近習.
朕弱冠交遊, 惟柴紹·竇誕等, 爲人旣非三益. 及朕居玆寶位,
經理天下, 雖不及堯舜之明, 庶免乎孫皓·高緯之暴. 以此而言,
復不由染, 何也?」

魏徵曰:「中人可與爲善, 可與爲惡, 然上智之人自無所染. 陛下
受命自天, 平定寇亂, 救萬民之命, 理致升平, 豈紹·誕之徒能
累聖德? 但經云:『放鄭聲, 遠佞人.』近習之間, 尤宜深愼.」

太宗曰:「善.」

【貞觀十年】明 洪武本에는 '貞觀二年'으로 되어 있음.
【保傅】태자를 보육하는 임무를 맡은 직책.
【成王】姬誦. 武王의 아들이며 어린 나이에 왕위에 올라 周公의 보필을 받음.
【周召】周公과 召公. 성왕을 보필하기 위하여 주공이 師가 되고 소공이 太保
　가 됨.
【胡亥】秦 二世皇帝.
【趙高】이세 胡亥를 보필하며 횡포를 부리고 권력을 휘둘렀던 간신.
【柴紹】자는 嗣昌. 臨汾 사람으로 隋나라 때 李淵이 자신의 딸(平陽公主)을
　주어 당나라 건국에 큰 공을 세우도록 하였음. 霍國公에 봉해졌으며, 華州刺史를
　역임함. 정관 12년(638)에 죽음.

【竇誕】당 태종의 어머니인 竇氏 집안 사람으로 당 고조의 딸 襄陽公主를 아내로 맞음. 貞觀 때 宗正卿이 되었으나 태종과의 대담 중에 실수하여 파면되었음. 莘國公에 봉해짐.

【三益】친구로서 이익이 되는 세 가지 덕목이나 장점. 《論語》季氏篇에 "孔子曰:「益者三友, 損者三友. 友直, 友諒, 友多聞, 益矣. 友便辟, 友善柔, 友便佞, 損矣.」"라 함.

【孫皓】삼국시대 孫權의 손자로 吳나라의 마지막 임금. 烏程侯.(264~280) 晉나라에 항복함.

【高緯】北齊의 後主. 北周에게 포로가 되었었음.

【放鄭聲】정나라 음악이 매우 음란하여 이를 추방하고 없애 버림. 《論語》衛靈公篇에 "顔淵問爲邦. 子曰:「行夏之時, 乘殷之輅, 服周之冕, 樂則韶舞. 放鄭聲, 遠佞人. 鄭聲淫, 佞人殆.」"라 함.

170(23-4)
내가 두여회를 의심하지 않은 이유

상서좌복야尙書左僕射 두여회杜如晦가 이렇게 상주하였다.

"감찰어사監察御史 진사합陳師合이 〈발사론拔士論〉을 지어 '사람의 사려思慮는 한계가 있으니 한 사람으로서 여러 직책의 모든 것을 다 알 수 없다'는 논리를 펴며 저희들을 거론하고 있더이다."

그러자 태종이 대주戴冑에게 이렇게 말하였다.

"나는 지극한 공公으로 천하를 다스리고자 지금 방현령房玄齡과 두여회杜如晦를 임용하고 있다. 이들은 공훈을 세운 옛 신하도 아니며 단지 재능과 덕행이 있음으로 해서 임용한 것이다. 이 진사합은 일을 마구 훼방하여 단지 우리 군신 사이를 이간시키고자 하는 짓이다. 옛날 촉蜀의 후주後主 유선劉禪은 어둡고 나약한 군주였고, 제齊 문선제文宣帝 고양高洋은 광포하고 패덕한 임금이었다. 그럼에도 나라가 다스려진 것은 바로 제갈량諸葛亮과 양준언楊遵彦 같은 이를 임용하면서 의심하지 않았기 때문이었다. 내 지금 두여회 등을 임용한 것은 역시 그러한 옛 법에 따른 것이다."

이에 진사합을 영외嶺外로 유배시켜 버렸다.

尙書左僕射杜如晦奏言:「監察御史陳師合上《拔士論》, 謂人之思慮有限, 一人不可總知數職, 以論臣等.」

太宗謂戴冑曰:「朕以至公治天下, 今任玄齡·如晦, 非爲勳舊, 以其有才行也. 此人妄事毀謗, 止欲離間我君臣. 昔蜀後主昏弱,

齊文宣狂悖, 然國稱治者, 以任諸葛亮·楊遵彦不猜之故也. 朕今
任如晦等, 亦復如法.」

　於是流陳師合于嶺外.

【左僕射】 다른 기록에는 "右僕射兼吏部選事"로 되어 있으며 당시 左僕射는 房玄
　　齡이었음.
【陳師合】 역사에는 이 이름이 보이지 않아 구체적인 생애는 알 수 없음.
【拔士論】 선비를 선발하는데 대한 논문. 진사합이 지은 글.
【蜀後主】 삼국시대 蜀의 후주 劉禪. 劉備의 아들이며 諸葛亮의 보필을 받았으나
　　결국 나라가 망하였음.
【齊文宣】 齊나라 文宣帝. 北齊를 일으켰던 高洋. 北齊는 高洋이 세웠으며 551년
　　부터 578년까지 鄴(지금의 河南 臨漳)에 도읍을 정하였고 北周에게 망함.
【楊遵彦】 北齊의 尙書令을 지냈던 인물. 正道로 나라를 다스리고자 하였음.
【嶺外】 嶺南. 五嶺의 이남.

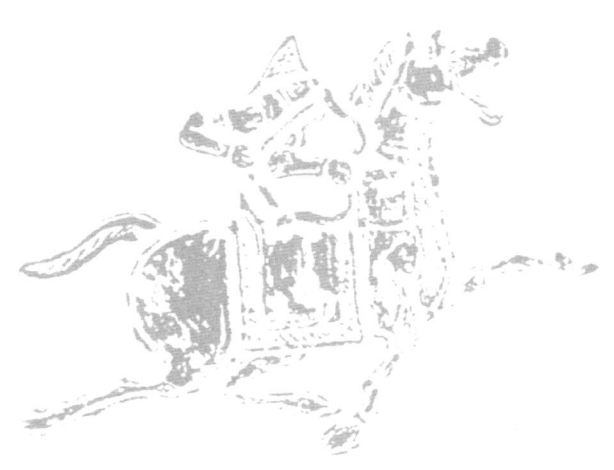

171(23-5)
남의 사사로운 작은 악행을 들추는 자

정관 연간에 태종이 방현령房玄齡, 두여회杜如晦에게 말하였다.

"내 듣기로 자고로 제왕으로서 천심에 합당하게 하여 태평을 이룬 자는 모두가 고굉股肱의 힘이었다 하더라. 내 근래 직언의 통로를 열어둔 것은 널리 백성의 억울함도 알아보고 간쟁도 듣고자 함이다. 그런데 상서를 올리는 모든 사람들은 흔히 백관의 사사로운 잘못을 고발하고 있어 이는 미세한 것들로서 채납할 만한 것이 없다. 내 역대 옛 왕들을 살펴보건대 단지 임금이 신하들에게 의심만 품어도 아랫사람들은 능히 위에 뜻을 전달할 수 없었다. 그런데 충성을 다하고 염려를 지극히 하고 싶다한들 이룰 수 있겠는가? 게다가 무식한 사람들은 오직 참소하고 헐뜯어 임금과 신하 사이를 교란시키기에만 정신을 쏟고 있으니 나라에 아무런 이익이 되지 않는다. 지금부터는 남의 사사로운 작은 악행을 들추어 상소하는 것은 마땅히 남을 참소하는 죄목을 다스려 죄를 내릴 지어다."

貞觀中, 太宗謂房玄齡·杜如晦曰:「朕聞自古帝王上合天心, 以致太平者, 皆股肱之力. 朕比開直言之路者, 庶知冤屈, 欲聞諫諍. 所有上封事人, 多告訐百官, 細無可採. 朕歷選前王, 但有君疑於臣, 則下不能上達, 欲求盡忠極慮, 何可得哉? 而無識之人, 務行讒毀, 交亂君臣, 殊非益國. 自今已後, 有上書訐人小惡者, 當以讒人之罪罪之.」

【貞觀中】 貞觀 3년(629) 2월에 房玄齡과 杜如晦를 각기 尙書左僕射와 尙書虞僕射로 임명하였으며 12월에 두여회는 병으로 사직하고 이듬해 3월 죽음.
【告訐】 남의 사사로운 陰事를 고발함.
【歷選】 일일이 열거함.

172(23-6)
참언을 믿지도 않은 채

위징魏徵이 비서감秘書監이었을 때 어떤 사람이 위징이 모반을 꿈꾸고 있다고 고해 오자 태종이 말하였다.

"위징은 옛날 나와는 원수 사이였지만 단지 그가 자신이 맡은 직무에 충성을 다한다는 것 때문에 내가 그를 발탁하여 등용하였다. 그런데 어찌 망령되이 그를 참언으로 얽어매려 하느냐?"

그리고 이 일을 더 이상 위징에게 묻지도 아니하고 급히 그 고해 온 자를 참수해 버렸다.

魏徵爲秘書監, 有告徵謀反者. 太宗曰:「魏徵, 昔吾之讎, 只以忠於所事, 吾遂拔而用之, 何乃妄生讒構?」

竟不問徵, 遽斬所告者.

【有告】《貞觀政要》古寫本과《魏鄭公諫錄》(5)의 의하면 誣告한 자는 구체적으로 霍行斌으로 되어 있음.
【讒構】참언으로 죄에 얽어맴.
【問】追問함. 끝까지 물어봄.

173(23-7)
임금의 언행은 반드시 기록합니다

정관 16년(642), 태종이 간의대부諫議大夫 저수량褚遂良에게 말하였다.

"경은 지기거知起居의 임무를 맡아 근래 나의 선악에 대한 일들을 기록하고 있겠지요?"

저수량이 말하였다.

"사관을 두었으니 임금의 거동은 반드시 기록합니다. 잘한 일은 반드시 기록하고 과실도 역시 숨김이 없습니다."

태종이 말하였다.

"나는 지금 세 가지 일을 부지런히 하고 있소. 사관께서는 역시 나의 악한 것만 기록하지 않기를 바라오. 첫째는 전대前代 성패成敗의 일들을 거울삼아 이를 원구元龜로 여기고 있으며, 둘째는 훌륭한 이들을 진달시켜 등용함으로써 함께 정치를 성취하고자 하며, 셋째는 여러 소인배들을 물리치고 참언을 듣지 않으려 하오. 내 능히 이를 지켜 끝까지 변함이 없을 것이오."

貞觀十六年, 太宗謂諫議大夫褚遂良曰:「卿知起居, 比來記我行事善惡?」

遂良曰:「史官之設, 君擧必書. 善旣必書, 過亦無隱.」

太宗曰:「朕今勤行三事, 亦望史官不書吾惡. 一則鑒前代成敗事, 以爲元龜; 二則進用善人, 共成政道; 三則斥棄群小, 不聽讒言. 吾能守之, 終不轉也.」

【知起居】정관 2년(628) 起居郎을 두어 급사중이나 간의대부가 이를 겸하여 집사가 황제의 기거를 기록하여 연 4회 계절별로 책으로 묶어 史館으로 송부함.

【無隱】숨김이 없음.《左傳》宣公 2년에 "董狐, 古之良史也, 書法不隱"이라 함.

【元龜】거울로 삼음.

【群小】《詩經》邶風 柏舟에 "憂心悄悄, 慍於群小"라 하였고 〈箋〉에 "群小, 衆小人 在君側者"라 함.

【轉】改變.

정관정요

24. 회과懷過

과거 잘못에 대한 후회와 안타까움에 대한 기록이다.
아무리 일을 잘 처리했다 해도 자칫 감정과 희로에
얽매어 처리한 지난날의 판단에 대하여 후회가 없도록
하고자 다짐하는 내용들이다.

〈唐明皇納涼圖〉 唐 張萱(그림)

貞観政要

174(24-1)
어릴 때의 잘못을 후회하고 있소

정관 2년(628), 태종이 방현령房玄齡에게 말하였다.

"사람이 되려면 반드시 학문에 힘써야 하오. 나는 지난날 여러 흉악한 이들이 아직 평정되지 않았을 때 사방으로 정벌과 토벌을 다니며 직접 전투에 나서느라 책을 읽을 겨를이 없었소. 근래 사해가 안정되었으며 나도 이제 전당에 거하게 되었으나 스스로 책을 잡을 수가 없어 사람을 시켜 읽도록 하고 나는 듣고 있소. 군신과 부자의 일과 정치 교화의 도가 모두 책 속에 있더군요. 옛사람이 '배우지 않으면 담장을 마주하고 있는 것처럼 아무것도 보이지 않고 일에 임해서도 제대로 해결할 수 없다'라 하더이다. 이는 헛된 말이 아니었소. 게다가 어릴 때 했던 일들이 그릇되었던 것이 있었음을 크게 깨달았소."

貞觀二年, 太宗謂房玄齡曰:「爲人大須學問. 朕往爲群兇未定, 東西征討, 躬親戎事, 不暇讀書. 比來四海安靜, 身處殿堂, 不能自執書卷, 使人讀而聽之. 君臣父子, 政敎之道, 共在書內. 古人云:『不學, 牆面, 莅事惟煩.』不徒言也. 却思少小時行事, 大覺非也.」

【群兇】唐 高祖 李淵 武德 연간(618~626)의 각종 모반 세력을 지칭함.
【古人云】《尙書》 周書 周官의 구절.
【牆面】담장을 마주하고 있어 아무것도 볼 수 없음. 不學無識함을 말함.
【莅事】일에 임함. '莅'는 '涖', '臨'과 같음.

175(24-2)
남의 아름다움을 성취시켜 주시오

정관 연간에 태자 이승건李承乾이 법도에 어긋나는 일을 많이 저지르자 위왕魏王 이태李泰는 그 재능으로 더욱 태종의 사랑을 받게 되었다. 그리하여 태종은 특별히 조서를 내려 이태를 궁궐 안의 무덕전武德殿으로 옮겨 거처하도록 하였다.

그러자 위징魏徵이 이렇게 상소하여 간언하였다.

"위왕이 이왕 폐하의 아끼는 아들이라면 폐하께서는 모름지기 그로 하여금 자신의 정해진 분수를 알아 항상 안전을 보장받도록 해 주어야 할 것입니다. 그리하여 매사에 교만과 사치를 억제하고 혐의를 받을 자리에는 처하지 않도록 해야 합니다. 지금 이 궁궐에 거처하도록 하면 이는 태자의 동궁東宮의 서쪽으로 해릉왕海陵王이 지난날 거처하던 곳으로 당시 사람들이 그렇게 했던 것을 잘못이었다고 여기던 곳입니다. 비록 때는 다르고 상황은 다르지만 역시 사람들이 많은 말을 할까 두렵습니다. 또 위왕 이태의 본심도 이곳에 살게 되면 마음이 편하지 않을 것입니다. 총애가 도리어 두려움이 될 수 있다는 것을 알도록 하여 원컨대 사람으로서의 아름다움을 성취할 수 있도록 해 주시기를 바랍니다."

태종이 말하였다.

"내 생각이 깊지 못하였소. 내 심히 큰 착오를 저질렀소."

그리고는 드디어 이태를 본래의 저택으로 돌려보내었다.

貞觀中, 太子承乾多不修法度, 魏王泰尤以才能爲太宗所重, 特詔泰移居武德殿.

魏徵上疏諫曰:「魏王旣是陛下愛子, 陛下須使知定分, 常保安全, 每事抑其驕奢, 不處嫌疑之地也. 今移居此殿, 使在東宮之西; 海陵昔居, 時人以爲不可, 雖時移事異, 猶恐人之多言. 又王之本心, 亦不寧息. 旣能以寵爲懼, 伏願成人之美.」

太宗曰:「我不思量, 朕甚大錯誤.」

遂遣泰歸於本第.

【貞觀中】 史書에 의하면 貞觀 16년(642) 봄의 일로 되어 있음.
【武德殿】 太極宮 안에 있는 궁궐 건물 이름.
【東宮】 太子가 거처하는 궁궐을 말함.
【海陵】 李元吉을 가리킴. 高祖 李淵의 둘째 아들이며 태자 李建成의 아우, 太宗 李世民의 아우로서 이 武德殿에 거처하였으며 玄武門 정변으로 이세민에게 죽음을 당하고 나서 그를 海陵王으로 追封함.
【本第】 본래 기거하던 저택.

176(24-3)
부모의 상보다 더 애통한 것이 있을까?

정관 17년(643), 태종이 시종하는 신하에게 말하였다.

"사람의 감정 중에 지극히 애통한 것이란 부모의 상喪보다 더한 것이 없을 것이다. 그 때문에 공자孔子는 '삼년상은 천하의 통상通喪으로서 천자로부터 서민에 이르기까지 모두 같다'라 하였고, 또 '하필 고종高宗만 그러하였겠는가? 옛 사람은 모두가 그러하였다'라 한 것이다. 근대 제왕들은 한漢 문제文帝가 일日을 월月로 바꾸어 제정한 법에도 미치지 못하니 심히 예전禮典에 어긋나는 것이다. 내 어제 서간徐幹의 《중론中論》이라는 책의 '복삼년상復三年喪 편篇을 보았더니 의리가 심히 깊어 일찍이 이 책을 보지 못한 것을 한스럽게 여겼으며, 내 이제껏 했던 행동이 소략疏略했음을 알게 되었다. 단지 스스로 지은 허물을 스스로 책하고는 있지만 후회해도 이미 늦고 말았구나!"

그리고 한참을 눈물을 흘리며 울었다.

貞觀十七年, 太宗謂侍臣曰:「人情之至痛者, 莫過乎喪親也. 故孔子云:『三年之喪, 天下之通喪, 自天子達於庶人也.』又曰: 『何必高宗? 古之人皆然.』近代帝王遂行不逮漢文以日易月之制, 甚乖於禮典. 朕昨見徐幹《中論》復三年喪篇, 義理甚深, 恨不早見此書, 所行大疏略. 但知自咎自責, 追悔何及!」

因悲泣久之.

【三年之喪】《論語》陽貨篇에 "宰我問:「三年之喪, 期已久矣. 君子三年不爲禮,
禮必壞; 三年不爲樂, 樂必崩. 舊穀旣沒, 新穀旣升, 鑽燧改火, 期可已矣.」子曰:
「食夫稻, 衣夫錦, 於女安乎?」曰:「安.」「女安, 則爲之! 夫君子之居喪, 食旨不甘,
聞樂不樂, 居處不安, 故不爲也. 今女安, 則爲之!」宰我出. 子曰:「予之不仁也!
子生三年, 然後免於父母之懷. 夫三年之喪, 天下之通喪也, 予也有三年之愛於其
父母乎?」"이라 함.

【高宗】《論語》憲問篇에 "子張曰:「書云:『高宗諒陰, 三年不言.』何謂也?」子曰:
「何必高宗, 古之人皆然. 君薨, 百官總己以聽於冢宰三年.」"이라 하였으며 高宗
은 殷나라 高宗 武丁을 가리킴.

【漢文】한나라 文帝. 서한의 3대 황제로 劉恒. B.C.179~B.C.157년까지 재위함.
그는 유서로 상기를 단축할 것을 명하여 36일 뒤 탈상하도록 하였음. 그러자
儒家에서는 '日'을 '月'로 바꾸어 36개월의 상기를 주장하였음.

【徐幹】동한 말의 철학자이며 문장가. 자는 偉長. 北海(지금의 山東) 사람으로
그의 저술 《中論》 2권 20편이 전하며, 그중 〈復三年喪篇〉은 삼년상 제도를
복원할 것을 강력히 주장한 내용임.

177(24-4)
면전에서 힐난하시면

정관 18년(644), 태종이 시종하는 신하에게 말하였다.

"무릇 신하 된 자가 제왕을 상대함에는 흔히 그 뜻을 이어받아 따르는 것이며 달콤한 말로 환심을 사고자 하게 마련이다. 나는 지금 나의 허물을 듣고자 하니 경들은 모두 직언을 해 주기를 바란다."

그러자 산기상시散騎常侍 유계劉洎가 대답하였다.

"폐하께서 매번 공경들과 정사를 논하면서 상서를 올린 자에 대하여는 그 내용이 임금의 뜻에 맞지 않는다고 여겨 혹 면전에서 힐난하여 부끄러운 표정으로 물러서지 않는 자가 없습니다. 두렵건대 이는 직언을 유도하는 도가 아닌 듯합니다."

태종이 말하였다.

"그대의 말이 맞소. 나 역시 후회하고 있소. 그대 말대로 고치겠소."

貞觀十八年, 太宗謂侍臣曰:「夫人臣之對帝王, 多承意順旨, 甘言取容. 朕今欲聞己過, 卿等皆可直言.」

散騎常侍劉洎對曰:「陛下每與公卿論事, 及有上書者, 以其不稱旨, 或面加詰難, 無不慚退. 恐非誘進直言之道.」

太宗曰:「卿言是也, 朕亦悔之, 當爲卿改之.」

【甘言取容】달콤한 말로 황제의 뜻을 즐겁게 함.

【慚退】부끄러움을 느껴 물러남.

【誘】유도함. 장려함.

정
관
정
어

25. 사종奢縱

　사치와 방종처럼 무서운 적은 없다. 부해지면 사치를 부리하지 아니하고자 해도 교만이 찰거머리처럼 몸에 붙게 되고, 귀해지면 교만을 부리지 아니하겠다고 다짐을 해도 교만이 문 앞에서 기다린다. 이처럼 부귀해질수록 사치와 교만에 대한 투쟁은 하나의 업무로 삼아도 될 만큼 큰 문제이다.

〈散樂圖〉 河北 宣化 遼墓 출토의 벽화

178(25-1)
사치와 방종은 패망을 부른다

정관 2년(628), 시어사侍御史 마주馬周가 당시의 정치를 진술하여 이렇게 상소하였다.

"제가 옛날 역대의 일들을 살펴보건대 하은주夏殷周 삼대로부터 한漢나라가 천하를 차지하기까지 그 복을 계속 이어 온 연수가 긴 나라는 8백여 년이었고, 짧은 나라는 4, 5백년으로 모두가 덕을 쌓고 업을 이어 가며 은혜를 백성의 마음에 연결시켰던 나라들입니다. 그렇다고 어찌 그 중간에 편벽한 왕이 없었겠습니까만 모두가 그 전철前哲의 덕으로 면한 것일 뿐입니다! 위진魏晉 이래로 북주北周, 수隋나라에 이르면서는 길게 간 나라라 해도 불과 5, 6십 년을 넘기지 못하고 짧게 간 나라는 2, 3십 년 만에 망하고 말았습니다. 이는 진실로 창업의 군주가 은혜와 교화를 널리 펼 생각은 하지 아니하고, 당시에 겨우 스스로를 지키는 데에만 골몰하며 뒷사람이 그리워할 덕을 남기지 않았기 때문이지요. 그러므로 후대에 제위를 전해 준 군주가 조금만 쇠하여도 그때 한 장부가 큰소리치면 천하가 흙덩이처럼 무너지고 만 것입니다. 지금 폐하께서 비록 큰 공으로써 천하를 안정시켰다하나 덕을 쌓은 지 아직 일천하니 진실로 우禹, 탕湯, 문왕文王, 무왕武王의 도를 숭상하셔서 덕과 교화를 널리 펴겠다고 다짐하시며, 은혜에 여지가 남도록 하여 자손 만 대의 기초를 삼으셔야 할 것입니다. 그런데 어찌 단지 정교政教만이 실책이 없이 이 당장의 시대를 지탱하려 하시겠습니까! 게다가 자고로 명왕성주明王聖主라면 비록 사람을 위하여 교화를 세우고, 시대에 따라 너그럽게 혹은 맹렬하게 하되 그 큰 요체는 자신에게는 절검節儉으로써 하며 남에게는 은혜를 더하는 것으로 하였습니다. 이 두 가지가 바로 힘쓸 근본이었던 것이요. 그 때문에 그 아랫사람은 군주를 부모처럼 여기며, 해와 달처럼 여겨 우러러 보았고, 신명神明처럼 여겨 공경하였으며, 우레처럼 여겨 두려워하였던 것입니다. 이것이 그 나라의 복이 길이 이어간 것이며 화란이 일어나지 않은 이유였습니다.

지금 백성들은 상란喪亂의 뒤를 이어받은 터라 수隋나라 때에 비하여 겨우 가구는 10분의 1에 불과하며 관의 요역徭役에 동원되느라 도로가 줄을 잇고 있으며, 형제는 차례대로 돌아오기에 그 머리와 꼬리가 끊어지지 않고 있습니다. 멀리 가는 자는 5, 6천리를 왕래하고 봄가을과 겨울여름에도 거의 쉴 시간이 없습니다. 폐하께서 비록 매번 은혜를 베푸는 조칙을 내려 그 부담을 줄여 주고는 있지만 유사有司들은 이미 부과한 것이라 하여 없애지 않고 있어, 자연히 사람이 필요한지라 한갓 문서만 오갈 뿐 요역은 옛날과 전혀 다를 것이 없습니다. 제가 매번 찾아가 알아볼 때마다 4, 5년 동안 백성은 자못 원망과 한탄으로 하소연하고 있으며, 폐하께서 백성을 기를 생각이 없다고 여기고 있습니다. 옛날 당요唐堯는 띠풀로 지붕을 덮고 흙으로 계단을 만들어 소박한 궁궐로 다스렸고, 하우夏禹는 조악한 옷과 거친 음식으로 솔선수범하였다 하지만 이러한 일을 지금 이 시대에 똑같이 그렇게 할 수는 없음을 저도 잘 알고 있습니다. 한漢 문제文帝는 백금의 비용이 아깝다하여 노대露臺를 짓다 공사를 중지하고는 올라온 상소문을 바구니에 담아 이를 궁전의 장막으로 사용하였으며, 그가 사랑하는 부인들은 땅을 끌 긴 길이의 옷은 입지 못하도록 하였습니다. 그러다가 경제景帝에 이르러 비단으로 수놓은 옷감도 비단 짜는 여공女工들에게 고통을 준다 하여 특별히 조서를 내려 이를 폐지하였으니 이는 백성들이 안락하게 살도록 하기 위함이었습니다. 다시 효무제孝武帝에 이르러서는 비록 사치를 끝 간 데 없이 해보았지만 역시 문제와 경제가 남긴 덕을 이어받아 백성들이 동요하지는 않았습니다. 만약 한 고조高祖 뒤로 바로 무제가 있었다면 천하는 틀림없이 온전하지 못하였을 것입니다. 이 몇 가지 일은 시대가 비교적 가까워 그 사례를 가히 알 수 있습니다. 지금

경사京師와 익주益州 여러 곳은 궁궐을 짓고 기물을 바치며, 아울러 제왕諸王들의 비妃의 복장 장식을 두고 사람들은 모두 검소하지 못하다고 입방아를 찧고 있습니다. 제가 듣기로 창업의 힘든 시절에는 힘써 노력한 것이 드러나지만 그 뒤를 이은 세대에는 오히려 태만하기 마련이며, 법을 지을 때는 이치에 맞추어 하였으나 그 폐단은 오히려 혼란스럽다 하였습니다. 폐하께서 젊을 때 민간에 계셨으니 백성의 고통을 잘 아실 것이며, 전대의 성패를 눈으로 직접 보셨을 것임에도 오히려 이와 같습니다. 그리고 황태자는 깊은 궁궐에서 태어나 자랐기 때문에 궁궐 밖의 일에 대해서는 겪어 보지 못하였습니다. 그러니 만세 후의 일에 대하여 진실로 마땅히 우려하셔야 할 것입니다.

제가 몰래 지난 시대 이래로 성패의 사례를 찾아보건대 단지 백성이 원망하고 배반하며, 도적이 모여 들끓는 것만으로도 나라가 즉시 멸망하지 않은 적이 없으며, 그때 임금이 비록 후회하고 고친다 해도 다시 능히 안전을 찾은 자도 없습니다. 무릇 정교政敎를 잘 닦는다는 것은 응당 그 닦을 시기에 맞아야 하는 것이지 만약 일단 변고가 터지고 나면 그땐 후회해도 아무런 보탬이 되지 않습니다. 그 때문에 임금들은 매번 전대의 멸망을 볼 때마다 정교가 어떻게 상실되어 망한 것인가에 대하여는 알면서도 자신이 그에 어떻게 잘못 대처하였는가에 대하여는 알지 못합니다. 이 까닭으로 은주殷紂는 하걸夏桀의 망함을 두고 비웃었고 유왕幽王, 영왕厲王 역시 은주가 망한 것을 두고 비웃었습니다. 수나라 대업大業 초에는 다시 북주北周와 북제北齊가 나라를 잃은 것을 두고 비웃었습니다. 그러나 지금 양제煬帝를 보면 역시 양제가 북주와 북제를 보고 있는 것과 같습니다. 그러므로 경방京房이 한漢 원제元帝에게 '저는 뒷사람이 지금 우리를 보는 것이 지금 우리가 지난 옛일을 보는 것과 똑 같을 것이리라 두렵습니다'라 하였으니, 이 말은 경계로 삼지 않을 수 없습니다.

지난 정관 초기에는 온 국토가 서리의 해를 입어 1필의 비단으로 겨우 곡식 한 말을 살 수 있을 정도로 힘들었지만 그럼에도 천하는 안정되었었습니다. 백성들은 폐하께서 백성을 심히 불쌍히 여겨 걱정하고 있음을 알았게 때문에 모두가 스스로 안전을 찾으며 그 어떤 불평도 하지 않았기 때문입니다. 그러나 그로부터 5, 6년이 지난 뒤에 자주 풍년이 들어 비단 1필로 10여 섬의 곡식을 살 수 있음에도 백성들은 오히려 모두가 임금께서 자신들을 불쌍히 여기지 않는다고 여겨 누구나 원망의 말을 하고 있습니다. 게다가 지금 벌이고 있는 이 많은 공사들은 거의가 급한 것도 아닌 것이라 여기기 때문입니다. 자고 이래로 나라의 흥망은 재물의 축적이 많고 적음에 있지 아니하며 오직 백성의 고락에 달려 있습니다. 근래 있었던 일로 이를 증험해 보면 수나라는 낙구창 洛口倉에 많은 곡식을 저장하였으나 이밀李密이 이를 차지하였고, 동경 東京에 포백을 쌓아 저장하였으나 왕세충王世充이 이를 차지하였으며, 서경西京의 부고에 역시 국가의 재물을 쌓았으나 지금까지 아직 다 쓰지 못하고 있습니다. 만약 낙구洛口나 동도東都에 곡식과 비단을 저장 하지 않았다면 왕세충이나 이밀은 많은 무리를 모을 수 없었을지도 모릅니다. 그러나 저축을 한다는 것은 진실로 국가에서 일상 해야 할 일이기는 하지만 마땅히 백성이 쓰고 여력이 있을 때 그 뒤에야 이를 거두어 저장하는 것입니다. 만약 백성을 노고롭게 하여 강제로 이를 거두어 쌓는다면 이는 끝내 물질로 도둑질을 하는 것으로 쌓아 놓아도 이익이 되지 않습니다. 그러니 검소함으로써 백성을 쉽게 하였던 일은 정관 초기에 폐하께서 이미 몸소 실천하셨던 일입니다. 그 대문에 지금 이런 일을 해도 어려움이 없는 것입니다. 이러한 일을 하루만 실천을 해도 천하가 알아주어 칭송의 노래를 부르고 춤을 추는 것입니다. 그러나 백성을 노고롭게 하면서 그 쓰는 것도 쉼이 없을 때 만약 중국에는 수재나 가뭄이 들고, 변방에는 바람과 먼지가 일어나는 재해가 있어 미친 듯한 재앙과 교활한 이민족의 도발과 절도가 일어난다면 예측할 수 없는 일이 벌어질 것이며, 이때는 폐하께서 한갓 몸소 늦은 밥을 먹으면서 늦게 잠자리에 드는 등 근신을 한다고 해결될 일이 아닙니다. 만약 폐하와 같은 성명聖明하심을 가지고 진실로 힘써 정밀하게 정치를 행하시고, 번거롭게 아주 까만 옛일의 사례를 찾으려 들지 않으시며, 단지 정관 초에 하셨던 일에만 미친다 해도 천하는 아주 다행으로 여기게 될 것입니다."

태종이 말하였다.

"근래 그저 몸에 띠고 다닐 작은 물건을 만들라 명했던 것뿐인데 백성들의 원망과 한탄이 이런 줄 몰랐구나. 이는 나의 과오이다."

그리고는 이러한 일을 중지시켰다.

貞觀十一年, 侍御史馬周上疏陳時政曰:

「臣歷睹前代, 自夏殷周及漢氏之有天下, 傳祚相繼, 多者八百餘年, 少者猶四五百年, 皆爲積德累業, 恩結於人心. 豈無僻王, 賴前哲以免爾! 自魏晉已還, 降及周隋, 多者不過五六十年, 少者纔二三十年而亡, 良由創業之君, 不務廣恩化, 當時僅能自守, 後無遺德可思. 故傳嗣之主政敎少衰, 一夫大呼而天下土崩矣. 今陛下雖以大功定天下, 而積德日淺, 固當思崇禹湯文武之道, 廣施德化, 使恩有餘地, 爲子孫立萬代之基. 豈欲但令政敎無失, 以持當年而已! 且自古明王聖主, 雖因人設敎, 寬猛隨時, 而大要以節儉於身·恩加於人, 二者是務. 故其下愛之如父母, 仰之如日月, 敬之如神明, 畏之如雷霆, 此其所以卜祚遐長而禍亂不作也.

今百姓承喪亂之後, 比於隋時纔十分之一, 而供官徭役, 道路相繼, 兄去第還, 首尾不絶. 遠者往來五六千里, 春秋冬夏, 略無休時. 陛下雖每有恩詔, 令其減省, 而有司作旣不廢, 自然須人, 徒行文書, 役之如故. 臣每訪問, 四五年來, 百姓頗有怨嗟之言, 以陛下不存養之. 昔唐堯茅茨土階, 夏禹惡衣菲食, 如此之事, 臣知不復可行於今. 漢文帝惜百金之費, 輟露臺之役; 集上書囊, 以爲殿帷, 所幸夫人衣不曳地. 至景帝以錦繡纂組妨害女工, 特詔除之, 所以百姓安樂. 至孝武帝雖窮奢極侈, 而承文景遺德,故人心不動. 向使高祖之後, 卽有武帝, 天下必不能全. 此於時代差近, 事迹可見. 今京師及益州諸處, 營造供奉器物, 並諸王妃主服飾, 議者皆不以爲儉. 臣聞昧旦丕顯, 後世猶怠; 作法於理, 其弊猶亂. 陛下少處民間, 知百姓辛苦, 前代成敗, 目所親見, 尚猶如此, 而皇太子生長深宮, 不更外事. 卽萬歲之後, 固聖慮所當憂也.

　臣竊尋往代以來成敗之事, 但有黎庶怨叛, 聚爲盜賊, 其國無不卽滅, 人主雖欲改悔, 未有重能安全者. 凡修政敎, 當修之於可修之時; 若事變一起, 而後悔之, 則無益也. 故人主每見前代之亡, 則知其政敎之所由喪, 而皆不知其身之有失. 是以殷紂笑夏桀之亡, 而幽厲亦笑殷紂之滅. 隋帝大業之初, 又笑周齊之失國. 然今之視煬帝, 亦猶煬帝之視周齊也. 故京房謂漢元帝云: 『臣恐後之視今, 亦猶今之視古.』此言不可不戒也.

　往者貞觀之初, 率土霜儉, 一匹絹纔得粟一斗, 而天下帖然. 百姓知陛下甚憂憐之, 故人人自安, 曾無謗讟. 自五六年來, 頻歲豐稔, 一匹絹得十餘石粟, 而百姓皆以陛下不憂憐之, 咸有怨言. 又今所營爲者, 頗多不急之務故也. 自古以來, 國之興亡不由蓄積多少, 唯在百姓苦樂. 且以近事驗之, 隋家貯洛口倉, 而李密因之; 東京積布帛, 王世充據之; 西京府庫亦爲國家之用, 至今未盡. 向使洛口·東都無粟帛, 卽世充·李密未必能聚大衆. 但貯積者固是國之常事, 要當人有餘力, 而後收之. 若人勞而強斂之, 竟以資寇, 積之無益也. 然儉以息人, 貞觀之初, 陛下已躬爲之, 故今行之不難也. 爲之一日, 則天下知之, 式歌且舞矣. 若人旣勞矣, 而用之不息, 儻中國被水旱之災, 邊方有風塵之警, 狂狡因之竊發, 則有不可測之事, 非徒聖躬旰食晏寢而已. 若以陛

下之聖明, 誠欲勵精爲政, 不煩遠求上古之術, 但及貞觀之初,
則天下幸甚.」

太宗曰:「近令造小隨身器物, 不意百姓遂有嗟怨, 此則朕之
過誤.」

乃命停之.

【八百餘年】周나라는 무릇 37왕 867년이었음.

【四五百年】夏나라는 禹부터 桀까지 471년이었으며, 殷나라는 31세 626년,
그리고 漢나라는 모두 24제왕 424년이었음.

【周】北周(556~581년)를 가리킴. 원래 宇文覺이 西魏를 폐하고 세운 나라.

【茅茨】아주 검소하게 지은 궁궐을 말함.《史記》太史公自序에 "墨者亦尚堯
舜道, 言其德行曰:「堂高三尺, 土階三等, 茅茨不翦, 采椽不刮. 食土簋, 啜土刑,
糲粱之食, 藜霍之羹. 夏日葛衣, 冬日鹿裘.」"라 함.

【夫人】愼夫人을 말함.《十八史略》(2) 文帝篇에 "七年, 帝崩. 在位二十三年, 宮室
苑囿, 車騎服御, 無所增益. 嘗欲作露臺, 召匠計之, 直百金. 上曰:「中人十家之産也.
何以臺爲?」身衣弋綈, 所幸愼夫人, 衣不曳地, 示朴爲天下先. 吳王不朝, 賜以
几杖, 長武受賂金錢, 更加賞賜, 以愧其心. 專以德化民. 當時公卿大夫, 風流篤厚,
耻言人過, 上下成俗. 是以海内安寧, 家給人足. 後世莫能及. 葬霸陵"이라 함.

【女工】여자로서의 네 가지 덕행과 임무 중의 하나인 바느질과 베 짜기 등의
일들.

【益州】지금의 四川 成都 일대.

【昧旦不顯, 後世猶怠】처음 일을 시작할 때나 창업 때는 아주 열심을 다하지만
후대에 이르러 점차 나태해짐을 말함.《左傳》昭公 3년에 "「君日不悛, 以樂慆憂.
公室之卑, 其何日之有? 讒鼎之銘曰:『昧旦不顯, 後世猶怠』, 況日不悛, 其能久乎?」
晏子曰:「子將若何?」叔向曰:「晉之公族盡矣. 肸聞之, 公室將卑, 其宗族枝葉先落,
則公室從之. 肸之宗十一族, 唯羊舌氏在而已. 肸又無子, 公室無度, 幸而得死,
豈其獲祀?」"라 함.

【幽厲】周나라 幽王과 厲王. 포악했던 군주로 널리 거론됨.

【周齊】北周와 北齊. 北齊(551~578년)는 高洋이 東魏를 폐하고 세운 나라 이름.

【京房】B.C.77~B.C.37. 본래 李氏이며 자는 君明, 西漢 東郡 頓丘 사람으로 《易》과 점술에 뛰어났던 인물. 漢 元帝 때 博士를 지냈음.

【率土霜儉】전국이 서리로 인해 재앙을 입음.

【帖然】안정을 얻음을 말함.

【謗讟】비방과 원망의 말들.

【洛口倉】興洛倉이라고도 하며 지금의 河南 鞏縣 동북에 있던 큰 창고.

【李密】隋나라 大業 말에 瓦崗軍에게 투신하여 뒤에 봉기군의 수령이 되어 魏公으로 불린 인물.

【東京】東都 洛陽.

【王世充】원래 隋나라 때 지방장관이었으며 煬帝가 죽자 洛陽에서 越王 楊侗을 帝로 추대하고 李密의 瓦崗軍을 격패하였으며, 이듬해 4월 스스로 황제를 칭하며 국호를 '鄭'이라 하였음. 그러나 武德 4년(621) 秦王 李世民에게 와해되었음.

【息人】백성들로 하여금 휴식하고 생업에 종사하도록 함.

【風塵】외적의 침입이나 전쟁 등으로 인하여 세상이 살기 어려움을 말함.

【旰食晏寢】해질 녘이 되어서야 밥을 먹고 밤늦어서야 잠자리에 듦을 말함. 정사에 열심을 다함을 비유함.

정관정요

26. 탐비貪鄙

　　탐욕과 비루함! 탐욕은 패망을 부르고, 없는 자에게 갑작스런 재물은 비루함이 뒤따르며, 있는 자에게 과다한 재물은 허물을 키운다. 이를 떨쳐낼 수 있는 자만이 진정 부귀와 영화를 누릴 자격이 있는 것이다.

〈散樂圖〉河北 宣化 遼墓 출토의 벽화

貞觀政要

179(26-1)
탐욕과 비루함

    정관 초, 태종이 시종하는 신하에게 말하였다.

    "사람이 명주明珠를 가지고 있다면 이를 귀중히 여기지 않는 사람이 없을 것이다. 그런데 이를 참새 잡는 탄환으로 사용한다면 어찌 아깝지 않겠는가? 그런데 하물며 사람의 생명이란 이 명주보다 귀할 텐데 금은이나 돈, 재물, 비단을 보고 형벌의 법망을 두려워하지 않은 채 넙죽 받아먹는다면 이야말로 생명을 아까워하지 않는 것이다. 명주는 몸밖의 물건인데도 오히려 이를 참새 잡는 탄환으로 쓰지 않거늘 하물며 생명처럼 귀중한 것으로써 재물과 바꾸어 가질 수야 있겠는가? 여러 신하들은 만약 능히 충직함을 다하여 구비하고 나라와 백성에게 이익을 준다면 관직과 작위는 곧바로 얻을 수 있을 것이다. 모두가 이러한 방법으로 영화를 구할 것이지 망령되이 재물을 받는 일은 없도록 하라. 뇌물을 받았다가 이미 탄로가 나면 그 몸도 역시 죽어 실로 웃음거리가 되고 말 것이다. 제왕도 역시 마찬가지이다. 제왕이 제멋대로 방탕하고 안일하게 굴며 백성들에게 노역을 한계도 없이 요구하며, 나아가 소인배들을 신임하고 충직하고 정직한 신하들은 멀리한다면, 이들 중 한 가지만 있어도 어찌 멸망하지 않겠는가? 수隋 양제煬帝는 있는 대로 사치를 부리면서 자신이 똑똑한 줄 여기다가 그 몸이 필부의 손에 죽고 말았으니 역시 가소로운 일이로다."

貞觀初, 太宗謂侍臣曰:「人有明珠, 莫不貴重, 若以彈雀, 豈非可惜? 況人之性命甚於明珠, 見金銀錢財帛不懼刑網, 徑卽受納, 乃是不惜性命. 明珠是身外之物, 尙不可彈雀. 何況性命之重, 乃以博財物耶? 群臣若能備盡忠直, 有益國利民, 則官爵立至. 皆不能以此道求榮, 遂妄受財物. 贓賄旣露, 其身亦殞, 實爲可笑, 帝王亦然, 恣情放逸, 勞役無度, 信任群小, 疏遠忠正, 有一於此, 豈不滅亡? 隋煬帝奢侈自賢, 身死匹夫之手, 亦爲可笑.」

【彈雀】 탄환으로 참새를 쏘아 잡음.《西京雜記》권4에 "韓嫣好彈, 常以金爲丸. 所失者日有十餘. 長安爲之語曰: '苦飢寒, 逐金丸.' 京師兒童每聞嫣出彈, 輒隨之, 望丸之所落, 輒拾焉."이라 함.
【刑網】 法網. 형벌의 그물.
【受納】 뇌물을 받음.
【博】 바꾸어 가짐.
【自賢】 그렇게 하는 것이 똑똑한 것이라 여김.

180(26-2)
탐욕의 뒤에는 멸망이 따라다닌다

　정관 2년(628), 태종이 시종하는 신하에게 말하였다.
　"내 일찍이 말한 것처럼 탐욕스런 사람은 재산을 아낄 줄 모른다. 이를테면 내외 관직에 있는 사람으로서 오품 이상인 자는 그 봉록이 후하고 지위도 우대를 받고 있어 일 년 소득이 그 수로 따지면 많다고 할 수 있다. 그러나 남의 뇌물을 받는다 해도 수만 금에 지나지 않는다. 그러다가 하루아침에 들통이 나면 봉록과 지위를 모두 삭탈 당하고 말 것이니 이 어찌 재물을 아낄 줄 안다고 하겠는가? 작은 것에 눈이 어두워 큰 것을 잃은 것이다. 옛날 공의휴公儀休는 평소 생선을 좋아하였지만 남에게 받지 않았으니 관직을 지키는 한 생선은 언제나 사 먹을 수 있다고 여겼기 때문이었다. 그리고 군주가 탐욕을 부리면 틀림없이 그 나라를 잃게 되고, 신하가 탐욕을 부리면 틀림없이 그 자신을 망치게 된다. 《시詩》운云: '큰바람은 그 부는 길이 있으니 탐욕에 눈이 어두운 자의 패망은 이와 닮았도다'라 하였으니 진실로 그릇된 말이 아니다. 옛날 진秦 혜왕王이 촉蜀을 정벌하고자 하였으나 그 지름길을 알 수 없었다. 이에 돌로 소를 조각하여 그 꼬리에 금을 붙여 두었다. 촉나라 사람들이 이를 보고 그것이 금을 낳은 소라고 여겨 촉왕蜀王이 힘센 장사 다섯을 시켜 이를 끌고 촉나라로 가져오도록 하였다. 그들이 돌소를 끌고 가는 길이 닦이자 진나라 군사들이 이를 따라 들어가 정벌하고 말아 촉나라는 그만 망하고 말았다. 한漢나라 대사농大司農 전연년田延年은 3천만 금의 뇌물을 받았다가 일이 발각되자 자살하고 말았다. 이와 같은 예를 어찌 다 기억하겠는가! 나는 지금 촉왕의 일을 거울로 삼아 경계할 것이니 그대들은 전연년의 일을 복철覆轍로 삼을 것이니라."

貞觀二年, 太宗謂侍臣曰:「朕嘗謂貪人不解愛財也. 至如內外官五品以上, 祿秩優厚, 一年所得, 其數自多. 若受人財賄, 不過數萬, 一朝彰露, 祿秩削奪, 此豈是解愛財物? 視小得而大失者也. 昔公儀休性嗜魚, 而不受人魚, 其魚長存. 且爲主貪, 必喪其國; 爲臣貪, 必亡其身.《詩》云:『大風有隧, 貪人敗類』, 固非謬言也. 昔秦惠王欲伐蜀, 不知其逕, 乃刻五石牛, 置金其後. 蜀人見之, 以爲牛能便金, 蜀王使五丁力士拖牛入蜀. 道成, 秦師隨而伐之, 蜀國遂亡. 漢大司農田延年贓賄三千萬, 事覺自死. 如此之流, 何可勝記! 朕今以蜀王爲元龜, 卿等亦須以延年爲覆轍也.」

【內外官】 서울과 외임의 여러 관직들.

【公儀休】 東周 시대 魯나라 대부.《韓詩外傳》(3)에 "公儀休相魯而嗜魚, 一國人獻魚而不受. 其弟諫曰:「嗜魚不受, 何也?」曰:「夫欲嗜魚, 故不受也. 受魚而免於相, 則不能自給魚; 無受而不免於相, 長自給於魚.」此明於魚爲己者也"라 하였으며, 이 고사는《新序》節士篇,《韓非子》外儲說右下,《淮南子》道應訓,《史記》循吏列傳 등에도 널리 전재되어 있음.

【詩】《詩經》大雅 桑柔의 구절.

【秦惠王】 전국시대 진나라 군주. 역사에는 惠文王으로 알려져 있으며 B.C.337~B.C.325까지 13년간 재위함.

【五丁力士】 고대 널리 알려진 다섯 명의 힘센 장사. 이 고사는《蜀王本紀》와《水經注》沔水에 실려 있음.

【大司農】 漢나라 때 九卿의 하나로 원래 治粟內史라 불렀으나 武帝 때 大司農으로 명칭을 바꾸었으며 재정과 곡물 등을 관장함.

【田延年】 자는 子賓. 漢나라 昭帝 때의 大司農. 소제가 죽자 백성의 소와 수레 3만 량을 모아 모래를 실어 나르도록 하였으며 뒤에 수천만 금을 사취하다가 발각되자 스스로 목을 끊고 죽음.《漢書》酷吏傳 참조.

【元龜】 거울로 삼음.

【覆轍】 앞사람의 실패를 보고 따라가지 않도록 경계를 함을 뜻함. '前車覆後車戒' 와 같은 말.《漢書》賈誼傳에 "前車覆, 後車誡. 秦世所以亟絶者, 其轍迹可見. 然而不避, 是後車又將覆也"라 하였고,《荀子》成相篇에 "前車已覆, 後車未知, 更何覺時?"라 하였으며,《韓詩外傳》(5)에는 "或曰:『前車覆, 而後車不誡, 是以後 車覆也.』故夏之所以亡者, 而殷爲之. 殷之所以亡者, 而周爲之. 故殷可以鑒於夏, 而周可以鑒於殷"이라 하였다. 한편《說苑》과《晏子春秋》등에도 실려 있다.

181(26-3)
재물은 허물을 키운다

정관 4년(630), 태종이 공경公卿들에게 말하였다.

"내가 종일 부지런히 힘쓰고 있는 것은 비단 백성을 불쌍히 여기는 것만이 아니라 역시 그대들로 하여금 길이 부귀를 누리게 하기 위한 것이다.

하늘이 높지 않은 것이 아니요 땅이 두텁지 않은 것은 아니지만 나는 항상 전전긍긍하며 일에 열심을 다하는 것은 하늘과 땅을 두려워해서이다. 그대들이 만약 조심하여 법을 받들어 내가 항상 천지를 드려워하듯이 한다면 비단 백성만이 편안할 뿐만 아니가 그대 자신들도 항상 즐거움을 얻을 수 있을 것이다. 옛사람이 '어진 자에게 재물이 닳으면 이로써 뜻에 손상을 입고, 어리석은 자에게 있어서의 많은 재물은 그 허물을 더 키운다'라 하였으니 이 말은 깊은 경계로 삼을 만하다. 만약 사사롭게 탁한 재물에 탐을 내게 되면 이는 공법公法을 허무는 것만이 아니라 백성에게 손해를 끼치는 것이며 비록 그 일이 발각되지 않았다 해도 마음속에 어찌 항상 두려움을 갖지 않을 수 있겠는가? 두려움이 많으면 역시 그것이 원인이 되어 죽음에 이르게 된다. 대장부大丈夫가 어찌 구차하게 재물에 탐욕을 부려 자신의 몸과 생명에 손해를 끼치며 자손들로 하여금 언제나 마음에 부끄러움을 품고 살게 할 수 있겠는가? 그대들은 마땅히 이 말을 깊이 새겨볼 것이니라."

貞觀四年, 太宗謂公卿曰:「朕終日孜孜, 非但憂憐百姓, 亦欲使卿等長守富貴. 天非不高, 地非不厚, 朕常競競業業, 以畏天地. 卿等若能小心奉法, 常如朕畏天地, 非但百姓安寧, 自身常得驩樂. 古人云:『賢者多財損其志, 愚者多財生其過.』此言可爲深誡. 若徇私貪濁, 非止壞公法, 損百姓, 縱事未發聞, 中心豈不常懼? 恐懼旣多, 亦有因而致死. 大丈夫豈得苟貪財物, 以害及身命, 使子孫每懷愧恥耶? 卿等宜深思此言.」

【孜孜】 부지런히 노력하는 모습.
【驩樂】 '驩'은 '歡'과 같음. 즐거워 함.
【大丈夫】 큰 뜻을 품은 남자. 사나이.《孟子》滕文公(下)에 "居天下之廣居; 立天下之正位; 行天下之大道. 得志, 與民由之; 不得志, 獨行其道, 富貴不能淫; 貧賤不能移, 威武不能屈. 此之謂大丈夫"라 함.

182(26-4)
밀기울 몇 섬

정관 6년(632) 우위장군右衛將軍 진만복陳萬福이 구성궁九成宮으로부터 서울로 돌아오다가 법을 어기고 역가驛家의 맥부麥麩 몇 섬을 사사롭게 가져가 버렸다. 그러자 태종이 그에게 밀기울을 하사하며 스스로 이를 짊어지고 나가도록 하여 부끄러움을 느끼게 하였다.

貞觀六年, 右衛將軍陳萬福, 自九成宮赴京, 違法取驛家麩 數石. 太宗賜其麩, 令自負出以恥之.

【右衛將軍】 武官으로 從三品이며 궁정 수비를 담당함.
【九成宮】 원래 隋나라 때의 仁壽宮을 貞觀 5년(631)에 '구성궁'으로 이름을 바꾸었으며 이듬해 3월 당태종이 이 궁궐에 행차하였음.
【驛家】 驛站(驛院)에서 일을 하는 집안.
【麩】 밀기울. 말먹이로 쓰려한 것임.
【恥之】《左傳》昭公 5년에 "恥匹夫, 不可以無備, 況恥國乎!"라 함.

183(26-5)
엄청난 은이 묻힌 광맥

정관 2년(628), 치서시어사治書侍御史 권만기權萬紀가 의견을 올렸다.
"선주宣州와 요주饒州 두 주의 여러 산에 은이 묻힌 큰 광맥이 있습니다. 이를 채굴하면 큰 이익이 되어 매년 가히 수백만 관貫의 돈을 얻을 수 있습니다."

그러자 태종이 말하였다.

"나는 귀하기로는 천자로서 조금도 부족한 것이 없다. 오직 아름다운 말을 채납하여 좋은 일로 나가 백성에게 유익한 것이면 된다. 게다가 나라에는 수백만 관의 돈이 남아돈다고 한들 이것이 어찌 재능과 덕행이 있는 사람 하나를 얻는 것만 하겠는가? 내 이제껏 그대가 어진 이를 추천하거나 옳은 길로 인도한 것을 본 적이 없고, 또한 능히 법을 어긴 자를 찾아내어 검거하여 권문세가를 엄숙하게 다스리지도 못하였으면서 오직 은광을 채굴하여 이를 팔면 이익이 되리라는 말만하고 있다니! 옛날 요순堯舜은 벽璧을 숲 속에 던져 버렸고 구슬은 깊은 골짜기에 내던져 버렸다. 이로써 그 훌륭한 이름이 천년을 두고 드러나 칭하는 것이다. 그런가 하면 한漢나라 환제桓帝와 영제靈帝와 같은 두 임금은 이익은 좋아하면서 의는 천히 여겨 지금까지도 용렬하고 혼암한 군주로 일컬어지고 있다. 그대는 장차 나를 그 환제나 영제처럼 만들고 싶은가?"

그리고 그날 즉시 칙령을 내려 권만기를 추방하여 집으로 돌아가 있도록 하였다.

貞觀十年, 治書侍御史權萬紀上言:「宣饒二州諸山大有銀坑, 採之極是利益, 每歲可得錢數百萬貫.」

太宗曰:「朕貴爲天子, 是事無所少之. 惟須納嘉言, 進善事, 有益於百姓者. 且國家賸得數百萬貫錢, 何如得一有才行人? 不見卿推賢進善之事, 又不能按擧不法, 震肅權豪, 惟道稅鬻銀坑以爲利益! 昔堯舜抵璧於山林, 投珠於淵谷, 由是崇名美號, 見稱千載. 後漢桓靈二帝, 好利賤義, 爲近代庸暗之主. 卿遂欲將我比桓靈耶?」

是日敕放令萬紀還第.

【宣】宣州. 치소는 지금의 安徽 宣城縣.
【饒】饒州. 지소는 지금의 江西 波陽縣.
【賸】剩과 같음. 남아돎.
【抵璧於山林】陸賈《新語》에 실려 있는 구절.
【桓靈】東漢의 桓帝 劉志(147~167년 재위)와 靈帝 劉宏(168~189년 재위). 靈帝 光和 원년(178)에 官職과 爵位를 돈으로 사고 팔 수 있도록 하여 그 금을 사사롭게 저장하였음.
【還第】집으로 되돌려 보냄. 면직함을 뜻함.

184(26-6)
미끼는 무서운 유혹

정관 16년(642), 태종이 시종하는 신하에게 말하였다.

"옛 사람이 이르기를 '새는 숲에 살면서 그 숲이 높지 않다고 여겨 나뭇가지 끝에 둥지를 틀고, 물고기는 제 사는 물이 깊이 않다고 여겨 물속 굴로 기어들어 간다. 그럼에도 사람에게 잡히고 마는 것은 모두가 미끼 때문이다'라 하였다.

지금 신하가 되어 책임을 맡아 높은 지위에 처하며 후한 봉록을 받고 있으니 마땅히 충성과 정직을 실천하며 공평하고 청렴한 길을 걸으면 아무런 재해가 없이 길이 그 부귀를 지켜낼 수 있을 것이다. 옛 사람이 '화와 복은 드나드는 문이 따로 있는 것이 아니라네. 오직 사람이 불러들이는 것이라네' 하였다. 그럼에도 그 몸을 빠뜨리는 것은 모두가 재리財利에 눈이 어두워 탐욕을 부리기 때문이니 이것이 어찌 물고기나 새와 다르겠는가? 그대들은 의당 이 말을 생각하여 거울로 삼기를 바란다."

貞觀十六年, 太宗謂侍臣曰:「古人云:『鳥棲於林, 猶恐其不高, 復巢於木末; 魚藏於水, 猶恐其不深, 復穴於窟下. 然而爲人所獲者, 皆由貪餌故也.』今人臣受任, 居高位, 食厚祿, 當須履忠正, 蹈公淸, 則無災害, 長守富貴矣. 古人云:『禍福無門, 惟人所召.』然陷其身者, 皆爲貪冒財利, 與夫魚鳥何以異哉? 卿等宜思此語爲鑒誡.」

【木末】나뭇가지 끝 부분.

【餌】먹이. 미끼. 이 고사는 《荀子》法行篇에 "曾子疾, 曾元持足. 曾子曰:「元, 志之! 吾語汝. 夫魚鱉黿鼉以淵爲淺而堀其中, 鷹鳶猶以山爲卑而增巢其上, 及其得也必以餌. 故君子苟能無以利害義, 側恥辱亦無由至矣.」"라 하였으며, 그 외에 《說苑》敬愼篇에는 "曾子有疾, 曾元抱首, 曾華抱足, 曾子曰:「吾無顔氏之才, 何以告汝? 雖無能, 君子務益. 夫華多實少者, 天也; 言多行少者, 人也. 夫飛鳥以山爲卑, 而層巢其巓; 魚鱉以淵爲淺, 而穿穴其中; 然所以得者, 餌也. 君子苟能無以利害身, 則辱安從至乎? 官怠於宦成, 病加於少愈, 禍生於懈惰, 孝衰於妻子; 察此四者, 愼終如始. 詩曰:『靡不有初, 鮮克有終.』"이라 하였고, 《大戴禮記》疾病篇에도 실려 있음.

【古人云】《左傳》襄公 23년의 閔子馬의 말. "「子無然. 禍福無門, 唯人所召. 爲人子者, 患不孝, 不患無所. 敬共父命, 何常之有? 若能孝敬, 富倍季氏可也. 姦回不軌, 禍倍下民可也..」"라 함.

【貪冒】탐욕에 눈이 어두움. 탐욕을 부림. 《左傳》文公 18년에 "貪于飮食, 冒于貨賄"라 함.

정관정요

27. 숭유학崇儒學

　　당 태종은 치도의 근본을 유학에서 찾고자 하였다. 새로운 대제국의 건설과 함께 백성을 교화하고 왕권을 확립하는데 유학만큼 유용한 사상은 없었다고 본 것이다. 이로써 경서를 편찬하고 국학을 세워 인재를 길러낸 조대는 한결같이 흥하였다. 물질에 앞서 교화를 먼저 생각한 지도자는 나라를 융성하게 한다. 이에 따라 우리나라 신라新羅도 견당유학생遣唐留學生을 보낸 기록까지 곁들이고 있다.

〈車騎圖紋〉 漢代 畫像磚

185(27-1)
학술에 흥미를 가졌던 태종

　　태종이 제왕의 자리에 등극하자 즉시 정전正殿의 좌측에 홍문관弘文館을 설치하고 천하의 문사와 유학자를 정선精選하여 그들에게 본관겸서 학사本官兼署學士라는 직위를 주어 오품五品에게 내리는 진선珍膳을 공급해 주도록 하였다. 그리고 날짜별로 돌아가며 숙직宿直을 하면서 조정의 정사를 처리하는 틈을 내어 이들을 불러들여 《삼분》,《오전》을 토론하며 정치에 대하여 상의하고 모책을 세우면서 혹 밤이 늦어서야 파하는 경우도 있었다. 그리고 조서를 내려 훈현勳賢의 삼품三品 이상 자손을 홍문관 학생으로 삼도록 하였다.

　　太宗初踐阼, 卽於正殿之左, 置弘文館, 精選天下文儒, 令以本官兼署學士, 給以五品珍膳, 更日宿直, 以聽朝之隙引入內殿, 討論《墳典》, 商略政事, 或至夜分乃罷. 又詔勳賢三品已上子孫爲弘文學生.

【踐阼】‘踐祚’로도 표기하며, 제왕으로 즉위함을 뜻함.
【弘文館】원래는 修文館이었으나 武德 9년(626) 3월 이름을 개칭하였으며 太宗에 이르러 궁전 곁에 두고 學士를 뽑고 저술 활동을 돕기도 하고 생도를 가르치면서 政事에 대한 자문을 받았음.
【宿直】당직. 밤을 새우며 관청을 지킴.

【墳典】《三墳》,《五典》의 줄인 말.《三墳》은 三皇 때의 책이라 하며《五典》은
五帝 때의 기록이라 함. 혹《삼분》은 伏羲, 神農, 黃帝의 책이며,《오전》은
少昊, 顓頊, 高辛, 唐堯, 虞舜의 역사 기록이라 함. 孔安國의《古文尙書》序에
"伏羲·神農·黃帝之書, 謂之三墳, 言大道也. 少昊·顓頊·高辛·唐·虞之書,
謂之五典, 言常道也"라 함.
【勳賢】특별한 공훈을 세운 대신.

186(27-2)
국학을 세워 신라 유학생까지 유치하다

정관 2년(628), 조서를 내려 주공周公을 선성先聖으로 모시는 것을 정지시키고 비로소 공자孔子의 사당을 국학國學에 세웠다. 그리고 그 모시는 의식 절차를 옛 기록에 따르도록 하여 중니를 선성으로 삼고 안자顏子를 선사先師로 삼도록 하였다. 그 양쪽에 제사상과 간척干戚의 모습을 갖추어 놓도록 하여 이런 모습이 비로소 갖추어지게 되었다. 이해에 천하 유사儒士들을 대거 모아들여 그들에게 비단을 하사하며 수레와 말을 제공하여 서울에 이르도록 하였다. 그리고 그들을 차례를 거치지 아니하고 파격적으로 발탁하여 조정의 여러 부서에 포진시켰는데 그 수가 심히 많았다. 학생은 하나의 대경大經 이상만 통달해도 모두 관리로 뽑았다. 국학은 증축하여 학사學舍 4백여 칸을 짓고 국자학國子學, 태학太學 사문관四門館, 광문관廣文館 역시 생도를 늘여 배치하고 그곳에 각각 서학書學, 산학算學에 각기 박사博士와 학생學生을 두어 각 부문별로 무리를 갖추도록 하였다. 태종은 다시 자주 국자학에 행차하여 좨주祭酒, 사업司業, 박사들로 하여금 강론하도록 하고 그것이 끝나면 각각 속백束帛을 하사하였다. 사방의 유생들이 책을 짊어지고 찾아와 배우는 자가 거의 천 단위로 셀 정도였다. 이윽고 토번吐蕃 및 고창高昌, 고구려高句麗, 신라新羅 등 여러 이민족의 추장酋長들도 그 자제들을 파견하여 이 학관에 입학시켜 주기를 청하였다. 이에 국학 안에는 힘써 공부하여 강학講學에 오른 자가 거의 만 명에 이르렀으며 유학이 이토록 흥성했던 적은 옛날에도 없었다.

貞觀二年, 詔停周公爲先聖, 始立孔子廟堂於國學. 稽式舊典, 以仲尼爲先聖, 顔子爲先師, 兩邊俎豆干戚之容, 始備於玆矣. 是歲大收天下儒士, 賜帛給傳, 令詣京師, 擢以不次, 布在廊廟者甚衆. 學生通一大經已上, 咸得署吏. 國學增築學舍四百餘間, 國子・太學・四門・廣文亦增置生員, 其書算各置博士・學生, 以備衆藝. 太宗又數幸國子學, 令祭酒・司業・博士講論, 畢, 各賜以束帛. 四方儒生, 負書而至者, 蓋以千數. 俄而而吐蕃及高昌・高麗・新羅等諸夷酋長, 亦遺子弟請入于學. 於是國學之內, 鼓篋升講筵者, 幾至萬人. 儒學之興, 古昔未有也.

【先聖】 한대 이후 周公과 孔子에 대한 존칭으로 널리 쓰임. 高祖 武德 7년(624) 周公을 先聖으로 공자와 함께 配享하기 시작하였음.
【國學】 서울에 둔 관학을 말함. 國子學이 있는 곳.
【顔子】 顔淵. 공자의 제자. 덕행과 학문으로 널리 알려짐.
【俎豆】 제사용의 그릇과 상.
【干戚】 고대 제사에 쓰이는 음악과 무용. 방패와 의장용 도끼를 가지고 추는 춤.
【大經】 《禮記》와 《春秋左傳》. 유가 경전을 글자 수에 따라 大經, 中經, 小經으로 구분하였음.
【國子】 國子學. 삼품 이상과 작위가 公인 관리들의 자손을 교육시키는 곳.
【太學】 오품 이상과 작위가 郡公, 縣公 이상의 자손들이 공부할 수 있는 학관.
【四門】 四門館. 칠품 이상과 서민들 중에 우수한 자의 자녀들이 배울 수 있는 학관.
【廣文】 廣文館. 국자학에서 進士에 오른 자를 위한 학관.
【書算】 서는 글씨에 대한 학습. 산은 산술 및 천문 역법에 관한 학습. 8품 이상과 서민 중에 우수한 자녀를 선발하여 가르침.
【博士】 五經博士 외에 書學博士와 算學博士를 따로 두었음.
【吐蕃】 7세기부터 9세기 사이에 靑藏高原(티베트)에 藏族(티베트 족)기 건립하였던 나라.

【高昌】 서역의 나라 이름. 지금의 新疆 투르판(吐魯番)에 있었음. 貞觀 4년(630) 高昌王 麴文泰가 長安에 이르러 당과 강화를 맺었으나 뒤에 西突厥에게 의탁하자 당과 외교가 악화되었으며 14년(640) 8월과 9월에 당나라가 고창을 대거 공격하여 무너뜨리고 12월에 포로를 잡아 觀德殿에 바쳤으며 이듬해 초 이에 대한 승리 축하연을 열었음.

【新羅】 한반도의 삼국 중 동남부에 발달하였던 나라. 이 시기 신라는 眞平王 (579～632), 善德女王(632～647) 때였음. 이때 遣唐留學生을 파견하였음.

【鼓篋】 북을 울려 학사를 소집하여 책 상자를 열고 공부를 시작하도록 함.

태학에 모셔 공자와 함께 배향된 학자들

정관 14년(640), 이렇게 조서를 내렸다.

"양梁나라 황간皇侃, 저중도褚仲都, 그리고 주周나라 때 웅안생熊安生, 심중沈重, 진陳나라 심문아沈文阿, 주홍정周弘正, 장기張譏, 그리고 수隋나라 하타何妥, 유현劉炫 등은 모두 전대의 이름난 학자들로서 경술經術의 벼리가 되었던 분들로 그에 더하여 각 곳의 학도들이 그들의 강소講疏를 이용하고 있으니 마땅히 우대하고 상을 내려 후생들을 권면해야 할 것이다. 그들 자손 중에 지금 살아 있는 자를 찾아 그 성명을 기록하여 올리도록 하라."

그리고 21년(647) 다시 이렇게 조서를 내렸다.

"좌구명左丘明, 복자하卜子夏, 고양고公羊高, 곡량적穀梁赤, 복승伏勝, 고당생高堂生, 대성戴聖, 모장毛萇, 공안국孔安國, 유향劉向, 정중鄭衆, 두자춘杜子春, 마융馬融, 노식盧植, 정현鄭玄, 복건服虔, 하휴何休, 왕숙王肅, 왕필王弼, 두예杜預, 범녕范寧 등 21명은 모두가 그들이 남긴 책을 지금도 쓰고 있으며 나라의 후예들이다. 기왕에 그들의 학문이 행해지고 있으니 이치로 보아 포상하고 숭배할 만하다. 지금부터 이들을 태학太學에 모셔 공자의 사당에 함께 배향配享하도록 하라"

태종은 유가儒家를 존숭하고 도를 중시하기가 이와 같았다.

貞觀十四年詔曰:「梁皇侃·褚仲都, 周熊安生·沈重·陳沈
文阿·周弘正·張譏·隋何妥·劉炫, 並前代名儒, 經術可紀,

加以所在學徒, 多行其講疏, 宜加優賞, 以勸後生, 可訪其子孫
見在者, 錄姓名奏聞.」

二十一年又詔曰：「左丘明·卜子夏·公羊高·穀梁赤·伏勝·
高堂生·戴聖·毛萇·孔安國·劉向·鄭衆·杜子春·馬融·盧植·
鄭玄·服虔·何休·王肅·王弼·杜預·范寧等二十有一人, 並用
其書, 垂於國冑. 既行其道, 理合襃崇, 自今有事於太學, 可並配
享尼父廟堂.」

其尊儒重道如此.

【皇侃】 南朝 梁나라 때의 경학가. 《論語義疏》와 《禮記講疏》 등의 저술을
남김.
【褚仲都】 역시 남조 梁나라 때의 경학가. 《周易》에 대하여 아주 밝았음.
【熊安生】 北周 때의 경학가. 《周禮義疏》, 《禮記義疏》, 《孝經義疏》 등의 저술이
있음.
【沈重】 北周 때의 경학가. 《春秋》에 밝았다 함.
【沈文阿】 남조 陳나라 때의 경학가. 《三禮》와 《春秋》에 박통했다 함.
【周弘正】 남조 진나라 때의 이름난 학자. 《周易講疏》 등이 있음.
【張譏】 남조 때의 이름난 학자. 《孝經》과 《論語》 등에 대한 저술이 있음.
【何妥】 隋나라 때의 학자 《周易講疏》가 있음.
【劉炫】 수나라 때의 경학가. 《尙書述義》와 《五經正名》 등의 저술이 있음.
【左丘明】 춘추시대 노나라 사람. 《左傳》과 《國語》를 쓴 것으로 알려짐.
【卜子夏】 卜商. 공자의 제자. 《詩》, 《易》, 《禮》, 《春秋》 등에 대하여 연구하고
정리한 것으로 전해짐.
【公羊高】 子夏의 제자로 전국시대 齊나라 사람이며 《公羊傳》을 지음.
【穀梁赤】 역시 子夏의 제자로 전국시대 魯나라 사람이며 《穀梁傳》을 지음.
【伏勝】 伏生. 漢나라 때 今文學의 대가이며 《尙書》를 전수한 자.
【高堂生】 한나라 때 금문학의 대가이며 《儀禮》 17편을 세상에 전함.
【戴聖】 한나라 때 금문학자이며 《小戴禮》를 열었으며 《小戴禮記》 49편(지금의
《禮記》임)을 세상에 전함.

【毛萇】 역시 한나라 때 학자로 《毛詩》(지금의 《詩經》)를 전수하였으며 河間 獻王 劉德의 박사였음. 小毛公이라고도 부름.

【孔安國】 서한의 경학가로 공자의 후손이며 孔壁에서 《古文尙書》(지금의 《상서》)를 찾아 尙書學의 대가가 됨. 그러나 唐代까지 이 책이 위서인 줄을 몰랐음.

【劉向】 한나라 때 경학가이며 目錄學者. 《戰國策》, 《說苑》, 《新序》, 《列女傳》, 《列仙傳》 등 많은 책을 정리하고 편집함.

【鄭衆】 東漢 때의 학자로 《左傳》에 밝았으며 《詩》와 《易》에도 뛰어났음.

【杜子春】 동한 때의 경학가로 《周禮》에 뛰어났음.

【馬融】 동한의 경학가. 《周易》과 《尙書》, 《毛詩》, 《三禮》, 《論語》, 《孝經》 등에 두루 뛰어난 학식을 가지고 있었음.

【盧植】 동한 말의 유명한 학자.

【鄭玄】 동한 말의 경학가 古文經에 대하여 밝았으며 이를 今文經과 겸하여 漢代 경학을 집대성한 인물.

【服虔】 동한의 경학가로 《春秋左氏傳解》를 지음.

【何休】 동한의 경학가. 《春秋公羊傳解詁》를 지음.

【王肅】 삼국 시대 魏나라 때의 경학가로 群經의 注에 밝았으며 《孔子家語》를 편찬함.

【王弼】 삼국시대 魏나라의 玄學家로 《周易注》와 《老子注》가 유명함.

【杜預】 西晉의 軍事家이며 經學家. 《春秋左氏傳集解》를 지음.

【范寧】 東晉의 경학가로 《春秋穀梁傳注》를 지음.

【二十有一人】 《通典》(53)과 《舊唐書》 禮儀志, 《新唐書》 禮樂志 및 《冊府元龜》 (606) 등에는 모두 賈逵를 넣어 '二十二人'이라 함. '가규'는 동한의 경학가임.

【尼父】 仲尼. 孔丘. 공자를 높이 부른 말. 魯 哀公의 〈孔子誄文〉에 칭한 말.

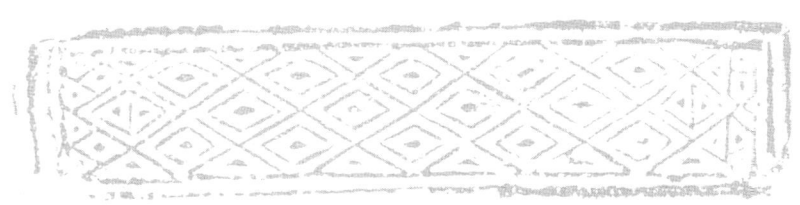

188(27-4)
정치의 요체는 사람을 얻는 데 있다

정관 2년(628), 태종이 시종하는 신하에게 말하였다.

"정치의 요체는 사람을 얻는 데 있다. 그에 맞는 인재를 등용하지 않고서는 정치를 이루기가 틀림없이 어려울 것이다. 지금부터 인재 등용은 모름지기 덕행과 학식을 기본으로 한다."

그러자 간의대부諫議大夫 왕규王珪가 말하였다.

"사람의 신하가 되어 만약 학업이 없다면 능히 지난날의 언행을 식별해 낼 수 없으니 어찌 큰 임무를 감당해 낼 수 있겠습니까? 한漢 소제昭帝 때 어떤 사람이 자신이 위태자衛太子라고 사칭하자 그를 구경 하려는 사람들이 수만 명이 모여들어 모두가 미혹함에 빠지게 되었습니다. 그때 준불의雋不疑가 이를 괴외蒯聵의 일과 같다고 단정하자 소제는 이렇게 말하였지요. '공경대신은 의당 경술經術로써 옛 의를 밝혀 낼 수 있는 자여야 한다. 이는 진실로 도필刀筆 정도의 속리俗吏에 의해 판정될 수 없는 일이다'라 하였습니다."

태종이 말하였다.

"진실로 그대의 말과 같소이다."

貞觀二年, 太宗謂侍臣曰:「爲政之要, 惟在得人, 用非其才, 必難致治. 今所任用, 必須以德行・學識爲本.」

諫議大夫王珪曰:「人臣若無學業, 不能識前言往行, 豈堪大任? 漢昭帝時, 有人詐稱衛太子, 聚觀者數萬人, 衆皆致惑. 雋不疑斷以蒯聵之事. 昭帝曰:『公卿大臣, 當用經術明於古義者, 比則固非刀筆俗吏所可比擬.』」

　　太宗曰:「信如卿言.」

【諫議大夫】 王珪는 貞觀 원년(627)에 黃門侍郎이었으며 정관 2년(628) 12월
　壬午에 侍中이 되었으므로 여기서는 황문시랑이어야 함.
【衛太子】 劉據. 漢 武帝의 태자로서 衛皇后 소생이었음. 궁중 내부의 권력다툼
　으로 자살하여 무제가 죽은 뒤 어린 劉弗陵이 제위에 올랐으며 이가 昭帝임.
　그런데 元始 5년(B.C.82) 갑자기 죽은 위태자가 나타났다고 하여 사람들이 몰렸
　는데 그 모습이 아주 같았음. 이에 소제가 문신들로 하여금 판별하도록 하였으나
　누구도 감히 의견을 내지 못하자 경조윤 준불의가 과감하게 이를 잡아 정위에게
　심문하도록 하여 사기꾼이었음을 밝혀 내었음. 《漢書》(71) 雋不疑傳 참조.
【雋不疑】 자는 曼倩. 漢 武帝 때 青州刺史를 지냈으며 소제 때 京兆尹의 벼슬을
　하고 있었음. 《漢書》에 전이 있음.
【蒯聵】 춘추시대 衛 靈公의 世子로 송나라로 도망하였다가 고국 영공이 죽고
　손자 輒이 뒤를 잇자 괴외가 귀국하려 하였지만 첩이 받아들이지 않았음.
　《左傳》 참조. 漢나라 昭帝 始元 5년(B.C.82) 어떤 이가 자신을 위태자라 사칭
　하자 준불의가 《춘추》의 이 괴외 사건을 들어 그 자를 옥에 가두어 죄를 다스리
　도록 하였음.
【刀筆俗吏】 刀筆吏. 문서나 정리하는 아주 하찮은 관직을 말함. 《史記》 汲鄭列傳에
　"天下謂刀筆吏不可以爲公卿, 果然. 必湯也, 令天下重足而立, 側目而視矣"라 함.

189(27-5)
《오경정의五經正義》의 편찬

정관 4년(630), 태종이 경적經籍이 성인들로부터 시간적으로 이미 오래되어 문자文字의 기록에 와전과 오류가 많다고 여겨 조칙을 내려 전前 중서시랑中書侍郎 안사고顔師古에게 비서성秘書省에서 오경五經을 연구하여 문자와 내용을 확정하도록 하였다. 그 일이 끝나자 다시 조칙을 내려 상서좌복야尙書左僕射 방현령房玄齡으로 하여금 여러 유학자들을 불러 모아 다시 이에 자세히 토론을 더하도록 하였다. 당시 여러 유학자들은 각기 자신이 배운 스승의 학설을 따라 오류를 그대로 이어온 지가 오래되어 거의가 잘못된 채로 흘러와 이단異端이 벌떼처럼 일어났다. 그런데 안사고는 문득 진晉, 송宋 이래 고본을 인증하고 여러 방법에 따라 정확한 답을 찾아 자세히 밝혔는데 모두가 문자 속에 들어 있는 의외의 뜻을 도출해 내어 그 어떤 유학자도 탄복하지 않는 자가 없었다. 태종은 한참 이를 칭찬하면서 그에게 비단 5백 필을 하사하고 통직산기상시通直散騎常侍의 직함을 추가하고 그가 정한 책을 천하에 반포하여 학자들로 하여금 익히도록 하였다. 태종은 다시 유학의 파별이 많고 장구章句가 번잡하다고 여겨 안사고에게

안사고(顔師古) 자 籀少

국자좨주國子祭酒 공영달孔穎達 등 여러 학자들과 함께 오경소의五經疏義를 찬정하도록 하여 모두 180권이 이루어지자 이름을 《오경정의五經正義》라 하고 국학國學에 보내어 교재로 쓰도록 교서를 내렸다.

貞觀四年, 太宗以經籍去聖久遠, 文字訛謬, 詔前中書侍郎顏師古於秘書省考定五經. 及功畢, 復詔尚書左僕射房玄齡集諸儒重加詳議. 時諸儒傳習師說, 舛謬已久, 皆共非之, 異端蜂起. 而師古輒引晉宋已來古本, 隨方曉答, 援據詳明, 皆出其意表, 諸儒莫不歎服. 太宗稱善者久之, 賜帛五百匹, 加授通直散騎常侍, 頒其所定書於天下, 令學者習焉. 太宗又以文學多門, 章句繁雜, 詔師古與國子祭酒孔穎達等諸儒, 撰定五經疏義, 凡一百八十卷; 名曰《五經正義》, 付國學施行.

【去聖】 聖人(孔子)으로부터 이미 시간이 오래되었음을 말함.
【顏師古】 唐나라 때 유명한 註釋家. 北齊 顏之推의 손자이며 훈고와 주석에 뛰어나 貞觀 초에 中書侍郎이 되었으나 일시 죄에 걸려 사직 당하기도 하였음. 뒤에 왕명을 받들어 『五經』을 정리하고 주석을 가함.
【秘書省】 문서와 圖籍을 관리하는 부서.
【頒其所定書於天下】 정관 7년(633) 11월에 이를 천하에 반포하였음.
【詔】 貞觀 12년(638) 孔穎達이 새롭게 국자좨주(國子祭酒)가 되었음.
【五經正義】 貞觀 14년(640) 2월 처음에는《五經義贊》이라 하였으나 당 태종이 《五經正義》로 명칭을 확정하였음.

190(27-6)
옥은 다듬지 않으면 그릇이 될 수 없고

　태종이 일찍이 중서령中書令 잠문본岑文本에게 이렇게 말한 적이 있었다.
　"무릇 사람은 비록 하늘로부터 정해진 본성을 받지만 반드시 널리 배워 그 도를 이루어야 한다. 이는 마치 조개는 본성이 물을 품고 있지만 달빛이 비추어야 물을 쏘아 내며, 나무는 본래 불의 성질을 가지고 있지만 비벼 문질러야 불꽃이 일어나는 것과 같다. 이처럼 사람도 본래 성령을 머금고 있지만 배움을 거쳐야 훌륭해지는 것이다. 이 까닭으로 소진蘇秦은 허벅지를 찔러 피를 내면서 공부하였고, 동중서 董仲舒는 앞에 장막을 쳤던 것이다. 도와 예에 부지런하지 않으면 그 이름을 세울 수 없는 것이다."
　잠문본이 대답하였다.
　"무릇 태어날 때 본성은 서로 비슷하나 환경이 달라 서로 멀어지는 것이니 모름지기 학문으로써 환경을 갖추어 그 본성을 이루어야 할 것입니다. 《예禮》에 '옥은 다듬지 않으면 그릇이 될 수 없고 사람은 배우지 않으면 도를 알지 못한다' 하였으니 그 때문에 고인들은 학문에 힘썼으며 이를 일러 의덕懿德이라 하는 것입니다."

　太宗嘗謂中書令岑文本曰:「夫人雖稟定性, 必須博學以成其道. 亦猶蜃性含水, 待月光而水垂; 木性懷火, 待燧動而焰發; 人性含靈, 待學成而爲美. 是以蘇秦刺股, 董生垂帷. 不勤道藝, 則其名不立.」

文本對曰:「夫人性相近, 情則遷移, 必須以學飭情以成其性.
《禮》云:『玉不琢不成器, 人不學不知道.』所以古人勤於學問,
謂之懿德.」

【蜃】大蛤. 큰 조개.

【待月光而水垂】전설에 大蛤은 달빛이 비칠 때 물 기운을 품어 樓閣의 형상을
만든다 함. 蜃氣樓의 일종.

【燧】부싯돌. 돌을 쳐서 불을 일으키는 기구. 여기서는 서로 비벼 불을 일으키는
것을 말함.

【蘇秦】전국시대 洛陽 출신으로 가장 뛰어났던 유세가. 六國合從을 성공시켜
秦나라와 대항하도록 하였으며 張儀의 連橫說과 쌍벽을 이룸.《史記》蘇秦列傳
참조.《戰國策》秦策(1)에 "蘇秦喟歎曰:「妻不以我爲夫, 嫂不以我爲叔, 父母不
以我爲子, 是皆秦之罪也.」乃夜發書, 陳篋數十, 得太公陰符之謀, 伏而誦之, 簡練
以爲揣摩. 讀書欲睡, 引錐自刺其股, 血流至足. 曰:「安有說人主不能出其金玉
錦繡, 取卿相之尊者乎?」"라 함.

【董生】董仲舒(B.C.179~B.C.104)를 가리킴. 西漢 今文經學의 대가로《春秋
繁露》를 남김. 그가 공부를 하거나 가르칠 때 눈앞에 장막을 쳐 제자들도 그의
얼굴을 볼 수 없었다고 하며 3년을 뜰 아래로 내려선 적이 없었다 함.《史記》
儒林列傳에 "董仲舒, 廣川人也. 以治《春秋》, 孝景時爲博士. 下帷講誦, 弟子傳以久
次相受業, 或莫見其面, 蓋三年董仲舒不觀於舍園, 其精如此"라 함.

【性相近】《論語》陽貨篇에 "子曰:「性相近也, 習相遠也..」"라 함.

【禮】《禮記》學記에 "玉不琢不成器, 人不學不知道. 是故古之王者建國君民, 敎學
爲先. 兌命曰:「念終始典于學, 其此之謂乎!」"라 함.

【懿德】덕을 아름답게 수양하고 기름.

정관정요

28. 문사文史

　　지도자가 문학과 역사 기록에 관심을 갖게 되는
것은 바로 '자신을 비춰 보려면 거울이 있어야 하듯
지금을 알고자 한다면 과거를 거울로 삼으면 되기
때문'이었으리라. 태종은 문학과 학술, 특히 역사 기록에
매우 깊은 관심을 표명하였다.

列坐其次雖無絲竹管弦之
湍暎帶左右引以爲流觴曲水
有峻領茂林修竹又有清流激
也羣賢畢至少長咸集此地
會稽山陰之蘭亭脩禊事
永和九年歲在癸丑暮春之初

列坐其次雖無絲竹管弦之
湍暎帶左右引以爲流觴曲水
有峻領茂林修竹又有清流激
也羣賢畢至少長咸集此地
之蘭亭脩禊事
永和九年歲在癸丑暮春之初會

褚遂良과 虞世南 臨本의 〈蘭亭集序〉

191(28-1)
한대의 문학 작품

정관 초에 태종이 감수국사監脩國史 방현령房玄齡에게 말하였다.

"근래 전한前漢과 후한後漢의 역사 기록을 읽어 보니 양웅楊雄의 〈감천부
甘泉賦〉와 〈우렵부羽獵賦〉, 그리고 사마상여司馬相如의 〈자허부子虛賦〉,
〈상림부上林賦〉, 반고班固의 〈양도부兩都賦〉 등이 실려 있더이다. 모두
문체가 들뜨고 화려하여 권면이나 경계에 아무런 도움이 되지 않던데
어찌 역사 기록에 이런 글이 실릴 겨를이 있었습니까? 나에게 상서를
올려 일을 논함에는 그 말이 이치에 절핍하게 맞아 정치에 보탬이
될 수 있는 것들이어야 합니다. 내가 그러한 의견을 따르건, 따르지
않건 모두 갖추어 기록해 올려야 합니다."

貞觀初, 太宗謂監脩國史房玄齡曰:「比見前後漢史, 載錄楊雄
〈甘泉〉, 〈羽獵〉, 司馬相如〈子虛〉, 〈上林〉, 班固〈兩都〉等賦,
此旣文體浮華, 無益勸誡, 何假書之史策? 其有上書論事, 詞理
切直, 可裨於政理者, 朕從與不從皆須備載.」

【貞觀初】《資治通鑑》에 의하면 貞觀 3년(629) 3월로 되어 있음.
【監脩國史】당나라 때는 재상이 국사 편찬을 감수하도록 하였음.
【前後漢史】《漢書(前漢書)》와 《後漢書》.《漢書》는 後漢 때 班固(32~92)가

썼으며 그 여동생 班昭에 의해 완성된 전한의 斷代史 120권이며,《後漢書》는 남조 宋나라 때 范曄(398~445)에 의해 後漢(東漢)의 역사를 기록한 斷代史 12권임.

【楊雄】B.C.53~A.D.18. 흔히 '揚雄'으로 표기하며 西漢 때의 문학가.〈甘泉賦〉, 〈羽獵賦〉등이 유명하며《漢書》에 傳이 있음.

【司馬相如】B.C.179~B.C.117. 역시 한나라 때 賦로써 뛰어났던 문장가이며 〈子虛賦〉,〈上林賦〉등이 유명함.《漢書》에 전이 있음.

【班固】32~92. 後漢 때의 문장가이며 사학가.《漢書》를 편찬하였으며〈兩都賦〉가 유명함.《後漢書》에 전이 있음.

192(28-2)
태종의 문장을 문집으로 만들 것을 청하자

정관 2년(628), 저작좌랑著作佐郎 등륭鄧隆 표를 올려 태종의 문장을 편집하여 문집으로 만들 것을 청하였다.

그러자 태종이 말하였다.

"내가 일을 제정하고 법령을 내리는 것으로 백성에게 유익함이 있으면 사관이 기록하는 것이니 이로써 족히 불후의 문장이 될 것이다. 그러나 만약 옛일을 스승으로 삼지 아니하고 정치를 혼란시키고 만물을 해롭게 한다면 비록 아름다운 문장으로 꾸민다 해도 마침내 후대의 웃음거리가 되고 말 것이니 그렇게 할 필요가 없다. 단지 양梁 무제武帝 부자와 진陳 후주後主 및 수隋 양제煬帝의 경우는 역시 크게 문집을 만들었으나 결국 법 받을 만한 것이 되지 못하였으며 종묘사직은 순식간에 엎어지고 말았다. 무릇 임금이 되어 오직 덕행에 힘쓰면 그 뿐이지 하필 문장에 관심을 가질 필요가 있겠는가?"

그리고 끝내 허락하지 않았다.

貞觀十一年, 著作佐郎鄧隆表請編次太宗文章爲集.

太宗謂曰:「朕若制事出令, 有益於人者, 史則書之, 足爲不朽. 若事不師古, 亂政害物, 雖有詞藻, 終貽後代笑, 非所須也. 只如梁武帝父子及陳後主·隋煬帝, 亦大有文集, 而所爲多不法, 宗社皆須臾傾覆. 凡人主惟在德行, 何必要事文章耶?」

竟不許.

【十一年】《資治通鑑》에는 '十二年(638)三月辛亥'로 되어 있음.

【鄧隆】鄧世隆. 太宗의 이름 李世民을 휘하여 '世'자를 제거한 것임.

【制事】'制'는 황제의 명령. 이를 정리하고 반포하는 일.

【師古】옛것을 스승으로 삼음.

【梁武帝】南朝 梁나라의 武帝 蕭衍. 502~549년 재위함. 그 태자가 昭明(蕭統)이었으며 《昭明文選》을 편집하는 등 문장의 일에 적극적이었음. 소통은 일찍 죽어 제위에 오르지 못하였음.

【陳後主】남조 陳나라의 마지막 임금. 陳叔寶. 583~589년 재위하였으며 隋나라에게 망함.

193(28-3)
임금에 대한 기록은 볼 수 없습니다

정관 13년(639), 저수량褚遂良이 간의대부諫議大夫가 되어 지기거주知起居注를 겸하게 되었다.

태종이 물었다.

"그대는 근래 지기거知起居로서 어떤 일을 기록하고 있는가? 대저 임금으로서 그 내용을 볼 수는 없는가? 나는 그 기록한 것을 보고자 하는 것은 장차 나의 득실을 살펴 내 스스로 경계를 삼고자 하기 위한 것일 뿐이다!"

그러자 저수량이 말하였다.

"지금 기거起居라고 하는 직책은 고대의 좌사左史와 우사右史의 업무와 같아 임금의 언행을 기록하고 있으며 임금의 선악도 모두 기록하고 있습니다. 이를 통해 임금이 비법을 저지르지 않도록 바라는 것이지, 임금이 직접 그 사관의 기록을 살펴본다는 것은 들어 보지 못하였습니다."

태종이 말하였다.

"나의 옳지 못한 일도 그대는 반드시 기록하는가?"

저수량이 말하였다.

"제가 듣기에 도를 지키는 것은 맡은 관직을 지키느니만 못하다 하였습니다. 저의 직책이 의당 기록하는 임무인데 어찌 기록하지 않을 수 있겠습니까?"

그러자 황문시랑黃門侍郞 유계劉洎가 나서서 이렇게 말하였다.

"임금께서 과실이 있으면 이는 마치 일식이나 월식과 같아 사람들이 누구나 쳐다보는 것으로, 설령 저수량이 기록하지 않는다 해도 천하 사람들이 모두 이를 기록할 것입니다."

貞觀十三年, 褚遂良爲諫議大夫, 兼知起居注.

太宗問曰:「卿比知起居, 書何等事? 大抵於人君得觀見否? 朕欲見此注記者, 將欲觀所爲得失以自警戒耳!」

遂良曰:「今之起居, 古之左右史, 以記人君言行, 善惡畢書, 庶幾人主不爲非法, 不聞帝王躬自觀史.」

太宗曰:「朕有不善, 卿必記耶?」

遂良曰:「臣聞守道, 不如守官, 臣職當載筆, 何不書之?」

黃門侍郎劉洎進曰:「人君有過失, 如日月之蝕, 人皆見之. 設令遂良不記, 天下之人皆記之矣.」

【十三年】 褚遂良이 貞觀 15년(641)에 諫議大夫로써 知起居事를 겸하였음. 《資治通鑑》에는 정관 16년(642)으로 되어 있음.

【注記】 起居注. 제왕의 일상생활에서의 언행을 기록한 것.

【左右史】 고대 左史와 右史를 두었음. 《禮記》와 《漢書》 藝文志에 "動則左史書之, 言則右史書之"라 하여 임금의 일거수일투족은 물론 어떠한 말도 左史와 右史가 모두 기록함을 뜻함.

【載筆】 사관은 항상 필기용구를 가지고 다녔음을 말함. 《禮記》 曲禮에 "史載筆"이라 함.

194(28-4)
나를 우상화하지 말라

정관 14년(640), 태종이 방현령房玄齡에게 말하였다.

"내 매번 전대의 역사서를 보니 선을 표창하고 악을 질시하는 것은 족히 장래 규범과 경계로 삼을 만하다. 그런데 자고로 그 당대當代의 역사 기록에 대하여 어찌하여 제왕이 직접 볼 수 없도록 하는지 알지 못하겠다."

방현령이 대답하였다.

"국사에 이미 선악에 대하여 반드시 기록하는 것은 군주로서 불법을 저지르지 않도록 하기 위함입니다. 단지 임금의 뜻을 거스른 곳이 있을까 두려워하여 그 때문에 보지 못하도록 되어 있는 것입니다."

태종이 말하였다.

"내 뜻은 옛사람과 아주 다르다. 지금 스스로 국사 기록에 대하여 보고자 하는 것은 훌륭한 일을 적은 것은 진실로 논할 필요도 없지만 만약 옳지 못한 일에 대한 기록을 보고, 역시 이를 거울과 경계로 삼아 자신을 수양하고 고치기 위함이다. 그대는 기록을 찬술하여 보고 하도록 하라."

방현령 등은 드디어 국사 기록을 편년체編年體로 고쳐《고조실록高祖實錄》과《태종실록太宗實錄》을 각기 20권씩 마련하여 올렸다.

태종은 그중 6월 4일 현무문 정변에 대한 기록을 보았더니 그 표현이 거의 은미隱微한 문장이었다. 이에 태종은 방현령에게 이렇게 말하였다.

"옛날 주공周公이 관숙管叔과 채숙蔡叔을 주벌하여 주나라 왕실을 안정시켰고, 계우季友가 숙아叔牙를 짐독鴆毒으로 죽여 노魯나라가 안정되었다.

내가 그때 한 일은 그 의로움이 이와 같은 것으로 사직을 안정시키고 만민을 이롭게 하고자 하였던 것일 뿐이다. 그런데 사관이 기록을 하면서 어찌 번거롭게 은미하게 쓸 필요가 있겠는가? 마땅히 즉시 부화浮華한 기록은 고치고 삭제하여 그 사건을 바르게 기록하여야 할 것이다."

이에 시중侍中 위징魏徵이 상주하였다.

"제가 듣기로 임금이란 그 지위가 지극히 높은 것으로 꺼릴 것이 없습니다. 오직 나라의 역사 기록이란 악을 징계하고 선을 권장하기 위한 것인데 사실대로 기록하지 않는다면 후사後嗣들이 무엇을 보겠습니까? 폐하께서 지금 사관으로 하여금 그 표현을 정확하게 하도록 하심은 그 아름다움이 지공至公의 도에 합당합니다."

貞觀十四年, 太宗謂房玄齡曰:「朕每觀前代史書, 彰善癉惡, 足爲將來規誡. 不知自古當代國史, 何因不令帝王親見之?」

對曰:「國史旣善惡必書, 庶幾人主不爲非法. 止應畏有忤旨, 故不得見也.」

太宗曰:「朕意殊不同古人. 今欲自看國史者, 蓋有善事, 固不須論; 若有不善, 亦欲以爲鑒誡, 使得自修改耳. 卿可撰錄進來.」

玄齡等遂刪略國史爲編年體, 撰《高祖》·《太宗實錄》各二十卷, 表上之.

太宗見六月四日事, 語多微文. 乃謂玄齡曰:「昔周公誅管蔡而周室安, 季友鴆叔牙而魯國寧. 朕之所爲, 義同此類, 蓋所以安社稷, 利萬民耳. 史官執筆, 何煩有隱? 宜卽改削浮詞, 直書其事.」

侍中魏徵奏曰:「臣聞人主位居尊極, 無所忌憚, 惟有國史, 用爲懲惡勸善, 書不以實, 後嗣何觀? 陛下今遣史官正其辭, 雅合至公之道.」

【實錄】제왕의 역사를 일일이 기록한 역사서.

【六月四日事】玄武門의 政變을 말함. 武德 9년(626) 6월 4일 현무문에서 秦王 李世民이 당시 태자 李建成과 齊王 李元吉를 자살하고 이세민 자신이 스스로 唐 太宗으로 오름.

【管蔡】管叔과 蔡叔. 모두 周 武王의 아들로서 周公이 어린 成王을 보필할 때 불만을 품고 殷나라 후손 武庚을 부추겨 반란을 일으킨 사건. 이에 주공이 東征하여 왕권을 확립하고 주나라를 안정시켰음.《史記》周本紀 참조.

【季友鴆叔牙】춘추시대 魯나라 莊公에게 慶父, 叔牙, 季友 세 아우가 있었는데 장공이 병이 들어 왕위를 아들에게 물려주고자 하였음. 이에 숙아가 慶父가 뒤를 이어야 한다고 뜻을 비추자 계우가 장공의 명을 받아 숙아를 독살함. 짐은 鴆毒. 독약으로 쓰는 새의 깃털.《左傳》莊公 32년에 "初, 公築臺, 臨黨氏, 見孟任, 從之. 閟. 而以夫人言, 許之, 割臂盟公. 生子般焉. 雩, 講于梁氏, 女公子觀之. 圉人犖自墻外與之戲. 子般怒, 使鞭之. 公曰:「不如殺之, 是不可鞭. 犖有力焉, 能投蓋于稷門.」公疾, 問後於叔牙. 對曰:「慶父材.」問於季友, 對曰:「臣以死奉般.」公曰:「鄕者牙曰慶父材.」成季使以君命命僖叔, 待于鍼巫氏, 使鍼季酖之. 曰:「飮此, 則有後於魯國; 不然, 死且無後.」飮之, 歸, 及逵泉而卒. 立叔孫氏"라 함.

29. 예악禮樂

　　문물제도와 국가의 문화정책은 정치의 마지막 꽃
이며 열매이다. 문화정책을 어떻게 세워 삶의 질을
어떻게 다져나가는가 하는 것은 어찌 보면 인간으로서
당연히 바라는 소망일 것이다. 태종은 그에 못지않게
왕실에서의 예절과 일반 백성의 습속 등에 대해서도
세심하게 주의를 기울였음을 알게 하는 기록들이다.

〈秦王破陳樂圖〉 唐 太宗의 〈破陳舞〉를 그린 것

貞観政要

195(29-1)
내 이름을 피휘하지 말라

　태종이 처음 즉위하여 시종하는 신하들에게 말하였다.

　"《예禮》에 의거하면 이름이란 죽은 뒤에 휘諱하는 것이다. 옛날 고대 제왕들도 역시 살아 있을 때는 그 이름을 휘하지 않았다. 그 때문에 주周 문왕文王은 이름이 창昌이었지만 〈주시周詩〉에 '그 후손이 창성하리라克昌厥後'라 하여 '창昌'자를 그대로 썼다. 그리고 춘추春秋 시대 노魯 장공莊公은 이름이 동同이었지만 16년의 《경經》에 '제후와 송공이 유 땅에서 동맹을 맺다齊侯·宋公同盟於幽'하여 '동同'자를 그대로 썼다. 그런데 오직 근대에 이르러 여러 제왕들이 마구 이를 억제하여 특히 살아 있을 때에도 그 이름을 피휘하니 이는 이치로 보아도 맞지 않으니 의당 고쳐야 할 것이다."

　그리고 조칙을 내렸다.

　"《예禮》에 의거하여 사람의 이름 두 글자를 일일이 피휘할 필요는 없다. 이보尼父 공자는 사물에 통달한 성인으로서 옛날 이러한 것을 지적하지 않음이 없었다. 그런데 근세 이래 이를 잘못 알고 제한하여 두 글자를 모두 함께 피휘하고 있으니 많은 폐단을 일으키고 있으며 임의로 실행하여 경전의 가르침을 위배하고 있다. 지금 의당 예전禮典에 의거하여 간편하게 하기에 힘쓸지니 선철先哲의 뜻을 본받아 후세에 규범이 되도록 하라. 그 관직의 호칭과 사람 이름, 및 공사公私 문적文籍에 '세世'자나 '민民' 두 글자도 연속해서 읽지 않으면 될 뿐, 모두 피휘할 필요는 없다."

太宗初卽位, 謂侍臣曰:「準《禮》, 名, 終將諱之, 前古帝王, 亦不生諱其名, 故周文名昌,〈周詩〉云:『克昌厥後.』春秋時魯莊公名同, 十六年《經》書:『齊侯‧宋公同盟於幽.』唯近代諸帝, 妄爲節制, 特令生避其諱, 理非通允, 宜有改張.」

因詔曰:「依《禮》, 二名義不偏諱, 尼父達聖, 非無前指. 近世以來, 曲爲節制, 兩字兼避, 廢闕已多, 率意而行, 有違經語. 今宜依據禮典, 務從簡約, 仰效先哲, 垂法將來, 其官號人名, 及公私文籍, 有『世』及『民』兩字不連讀, 并不須避.」

【終將諱之】죽은 뒤에 그 이름을 避諱함.《左傳》桓公 6년에 "周人以諱事神, 名終將諱之"라 함.
【克昌厥後】그 후손이 창성하도록 해 줌.《詩經》周頌 雍에 "燕及皇天, 克昌厥後"라 함. 文王 姬昌의 이름에서 '昌'을 피휘하지 아니하고 그대로 昌자를 넣어 기록함을 뜻함.
【書】《春秋》莊公 16년의 기록을 말함. 魯 莊公의 이름이 姬同이었으나《春秋》기록에 이 '同'자를 피휘하지 아니하고 그대로 사용함을 말함.
【幽】지명.
【通允】공정함에 통달함.
【二名義不偏諱】인명에서 두 글자 모두를 피휘하지는 않음.
【尼】尼父. 尼甫. 仲尼. 孔子를 가리킴.
【世民】太宗 李世民의 자신의 이름. 이를 공식문서 등에 연속해서 읽지 않도록 하면 그 뿐, 두 글자 모두를 피휘하여 文脈과 文意에 혼란이 일어나지 않도록 하라는 뜻임. 이《貞觀政要》도 뒤에 역시 '世'자는 '代'로, '民'자는 '人'으로 하여 기록에 낱자의 피휘를 하고 있다.

196(29-2)
왕족들끼리의 예절

정관 2년(628), 중서사인中書舍人 고계보高季輔가 상소하였다.

"몰래 보건대 밀왕密王 이원효李元曉 등은 모두가 폐하와 아주 가까운 혈친으로 폐하의 사랑이 아주 깊습니다. 형제에 대한 정은 옛사람보다 높아 수레와 의복도 구분하여 입히며 번방 벼리로 여기고 계십니다. 그러나 반드시 예의에 의해 하셔서 백성의 우러름에 맞추어야 할 것입니다. 근래 보건대 폐하의 아들이 여러 숙부들에게 절을 하면 여러 숙부들도 역시 즉시 답배를 합니다. 왕이란 작위는 이미 같으나 집안 서열로 보아 그에 맞는 예가 있으니 어찌 이와 같이 하여 소목昭穆을 전도시켜서야 되겠습니까? 엎드려 원하건대 폐하께서 한 번 훈계를 내리시어 영원히 올바른 법칙대로 이어 갈 수 있도록 해 주시기를 원합니다."

태종은 이에 이원효 등에게 조서를 내려 오왕吳王 이각李恪과 위왕魏王 이태李泰 형제에게는 답배를 하지 않도록 하였다.

貞觀二年, 中書舍人高季輔上疏曰:「竊見密王元曉等俱是懿親. 陛下友愛之懷, 義高古昔, 分以車服, 委以藩維, 須依禮儀, 以副瞻望. 比見帝子拜諸叔, 諸叔亦卽答拜, 王爵旣同, 家人有禮, 豈合如此顚倒昭穆? 伏願一垂訓誡, 永循彝則.」

太宗乃詔元曉等, 不得答吳王恪·魏王泰兄弟拜.

【二年】《資治通鑑》에는 '貞觀八年'으로 되어 있음.

【元曉】李元曉. 당 고조 李淵의 21번 째 아들. 貞觀 5년(631)에 密王에 봉하졌음.

【懿親】종실과 지극히 가까운 혈연.

【昭穆】고대 宗法制度로서 種苗에 위패를 배열하는 규정. 始祖는 중앙에, 二世 이후 짝수 선조는 왼쪽에 배치하며 이를 '昭'라 함. 그리고 三世 이후 홀수의 선조는 오른쪽에 배치하며 이를 '穆'이라 함.

【彝則】倫常의 준칙.

【吳王】蜀王이어야 맞음. 태종의 아들 李恪은 貞觀 2년(628)에 오왕에 봉허졌음.

【魏王】越王이어야 맞음. 李泰. 역시 태종의 아들로 정관 2년(628)에 위왕에 봉해졌으며 둘 모두 이원효에게는 조카에 해당함.

197(29-3)
금기에 얽매여 곡을 하지 않는다니

정관 4년(630), 태종이 시종하는 신하들에게 말하였다.

"근래 들으니 서울의 사서士庶들로서 부모의 상을 당한 자들이 무서巫書에 쓰인 진일辰日에는 곡을 하지 않는다는 말을 믿고, 이를 핑계로 조문을 사양하고 있다는데 이는 금기에 얽매여 슬픔을 표하지 아니하고, 풍속을 어그러뜨리며 인륜을 극도로 파괴하는 것이니 마땅히 각 주현州縣에 영을 내려 가르치고 인도하여 예禮에 근거하여 바로잡아 주기를 바라오."

貞觀四年, 太宗謂侍臣曰:「比聞京城士庶居父母喪者, 乃有信巫書之言, 辰日不哭, 以此辭於吊問, 拘忌輟哀, 敗俗傷風, 極乖人理. 宜令州縣敎導, 齊之以禮典.」

【士庶】士人과 庶民. 여기서는 광범위한 일반 백성을 말함.

【巫書】귀신을 숭앙하는 미신에 관한 도서.

【辰日】고대 干支에서 12支 중 辰에 해당하는 날짜로 戊辰, 庚辰, 壬辰, 甲辰, 丙辰 등 다섯 번이 있음.

【吊問】弔問과 같음.

198(29-4)
부모에 대한 효는 종교보다 앞선다

정관 5년(631), 태종이 시종하는 신하들에게 말하였다.

"불교의 가르침은 그 근본이 착한 일을 하라는 것이니 어찌 승니僧尼나 도사道士 등에게 망령되이 부모나 앉아서 받을 배례를 받도록 하고 있다는 것인가? 이는 풍속을 어그러뜨리며 예경禮經을 패란하게 하는 것이니 마땅히 즉시 금하고 끊어야 할 것이며 여전히 부모를 모셔 배례하도록 하여야 할 것이다."

貞觀五年, 太宗謂侍臣曰:「佛道設教, 本行善事, 豈遣僧尼道士等妄自尊崇, 坐受父母之拜? 損害風俗, 悖亂禮經, 宜卽禁斷, 仍令致拜於父母.」

【貞觀五年】 이해 正月 僧尼와 道士들에게 조칙을 내려 부모에게 절을 하도록 하였음.
【僧尼】 和尙과 尼姑. 스님을 일컫는 말.
【道士】 道敎를 신봉하며 수도하는 사람으로 흔히 각종 제사와 기도, 발원 등을 담당하였음.

199(29-5)
《씨족지氏族志》를 편찬하는 이유

정관 6년(632), 태종이 상서좌복야尙書左僕射 방현령房玄齡에게 말하였다.
"근래 산동山東의 최崔·노盧·이李·정鄭 네 성씨는 비록 몇 대에 걸쳐
천천히 쇠퇴하였지만 아직도 그 차지하고 있던 옛 땅을 믿고 스스로
뽐내며 사대부士大夫라 칭하고 있다.

그리하여 매번 딸을 남에게 시집보낼 때면 반드시 많은 재물을 요구하여
그 재물이 많을수록 귀한 신분인 양 여기며, 심지어 그 양과 수를
논의하여 약정하기까지 하니 이는 시장의 장사꾼이나 다를 바 없으며,
심히 풍속을 손상시키고 예경禮經을 문란하게 하여 크게 그 경중輕重이
마땅함을 잃고 있으니 이치로 보아 모름지기 개혁을 서둘러야 한다."

그리고는 이부상서吏部尙書 고사렴高士廉과 어사대부御史大夫 위정韋挺,
중서시랑中書侍郞 잠문본岑文本, 예부시랑禮部侍郞 영호덕분令狐德棻 등에게
조서를 내려 성씨에 대한 책을 바르게 간행하여 천하의 보첩譜諜을
만들 책무를 맡겼다. 아울러 사전史傳에 근거하여 부풀려 쓴 기록은
잘라 버리고 그 진위를 확정하며 충신과 현자는 포상하고 패역悖逆한
짓을 한 자는 폄출貶黜하여 《씨족지氏族志》을 편찬하도록 하였다. 고사
렴 등은 이에 더 나아가 씨족의 등급을 정하여 드디어 당시 황문시랑이
었던 최민간崔民幹의 집안을 일등으로 하였다.

태종이 말하였다.

"나와 산동의 최, 노, 이, 정씨 등은 옛날 아무런 원한 관계가 없었다.
그들이 몇 대를 지나면서 쇠미해져서 관직에 오른 사람이 하나도 없는데
스스로 나서서 자신들이 사대부라 하며, 혼인을 할 때는 많은 재물을

요구하고 있다. 그들 중 혹자는 재능이 용렬하여 하류 급이면서 그동안 습속에 따라 스스로 높은 줄 여기며, 조상의 공적을 팔아먹고 그 부귀에 의탁하고 있으니 나는 그들이 이 세상에서 어찌 중함을 받아야 되는지 이해할 수 없다. 게다가 사대부란 능히 덕과 공을 세워 작위가 높고 임금과 부모를 잘 모시며 충효가 그에 걸맞아야 하거나 혹은 도와 의가 맑고 깨끗하거나 학예學藝가 박통하여야 한다. 이것이 또한 족히 문벌을 이룰 정도가 되어야 가히 천하의 사대부라 부를 수 있는 것이다. 그런데 지금 최씨와 노씨 무리들은 오직 먼 조상의 벼슬을 자랑하고 있으니 근래 이 시대에 어찌 귀하다는 것이냐? 공경 이하는 어느 겨를에 그들에게 재물을 실어다 주고 겸하여 그들의 기세를 높여 주며, 명성은 숭상하고 실질은 등지는 일을 하여 그것이 옛 예를 얻는 것이라 여기는가? 내 지금 씨족을 확정하는 것은 진실로 지금 이 시대에 벼슬을 하는 자를 높여 심어 주고자 함인데 어찌 최민간이 그래도 일등이라 하면서 그대들은 내가 준 관작은 귀한 것이라 여기지 않는가! 몇 대 이전의 일은 논할 필요도 없이 오직 지금 관직과 품등에서 취하여 인재의 등급을 매길 것이며, 마땅히 일정한 양에 따라 통일하여 영원히 법칙이 되도록 할 것이니라."

그리하여 최민간을 제3등으로 삼았다.

정관 12년(638)에 책이 완성되자 모두 1백 권이었으며 이를 천하에 반포하였다.

태종은 다시 이렇게 조서를 내렸다.

"씨족의 아름다움이란 실제 벼슬의 번성함에 있으며 혼인의 드리란 인의에 앞서는 것이 없다. 북위北魏가 통제를 잃고 북제北齊가 당하고 부터 시정과 조정이 바뀌고 세속의 풍조가 변하여 연조燕趙 지역의 오래된 성씨들은 그들에게 통치를 당하면서 흔히 벼슬길을 잃고 말았다. 그리고 제한齊韓의 구족舊族들도 혹 예의에 대한 풍습이 어그러지기 시작하였다. 이렇게 명망이 이미 그 고을에 드러나지도 못하였고 자신은 비천을 면하지 못하면서도 스스로 높은 가문의 후손이라 칭하고 있다. 그리하여 혼인의 의식을 돈독히 하지 않은 채 문명問名에서 오직 재물만

홈치겠다고 하며 결리結褵는 반드시 부귀한 집으로 보내야 한다고 생각하고 있다. 이에 일부 새롭게 벼슬길에 오른 무리들이나 풍성한 재산을 가진 집안에서는 그 조상과 문벌을 사모하여 마침내 혼인을 주로 재물을 주고받는 것으로 맺고 있으니 이는 시장의 물건을 사고파는 것과 같이 되어 버린 셈이다. 혹은 자신의 출신 가문이 낮다고 인척 식구들에게 굴욕을 당하기도 하고, 혹 자신의 옛 가문을 뽐내어 시부모에게 무례한 행동을 하는 신부도 생겨나고 있다. 이러한 습관이 쌓여 풍속이 되어 지금에 이르도록 그치지 않은 채 인륜을 문란하게 하며 명교名敎를 허물어 가고 있다. 나는 이른 새벽부터 밤늦도록 조심하고 안쓰러워하며 정치에 근면을 다하여 전대의 좀벌레 같은 폐해를 모두 이미 징계하고 개혁하였으나 오직 이러한 폐습만은 아직 고치지 못하고 있다. 지금부터 분명히 고시하여 시집보내고 장가드는 질서를 알도록 하며 전례禮典에 합당하도록 하여 나의 뜻에 맞추도록 하라."

貞觀六年, 太宗謂尙書左僕射房玄齡曰:「比有山東崔・盧・李・鄭四姓, 雖累葉陵遲, 猶恃其舊地, 好自矜大, 稱爲士大夫. 每嫁女他族, 必廣索聘財, 以多爲貴, 論數定約, 同於市賈, 甚損風俗, 有紊禮經, 旣輕重失宜, 理須改革.」

乃詔吏部尙書高士廉・御史大夫韋挺・中書侍郎岑文本・禮部侍郎令狐德棻等, 刊正姓氏, 普責天下譜諜, 兼據憑史傳, 剪其浮華, 定其眞僞, 忠賢者襃進, 悖逆者貶黜, 撰爲《氏族志》. 士廉等及進定氏族等第, 遂以崔幹爲第一等.

太宗謂曰:「我與山東崔, 盧, 李, 鄭, 舊旣無嫌, 爲其世代衰微, 全無官宦, 猶自云士大夫. 婚姻之際, 則多索財物. 或才識庸下, 而偃仰自高, 販鬻松檟, 依託富貴, 我不解人間何爲重之? 且士大夫有能立德立功, 爵位崇重, 善事君父, 忠孝可稱; 或道義淸素,學藝通博, 此亦足爲門戶, 可謂天下士大夫. 今崔·盧之屬, 唯矜遠葉衣冠, 寧比當朝之貴? 公卿已下, 何暇多輸錢物, 兼與他氣勢, 向聲背實, 以得爲榮? 我今定氏族者, 誠欲崇樹今朝冠冕, 何因崔幹猶爲第一等, 只看卿等不貴我官爵耶! 不論數代已前, 只取今日官品, 人才作等級, 宜一量定, 用爲永則.」

遂以崔幹爲第三等.

至十二年書成, 凡百卷, 頒天下.

又詔曰:「氏族之美, 實繁於冠冕; 婚姻之道, 莫先於仁義. 自有魏失御, 齊氏云亡, 市朝卽遷, 風俗陵替, 燕趙古姓, 多失衣冠之緒, 齊韓舊族, 或乖禮義之風. 名不著於州閭, 身未免於貧賤, 自號高門之冑, 不敦匹嫡之儀, 問名唯在於竊貲, 結禍必歸於富室. 乃有新官之輩, 豐財之家, 慕其祖宗, 竟結婚姻, 多納貨賄, 有如販鬻. 或自貶家門, 受屈辱於姻婭; 或矜其舊望, 行無禮於舅姑. 積習成俗, 迄今未已, 旣紊人倫, 實虧名教. 朕夙夜兢惕, 憂勤政道, 往代蠹害, 咸已懲革, 唯此弊風, 未能盡變. 自今已後, 明加告示, 使識嫁娶之序, 務合禮典, 稱朕意焉.」

【山東】太行山 동쪽 지역. 혹은 華山, 崤山의 동쪽 지역을 가리킴.
【四姓】당시 四大 姓氏. 즉 淸河(山東)의 崔氏. 范陽(河北)의 盧氏. 趙郡(河北)의 李氏. 滎陽(河南)의 鄭氏를 가리킴.
【累葉陵遲】세대가 흘러갈수록 쇠락해짐.
【令狐德棻】인명. 복성 令狐, 德棻은 이름. 학문과 역사에 박통하였으며 25사 중《周書》를 편찬함.
【崔幹】崔民幹. 당시 黃門侍郎이었음.
【松檟】고대 무덤 곁에 심는 나무. 여기서는 조상의 은덕을 말함.
【向聲背實】聲望만을 좇으며 실질과는 등을 짐.

【有魏】 北魏(386~534)를 가리킴. 北朝의 나라 이름으로 拓跋珪가 세웠으며 平城 (山西 大同)에 도읍하였다가 뒤에 洛陽으로 옮겼음. 東魏와 西魏로 분열됨.

【齊氏】 北齊(551~578)를 가리킴. 高洋이 세웠으며 鄴(河南 臨漳)을 도읍으로 하였으며 北周(宇文覺)에게 망함.

【燕趙】 고대 燕(薊)나라와 趙(邯鄲)나라가 차지하였던 지역. 지금의 河北省 일대.

【齊韓】 고대 齊(臨淄)나라와 韓(新鄭)나라가 차지하였던 지역. 지금의 山東省 과 河南省 일부.

【問命】 고대 혼례에서 六禮의 하나. 남자 쪽에서 여자의 이름과 자, 그리고 생년월일을 물어 사주를 보는 것. 여기서는 신랑 쪽의 횡포를 말함.

【結褵】 成婚. 고대 어머니가 딸을 시집보낼 때 香囊을 달아 주며 시집에서 정성을 다할 것을 훈계함을 말함. 여기서는 신부쪽의 지나친 기대를 뜻함.

【姻婭】 혼인관계로 맺어진 친척.

200(29-6)
공주일지라도 시집가서는
그 집 며느리일 뿐이다

예부상서禮部尚書 왕규王珪의 아들 왕경직王敬直이 태종의 딸 남평공주
南平公主를 아내로 맞게 되었다. 이에 왕규는 이렇게 말하였다.

"《예禮》에 의하면 며느리로서 시부모를 뵐 때 예의가 있으나 근래
풍속이 허물어져 공주가 낮은 신분의 아래 사람에게 시집와서는 이
예절이 모두 폐지되고 말았습니다. 주상主上께서는 흠명欽明하시니
법칙을 따르도록 발동하시어 나로 하여금 공주가 시아버지를 뵐 때의
예를 받을 수 있도록 해 주시기 바랍니다. 이것이 어찌 저의 신분을
영광되게 하고자 함이겠습니까? 바로 국가의 아름다운 미풍을 이루기
위함입니다."

이리하여 드디어 왕규는 그 아내와 자리를 잡고 앉아 공주로 하여금
직접 수건을 들고 세숫물을 바치며 음식을 올리는 도를 행하도록 하여
예를 갖춘 다음 물러나도록 하였다.

태종이 이를 듣고 훌륭하다 칭찬하였다. 이로부터 공주가 아래로
시집가서 시부모가 계실 경우라면 누구나 모두 이러한 예를 갖추어
실행하게 되었다.

禮部尚書王珪子敬直, 尚太宗女南平公主. 珪曰:「《禮》有婦見
舅姑之儀, 自近代風俗弊薄, 公主出降, 此禮皆廢. 主上欽明,
動循法制, 吾受公主謁見, 豈爲身榮? 所以成國家之美耳.」

遂與其妻就位而坐, 令公主親執巾, 行盥饋之道, 禮成而退.
太宗聞而稱善. 是後公主下降有舅姑者, 皆遣備行此禮.

【尚】 황가의 공주나 옹주를 아내로 맞이함을 이르는 말.
【出降】 지위가 낮은 상대에게 시집을 감.
【欽命】 '欽'은 황제의 일을 존경하여 칭하는 말.
【執巾】 남편의 목욕을 기다려 수건을 바침. 그러나 다른 사서에는 모두 '執笲'으로
　　되어 있으며 '笲'은 대나무 그릇으로 밤, 대추, 말린 고기 등을 담는 그릇.
【盥饋之道】 '盥'은 세숫대야, '饋'는 음식을 장만하여 시부모를 모심을 말함.
　　여기서는 며느리로서의 업무와 도리 등을 말함.

201(29-7)
지방 관리의 서울 출장에 머물 숙소를 지어 주도록 하라

정관 12년(638), 태종이 시종하는 신하에게 말하였다.

"옛날 제후들이 입조하면 탕목읍湯沐邑을 받고 말먹이 꼴을 백 수레나 받으며 빈객의 예로써 대우를 받았다. 임금은 낮에는 정전正殿에 앉아서, 그리고 밤이면 정료庭燎를 설치하여 서로 만나 살피고 노고를 치하하였다. 그리고 한漢나라 때만 해도 서울에 여러 군郡의 사신들을 위해 숙소를 지어 이들을 묵을 수 있게 했었다. 근래 듣기로 고사考使들이 서울에 이르면 남의 방을 임대하여 상인들과 뒤섞여 지내고 있으며, 게다가 너무 좁아 겨우 제 몸 하나 용납할 정도라 하더라. 이미 예우도 제대로 해 주지 못하고 있는 터에 이렇게 까지 한다면 틀림없이 이러한 사람들은 많은 원망과 탄식을 하고 있을 것이니 그렇게 하고서 어찌 충정을 다하여 함께 나라를 다스리겠다고 나서겠는가?"

이에 영을 내려 서울 한적한 곳을 택하여 여러 주의 고사들을 위한 저택을 짓도록 하였다. 그리고 그 저택이 완성되자 태종은 친히 그곳에 행차하여 살펴보기까지 하였다.

貞觀十二年, 太宗謂侍臣曰:「古者諸侯入朝, 有湯沐之邑, 芻禾百車, 待以客禮. 晝坐正殿, 夜設庭燎, 思與相見, 問其勞苦. 又漢家京城亦爲諸郡立邸舍. 頃聞考使至京者, 皆賃房以坐,與商人雜居, 纔得容身而已. 旣待禮之不足, 必是人多怨歎, 豈肯竭情於共理哉?」

乃令就京城閑坊, 爲諸州考使各造邸第. 及成, 太宗親幸觀焉.

【湯沐之邑】 주나라 제도로 제후가 천자를 조견할 때 천자가 王畿의 읍을 주어 그곳의 비용으로 목욕재계에 충당하도록 함을 말함.

【芻禾】 말을 먹이로 쓰이는 꼴과 볏짚.

【庭燎】 뜰에 햇불을 피워 밝힘.

【考使】 당나라 제도로 '朝集使'라고도 하며 여러 주의 세금과 업적을 조사하여 보고하는 직책. 전국의 조집사가 10월 25일에 모두 서울에 모여 11월 1일 戶部의 인솔로 尚書省에서 상견례를 마친 뒤 考堂에 모여 업적을 考覈함.

【閑坊】 한가한 골목. 조용하고 한적한 곳.

고위 관리와 왕족들 사이의 예절

정관 13년(639), 예부상서禮部尙書 왕규王珪가 상주하였다.

"법령에 의하면 삼품 이상으로서 친왕親王을 길에서 마주치게 되면 말에서 내려 예를 표하지 않아도 되도록 되어 있으나 지금 모두 이를 어기고 내려서 경의를 표하니 조정의 전례에 어긋나는 것입니다."

태종이 말하였다.

"그대들은 스스로를 높고 귀하게 하고자 나의 아들을 낮추자는 거요?"

위징魏徵이 대답하였다.

"한위漢魏 이래로 친왕의 반열은 모두가 삼공三公의 아래였습니다. 지금 삼품은 천자의 육상서六尙書와 구경九卿입니다. 그들이 여러 친왕을 위하여 말에서 내려 예를 표한다면 친왕으로서는 의당 받을 수 없습니다. 옛 고사에 찾아보면 그러한 전례가 없습니다. 그런데 지금 그렇게 하고 있으니 이는 나라의 헌법을 어그러뜨리는 것이니 이치로 보아도 불가합니다."

태종이 말하였다.

"국가에서 세운 태자란 임금처럼 대하도록 하기 위한 것이다. 사람의 수명은 장단이 있지, 나이에 있는 것이 아니다. 만약 태자가 죽고 없어진다면 같은 어머니에서 난 아우들이 차례로 이어가야 한다. 이로써 말하건대 어찌 나의 아들을 경홀히 할 수 있겠는가?"

위징이 다시 말하였다.

"은殷나라 사람들은 질박함을 숭상하여 형이 죽으면 그 아우가 잇도록 하였습니다. 그러나 주周나라 때부터는 적자嫡子를 세우되 반드시 장자여야만 했습니다. 이렇게 한 까닭은 서얼들이 그 자리를 넘보지 않도록 하여 화란禍亂의 근원을 막기 위한 것이었습니다. 나라를 이끌어 가야할 사람은 마땅히 아주 신중을 기해야만 하는 것입니다."

태종은 드디어 왕규의 진언을 옳다고 여겼다.

貞觀十三年, 禮部尙書王珪奏言:「準令三品已上, 遇親王於路, 不合下馬, 今皆違法申敬, 有乖朝典.」

太宗曰:「卿輩欲自崇貴, 卑我兒子耶?」

魏徵對曰:「漢魏已來, 親王班皆次三公以下. 今三品並天子六尙書九卿, 爲諸王下馬, 王所不宜當也. 求諸故事, 則無可憑, 行之於今, 又乖國憲, 理誠不可.」

帝曰:「國家立太子者, 擬以爲君, 人之脩短, 不在老幼. 設無太子, 則母弟次立. 以此而言, 安得輕我子耶?」

徵又曰:「殷人尙質, 有兄終弟及之義. 自周已降, 立嫡必長, 所以絶庶孽之窺窬, 塞禍亂之源本, 爲國家者, 所宜深愼.」

太宗遂可王珪之奏.

【十三年】 다른 기록에는 모두 정관 12년(638)으로 되어 있음.
【親王】 皇子를 親王으로 봉하여 작위로 삼음을 말함. 제왕의 아들들을 말함.
【魏】 三國시대 曹魏.
【六尙書】 吏部, 禮部, 兵部, 刑部, 工部, 戶部의 尙書. 모두 정3품이었음.
【故事】 옛 관례에 따름.
【脩短】 사람 수명의 장단을 말함.
【母弟】 같은 어머니에게서 태어난 아우. 여기서는 太宗의 아우 魏王 李泰를 암시함.
【兄終弟及】 부자 사이로 세습되지 아니하고 형제에게로 이어감을 말함.
【窺窬】 몰래 엿보거나 담을 넘어 나쁜 짓을 함. 覬覦와 같음. 連綿語.

203(29-9)
상복제도를 개선하라

정관 14년(640), 태종이 예관禮官에게 말하였다.

"한솥밥을 먹으며 함께 산 사람이 죽었을 때 오히려 시마緦麻의 상복을 입어 그 은혜를 보답하거늘 수숙嫂叔 관계일 때는 상복을 입지 않으며, 또한 외삼촌과 이모에 대하여는 친소親疏가 비슷하건만 오히려 그 상복이 다르니 이는 예에 옳다고 보기 어렵다. 의당 학자들을 모아 이를 토론해 보도록 하라. 그 나머지 친속의 관계가 밀접함에도 상복이 가벼운 사례를 함께 붙여 보고하도록 하라."

이 달에 상서성尚書省의 팔좌八座와 예관들이 모여 논의 끝에 이렇게 결정하였다.

"제가 몰래 듣건대 예의 제정은 혐의를 해결하고 유예猶豫를 결정하며 동이同異를 구별하고 시비를 밝히기 위한 것이라 하였습니다. 예는 하늘로부터 내려온 것도 아니며 땅에서 솟아난 것도 아니며 사람의 정에 따라 만들어졌을 뿐입니다. 인간의 도리로써 앞세워야 할 것은 구족九族을 돈목敦睦히 함에 있으며 구족이 돈목함은 친한 이를 친히 여기고 가까운 데로부터 먼 곳에 이르는 것입니다. 그러나 친속親屬에는 차등이 있기 때문에 상례에서 줄이고 더는 제도가 있어 이는 은혜의 후박厚薄에 따르는 것으로 모두가 정에 맞추어 제도로 세운 것입니다. 원래 외삼촌과 이모는 비록 같은 동기同氣이지만 어머니와의 관계를 미루어 보면 경중의 차이가 확연합니다. 어찌 그렇겠습니까? 외삼촌은 어머니 집안의 본종本宗이요 이모는 외척으로 타성에 시집을 가게 됩니다. 모족母族에서 보면 이모는 그에 포함되지 않습니다. 경사經史에 상고해 보면 외삼촌은 진실로 중한 관계입니다. 그 때문에 주周 나라 왕은 제齊나라를 그리워하며 이를 구생지국舅甥之國이라 불렀고, 진秦나라 강공康公은 진晉 문공文公을 그리워하여 그 내용이 〈위양渭陽〉의 시와 같습니다. 지금 외삼촌의 상에는 한 때(3개월)의 복을 입는데 그치지만 이모는 5개월의 상복을 입으니 이는 그 명분으로 따져 볼 때 실질에 맞지 않아 끝을 좇으면서 본을 버리는 셈이 되고 말았습니다. 이는 고인의 인정이 혹 제대로 표달되지 못한 때문일 것이니 의당 덜고 보태어 이에 맞도록 해야 할 것입니다.

《예기禮記》에는 '형제간의 아들, 즉 조카는 친아들과 같다. 이는 대체로 혈친 관계를 끌어들여 더욱 발전시켜야 한다는 뜻이다. 형수(제수)와 시아주버니(시동생) 사이에는 상복 규정이 없으니 이는 대체로 혈친 관계를 멀다고 여겼기 때문이다'라 하였습니다. 예禮에 이르기를 계부繼父로서 함께 살았다면 1년의 상복을 입지만 함께 살지 않은 관계라면 그를 위해 상복을 입지 않는다 하였습니다. 그런가 하면 이모의 남편(이모부)이나 외삼촌의 처(외숙모)의 경우 그 상복은 같다 하였습니다. 혹자는 '함께 살았을 경우 시마(3개월)를 입는다'라고 하였는데 그렇다면 계부는 골육骨肉 사이도 아닌데 함께 살았을 때는 상복을 입는 것은 따로 살았을 때는 은혜가 가볍기 때문입니다. 진실로 상복제도란 비록 친속 명의에 묶여 있으나 역시 은혜의 후박에도 연유하고 있음을 알 수 있습니다. 혹 나이 많은 형수가 어린 시동생을 만나 온갖 노력을 다해 길러 주었을 때 그 정은 자신이 낳은 아이와 같습니다. 함께 배고픔과 추위를 견디며 서로 고생을 하며 평생을 살았다면 이러한 경우 비유컨대 함께 산 계부와 비교한다든지, 타인이면서 같은 솥에 밥을 먹고 산 사람과 비교하여 그 정과 의義의 심천深淺을 어찌 같은 선상에 놓고 비교할 수 있겠습니까! 그런데 살았을 때는 골육처럼 아끼고 사랑하던 사이가 죽고 나서는 혈친의 친소를 따져 멀리하면서 그 본원本源을 따진다면 이는 이해될 수 없습니다. 만약 혈친을 따져 멀리하는 것이 맞는 것이라면 살아 있을 때 함께 살 수 없는 것이요, 살았을 때 함께 사는 것이 옳은 것이라면 죽어서 길 가던 낯선 사람

죽은 듯이 대우할 수는 없는 것입니다. 그런데도 살아 있을 때는 은혜를 중히 여기고 죽은 뒤에 예를 가벼이 여기며, 그 시작은 후하게 하되 그 끝은 박하게 하면서 이를 정의情意에 맞는다고 예에 그렇게 정한 이유가 어찌 맞겠습니까? 하물며 형수를 잘 모셔 칭송을 받은 자는 역사 기록에 한둘이 아닙니다. 정중우鄭仲虞는 형수의 은혜에 대한 예가 심히 돈독하였고, 안홍도顔弘都는 있는 정성을 다하여 감동을 불러왔고, 마원馬援은 형수를 뵐 때면 반드시 관을 쓰고 뵈었으며, 공급孔伋은 형수의 영위靈位에 곡을 하였습니다. 이는 모두가 몸소 그 교화의 옳은 뜻을 실천한 것이며 인仁이 깊고 우애가 지극하였던 것으로 그들의 행동의 본뜻을 살펴보면 어찌 그들이 선각자가 아니겠습니까? 다만 그 당시에는 명철한 왕이 없었으며 예라는 것이 신하로서 토론할 수 없는 것이었기에 드디어 깊은 심정이 천년을 두고 묻히고, 지극한 도리가 만고를 두고 감추어진 채 이제껏 오랫동안 흘러온 것이니 어찌 안타까운 일이 아니겠습니까!

지금 폐하께서 존비의 차례가 비록 이미 환하게 완비되어 있으나 상례의 제도는 혹 정리로 보아 맞지 않은 것이 있다고 여기셔서 질종秩宗에게 명하여 그 손익을 상세히 토론하도록 하셨습니다. 이에 저희들은 밝으신 폐하의 뜻을 받들어 사례에 따라 조사하고 여러 경서를 널리 채집하며 전기傳記를 두고 토론하고, 명분과 실질을 함께 하여 혹은 줄이고 혹은 인용하여, 그 남는 것은 덜고 모자라는 것은 보태었습니다. 그리하여 규정이 정해지지 않은 예는 모두 결정하고 돈목의 정은 모두 거론하며, 이제까지의 야박했던 풍속은 고쳐 그 독실한 뜻이 장래에 전하도록 하였으며, 육경六經에 다루지 않았던 것을 믿도록 진술하여 백왕百王을 뛰어넘어 폐하 홀로 새롭게 마련할 수 있도록 하였습니다.

삼가 이렇게 제정합니다.

증조부, 증조모의 경우 옛날 제도에는 재최齊衰 3개월을 입었으나 재최 5개월로 늘일 것이며, 적자嫡子의 며느리는 옛날에는 대공大功 9개월을 입었으나 1년을 입도록 하며, 그 나머지 아들들의 며느리는 옛날에는 소공小功 5개월을 입었으나 지금은 형제 자부子婦와 같이 대공

9개월을 입도록 하며, 수숙 사이에는 옛날에는 상복을 입지 않았으나 지금은 소공 5개월을 입도록 합니다. 그 아우의 처(제수) 및 남편의 형(시숙)의 경우 소공 5개월을 입으며, 외삼촌은 옛날에는 시마 3개월을 입었으나 이모와 똑같이 소공 5개월을 입도록 합니다."

태종은 조서를 내려 그 논의대로 하기로 하였다. 이 글은 위징魏徵이 쓴 것이다.

　　貞觀十四年, 太宗謂禮官曰:「同爨尚有緦麻之恩, 而嫂叔無服; 又舅之與姨, 親疏相似, 而服之有殊, 未爲得禮, 宜集學者詳議. 餘有親重而服輕者, 亦附奏聞.」

　　是月, 尚書八座與禮官定議曰:

　　「臣竊聞之, 禮所以決嫌疑, 定猶豫, 別同異, 明是非者也. 非從天下, 非從地出, 在人情而已矣. 人道所先, 在乎敦睦九族, 九族敦睦, 由乎親親, 以近及遠. 親屬有等差, 故喪紀有降殺, 隨恩之薄厚, 皆稱情以立文. 原夫舅之與姨, 雖爲同氣, 推之於母, 輕重相懸. 何則? 舅爲母之本宗, 姨乃外戚他姓, 求之母族, 姨不與焉, 考之經史, 舅誠爲重. 故周王念齊, 是稱舅甥之國; 秦伯懷晉, 實切〈渭陽〉之詩. 今在舅服止一時之情, 爲姨居喪五月, 徇名喪實, 逐末棄本. 此古人之情或有未達, 所宜損益, 實在玆乎!

　　《禮記》曰:『兄弟之子猶子也, 蓋引而進之也; 嫂叔之無服, 蓋推而遠之也.』禮云, 繼父同居則爲之期, 未嘗同居則不爲服. 從母之夫, 舅之妻, 二人相爲服. 或曰:『同爨緦麻』. 然則繼父且非骨肉, 服重由乎同爨, 恩輕在乎異居. 固知制服雖係於名文, 蓋亦緣恩之厚薄者也. 或有長年之嫂, 遇孩童之叔, 劬勞鞠養, 情若所生, 分饑共寒, 契闊偕老. 譬同居之繼父, 方他人之同爨, 情義之深淺, 寧可同日而言哉! 在其生也, 乃愛同骨肉, 於其死也,則推而遠之, 求之本源, 深所未喩. 若推而遠之爲是, 則不可生而共居; 生而共居爲是, 則不可死同行路. 重其生而輕其死, 厚其始而薄其終, 稱情立文, 其義安在? 且事嫂見稱, 載籍非一. 鄭仲虞則恩禮甚篤, 顏弘都則竭誠致感, 馬援則見之必冠, 孔伋則哭之爲位. 此蓋並躬踐敎義, 仁深孝友, 察其所行之旨, 豈非先覺者歟? 但于時上無哲王, 禮非下之所議, 遂使深情鬱於千載, 至理藏於萬古, 其來久矣, 豈不惜哉!

今陛下以爲尊卑之敍, 雖煥乎已備, 喪紀之制, 或情理未安, 爰命秩宗, 詳議損益. 臣等奉遵明旨, 觸類傍求, 採摭群經, 討論傳記, 或抑或引, 兼名兼實, 損其有餘, 益其不足, 使無文之禮咸秩, 敦睦之情畢擧, 變薄俗於旣往, 垂篤義於將來, 信六籍所不能談, 超百王而獨得者也.

謹按: 曾祖父母, 舊服齊衰三月, 請加爲齊衰五月; 嫡子婦, 舊服大功, 請加爲期; 衆子婦, 舊服小功, 今請與兄弟子婦同爲大功九月; 嫂叔, 舊無服, 今請服小功五月. 其弟妻及夫兄亦小功五月. 舅, 舊服緦麻, 請加與從母同服小功五月.」

詔從其議. 此並魏徵之詞也.

【同爨】함께 밥을 지어먹음. 공동생활을 함.
【緦麻】상복. 고대 5종의 상복제도가 있었으며 그중 가장 낮은 상복. 3개월을 입음.
【嫂叔】형수와 시동생 사이. 이들 중 누가 죽었을 때의 상복에 관한 규정이 없었음.
【舅姨】외삼촌과 이모. 이들은 항렬과 친속의 거리가 같지만 상복 규정은 달랐음.
【八座】尙書左右僕射와 六部의 尙書를 합하여 모두 8명의 재상을 말함.
【九族】고조부터 현손까지 九代의 혈족.

【舅甥之國】 외삼촌과 조카 사이의 나라. 周王室과 齊나라는 이러한 관계라 하였음.《左傳》成公 2년 참조.

【秦伯懷晉】 秦나라 康公이 자신의 외삼촌인 晉文公 重耳를 그리워함.

【渭陽之詩】 흔히 이별을 상징하는 시로 널리 알려짐.《詩經》秦風 渭陽에 "我送舅氏, 曰至渭陽"이라 하여 진나라 강공이 태자였을 때 외삼촌 진나라 공자 중이를 이곳에서 보내 주었다 함.

【居喪五月】 상복 5종류 중 4번째인 小功. 비교적 가는 베로 만든 상복으로 5개월을 입음.

【禮記】 본 내용은《禮記》檀弓篇에 실려 있음.

【劬勞鞠養】 온갖 노고를 다하며 길러 줌.《詩經》小雅 蓼莪에 "哀哀父母, 生我劬勞. ……父兮生我, 母兮鞠我. 拊我畜我, 長我育我, 顧我復我, 出入腹我. 欲報之德, 昊天罔極"이라 함.

【行路】 길가는 사람. 자신과 아무런 관계가 없는 남.

【契闊】 서로 고생을 함.《詩經》邶風 擊鼓에 "生死契闊"이라 함.

【鄭仲虞】 鄭均. 東漢 때 인물로 형수와 조카를 잘 봉양하였던 인물.《後漢書》(27) 鄭均傳에 "鄭均字仲虞, 東平任城人也. 少好黃老書. 兄爲縣吏, 頗受禮遺, 均數諫止, 不聽. 卽脫身爲傭, 歲餘, 得錢帛, 歸以與兄. 曰:「物盡可復得, 爲吏坐臧, 終身捐棄.」兄感其言. 遂爲廉絜. 均好義篤實, 養寡嫂孤兒, 恩禮敦至. 常稱病家廷, 不應州郡辟召. 郡將欲必致之, 使縣令譎將詣門, 旣至, 卒不能屈. 均於是客於濮陽"이라 함.

【顔弘都】 顔含. 晉나라 때 그 형수 樊氏가 병으로 실명하자 신이 감동하여 蚺蛇라는 뱀의 쓸개를 동자를 통해 구해 주어 형수의 눈을 뜨게 하였다 함.《搜神記》(11)에 "顔含字宏都, 次嫂樊氏, 因疾失明. 醫人疏方, 須蚺蛇膽, 而尋求備至, 無由得之. 含憂歎累時, 嘗晝獨坐, 忽有一靑衣童子, 年可十三四, 持一靑囊授含. 含開視, 乃蛇膽也. 童子逡巡出戶, 化成靑鳥飛去. 得膽藥成, 嫂病卽愈"라 함. 한편《晉書》(88) 孝友傳 顔含과《述異記》(下),《太平廣記》(456) 등에도 널리 전재되어 있음.

【馬援】 東漢 때의 伏波將軍. 그 형수를 지극히 존경하여 관을 쓰지 아니하고는 감히 뵙지를 않았다 함.《後漢書》(24) 馬援傳에 "援年十二而孤, 少有大志, 諸兄奇之. 嘗受{齊詩}, 意不能守章句, 乃辭況, 欲就邊郡田牧. 況曰:「汝大才, 當晩成. 良工不示人以朴, 且從所好.」會況卒, 援行服朞年, 不離墓所; 敬事寡嫂, 不冠不入廬"라 함.

【孔伋】 공자의 손자이며 孔鯉의 아들. 자는 子思. 형수가 죽자 자신이 나서서 靈柩 앞에서 곡을 다하였다 함. 《禮記》檀弓(上)에 "曾子曰:「小功不爲位也者, 是委巷之禮也. 子思之哭嫂也爲位, 婦人倡踊; 申祥之哭言思也亦然.」"이라 함.

【秩宗】 종묘제사를 담당하는 관직. 여기서는 예관에게 이 문제를 토론하도록 명하였음을 말함.

【齊衰】 '자최'로 읽으며 '齊縗'와 같음. 상복 5종 중 두 번째. 참최(斬衰) 다음. 거친 마포로 상복을 입으며 가장자리를 꿰맴. 고조부모의 상에는 3개월을 입으며 증조부모의 경우 5개월, 조부모의 경우 1년을 입음.

【大功】 오복 중 3번째. 9개월을 입음.

【小功】 오복의 하나로 비교적 가는 마포로 만들며 5개월을 입음.

204(29-10)
태종의 생일

정관 17년(643) 12월 계축癸丑, 태종이 시종하는 신하에게 말하였다.
"오늘은 짐의 생일로서 민간 풍속에는 생일이면 즐겁게 잔치를 벌일 수 있으나 나의 심정은 도리어 많은 생각을 느끼게 한다. 천하에 군림하여 사해를 다 가지고 있는 부유함이지만 나를 낳아 주신 부모를 모시고자 하나 영원히 불가능하게 되었다. 중유仲由가 쌀자루를 짊어지고 느낀 한스러움은 진실로 까닭이 있었도다. 하물며《시詩》에 '슬프다. 부모님이시여. 나를 낳아 온갖 고생을 다하셨도다' 하였으니 어찌 부모가 그토록 고생하신 날에 잔치로 즐길 수 있겠는가! 이는 심히 예도에 어긋난 것이로다."
그리고는 한참 동안 눈물을 흘렸다.

貞觀十七年, 十二月癸丑, 太宗謂侍臣曰:「今日是朕生日, 俗間以生日可爲喜樂, 在朕情, 翻成感思. 君臨天下, 富有四海, 而追求侍養, 永不可得. 仲由懷負米之恨, 良有以也. 況《詩》云:『哀哀父母, 生我劬勞.』奈何以劬勞之辰, 遂爲宴樂之事! 甚是乖於禮度.」
因而泣下久之.

【十七年】《資治通鑑》에는 貞觀 20년 12월 癸未로 되어 있음.

【生日】당 태종의 李世民의 생일. 隋 開皇 18년(598) 12월 戊午(20일)로 되어 있으며 기록에 따라서는 12월 7일, 혹 12월 25일로 알려지기도 함.

【仲由】子路. 공자의 제자. 어려서 무척 가난하여 자신은 나물을 먹으면서 부모를 위해 쌀을 짊어지고 갔으나 부모가 죽은 뒤 큰 부자가 되자 더욱 슬퍼하였다 함.《孔子家語》致思篇에 "子路見於孔子曰:「負重涉遠, 不擇地而休; 家貧親老, 不擇祿而仕. 昔者, 由也事二親之時, 常食藜藿之實, 爲親負米百里之外. 親歿之後, 南遊於楚, 從車百乘, 積粟萬鍾, 累茵而坐, 列鼎而食, 願欲食藜藿, 爲親負米, 不可復得也. 枯魚銜索, 幾何不蠹! 二親之壽, 忽若過隙.」孔子曰:「由也事親, 可謂生事盡力, 死事盡思者也.」"라 함.

【詩】《詩經》小雅 蓼莪의 구절.

205(29-11)
음악이란 사람의 인화人和를 위한 것

태상소경太常少卿 조효손祖孝孫이 새로운 음악을 제정할 것에 대하여 주청하였다.

태종이 말하였다.

"예악의 제작은 성인이 사람의 정서에 의해 가르침을 베풀어 준절撙節로 삼은 것으로서 정치의 선악이 모두 여기로부터 비롯되는 것이라 보는가?"

어사대부御史大夫 두엄杜淹이 대답하였다.

"전대의 흥망은 실로 음악에서 비롯되었습니다. 진陳나라가 장차 망하고자 할 때 〈옥수후정화玉樹後庭花〉라는 음악이 유행하였고, 제齊나라가 망할 때는 〈반려곡伴侶曲〉이라는 것이 있어 길 가던 사람들이 이 노래를 들으면 슬픔에 겨워 울지 않는 이가 없었으니 이를 일러 소위 망국의 음악이라 하였던 것입니다. 이로써 보건대 실로 음악에서 비롯된 것입니다."

태종이 말하였다.

"그렇지 않다. 무릇 음악이 어찌 사람을 느끼게 하겠는가? 즐거움에 찬 사람이 들으면 즐거울 것이요, 슬픔을 머금고 있는 자가 들으면 비통하게 들릴 것이다. 비통함과 즐거움이란 사람의 마음에 있는 것이지 음악에서 비롯되는 것은 아니다. 장차 정치가 망하려 할 때 그 당시 사람들은 마음에 고통이 있다. 그러므로 그 고통스러운 마음이 서로 감응하여 이를 듣고 슬픔을 느끼는 것일 뿐이다. 어찌 음악 자체에 애원이 있어 능히 즐거움을 느끼고 있는 자를 슬프게 할 수 있겠는가?

지금 〈옥수후정화〉나 〈반려곡〉 등은 그 음악이 존재하여 내 능히
그대를 위하여 연주할 수 있다. 그대는 들어 보면 틀림없이 슬픔을
느끼지 않을 것이다."

상서우승상尚書右丞相 위징魏徵이 나서서 말하였다.

"옛 사람이 '예禮에 어떻고 예에 어떻고 한다고 해서 옥백玉帛을 두고
하는 말이겠는가! 음악이 어떻고 음악이 어떻고 한다고 종고鐘鼓를
두고 하는 말이겠는가!'라 하였으니 음악이란 사람의 인화人和에 있는
것이지 음조音調로 말미암는 것이 아닌 줄 압니다."

태종은 그렇다고 여겼다.

太常少卿祖孝孫奏請所定新樂.

太宗曰:「禮樂之作, 是聖人緣物設敎, 以爲撙節, 治政善惡,
豈此之由?」

御史大夫杜淹對曰:「前代興亡, 實由於樂. 陳將亡也爲〈玉樹
後庭花〉, 齊將亡也而爲〈伴侶曲〉, 行路聞之, 莫不悲泣, 所謂
亡國之音. 以是觀之, 實由於樂.」

太宗曰:「不然, 夫音聲豈能感人? 歡者聞之則悅, 哀者聽之
則悲, 悲悅在於人心, 非由樂也. 將亡之政, 其人心苦, 然苦心相感,
故聞之則悲耳. 何有樂聲哀怨, 能使悅者悲乎? 今〈玉樹〉·〈伴侶〉
之曲, 其聲具存, 朕能爲公奏之, 知公必不悲耳.」

尙書右丞相魏徵進曰:「古人稱:『禮云, 禮云, 玉帛云乎哉!
樂云, 樂云, 鐘鼓云乎哉!』樂在人和, 不由音調.」

太宗然之.

【祖孝孫】당나라 때 유명한 음악가. 貞觀 2년(628)에 太常少卿이 되어 太常卿을
도와 禮樂과 郊廟, 社稷의 의전 음악을 담당하였음.

【新樂】당나라 때 雅樂. 모두 84調, 31曲, 10和였다 함.

【撙節】억제함. 사람의 감정을 억제하고 조절함.

【玉樹後庭花】악곡 이름으로 南朝 陳나라 後主가 지은 것으로 비빈의 아름다움을 읊은 것이라 함.

【伴侶曲】역시 악곡 이름으로 南朝 齊나라 東昏侯 때에 지은 것이라 함. 뒤에 梁 武帝에게 소멸되었으며 〈陽五伴侶〉라고도 함.

【玉帛】고대 가장 중요한 예물. 瑞玉과 束帛.

【禮云】《論語》陽貨篇에 "子曰:「禮云禮云, 玉帛云乎哉? 樂云樂云, 鐘鼓云乎哉?」"라 함.

206(29-12)
〈파진악무破陳樂舞〉

정관 17년(643), 태상경太常卿 소우蕭瑀가 상주하였다.

"지금 〈파진악무破陳樂舞〉는 천하에 함께 전하고 있으나 그 성덕盛德을 찬미하는 형용形容은 그래도 아직 미진합니다. 차례로 유무주劉武周와 설거薛擧, 두건덕竇建德, 왕세충王世充 등을 깨뜨린 사실을 저는 그림으로 그 형상을 그려 전승공취戰勝攻取의 모습을 그려내기를 원합니다."

태종이 말하였다.

"나는 사방이 아직 평정되지 않았을 때 천하를 물불 속에서 구제하기 위하여 그 때문에 중간에 그만두지 못하고 전쟁을 벌일 수밖에 없었던 것이다. 그래서 사람들 사이에 드디어 이런 무용이 있게 된 것이며 나라에서도 역시 그 곡을 제정하게 된 것이다. 그렇지만 아악雅樂에서의 표현은 단지 그 경개梗槪를 진술하는 것에 그치고 있다. 만약 그 미세한 부분에 묘사를 더한다면 그 형상을 쉽게 이해할 수 있을 것이다. 그러나 내가 보기에 지금 장군이나 재상을 하고 있는 신하들은 거의가 일찍이 그들 유무주 등에게 부림을 받던 자들로서 단 하루라도 군신관계를 맺었던 이들이다. 지금 만약 다시 그들에게 붙잡히던 모습을 재현하여 보여 주게 된다면 틀림없이 참을 수 없을 것이다. 내 이들을 의하여 그 때문에 그렇게 하지 않는 것이다."

소우가 사과하면서 말하였다.

"이 일에 저는 생각이 거기까지는 미치지 못하였습니다."

貞觀十七年, 太常卿蕭瑀奏言:「今〈破陳樂舞〉, 天下之所共傳, 然美盛德之形容, 尚有所未盡, 前後之所破劉武周·薛擧·竇建德·王世充等, 臣願圖其形狀, 以寫戰勝攻取之容.」

太宗曰:「朕當四方未定, 因爲天下救焚拯溺, 故不獲已, 乃行戰伐之事, 所以人間遂有此舞, 國家因玆亦制其曲. 然雅樂之容, 止得陳其梗槪. 若委曲寫之, 則其狀易識. 朕以見在將相, 多有曾經受彼驅使者, 旣經爲一日君臣, 今若重見其被擒獲之勢, 必當有所不忍, 我爲此等, 所以不爲也.」

蕭瑀謝曰:「此事非臣思慮所及.」

【破陳樂舞】〈七德舞〉. 원래는 〈秦王破陳樂〉이며 武德 3년(620) 秦王 李世民이 劉武周를 평정할 때 河東의 士庶들이 노래하며 경축하여 軍中에서 이 곡을 작곡하였다 함. 貞觀 원년(627) 정월 이를 궁중에서 연주하기 시작하였으며 당 태종의 혁혁한 공을 찬양한 것임. 太宗 李世民이 秦王에 봉해졌을 때 자신의 군대를 다스리면서 작전용으로 사용하여 처음에는 〈秦王破陳樂曲〉이라 불렀으나 貞觀 7년(633)에 〈秦王破陳樂舞圖〉를 제정하고 이를 음악으로 정리하여 魏徵과 虞世南 등이 가사를 붙였으며 반란을 토벌한 태종의 정벌과 武功을 칭송한 것임. 뒤에는 이를 《左傳》宣公 12년의 七德(禁暴, 戢兵, 保大, 定功, 安民, 和衆, 豐財)에 비유하여 〈七德舞〉라 하였음.《新唐書》禮樂志 참조.《幼學瓊林》에 "更知唐主頌成功, 舞揚七德; 且仰漢高頒令典, 約法三章"이라 함.
【劉武周】武德 초의 혼란한 틈을 타서 稱帝하여 幷州(山西)를 점거하였다가 이세민에게 패함.
【薛擧】隋나라 말기 金城(甘肅 蘭州)을 근거로 기병하여 秦帝라 칭하며 장안으로 진격하다가 이세민에게 패함.
【雅樂】제왕의 祭祀, 朝賀, 宴饗에 쓰이는 음악.
【委曲】일의 실제 사실이나 정황, 경위.

30. 무농 務農

    '백성은 먹을 것을 하늘로 여긴다.' 당시로서는 농사가 가장 중요한 산업이요 그 결과는 바로 왕권의 유지에 직결되게 마련이었다. 이에 백성들로 하여금 자신의 생업에 온 힘을 쏟을 수 있도록 그들의 시간을 빼앗지 아니하는 것이 덕을 베푸는 것으로 되어 있었다.

〈牛耕〉畫像石 1952 江蘇 睢寧縣 東漢墓 출토

207(30-1)
농사철을 빼앗지 말라

정관 2년(628), 태종이 시종하는 신하에게 말하였다.

"모든 일은 그 근본에 힘을 쏟아야 한다. 나라는 백성을 근본으로 삼고, 백성은 의식을 근본으로 여기며, 의식을 마련하여 삶을 영위함에는 그 때를 놓치지 않는 것으로 근본을 삼아야 한다. 무릇 그 때를 놓치지 않는다는 것은 임금으로서 위치에 있으면서 간소하고 조용히 하면 이에 이루어지는 것일 뿐이다. 만약 전쟁으로 인하여 자주 백성을 동원한다거나 토목공사를 쉼 없이 벌여 쉬지 못하도록 하면서 그 농사철을 빼앗지 않고자 한들 가능하겠는가?"

왕규가 말하였다.

"옛날 진시황秦始皇이나 한漢 무제武帝의 경우, 밖으로는 끝없이 군사를 부리고 안으로는 궁실을 짓기에 온갖 사치를 다하여 백성의 힘이 고갈하여 환란이 드디어 일어나고 말았습니다. 저들이라고 어찌 백성을 편안히 해 주고 싶지 않았겠습니까? 그러나 그들은 백성을 편안히 하는 도리를 잃은 것입니다. 수隋나라 망한 전철은 은殷나라를 거울로 삼을 일 먼 옛날이 아닌 것과 같습니다. 폐하께서는 친히 그 수나라의 피폐한 풍조를 넘겨받았으니 이러한 원인을 쉽게 알 수 있을 것입니다. 그러나 언제나 시작에 마음먹기는 쉽지만 끝까지 지켜내기가 실로 어려운 것입니다. 엎드려 원하건대 끝을 신중히 하셔서 시작할 때의 마음가짐으로 하시면 바야흐로 그 아름다움을 다할 수 있을 것입니다."

태종이 말하였다.

"그대 말이 맞소. 무릇 백성을 편안히 하고 나라를 안정시키는 것은

오직 임금에게 달려 있소. 임금이 무위이치無爲而治로 다스리면 백성은
안락한 것이요 임금이 많은 욕심을 부리면 백성은 고달프게 마련이지요.
내가 뜻을 억제하고 욕심을 덜어 내 자신을 극복하고 스스로 면려할
뿐이지요.”

貞觀二年, 太宗謂侍臣曰:「凡事皆須務本. 國以人爲本, 人以
衣食爲本, 凡營衣食, 以不失時爲本. 夫不失時者, 在人君簡靜
乃可致耳. 若兵戈屢動, 土木不息, 而欲不奪農時, 其可得也?」
　王珪曰:「昔秦皇·漢武, 外則窮極兵戈, 內則崇侈宮室, 人力
旣竭, 禍難遂興. 彼豈不欲安人乎? 失所以安人之道也. 亡隋之轍,
殷鑒不遠, 陛下親承其弊, 知所以易之. 然在初則易, 終之實難.
伏願愼終如始, 方盡其美.」
　太宗曰:「公言是也. 夫安人寧國, 惟在於君. 君無爲則人樂:
君多欲則人苦. 朕所以抑情損欲, 剋己自勵耳.」

【時】 농사철을 말함.
【殷鑒】 殷나라가 夏나라 망한 것을 거울삼아 그렇게 되지 않도록 노력해야
　함을 말함. 《詩經》 大雅 蕩에 “殷鑒不遠, 在夏后之世”라 함.

208(30-2)
벼를 갉아먹는 누리 벌레를 삼킨 태종

정관 2년(628), 서울에 가뭄이 들었고 게다가 누리 벌레가 크게 번졌다. 태종은 금원禁苑에 들어가 벼를 살피다가 누리 벌레를 발견하자 몇 마리를 집어 들고 이렇게 빌었다.

"사람이 곡식을 생명으로 여기고 있는데 네가 이를 먹어치우다니 이는 백성에게 해를 끼치는 것이다. 백성에게 있는 과실은 모두 나 한 사람에게 있는 것이니 네가 만약 신령함이 있다면 단지 나의 심장을 갉아먹고 백성에게는 해가 없도록 해다오."

그리고 그 벌레를 삼키려 하였다. 이에 조우가 급히 이렇게 간하였다.

"병을 일으킬까 두렵습니다. 불가합니다."

그러자 태종이 말하였다.

"재앙이 나의 몸으로 옮겨 오기를 바라는 것이니 어찌 병을 피하겠는가!"

그리고 그대로 삼켜 버렸다. 이로부터 누리 재앙은 다시는 일어나지 않았다.

貞觀二年, 京師旱, 蝗蟲大起. 太宗入苑視禾, 見蝗蟲, 掇數枚二呪曰:「人以穀爲命, 而汝食之, 是害于百姓. 百姓有過, 在予一人, 爾其有靈, 但當蝕我心, 無害百姓.」

將呑之, 左右遽諫曰:「恐成疾, 不可.」

太宗曰:「所冀移災朕躬, 何疾之避!」

遂呑之. 自是蝗不復爲災.

【蝗蟲】 누리 벌레. 농작물을 갉아먹는 벌레이며 큰 피해를 입힘을 말함.
【苑】 禁苑. 당시 현무문 북쪽 지역으로 일반인의 출입을 금지한 苑囿로서 직접
 농작물을 심어 살필 수 있도록 한 곳임.
【呪】 저주함. 빎.

〈斧車紋〉漢代 畫像磚

209(30-3)
황태자의 관례冠禮

정관 5년(631), 유사有司가 상서를 올려 말하였다.

"장차 황태자의 관례冠禮를 치르고자 합니다. 2월이 길일이라 합니다. 청컨대 병사들을 추가로 충원하여 의장儀杖 경비를 세울 수 있도록 해 주십시오."

태종이 말하였다.

"지금은 봄철 농사일이 곧 시작되어 농사에 방해가 될 것 같소. 10월로 고쳐 준비하시오."

그러자 태자소보太子少保 소우蕭瑀가 다시 상주하였다.

"음양가陰陽家에 의하면 2월이 낫다고 합니다."

이에 태종은 이렇게 말하였다.

"음양의 금기에 구애되는 것이라면 나는 그에 얽매이지 않는다. 만약 모든 행동을 반드시 음양의 논리에 의거하면서 이치와 도리를 돌아보지 않은 채 복을 구하고자 한다면 그것이 될 일이겠는가? 모든 것을 정도를 준행하여 처리한다면 저절로 길상과 항상 합치될 것이다. 게다가 길흉이란 사람에게 있는 것이니 어찌 음양의 금기에 얽매일 수 있겠는가? 농사철은 매우 중요한 때로서 잠시도 그 시기를 놓칠 수 없다."

貞觀五年, 有司上書言:「皇太子將行冠禮, 宜用二月爲吉, 請追兵以備儀注.」

太宗曰:「今東作方興, 恐妨農事, 令改用十月.」

太子少保蕭瑀奏言:「準陰陽家, 用二月爲勝.」

太宗曰:「陰陽拘忌, 朕所不行, 若動靜必依陰陽, 不顧理義, 欲求福祐, 其可得乎? 若所行皆遵正道, 自然常與吉會. 且吉凶在人, 豈假陰陽拘忌? 農時甚要, 不可蹔失.」

【冠禮】남자의 성년식. 20세에 성인이 됨을 사당에 고하고 字를 지어 부름. 여기서는 皇太子 李承乾이 겨우 13살에 관례를 치렀음을 말함.

【追兵】衛士를 증원함.

【儀注】의장 대열.

【東作】春耕을 말함. 농사일을 시작함.

【少保】태자를 보필하여 바르게 양육시키는 업무를 맡은 선생. 당시 蕭瑀가 御史大夫兼太子少傅를 맡고 있었음.

【蹔】'暫'과 같음.

210(30-4)
백성은 나라의 소유가 아니다

정관 16년(642), 태종은 천하의 곡물 값이 한 말에 5전錢씩 하며 더욱
값이 싼 지역에서는 한 말에 3전씩 한다는 것을 알고 시종하는 신하들
에게 이렇게 말하였다.

"나라는 백성으로 근본을 삼고 사람은 먹는 것으로써 생명을 삼는다.
만약 곡식이 제대로 여물지 않는다면 억조의 백성이 있다 해도 이들은
나라의 소유가 될 수 없다. 이미 풍년이 들어 이와 같이 되었으나
나는 억조 백성의 부모가 되어 오직 더욱 검약함에 힘써 반드시 잠시라도
사치를 부리는 일이 없이 하고자 한다. 나는 항상 천하의 백성들에게
하사하여 그들로 하여금 모두 부귀를 누리도록 해 주고 싶다. 지금
요역徭役과 부세賦稅를 줄여 주고 농사철을 빼앗지 않아 집을 마주하고
있는 백성들로 하여금 긍지를 가지고 농사를 짓도록 하였더니 이렇게
부유하게 된 것이다. 그리하여 예의와 양보를 돈독히 실행하여 고을
마다 어린 사람은 어른을 공경하고 아내는 지아비를 존경하여 이토록
귀하게 된 것이다. 다만 천하로 하여금 모두 그렇게 되도록 하되 짐은
음악도 듣지 않고 사냥에 나서지 않아도 즐거움이 그 속에 있다고
느끼는 것이다!"

貞觀十六年, 太宗以天下粟價率計斗直五錢, 其尤賤處, 計斗
直三錢, 因謂侍臣曰:「國以民爲本, 人以食爲命, 若禾黍不登,
則兆庶非國家所有. 旣屬豐稔若斯, 朕爲億兆人父母, 唯欲躬

務儉約, 必不輒爲奢侈. 朕常欲賜天下之人, 皆使富貴. 今省徭賦, 不奪其時, 使比屋之人, 恣其耕稼, 此則富矣; 敦行禮讓, 使鄉閭之間, 少敬張, 妻敬夫, 此則貴矣. 但令天下皆然, 朕不聽管絃, 不從畋獵, 樂在其中矣!」

【五錢】貞觀 5년(631) '開元通寶'를 주조하였음.
【直】'値'와 같음.
【不登】곡식이 익지 않음. 흉년을 뜻함.
【兆庶】億兆蒼生의 서민. 일반 백성을 가리킴.
【比屋】가가호호. '집집마다'의 뜻.
【管絃】음악을 지칭하는 말.
【樂亦在其中】따로 즐거움을 찾고자 다른 일을 벌이지 않아도 그 속에 저절로 즐거움이 있음. 《論語》述而篇에 "子曰:「飯疏食飮水, 曲肱而枕之, 樂亦在其中矣. 不義而富且貴, 於我如浮雲.」"이라 함.

정관정요

31. 형법刑法

　　본문을 읽어 보면 그 당시 형법제도가 아주 엄밀하게 되어 있음을 알 수 있다. 전제 시대라 해도 사람의 생명에 대한 기본적인 인식은 같았으며 나아가 오심誤審을 방지하기 위하여 적극적으로 삼심제三審制를 넘어 오심제五審制까지 도입하였으며 특히 태종이 직접 사안을 보고토록 한 것은 지금 보아도 놀라울 정도이다.

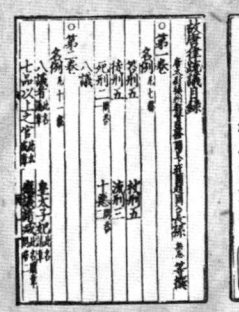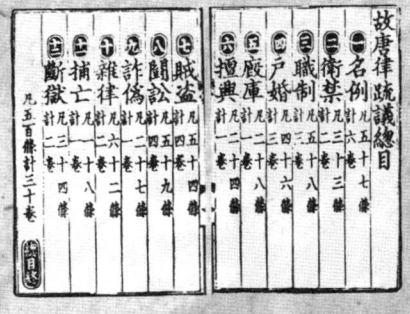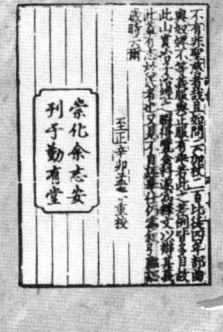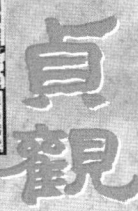

《唐律疏議》唐代 法律書

211(31-1)
죽인 다음에는 살릴 수 없다

정관 원년(627), 태종이 시종하는 신하에게 말하였다.

"사람이란 한번 죽고 나면 다시 살릴 수 없다. 법을 시행하면서 너그럽고 간략함에 힘써야 한다. 옛말에 '관을 파는 자는 해마다 역질이 번지기를 바란다' 하였는데 이는 살아 있는 사람들을 미워해서가 아니라 관을 팔아 이익이 남기 때문일 뿐이다. 지금 법관이 하나의 사건을 심리하면서 반드시 심하고 각박하게 하여 그 고과考課를 이루고자 하고 있다. 지금 어떻게 하면 법을 공평하고 타당하게 할 수 있을까?"

간의대부諫議大夫 왕규王珪가 나서서 말하였다.

"오직 공평하고 정직하며 선량한 자로써 재판에 윤당한 자를 뽑아 쓰되 그들에게 봉록을 더하여 내려 주시면 간악하고 거짓됨이 저절로 사라질 것입니다."

태종이 조서를 내려 이를 따랐다.

태종은 다시 이렇게 말하였다.

"옛날의 재판은 반드시 삼괴三槐와 구극九棘의 관리가 신문하였으니 지금의 삼공三公과 구경九卿이 바로 그 직책이다. 지금부터 이후로는 대벽죄大辟罪는 모두 중서성中書省과 문하성門下省의 사품 이상 및 상서성尚書省의 구경들이 의논한다. 이와 같이 하여 원통한 일이 있거나 형벌을 마구 내리는 일을 면할 수 있게 되기를 바란다."

이로부터 4년에 이르자 사형에 처해진 자가 천하에 29명에 그쳐 형법을 거의 쓰지 않고 방치해 두어도 될 정도였다.

貞觀元年, 太宗謂侍臣曰:「死者不可再生, 用法務在寬簡. 古人云:『鬻棺者, 欲歲之疫』, 非疾於人, 利於棺售故耳. 今法司覈理一獄, 必求深刻, 欲成其考課. 今作何法, 得使平允?」

諫議大夫王珪進曰:「但選公良直善人, 斷獄允當者, 增秩賜金, 卽奸僞自息.」

詔從之.

太宗又曰:「古者斷獄, 必訊於三槐·九棘之官, 今三公·九卿, 卽其職也. 自今以後, 大辟罪, 皆令中書·門下四品已上及尚書九卿議之. 如此, 庶免冤濫.」

由是至四年, 斷死刑, 天下二十九人, 幾致刑措.

【覈理】 자세히 고핵(考覈)하여 審理함.
【考課】 업적의 공과를 헤아려 승급과 출척 등을 결정하는 일. 《新唐書》百官志에 의하면 당나라 때는 '四善'과 '二十七最'가 있었음.
【三槐九棘】 주나라 때 조정 밖에 홰나무 3그루를 심어 흔히 三公의 지위를 상징하였으며, 다시 조정에 가시나무 9그루를 심어 九卿을 상징하였음.
【大辟罪】 사형에 해당하는 죄목.
【刑措】 형법이 있으나 이를 적용하지 아니하고 그대로 둠. 범법자가 없이 태평 성대를 이룸을 말함.

212(31-2)
노비가 주인을 고발하는 것은 용서할 수 없다

정관 2년(628), 태종이 시종하는 신하들에게 말하였다.

"근래 노비가 주인이 반역을 꾀한다고 고발하는 예가 있으니 이는 지극히 그릇된 법이다. 특별히 단속하여 금하고 엄단하여야 한다. 가령 정말 모반을 꾸미는 자가 있다 해도 이는 틀림없이 혼자 할 수는 없는 일로서 마침내 다른 사람과 계책을 세우게 마련이다. 여러 사람과 일에 대한 계책을 세우다 보면 틀림없이 다른 사람이 이를 알고 소문이 나게 마련이니 어찌 노비의 입을 빌어 이를 고하도록 해야 하는 것인가? 이제부터 노비로서 주인을 고발하는 자가 있다면 이를 받아들이지 말고 모두 처단하도록 명령을 내리기 바란다."

貞觀二年, 太宗謂侍臣曰:「比有奴告主謀逆, 此極弊法, 特須禁斷. 假令有謀反者, 必不獨成, 終將與人計之; 衆計之事, 必有他人論之, 豈藉奴告主也? 自今奴告主者, 皆不須受, 盡令斬決.」

【謀逆】 逆謀. 모반을 획책함.
【論】 고발함.

213(31-3)
장온고張蘊古의 〈대보잠大寶箴〉

정관 5년(631), 장온고張蘊古가 대리승大理丞이 되었다. 그때 그와 같은 고향 상주相州 사람 이호덕李好德이라는 자가 평소 풍병風疾을 앓고 있었는데 요망한 예언을 마구 하고 다녀 조칙을 내려 그를 옥에 가두고 심문하도록 하였다.

이에 장온고가 말하였다.

"이호덕은 전병癲病이 있음이 증명되었습니다. 법에 저촉되는 것이 아닙니다."

태종은 그를 관대하게 풀어 주도록 허락하였다. 그러자 장온고는 몰래 임금의 뜻을 그에게 알려 주며 그를 불러 그와 놀이를 즐겼다. 지서시어사持書侍御史 권만기權萬紀가 이를 알고 탄핵을 올려 태종은 크게 노하여 그를 동시東市에서 참수해 버리도록 명하였다.

그런데 이윽고 태종은 이를 후회하며 방현령房玄齡에게 이렇게 털어 놓았다.

"그대들은 남의 녹을 먹으면서 남의 근심도 함께 근심해 주어야 하오. 큰일 작은 일 할 것 없이 모두 유의해 주시오. 지금 묻지 않는다고 말을 하지 않고 있소. 내 한 일을 보고도 아무도 간쟁을 하지 않고 있으니 어찌 보필이라 하겠소? 이를테면 장온고는 그 자신이 법관이면서 죄수와 놀이를 즐기고 내 말을 누설하였다고 하였으나 이는 법으로 보아도 그 죄가 그리 심중한 것은 아니었소. 보통 법률에 근거해도 극형에 처해질 죄목은 아니었소. 내 그 당시 지나치게 노하여 즉시 그를 처형하도록 명령을 하였는데 그대들은 끝내 한 마디 하지 않았고,

그 일을 맡은 법관도 또한 다시 재심을 요구하지도 않은 채 즉시 처결하였소. 이것이 도리에 맞는 일이오?"

그리고는 조서를 내렸다.

"무릇 사형에 해당하는 처벌은 비록 명령에 즉시 처결하도록 한다해도 모두 다섯 번 재심을 거치도록 상주하라."

다섯 번 재심을 하도록 상주하는 제도는 이 장온고의 사건에서 시작된 것이다.

그리고 태종은 다시 이렇게 말하였다.

"법률 조항에 따라 죄를 결정하되 혹 억울한 경우가 있을 수 있으니 지금부터는 문하성門下省에서 재심을 하되 법에 의해 사형이 합당하더라도 정황으로 보아 불쌍한 자는 의당 모두 기록하여 보고하도록 하라."

장온고는 처음 정관 2년(628) 유주총관부기실幽州總管府記室에서 중서성直中書省의 업무를 겸하다가 〈대보잠大寶箴〉이라는 글을 올렸는데 그 문장과 뜻이 아주 아름다워 규계規誡로 삼을 만하였다.

그 내용은 다음과 같다.

"지금부터 옛날까지 숙여 살피고 우러러 쳐다보아도 오직 군왕만이 복을 지을 수 있으니 임금 된다는 것은 실로 어려운 일입니다. 천하를 널리 집으로 삼으시고 왕공王公의 위에 거하시며, 각지에 맡긴 공물이 모두 그의 소유이며 많은 관료들이 그의 부름에 창화唱和를 합니다. 이 까닭으로 두려워하고 무서워하는 마음이 날로 느슨해지고 사벽邪僻한 정욕이 방탕한 쪽으로 돌아섭니다. 이 어찌 일은 소홀한 데서 일어나고 화는 무망無妄한 데서 생겨남을 아는 것이겠습니까? 진실로 성인은 천명을 받아 백성을 형둔亨屯에 빠진 사람을 구제하며 세상의 죄는 모두 자신의 탓으로 돌리고 은혜는 백성에게 베풀어 왔습니다. 진짜 큰 밝음이란 치우쳐 비춤이 없고 지극한 공公은 사사롭게 친히 함이 없으니 그 때문에 한 사람이 천하를 다스리는 것이지 천하가 한 사람을 받드는 것이 아닌 것입니다. 예禮란 사치를 금하는 것이며 악樂이란 음일淫佚을 방지하는 것입니다. 좌사左史는 임금의 말을 기록하고, 우사右史는 임금의 일을 기록하며 임금이 궁궐 밖을 나설 때는 경계를 서며 임금이 돌아올 때는 필蹕을 합니다. 네 계절은 그 참서慘舒를 조절하며, 일월과 별의 삼광三光은 그 득실을 상징합니다. 그 때문에 제왕의 몸은 척도가 되는 것이며 제왕의 음성은 법률이 되는 것입니다. 아무도 모를 것이라 말하지 마십시오. 높이 거하나 낮은 곳에서 듣습니다. 어찌 해가 되랴 말하지 마십시오. 작은 것이 쌓여 큰 것이 됩니다. 즐거움은 끝까지 하지 말 것이니 즐거움의 끝은 슬픔입니다. 욕심은 제멋대로 풀어 놓지 마십시오. 풀어진 욕심은 재앙을 불러옵니다. 구중궁궐을 장엄하게 한다 해도 그 몸은 무릎을 용납할 공간일 뿐이건만 저 혼암하고 무지한 자는 구슬로 그 누대를 장식하고 구슬로 그 집을 꾸몄습니다. 눈앞에 팔진미八珍味의 성찬이 차려져 있다 해도 먹는 것은 입에 다하면 그만일 뿐이건만 오직 미친 자는 이 생각을 하지 못한 채 술지게미로 언덕을 만들고 술로 못을 만들었습니다. 집안에서는 색에 황폐해짐이 없도록 하시면 밖에서는 사냥에 성격이 거칠어지지 않도록 하십시오. 얻기 어려운 물건을 귀하게 여기지 마실 것이며 나라를 망칠 음악은 듣지 마십시오. 안에서 황폐해지면 사람의 성격이 베어지고 밖에서 황폐한 짓을 하면 사람 마음이 방탕해집니다. 그리고 얻기 어려운 물건은 사치를 불러오고 나라를 망칠 음악은 음란함을 가져옵니다. 내가 존귀하다고 해서 어진 이와 선비에게 오만을 부리거나 모욕을 주지 말 것이며, 내가 지혜롭다 하여 간언을 막으면서 자신을 뽐내는 일은 없어야 합니다. 하후夏后가 밥을 먹다가도 자신을 찾아온 이를 만나기 위해 자주 일어섰던 고사나 위魏 문제文帝가 간언을 듣지 않자 옷소매를 잡고 따라 들어가며 놓지 않았던 사례도 들으십시오. 저 반대하고 자꾸 옆길로 새는 자를 편안히 해 주셔서 마치 봄볕, 가을 서리처럼 하십시오. 높고 우뚝하게 오직 한漢 고조高祖와 같은 큰 도량을 따르십시오. 이 많은 일들을 어루만져 주시되 얇은 얼음 밟듯, 깊은 우물에 임하시듯 하셔서 전전률률戰戰慄慄하시되 주周나라 문왕文王처럼 조심하십시오.

《시詩》에 '깨닫지도 못하고 알지도 못하네' 하였고, 《서書》에는 '치우침도 없이 당파도 없이'라 하였습니다. 한결같이 서로 흉금을 털어 놓으시고 호오好惡는 마음에서 버리십시오. 모든 사람이 다 포기한 이후에야 형벌을 내리시고 모든 사람이 다 즐거워한 다음에야 상을 내리십시오. 강한 자는 약하게 하고 혼란은 다스려지도록 할 것이며 엎드린 자는 펴게 해 주시고 굽은 자는 곧게 하소서. 그 때문에 '저울이나 저울추처럼 하라. 만물의 무게를 정할 수 없을 때 그 물건을 거기에 달아 보면 저절로 경중이 드러난다. 물이나 거울처럼 하라. 물건의 형체를 알지 못할 때 그 물건을 거기에 비춰 보면 잘나고 못난 것이 저절로 드러난다'고 하였던 것입니다. 물을 휘저어 탁하게 하지 마시고 밝은 것을 다시 맑게 하고자 하지 말 것이며, 어두운 것을 더 어둡게 하지 말 것이며 환히 드러난 일을 밝히고자 하지도 마십시오. 비록 면류冕旒를 써서 눈을 가리고 있으나 아직 드러나지 않은 것도 볼 수 있어야 하며, 비록 주광黈纊을 써서 귀를 막고 있으나 소리 없는 소리도 들을 수 있어야 합니다. 마음은 담연湛然한 경지에 풀어 놓으시고 정신은 지도至道의 정수에서 노닐게 하십시오. 이를 두드리는 자는 그 소리의 크기에 따라 메아리가 생기고 이를 되어 보는 자는 그 깊이에 따라 모두가 찰 것입니다. 그 때문에 '하늘은 청허清虛하고 땅은 정녕静寧하며 왕은 정직貞直한 것이다'라 하였던 것입니다. 사시는 말이 없어도 그 차례를 지키고 만물은 아무 작위가 없어도 성취를 이루는 것입니다. 그렇게 되면 제왕의 힘을 내 어찌 알리오 하되 천하는 화평하게 되는 것입니다. 우리 왕께서는 혼란을 극복하시고 지혜의 힘으로 이를 바로 잡으셨습니다. 사람들이 그 위엄은 두려워하나 아직 그 은덕은 입었다고 여기지 않고 있습니다. 우리 황제께서 백성을 어루만지시며 순박한 풍속을 일으키셔서 백성들이 그 시작을 가슴에 품고 있으나 아직 그 좋게 나타날 결과에 대해서는 보장을 믿지 못하고 있습니다. 이에 금경金鏡으로 삼으시도록 정신을 다하여 이렇게 진술합니다. 남을 부림에는 마음으로 하시고 남의 말에 응대할 때는 행동으로 하십시오. 이치의 본체를 모두 포괄하시고 사령辭令은 그에 맞게 억양抑揚을 조절하소서. 천하를 공公으로 여기시며 한 사람의 경사가 만민에게 즐거운 것이며, 탕湯 임금이 새 잡는 그물 한쪽을 열어 놓도록 하자 그 은덕이

금수에게도 미쳤고, 순舜 임금이 거문고만 타면서 시를 지어도 천하가 다스려졌습니다. 하루고 이틀이고 이를 생각하십시오. 복은 오직 사람이 부르는 것이며 하늘은 스스로 돕는 자를 돕는 법입니다. 쟁신諍臣의 임무를 맡은 직책이기에 감히 전에 의심하였던 부분을 고하는 것입니다."

태종은 그때 이를 가상히 여겨 비단 3백 단을 하사하였으며 이때에 대리시승大理寺丞에 임명하였던 것이다.

貞觀五年, 張蘊古爲大理丞. 相州人李好德素有風疾, 言涉妖妄, 詔令鞠於獄.

蘊古言:「好德癲病有徵, 法不當坐.」

太宗許將寬宥, 蘊古密報其旨, 仍引與博戲. 持書侍御史權萬紀劾奏之, 太宗大怒, 令斬於東市.

旣而悔之, 謂房玄齡曰:「公等食人之祿, 須憂人之憂, 事無巨細, 咸當留意. 今不問則不言, 見事都不諫諍, 何所輔弼? 如蘊古身爲法官, 與囚博戲, 漏泄朕言, 此亦罪狀甚重, 若據常律, 未至極刑. 朕當時盛怒, 卽令處置, 公等竟無一言, 所司又不覆奏, 遂卽決之, 豈是道理?」

因詔曰:「凡有死刑, 雖令卽決, 皆須五覆五奏.」

五覆奏, 自蘊古始也.

又曰:「守文定罪, 或恐有冤, 自今以後, 門下省覆, 有據法令合死而情可矜者, 宜錄奏聞.」

蘊古, 初以貞觀二年自幽州總管府記室兼直中書省, 奏上〈大寶箴〉, 文義甚美, 可爲規誡. 其詞曰:

「今來古往, 俯察仰觀; 惟辟作福, 爲君實難. 宅普天之下, 處王公之上; 任土貢其所有, 具僚和其所唱. 是故恐懼之心日弛, 邪僻之情轉放. 豈知事起乎所忽, 禍生乎無妄? 固以聖人受命, 拯溺

亨屯; 歸罪於己, 推恩於民. 大明無偏照, 至公無私親; 故以一人
治天下, 不以天下奉一人. 禮以禁其奢, 樂以防其佚. 左言而右事,
出警而入蹕. 四時調其慘舒, 三光同其得失. 故身爲之度, 而聲
爲之律. 勿謂無知, 居高聽卑; 勿謂何害, 積小成大. 樂不可極,
極樂成哀; 欲不可縱, 縱欲成災. 壯九重於內, 所居不過容膝;
彼昏不知, 瑤其臺而瓊其室. 羅八珍於前, 所食不過適口; 惟狂
罔念, 丘其糟而池其酒. 勿內荒於色, 勿外荒於禽, 勿貴難得之貨,
勿聽亡國之音. 內荒伐人性, 外荒蕩人心; 難得之物侈, 亡國之
聲淫. 勿謂我尊而傲賢侮士, 勿謂我智而拒諫矜己. 聞之夏后,
據饋頻起, 亦有魏帝, 牽裾不止. 安彼反側, 如春陽秋露; 巍巍
蕩蕩, 推漢高大度. 撫茲庶事, 如履薄臨深, 戰戰慄慄, 用周文小心.
《詩》云:『不識不知.』《書》曰:『無偏無黨.』一彼此於胸臆,
捐好惡於心想. 眾棄而後加刑, 眾悅而後命賞. 弱其強而治其亂;
伸其屈而直其枉. 故曰:『如衡如石, 不定物以數, 物之懸者, 輕重
自見; 如水如鏡, 不示物以形, 物之鑒者, 妍蚩自露.』勿渾渾而濁,
勿皎皎而清, 勿汶汶而闇, 勿察察而明, 雖冕旒蔽目, 而視於未形;
雖黈纊塞耳, 而聽於無聲. 縱心乎湛然之域, 遊神於至道之精.
扣之者, 應洪纖而效響; 酌之者, 隨淺深而皆盈. 故曰:『天之清,
地之寧, 王之貞.』四時不言而代序, 萬物無爲而受成, 豈知帝有
其力, 而天下和平. 吾王撥亂, 戡以智力. 人懼其威, 未懷其德.
我皇撫運, 扇以淳風; 民懷其始, 未保其終. 爰述金鏡, 窮神盡性.
使人以心, 應言以行. 包括理體, 抑揚辭令. 天下爲公, 一人有慶.
開羅起祝. 援琴命詩. 一日二日, 念茲在茲. 惟人所召, 自天祐之.
爭臣司直, 敢告前疑.」

　太宗嘉之, 賜帛三百段, 仍援以大理寺丞.

【張蘊古】相州(지금의 河北 成安, 廣平과 河南 일부 지역을 관할하던 주) 사람으로
　태종 즉위 초에 〈大寶箴〉이라는 글을 올려 경계를 삼도록 하였음. 이로써 大理丞
　(법관의 최고 지위)이 되었음.《舊唐書》文苑傳 참조.

【鞫】 鞠과 같음. 鞫問, 審問의 뜻.

【持書侍御史】 문서와 도서를 다루는 직책. 원래 '治書侍御史'이나 高宗 李治의
　'治'자를 휘하여 '持'로 바꿈.

【東市】 장안시의 동쪽. 주로 梟示를 하던 곳.《禮記》王制에 "刑人于市, 與衆
　棄之"라 함.

【覆奏】 사형 판결을 내릴 때 서울 안에서의 일은 이틀 이내에 그 밖의 지역에서는
　사흘 이내에 다시 재가를 주청하는 것. 이를 '五覆奏'라 함.

【貞觀二年】《資治通鑑》에는 武德 9년(626) 12월로 되어 있음. 張蘊古가 幽州
　大都督 李瑗의 막료가 되었으며 玄武門 정변 얼마 뒤에 이원은 모반으로 사형을
　당함.

【大寶箴】 대보는 황제의 직위와 권위를 뜻함. 잠은 경계를 표현하는 글의 형식.
　《古文眞寶》에도 실려 있음.

【惟辟惟福】 임금에게 큰 복이 됨.《尚書》周書 洪範의 구절.

【任土貢】 토질과 생산 정황에 따라 공물을 매김.《尚書》夏書 禹貢의 구절.

【亨屯】 고난에 처한 사람들로 하여금 일어서게 함.《周易》屯卦의 내용.

【大明】 일월과 같이 밝음.

【左言右事】 고대 사관의 '左史記言, 右史記事'의 업무를 맡음을 말함.

【出警入蹕】 황제가 출타하는 것을 '警'이라 하고 들어오는 것을 '蹕'이라 함.
　警은 길을 청소하고 사람들을 나오지 못하도록 경계하는 일 등.

【慘舒】 서리에 의해 만물이 조락하는 것과 春光에 의해 만물이 생동하는 자연의
　조화를 말함.

【三光】 日, 月, 星辰을 가리킴.

【瑤臺瓊室】 고대 夏桀이 瑤臺를 짓고 殷紂가 瓊室을 지어 사치를 부렸음을
　말함.《新序》참조.

【八珍】 8가지 진귀한 맛. 흔히 淳熬, 淳母, 炮豚, 炮牂, 擣珍, 漬, 熬, 肝膋라 함.

【丘糟池酒】 술 지게미가 언덕처럼 쌓이고 술로 못을 만듦. 桀紂의 酒池肉林의
　방종함을 말함.《韓詩外傳》(1) 및 《新序》참조.

【難得之貨】《老子》3장에 "不尚賢, 使民不爭; 不貴難得之貨, 使民不爲盜; 不見
　可欲, 使民心不亂"이라 함.

【夏后】夏禹. 禹임금.

【據饋頻起】우임금은 밥을 먹다가도 여러 차례 일어나서 천하 백성을 위로 하였다 함. 《淮南子》氾論訓에 "此之時, 一饋而十起, 一沐而三捉髮, 以勞天下之民" 이라 함.

【魏帝】魏文帝 曹丕.

【牽裾不止】대신 辛毗가 文帝 曹丕에게 간언을 하였지만 문제가 대답을 아니한 채 일어서 들어가 버리자 신비는 그 소매를 잡고 따라가며 졸라 결국 동의를 얻어내었다 함.

【漢高】漢 高祖 劉邦.

【履薄臨深】《詩經》小雅 小旻에 "戰戰兢兢, 如臨深淵, 如履薄氷"이라 함.

【詩】《詩經》大雅 皇矣의 구절.

【書】《尙書》周書 洪範의 구절.

【汶汶】혼암하여 명석하지 못함을 이르는 말.

【冕旒】황제의 관에 늘어뜨린 玉貫. 모두 20줄이며 오색을 넣어 스스로 추악한 것을 보지 않겠다는 뜻이며 한편 신하들이 임금의 표정을 살피지 못하도록 하기 위한 것임.

【黈纊】노란색 솜으로 둥글게 만들어 양쪽 귀를 막는 것. 신하의 말을 쉽게 듣지 않도록 하기 위한 것임.

【天之淸】《老子》39장에 "天得一以淸, 地得一以寧, 神得一以靈, 谷得一以盈, 萬物得一以生, 侯王得一以爲天下貞"이라 함.

【四時不言】《論語》陽貨篇에 "子曰:「予欲無言.」子貢曰:「子如不言, 則小子何 述焉?」子曰:「天何言哉? 四時行焉, 百物生焉, 天何言哉?」"라 함.

【豈知帝有其力】含哺鼓腹의 경지를 말함. 《十八史略》(1)에 "治天下五十年, 不知天下治歟, 不治歟? 億兆願戴己歟, 不願戴己歟? 問左右不知, 問外朝不知, 問在野不知. 乃微服游於康衢, 聞童謠, 曰:『立我烝民, 莫匪爾極. 不識不知, 順帝 之則.』有老人, 含哺鼓腹, 擊壤而歌曰:『日出而作, 日入而息. 鑿井而飮, 畊田而食, 帝力何有於我哉!』"라 함.

【一人有慶】《尙書》周書 呂刑의 구절. 한편 《禮記》緇衣에 "一人有慶, 兆民賴之"라 하였고, 孔穎達 疏에 "慶, 善也"라 함.

【開羅起祝】탕이 밖에 나가 새 잡는 그물을 보고 탄식하여 기도한 말. 《史記》 殷本紀에 "湯出, 見野張網四面, 祝曰:「自天下四方皆入吾網.」湯曰:「嘻, 盡之矣!」 乃去其三面, 祝曰:「欲左, 左. 欲右, 右. 不用命, 乃入吾網」諸侯聞之, 曰:「湯德至矣,

及禽獸.」라 함.

【援琴命詩】《孔子家語》辨樂解에 "昔者, 舜彈五弦之琴, 造南風之詩, 其詩曰:
『南風之薰兮, 可以解吾民之慍兮; 南風之時兮, 可以阜吾民之財兮.』唯修比化,
故其興也勃焉"이라 함.

214(31-4)
삼심제三審制를 오심제五審制로

정관 5년(631), 이렇게 조서를 내렸다.

"경사京師의 여러 부서에서 근래 사형수의 판결에 대하여 상주하면서 비록 삼복三覆의 제도가 있다 하나 하루에 즉시 끝내도록 하고 있어 깊이 심의하고 생각할 틈이 없다. 그러니 삼주三奏의 제도가 무슨 도움이 되겠는가? 비록 나중에 잘못을 알고 후회한들 이미 미칠 수 없게 되어 있다. 지금부터는 경사에 있는 여러 부서에서 사형수를 판결할 때는 의당 이틀에 오복五覆의 상주上奏를 하고 천하 여러 주州에서는 삼복의 상주를 하도록 하라."

그리고는 다시 직접 손으로 써서 이렇게 조칙을 내렸다.

"근래 유사有司가 판결을 함에 주로 법률 조문에 근거를 하고 있다. 비록 실정이 모두 불쌍하지만 감히 법을 어길 수 없어 조문을 지키며 죄를 판결한다고는 하나 혹 억울함이 있을 수 있으니, 지금부터는 문하성門下省에서 다시 법에 사형이 합당한 것인 지의 근거를 심의하여 실정이 가히 불쌍하다고 여기는 자가 있으면 마땅히 그 내용을 기록하여 상주하여 알리도록 하라."

貞觀五年, 詔曰:「在京諸司, 比來奏決死囚, 雖云三覆, 一日即了, 都未暇審思, 三奏何益? 縱有追悔, 又無所及. 自今後, 在京諸司奏決死囚, 宜二日中五覆奏, 天下諸州三覆奏.」

又手詔敕曰:「比來有司斷獄, 多據律文, 雖情在可矜而不敢違法, 守文定罪, 或恐有冤. 自今門下省復有據法合死, 而情在可矜者, 宜錄狀奏聞.」

【三覆】원래는 '五覆'으로 되어 있으나《新唐書》刑法志에 의하여 고침. 사형을 판결하고 집행하기 전 세 번 상주하여 착오가 없는지를 확인 받는 제도.
【三奏】역시 '五奏'로 되어 있음.
【二日】원래 '三日'로 되어 있음.

215(31-5)
나를 위해 공을 세운 자라 하여
면죄부를 줄 수는 없다

정관 9년(635), 염택도행군총관鹽澤道行軍總管이며 민주도독岷州都督인 고증생高甑生이 이정李靖 절도사節度使의 군법을 어기고 다시 이정이 역모를 꾸민다고 거꾸로 무고한 죄에 걸렸으나 태종은 사형을 감면하여 변방으로 유배를 시키고 말았다.

이에 당시 이렇게 상소하는 자가 있었다.

"고증생은 옛날 진왕부秦王府의 공신이니 청컨대 그의 죄를 관대하게 용서해 주십시오."

그러자 태종은 이렇게 말하였다.

"고증생은 이정 절도사의 군법을 위배하고 게다가 이정이 역모를 꾀한다고 무고하였다. 비록 그는 과거 진왕부 시절 고생한 사람으로 진실로 잊을 수 없지만, 그러나 나라를 다스리고 법을 준수하는 것은 그 일은 모름지기 하나로 획이 있어야 한다. 지금 만약 그를 사면해 준다면 이는 요행의 길을 열어 주는 것이 된다. 그리고 또 태원太原에서 정의를 내걸고 나라를 세웠을 때, 처음부터 참가하였던 사람들과 정벌 전투에 나서서 공을 세웠던 사람은 심히 많다. 만약 고증생을 죄에서 면하게 해 준다면 누구나 죄를 짓고도 그렇게 되리라 엿보지 않겠는가? 그렇게 되면 공이 있는 사람이 모두 이처럼 법을 어기게 될 것이다. 내가 반드시 그를 사면할 수 없다고 여기는 것은 바로 이러한 이유 때문이다."

貞觀九年, 鹽澤道行軍總管·岷州都督高甑生坐違李靖節度, 又誣告靖謀逆, 減死徙邊.

時有上言者曰:「甑生舊秦府功臣, 請寬其過.」

太宗曰:「甑生違李靖節度, 又誣告靖謀逆, 雖是藩邸舊勞, 誠不可忘. 然治國守法, 事須畫一, 今若赦之, 使開僥倖之路. 且國家建義太原, 元從及征戰有功者甚眾, 若甑生獲免, 誰不覬覦? 有功之人, 皆須犯法. 我所以必不赦者, 正爲此也.」

【鹽澤道行軍總管】鹽澤은 鹽池로 西海郡. 정관 8년(634) 12월 吐谷渾을 정벌하기 위하여 임시로 설치한 기구.

【岷州】지금의 甘肅 岷縣 일대.

【節度】지휘권을 발동함. 李靖이 군사를 인솔할 때 高甑生이 기간을 어겨 도착하자 그 죄를 다스림. 이정은 태종 때의 군사전략가로 유명한《李衛公問對》를 저술한 사람임.

【秦府】秦王府. 과거 太宗 李世民이 秦王에 봉해졌을 때 그 막부를 뜻함.

【藩邸舊勞】옛날 秦王府 시절에 고생했던 신하들의 노고를 말함.

【太原】李淵과 李世民이 太原에서 처음 봉기할 때를 말함.

【元從】기병할 때 처음부터 참가하였던 사람들.

216(31-6)
형벌을 신중히 하라

정관 2년(628), 특진特進 위징魏徵이 상소하였다.

"제가 듣건대 《서書》에 '덕을 밝히고 형벌을 신중히 하라'고 하였고, '오직 형벌 받는 자를 불쌍히 여겨라'고 하였으며, 《예禮》에는 '윗사람은 일을 쉽게 시키고 아랫사람은 쉽게 알아들으면 형벌은 번거롭게 할 필요도 없다. 윗사람이 의심을 가지면 백성은 미혹함에 빠지며 아랫사람이 알기 어려워하면 임금은 언제나 노고롭다'고 하였습니다. 무릇 윗사람이 일을 쉽게 만들어 놓으면 아랫사람이 쉽게 알게 되어 임금은 노고롭지 않으며 백성도 미혹함에 빠지지 않습니다. 그러므로 임금이 한결같은 덕을 가지고 있으면 신하는 두 마음을 가질 수 없는 것이요, 윗사람이 충후忠厚한 정성을 뿌리면 아랫사람은 고굉股肱으로서의 힘을 다 바치는 것입니다. 그런 다음에는 태평의 기초가 무너지지 않고 '평강하도다'라는 칭송의 노래가 이때에 나오는 것입니다. 지금 도가 중국과 이민족에게 멀리 퍼졌고 공은 우주에 높으며, 누구하나 복종하려 들지 않는 자가 없이 아무리 먼 곳일지라도 찾아오지 않는 자가 없습니다. 그러나 말로는 법률 문서를 간소히 하였다고 하면서 속으로는 명확하게 샅샅이 살피려 들며 형벌과 상을 내림에는 아직 미진한 부분이 있습니다.

무릇 형벌과 상의 근본은 선을 권장하고 악을 징계하고자 하는 데에 있습니다. 제왕은 이로써 천하를 하나로 휘어잡을 수 있는 것이며 귀천이나 친소親疏에 따라 경중이 있어서는 안 되는 것입니다. 그런데 지금의 형벌과 상은 모두가 그렇게 이루어지는 것 같지는 않습니다.

혹 호오好惡에 따라 줄였다 폈다 하고 혹 경중이 희로喜怒에 따라 결정되는 경우가 있습니다. 즐거움을 만나면 법에서 그 사정을 불쌍히 여기는 것으로 결정하고 노함을 만나면 그 일 외에 것까지 끌어들여 죄를 묻습니다. 좋아하는 자라면 그 가죽을 뚫고 좋은 털이나 깃털까지 찾아내어 상을 주고, 미워하는 자라면 더러운 걸 딱지를 씻어내고 상처 난 부위까지 찾아내어 벌을 줍니다. 감추어진 상처까지 찾아낸다면 이는 형벌을 남용하는 것이요 깃털까지 찾아내어 칭찬하는 것은 상을 잘못 내리는 것입니다. 형벌이 남용되면 소인의 도가 자랄 것이요, 상이 잘못 내려지면 군자의 도가 소멸될 것입니다. 소인의 악이 징계를 받지 아니하고 군자의 선이 칭찬을 받지 못하면서 나라가 잘 다스려져 형벌이 없어도 되기를 바란다는 것은 들어 본 바가 없습니다.

또 한가한 날 즐겁게 청담淸談에 참가해서는 모두가 공자孔子나 노자老子를 숭상한다고 하면서 위엄과 노함이 이를 때면 신불해申不害나 한비자韓非子에게 법을 취해 옵니다. 곧은 도를 지키며 행하는 자는 삼출三黜을 당하지 않는 자가 없고 남을 위태롭게 하여 자신을 안전하게 하는 자도 이로써 역시 많아집니다. 그러므로 도덕의 큰 뜻이 넓혀지지 아니하며 각박한 풍조만이 이미 선풍을 일으키고 있는 것입니다. 무릇 각박한 풍조가 선풍을 이루면 아랫사람들은 온갖 사단事端을 다 만들어내며, 사람들이 그쪽으로 내달으면 법규가 통일될 수 없으며 이를 왕도의 도량으로 계산해도 실제 임금의 도에 손상을 가져옵니다.

옛날 백주리伯州犁가 위아래 그 손을 뻗치자 초楚나라 법이 드디어 무너졌고 장탕張湯이 제 마음대로 경중을 결정하자 한漢나라 형법이 어그러지고 말았습니다. 신하의 편파적이고 편벽한 판결일지라도 오히려 그들의 속임을 능히 토로할 수 없는데 하물며 임금의 높은 직위 밑에서야 장차 어디에 그 손발을 둘 곳이 있겠습니까! 폐하와 같은 총명함으로 그 어떤 미세한 것도 밝혀내지 못할 것이 없으니 어찌 신인들 통달하지 못하겠으며 지혜인들 통하지 못하겠습니까? 그 편안한 바를 편안히 여기시느라 형벌에 대한 불쌍함은 염두에 두지도 않으실 것이며, 그 즐거움을 즐겁게 여기시느라 드디어 먼저 웃고 나중에 슬퍼하는 변화쯤

이야 잊고 사시겠지요. 그러나 화와 복은 서로 기대고 있으며 길흉이란 같은 구역 내에 있는 것으로 오직 사람이 불러오는 것이니 어찌 생각하지 않을 수 있겠습니까? 근래 폐하께서 남을 책망하시며 벌을 내리는 일이 조금씩 많아지고 있으며 위엄을 부려 화를 내시는 일도 조금씩 거칠어지고 있습니다. 혹 음식이나 여행 장비를 제대로 갖추지 않았다고 해서 그러시고, 혹 건물 공사에 날짜를 넘겼다고 그러시며, 혹 가지고 싶은 물건이 마음에 들지 않는다고 그러시며, 혹 자신의 명령을 잘 따라 주지 않는다고 그러시니, 이는 모두가 정치에 급한 것도 아니며 실제는 교만과 사치를 위해 점차 그렇게 되어가고 있는 것이 아닌가 합니다. 이로써 '귀해지면 교만과 약속을 하지 않아도 교만이 저절로 찾아오고, 부유해지면 사치와 기약을 하지 않아도 사치가 찾아온다'고 하였으니 이는 헛된 말이 아님을 알 수 있습니다.

　게다가 우리의 지금 시대는 실제 수隋나라를 이어받은 것으로, 수나라 멸망의 근원에 대하여 폐하께서는 아주 훤하게 경험해 보셨습니다. 수나라 때 창고의 물건은 오늘에 비해 정도가 되지 않을 정도로 많았고 수나라 무기는 지금에 비할 바가 아니며, 수나라 때의 호구戶口도 지금 백성에 비할 바가 아니며 그 도수와 길이의 장대함은 어찌 등급을 매길 수 있을 정도이겠습니까? 그러나 수나라는 그 부강함으로 오히려 나라를 잃었던 것은 백성을 동원하였기 때문이었고, 우리가 이처럼 빈궁하면서도 오히려 안정을 얻고 있는 것은 백성을 조용히 두었기 때문입니다. 고요히 두면 편안해지고 동원하면 혼란이 온다는 것은 사람이면 누구나 압니다. 숨긴다고 드러나지 않는 것이 아니며 미세하다고 해서 살필 수 없는 것도 아닙니다. 그러나 그처럼 선연하게 드러난 평탄한 길임에도 앞 수레 엎어지는 것을 보고도 이를 뒤따라가서 엎어지는 이유는 무엇이겠습니까? 바로 편안할 때 위험을 생각지 아니하고 다스려질 때 혼란을 염두에 두지 않으며 존속할 때 망함을 염려하지 않기 때문에 그렇게 되는 것입니다. 옛날 수나라가 아직 혼란스럽지 않을 때는 그들은 스스로 틀림없이 혼란은 없을 것이라 여겼고, 수나라가 아직 망하지 않았을 때 그들은 스스로 틀림없이 망하지 않을 것이라 여겼을 것입니다. 그러나 군대를 자주 발동시키고 요역을 끊임없이 일으키다가 그 자신들이 죽음과 치욕을 당하는 지경에 이르러서도 끝내 멸망의 원인을 깨닫지 못하였으니 애석한 일이 아니겠습니까!

무릇 자신의 모습의 미추를 거울로 비춰 보려면 반드시 고요히 있는 물로 다가가야 할 것이며 나라의 안위를 거울로 비춰 보려면 모든지기 망한 나라에서 그 원인을 찾아야 할 것입니다. 그 때문에 《시詩》에 '은나라 망한 일 거울로 삼을 것 먼 옛날 아닐세, 하후夏后의 말세가 바로 그것일세'라 하였고, 또 '도끼 자루 만들고자 나무를 베네. 그 도끼 자루 치수 바로 눈앞에 있네'라 하였습니다. 저는 원하옵건대 지금 당장 백성에 대한 동원과 중지를 반드시 수나라를 생각하여 은감殷鑑으로 삼으실 것을 바랍니다. 그렇게 하면 존망치란의 도리를 가히 알아낼 수 있을 것입니다. 만약 능히 그 위험했던 이유를 생각하신다면 우리는 안전할 것이요, 그 혼란의 원인을 생각하신다면 우리는 다스려 질 것이며, 그 망한 이유를 생각하신다면 우리는 존속할 것입니다. 존망의 소재는 기욕嗜欲을 절제하여 백성을 따르며 놀이와 사냥의 오락 을 줄이며 화려한 장식을 위한 공사를 그치며, 급하지 아니한 업무를 없애 버리며 한쪽 말만 듣고 노하시는 일이 없도록 신중을 기하는 데에 있습니다. 충후한 자를 가까이 하시고 편녕便佞한 자를 멀리 하시며, 귀를 즐겁게 하는 사악한 말을 막으시고, 입을 쓰게 하는 충언을 달게 여기소서. 쉽게 접근해 오는 자를 물리치시고, 얻기 어려운 이상한 물건을 천하게 여기시며 요순堯舜에 세웠던 비방목誹謗木을 채택하시며, 우탕禹湯이 모든 죄는 자신에게 있다고 여긴 것을 뒤따르시며, 열 집 재산을 아깝다 여겨 노대 짓던 일을 그만둔 한 문제의 고사를 본받아 백성의 마음을 따르십시오.

신변 가까이에서 원리를 취하시고 용서하는 마음으로 만물을 대하시며 힘써 겸손할수록 이익을 얻는다는 것을 생각하시며 스스로 가득 채우다가 손해를 보는 일이 없도록 하십시오. 움직이면 만물을 조화롭게 하며, 말을 내놓으면 천리 밖에서도 이에 호응을 하도록 하며, 옛날보다 초월하는 높은 덕을 이루시며 풍교와 명성이 자손 후대까지 이어지게 하시옵소서. 이것인 성명한 폐하의 커다란 규모이며 제왕의 대업이니 능히 이를 끝마치는 것은 오직 삼감을 지키는 데에 있을 뿐입니다.

무릇 지키는 것은 쉬우나 취하는 것은 어렵습니다. 이왕 그렇다 한다면 어려운 것도 능히 해내는데 어찌 쉬운 것을 능히 지켜 내지 못한다는 것입니까? 이를 지켜 내되 혹 견고하지 못하면 교만과 사치, 그리고 음일淫泆이 이를 뒤흔들게 됩니다. 그 끝마무리를 삼가기를 처음 시작할 때의 마음처럼 하여야 하니 가히 힘쓰지 않을 수 있겠습니까? 《역易》에 '군자로서 편안할 때 위험을 잊지 않고, 존속할 때 망함을 잊지 않으며, 다스려질 때 혼란함을 잊지 않는다면 이로써 그 몸은 안전하고 나라는 가히 보전될 것이다'라고 하였으니 진실되도다, 이 말이여. 가히 깊이 살피지 않을 수 없습니다. 엎드려 생각건대 폐하께서는 선한 일을 하실 뜻을 가지고 옛날에 비하여 손색이 없도록 하실 것이며, 허물을 들으시면 반드시 고치셔서 지난날에 조금도 모자람이 없도록 하시옵소서. 만약 능히 지금 오늘날의 무사함을 가지고 지난날 공손하고 검소했던 일을 실행하신다면 지극히 선하고 지극히 아름답게 되어, 진실로 더 이상 칭송할 말이 없게 될 것입니다."

태종은 깊이 이를 가상히 여기며 받아들여 그대로 하였다.

貞觀十一年, 特進魏徵上疏曰:

「臣聞《書》曰:『明德愼罰』, 『惟刑恤哉』.《禮》云:『爲上易事, 爲下易知, 則刑不煩矣. 上人疑則百姓惑, 下難知則君長勞矣.』 夫上易事, 則下易知, 君長不勞, 百姓不惑. 故君有一德, 臣無二心, 上播忠厚之誠, 下竭股肱之力, 然後太平之基不墜, 『康哉』之 詠斯起. 當今道被華戎, 功高宇宙, 無思不服, 無遠不臻. 然言尙 於簡文, 志在於明察, 刑賞之用, 有所未盡. 夫刑賞之本, 在乎勸 善而懲惡, 帝王之所以與天下爲畫一, 不以貴賤親疏而輕重者 也. 今之刑賞, 未必盡然. 或屈伸在乎好惡, 或輕重由乎喜怒.

遇喜則矜其情於法中, 逢怒則求其罪於事外, 所好則鑽皮出其毛羽; 所惡則洗垢求其瘢痕. 瘢痕可求, 則刑斯濫矣; 毛羽可出, 則賞因謬矣. 刑濫則小人道長, 賞謬則君子道消. 小人之惡不懲, 君子之善不勸, 而望治安刑措, 非所聞也.

且夫暇豫清談, 皆敦尚於孔老; 威怒所至, 則取法於申韓. 直道而行, 非無三黜, 危人自安, 蓋亦多矣. 故道德之旨未弘, 刻薄之風已扇. 夫刻薄旣扇, 則下生百端, 人競趨時, 則憲章不一, 稽之王度, 實虧君道. 昔州犁上下其手, 楚國之法遂差; 張湯輕重其心, 漢朝之刑以弊. 以人臣之頗僻, 猶莫能申其欺罔, 況人君之高下, 將何以措其手足乎! 以睿聖之聰明, 無幽微而不燭, 豈神有所不達, 智有所不通哉? 安其所安, 不以恤刑爲念; 樂其所樂, 遂忘先笑之變. 禍福相倚, 吉凶同域, 惟人所召, 安可不思? 頃者責罰稍多, 威怒微屬, 或以供帳不贍, 或以營作差違, 或以物不稱心, 或以人不從命, 皆非致治之所急, 實恐驕奢之攸漸. 是知『貴不與驕期而驕自至, 富不與侈期而侈自來』, 非徒語也.

且我之所代, 實在有隋, 隋氏亂亡之源, 聖明之所臨照. 以隋氏之府藏譬今日之資儲, 以隋氏之甲兵況當今之士馬; 以隋氏之戶口校今時之百姓, 度長比大, 曾何等級? 然隋氏以富强而喪敗, 動之也; 我以貧窮而安寧, 靜之也. 靜之則安, 動之則亂, 人皆知之, 非隱而難見也, 非微而難察也. 然鮮蹈平易之塗, 多遵覆車之轍, 何哉? 在於安不思危, 治不念亂, 存不慮亡之所致也. 昔隋氏之未亂, 自謂必無亂; 隋氏之未亡, 自謂必不亡. 所以甲兵屢動, 徭役不息, 至於身將受戮辱, 竟未悟其滅亡之所由也, 可不哀哉!

夫鑒形之美惡, 必就於止水; 鑒國之安危, 必取於亡國. 故《詩》曰:『殷鑒不遠, 在夏后之世.』又曰:『伐柯伐柯, 其則不遠.』

臣願當今之動靜, 必思隋氏以爲殷鑒, 則存亡治亂, 可得而知.
若能思其所以危, 則安矣; 思其所以亂, 則治矣; 思其所以亡,
則存矣. 知存亡之所在, 節嗜欲以從人, 省遊畋之娛, 息靡麗之作,
罷不急之務, 愼偏聽之怒. 近忠厚, 遠便佞, 杜悅耳之邪說, 甘苦
口之忠言. 去易進之人, 賤難得之貨, 採堯舜之誹謗, 追禹湯之
罪己, 惜十家之產, 順百姓之心. 近取諸身, 恕以待物, 思勞謙以
受益, 不自滿以招損. 有動則庶類以和, 出言而千里斯應, 超上
德於前載, 樹風聲於後昆. 此聖哲之宏規, 而帝王之大業, 能事
斯畢, 在乎愼守而已.

  夫守之則易, 取之實難. 旣能得其所以難, 豈不能保其所以易?
其或保之不固, 則驕奢淫泆動之也. 愼終如始, 可不勉歟!《易》
曰:『君子安不忘危, 存不忘亡, 治不忘亂, 是以身安而國家可
保也.』誠哉斯言, 不可以不深察也. 伏惟陛下欲善之志, 不減
於昔時; 聞過必改, 少虧於曩日. 若能以當今之無事, 行疇昔之
恭儉, 則盡善盡美矣, 固以無得而稱焉.」

  太宗深嘉而納用.

【明德愼罰】 덕을 밝히며 형벌에 대하여는 신중히 할 것을 권한 것.《尙書》周書
  康誥의 구절.《尙書正義》疏에 "文王能顯用俊德, 愼去刑罰以爲敎首"라 함.
【惟刑恤哉】 형벌을 내림에는 불쌍히 여김을 뜻함.《尙書》虞書 舜典의 구절.
  疏에 "舜陳典刑之義敕天下, 使敬之憂欲得中"이라 함.
【禮】《禮記》緇衣篇을 가리킴. 孔穎達 疏에 "爲上易事者, 爲上謂君, 君上以正理
  於物, 則臣事之易也. 爲下易知者, 爲下謂臣, 臣下無姦詐, 則君知其情易也. 則刑
  不煩也者, 君易事, 臣易知, 故刑辟息止, 不煩動也"라 함.
【康哉之詠】 순임금 때 천하가 태평하게 되자 皐陶가 "股肱良哉, 庶事康哉"라
  칭송함.《尙書》虞書 益稷의 구절.
【無思不服】《詩經》大雅 文王에 "自西自東, 自南自北, 無思不服"이라 함.

【瘢痕】 흉터.

【孔老】 공자와 노자. 儒家나 道家처럼 너그러운 것을 숭상함.

【申韓】 申不害와 韓非子. 모두 전국시대 법가 사상가. 오직 법으로 천하를 다스릴
것을 주장한 인물들. 《史記》 老莊申韓列傳 참조.

【三黜】 柳下惠는 세 번 쫓겨나면서도 원망이 없음. 《論語》 微子篇에 "柳下惠爲
士師, 三黜. 人曰:「子未可以去乎?」曰:「直道而事人, 焉往而不三黜? 枉道而事人,
何必去父母之邦?」"이라 함.

【州犁】 伯州犁. 춘추시대 魯나라 사람으로 楚나라가 鄭나라를 공격하여 楚나라
縣尹 穿封戌이 정나라 守將 皇頡을 사로잡고 楚나라 公子 圍와 功을 다투면서
백주리에게 판결을 청해 오자 백주리는 포로를 불러 증거로 삼으면서 공자
위의 편을 들어준 고사. 《左傳》 襄公 26년 참조.

【張湯】 西漢 때의 유명한 酷吏. 漢 武帝의 뜻을 잘 살펴 그 뜻에 맞추어 형량을
정한 것으로 유명함. 《史記》 酷吏列傳 참조

【措手足】 손발을 어디에 두듯 행동을 자유롭게 함. 《論語》 子路篇에 "名不正,
則言不順; 言不順, 則事不成; 事不成, 則禮樂不興; 禮樂不興, 則刑罰不中; 刑罰不中,
則民無所措手足"이라 함.

【先笑之變】 먼저 웃고 나중에 비애를 느낌. 《周易》 同人卦에 "九五, 同人先號咷而
後笑"라 함. 한편 劉峻의 《辨命論》에 "命體周流, 變化非一, 或先號後笑, 或始吉
後凶"이라 함.

【貴不與驕期而驕自至】 《尙書》 周書 周官의 孔安國 注에 있는 문장. 한편
《戰國策》 趙策에 "平原君謂平陽君曰:「公子牟游於秦, 且東, 而辭應侯. 應侯曰:
『公子將行矣, 獨無以敎之乎?』曰:「且微君之命令之也, 臣固且有效於君. 夫貴不
與富期而富至, 富不與梁肉期而梁肉至, 梁肉不與驕奢期而驕奢至, 驕奢不與死
亡期而死亡至. 累世以前, 坐此者多矣.』應侯曰:『公子之所以敎之者厚矣.』僕得
聞此, 不忘於心. 願君之亦勿忘也.」平陽君曰:「敬諾.」"이라 하였으며, 《說苑》
談叢篇에는 "魏公子牟東行, 穰侯送之曰:「先生將去冉之山東矣, 獨無一言, 以敎
冉乎?」魏公子牟曰:「微君言之, 牟幾忘語君, 君知夫官不與勢期, 而勢自至乎?
勢不與富期, 而富自至乎? 富不與貴期, 而貴自至乎? 貴不與驕期, 而驕自至乎?
驕不與罪期, 而罪自至乎? 罪不與死期, 而死自至乎?」穰侯曰:「善, 敬受明敎.」
라 하였음.

【詩】 차례대로 《詩經》 大雅 湯의 구절과 豳風 伐柯의 구절임.

【堯舜】 요순은 거리에 비방의 나무를 세워 놓고 시정의 의견을 들었음.

【禹湯】우와 탕은 모든 잘못을 자신의 책임이라 여겨 나라가 흥성하게 되었음을 말함.《左傳》莊公 11년에 "禹湯罪己, 其興也勃焉"이라 함.

【十家之産】漢 文帝는 靈臺를 지으려 하면서 그 비용이 열 집의 재산만큼이 든다는 말을 듣고 중지하였음.《十八史略》(2) 文帝篇에 "宮室苑囿, 車騎服御, 無所增益. 嘗欲作露臺, 召匠計之, 直百金. 上曰:「中人十家之産也. 何以臺爲?」 身衣弋綈, 所幸愼夫人, 衣不曳地, 示朴爲天下先"이라 함.

【言出而千里斯應】《周易》大傳에 "君子居其室, 出其言, 則千里之外應之"라 함.

【易】《周易》繫辭傳(下)에 비괘(否卦)의 九五 爻義를 설명한 말.

217(31-7)
연좌법은 폐기하라

정관 14년(640), 대주자사戴州刺史 가숭賈崇이 다스리는 지역에 십악十惡의 큰 죄를 범한 자가 있어 어사御史가 이를 탄핵하도록 상주를 올리자 태종은 시종하는 신하들에게 이렇게 말하였다.

"옛날 도당씨陶唐氏 요임금은 큰 성인이었고, 유하혜柳下惠는 큰 현인이었건만 요의 아들 단주丹朱는 심히 불초하였고 유하혜의 아우 도척盜跖은 큰 악을 저지른 대도였다. 이처럼 무릇 성현의 가르침에 부자 형제의 가까운 혈족이라 해도 오히려 능히 그들을 물들게 하여 변혁시켜 악을 버리고 선한 길로 갈 수 있도록 할 수 있는 것이 아니다.

지금 자사를 파견하여 낮은 사람들을 교화시켜 모두 착한 길로 들어서도록 하고 있으나 이것이 모두 가능한 일이겠는가? 만약 이렇게 한다는 연유로 모두 폄직 강등시킨다면 혹 서로 숨겨 주고 드러내지 않으려 할 것이니 그렇게 되면 실제의 죄인을 놓치게 된다. 여러 주州의 십악을 저지른 자가 있다 해도 그곳의 자사가 꼭 연좌될 필요는 없다. 다만 분명하게 규찰糾察하여 죄과를 살펴 간악한 자들을 숙청하기만을 바라면 될 것이다."

貞觀十四年, 戴州刺史賈崇以所部有犯十惡者, 被御史劾奏.

太宗謂侍臣曰:「昔陶唐大聖, 柳下惠大賢, 其子丹朱甚不肖, 其弟盜跖爲巨惡. 夫以聖賢之訓, 父子兄弟之親, 尚不能使陶染變革, 去惡從善. 今遣刺史, 化被下人, 咸歸善道, 豈可得也?

若令緣此皆被貶降, 或恐遞相掩蔽, 罪人斯失. 諸州有犯十惡者,
刺史不須從坐, 但令明加糾訪科罪, 庶可以肅清姦惡.」

【十惡】 사면할 수 없는 열 가지 큰 죄악. 謀反, 謀大逆, 謀叛, 謀惡逆, 不道,
　大不敬, 不孝, 不睦, 不義, 內亂을 뜻함.
【陶唐】 陶唐氏. 堯임금을 말함.
【柳下惠】 춘추시대 魯나라의 대부. 예절과 政事에 뛰어났던 인물.
【丹朱】 堯임금의 아들로 매우 우매하고 불초하였음.
【盜跖】 고대 널리 알려진 大盜. 유하혜의 아우였다 함.
【陶染】 훈도되어 물이 들음.
【從坐】 連坐. 함께 죄에 묶여 들어감.
【科罪】 판형. 판결.

218(31-8)
갑옷 만드는 자와 화살 만드는 자

정관 16년(642) 태종이 대리경大理卿 손복가孫伏伽에게 말하였다.

"무릇 갑옷을 만드는 자는 그 옷이 견고하기를 원하여 사람이 다치면 어쩌나 걱정을 한다. 그런가 하면 화살을 만드는 자는 그 화살이 예리하기를 바라며 사람에게 상처를 주지 못하면 어쩌나 걱정한다. 어찌 그렇겠는가? 각기 맡은 바가 있기 때문이며 자신의 직무에 걸맞게 하여 이익을 얻고자 함이다. 짐이 항상 법관에게 형벌의 경중을 질문하면 매번 법망이 옛날에 비해 허술하다고 대답들을 하고 있다. 여전히 형벌을 맡은 자가 사람을 죽이는 것이 더 낫다고 여기며 사람을 위기에 빠뜨려 자신이 현달하여 그 명성을 얻고자 하는 것이니 지금의 걱정은 바로 여기에 있을 뿐이다! 의당 이러한 일을 금지하여 관용을 베풀고 공평하게 되도록 힘써야 할 것이다."

貞觀十六年, 太宗謂大理卿孫伏伽曰:「夫作甲者欲其堅, 恐人之傷; 作箭者欲其銳, 恐人不傷. 何則? 各有司存, 利在稱職故也. 朕常問法官刑罰輕重, 每稱法網寬於往代. 仍恐主獄之司, 利在殺人, 危人自達, 以釣聲價, 今之所憂, 正在此耳! 深宜禁止, 務在寬平.」

【孫伏伽】 인명. 貝州(河北) 출신으로 武德 연간에 강직하게 간언하여 '諍臣'이라 칭함을 받았으며 貞觀 연간에 大理少卿을 지냈으며 樂安縣男에 봉해짐. 高宗 顯慶 3년(658)에 죽음.

【司存】 직책, 자신이 맡은 업무의 소재.

32. 사령赦令

사면령에 대한 내용이다. 원칙적으로 사면령을 내리지 않겠다고 한 것은 바로 미리 교화를 강화하여 법에 저촉되지 않도록 하겠다는 의지이며 또한 판결을 엄격히 하여 억울한 자가 없도록 하고 나아가 죄인이 요행을 바랄 수 있도록 하는 것은 도리어 법을 가볍게 보고 죄를 쉽게 범할 여지를 남기는 것이라 본 것이다.

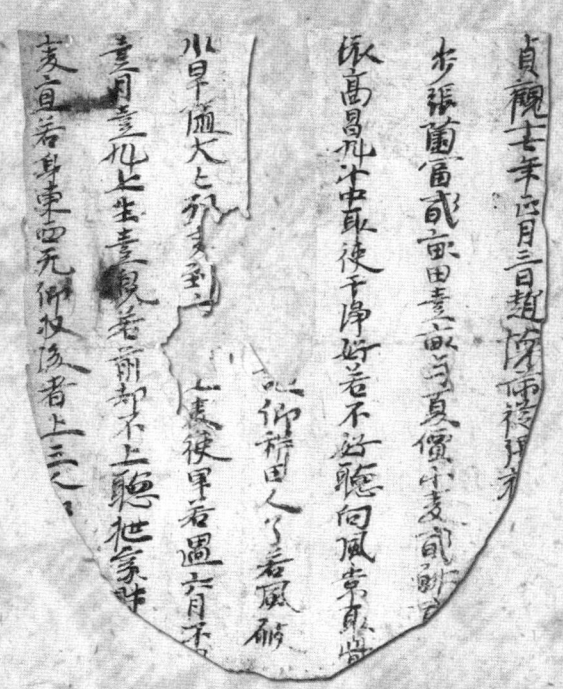

趙懷 〈滿租田〉 계약서 1959 新疆위구르 투루판 출토

219(32-1)
요행을 바라는 사면령은 없다

　정관 7년(633), 태종이 시종하는 신하에게 말하였다.
　"천하에 어리석은 자는 많고 지혜 있는 사람은 적다. 지혜로운 사람은 악한 짓을 지으려 하지 아니하고 어리석은 사람은 법을 어기기를 좋아한다. 무릇 사면의 은혜란 오직 궤도에서 벗어난 무리들에게만 그 은혜가 미치고 있다. 옛말에 '소인이 다행으로 여기는 일을 군자라면 불행으로 여긴다'라고 하였고, 또 '한 해에 두 번이나 사면령이 내린다면 착한 사람은 벙어리가 되어야 한다'고 하였다. 무릇 가라지풀이 벼와 생김이 비슷하여 이를 상하게 하는 것처럼 간악한 자에게 은혜를 베풀고 선량한 사람에게는 해를 끼치는 것이 된다. 옛날 '문왕文王이 형벌을 제정하면서 윤상을 어지럽힌 자는 용서가 없으리라'라 하였고, 촉蜀의 선주先主 유비劉備는 일찍이 제갈량諸葛亮에게 '내 진원방陳元方과 정강성鄭康成의 사이에 서로 접촉해 보니 매번 그들의 치란에 대한 도를 들으면 상세히 구비하여 말하되 사면에 대하여는 언급한 적이 없다'라 하였다. 그 때문에 제갈량은 촉을 10년 동안 다스리면서 사면을 내리지 않았으나 촉나라는 크게 교화되었다. 그에 비해 양梁 무제武帝는 매년 자주 사면령을 내렸으나 끝내 엎어져 망하고 말았다. 무릇 작은 인仁을 도모하다가는 큰 인에게 해를 끼치는 경우가 있으니 그 때문에 나는 천하를 다스린 이래로 절대 사면령을 내리지 않았던 것이다. 지금 사해가 안정을 찾았고 예의禮義가 흥성하게 실행되고 있으니 전국에 특별한 은혜는 어디에나 가득하여 수를 셀 수 없을 정도인 셈이다. 장차 어리석은 자들이 항상 요행을 바라면서 범죄를 저지를까 하여 이 생각을 바꿀 수가 없다."

貞觀七年, 太宗謂侍臣曰:「天下愚人者多, 知人者少, 知者不肯爲惡, 愚人好犯憲章. 凡赦宥之恩, 惟及不軌之輩. 古語云:『小人之幸, 君子之不幸.』『一歲再赦, 善人喑啞.』凡養稂莠者傷禾稼, 惠姦宄者賊良人. 昔『文王作罰, 刑玆無赦.』又蜀先主嘗謂諸葛亮曰:『吾周旋陳元方‧鄭康成之間, 每見啓告治亂之道備矣, 曾不語赦.』故諸葛亮治蜀十年不赦, 而蜀大化. 梁武帝每年數赦, 卒至傾敗. 夫謀小仁者, 大仁之賊, 故我有天下已來, 絶不放赦. 今四海安寧, 禮義興行, 非常之恩, 彌不可數. 將恐愚人常冀僥倖, 惟欲犯法, 不能改過.」

【七年】 다른 기록에는 '貞觀二年'으로 되어 있음.

【喑啞】 입을 다물고 아무런 의견을 말하지 아니함.

【稂莠】 강아지 풀. 가라지풀. 벼처럼 생겼으나 벼가 아닌 것.

【姦宄】 간악하게 법을 어기며 난을 일으키는 자.

【文王作罰】《尙書》周書 康誥의 구절. 간악한 무리는 용서하지 않겠다는 의지를 보인 글.

【蜀先主】 삼국시대 蜀漢의 劉備.

【陳元方】 陳紀. 陳寔의 첫째 아들. 漢末 侍中과 平原相, 尙書令, 大鴻臚 등을 지냄.《後漢書》(62)에 전이 있으며 그 아우 季方(陳諶)과 함께 '三君'으로 불림. 일찍 죽음.《後漢書》(62)에 전이 있으며 '難兄難弟'의 고사로 유명함.

【鄭康成】 鄭玄. 東漢 때의 유명한 경학자. 자는 康成(127~200). 北海 高密人으로 여러 經에 박통하였으며 馬融에게 3년 간 수학하였음. 그의《周禮》,《禮記》,《儀禮注》,《毛詩箋》은 지금까지도 위대한 업적으로 평가받고 있음.《後漢書》(35)에 전이 있음.

220(32-2)
법은 간결할수록 좋다

정관 2년(628), 태종이 시종하는 신하에게 말하였다.

"나라의 법령은 오직 간결하여야 한다. 한 가지 죄에 여러 가지 법조문을 적용해서는 안 된다. 격식과 경우가 이미 너무 많아 법관이 모두 다 능히 기억할 수 없어 다시 간사함이 생겨나고 있다. 그리하여 죄인을 풀어 주고 싶을 때는 가벼운 조문을 적용하고 죄인을 잡아넣고 싶을 때는 무거운 조문을 적용하고 있다. 자주 이렇게 법을 변경하여 적용하면 일을 처리하는 데는 이로울 것이 없으니 의당 법령을 세밀히 심의하여, 서로 뒤섞어 제멋대로 적용하는 일이 없도록 하라."

貞觀十年, 太宗謂侍臣曰:「國家法令, 惟須簡約, 不可一罪作數種條. 格式旣多, 官人不能盡記, 更生姦詐, 若欲出罪卽引輕條, 若欲入罪卽引重條. 數變法者, 實不益道理, 宜令細審, 毋使互文.」

【格式】당나라 때은 법은 律과 令, 格, 式으로 구분되었으며 律은 正刑定罪, 令은 設範立制, 格은 禁違止邪, 式은 規物程事의 개념이라 함.
【出罪】죄에서 풀어 줌. 사면함.
【互文】동일한 죄에 대하여 각기 다른 조문을 적용함.

221(32-3)
나온 땀은 다시 몸속으로 넣을 수 없다

정관 2년(628), 태종이 시종하는 신하에게 말하였다.

"조령詔令의 격식格式이 만약 일정하지 않으면 사람들이 혹한 마음을 갖게 되어 간사하고 속임이 더욱 발생하게 된다. 《주역周易》에는 이 때문에 '큰 명령은 땀을 흘리는 것과 같다'라 하였는데 이는 법령을 발하는 것은 마치 몸에서 땀을 내는 것과 같아 한 번 나온 땀은 다시 몸으로 들여보낼 수 없음을 말한 것이다. 또 《서書》에 '법령을 낼 때는 신중히 하라. 그리고 발령한 법은 반드시 실행하여 다시 거두어들이는 일이 없도록 하라'라 하였다. 그리고 한漢 고조高祖 유방은 너무 시간이 모자라자 소하蕭何가 낮은 지위에서 승진하여 법을 제정한 뒤 하나의 불변의 획을 긋도록 하였다. 지금 의당 이러한 뜻을 잘 헤아려 경솔하게 조령을 발표하는 일이 없이 반드시 깊이 심의하여 결정하며 길이 도범의 법칙이 되도록 하라."

貞觀十一年, 太宗謂侍臣曰:「詔令格式, 若不常定, 則人心多惑, 姦詐益生.《周易》稱『渙汗其大號』, 言發號施令, 若汗出於體, 一出而不復也. 又《書》曰:『愼乃出令, 令出惟行, 弗爲反.』且漢祖日不暇給, 蕭何起於小吏, 制法之後, 猶稱畫一. 今宜詳思此義, 不可輕出詔令, 必須審定, 以爲永式.」

【渙汗其大號】《周易》渙卦 九五의 爻辭. 疏에 "人遇險厄, 驚怖而勞, 則汗從體出, 故以汗喩險厄也. 九五處尊, 履正在號令之中, 能行號令以散險厄者也, 故曰渙汗 其大號也"라 함.

【書】《尙書》周書 周官을 가리킴.

【漢祖】漢나라 高祖 劉邦.

【蕭何】漢나라의 개국공신이며 재상. 沛縣의 主吏掾이었으며 劉邦을 따라 천하를 평정함. 흔히 "蕭何爲法, 講若畫一"이라 함.

222(32-4)
내 평소 악한 짓을 하지 않았으니

장손황후長孫皇后가 병이 들어 점점 위독해지자 황태자가 이렇게 말씀을 올렸다.

"의원과 약을 다 썼으나 지금 존체는 낫지 않고 있습니다. 청컨대 죄수들을 사면하도록 하시고 아울러 도가에 의지할 생각도 해 보시지요. 그렇게 하여 복을 입기를 바랄 수도 있습니다."

이에 황후는 이렇게 말하였다.

"죽고 사는 것은 명이 있으니 사람의 힘으로 더할 수 있는 것이 아니다. 만약 복을 닦아 생명을 연장할 수 있다면 내 평소 악한 일을 저지르지 않은 것으로 충분하고 만약 선을 행한다고 해서 이익 될 것이 없다면 무슨 복을 구하겠는가? 사면이란 국가의 대사이며 불도佛道는 임금께서 매번 이방의 다른 종교라 교시하셨으니 항상 다스림과 몸에 폐가 되지 않을까 걱정하여 왔다. 그러니 어찌 내 하나의 부인으로써 천하의 법을 어지럽힐 수 있겠는가? 너의 말에 따를 수 없다."

長孫皇后遇疾, 漸危篤. 皇太子啓后曰:「醫藥備盡, 今尊體不瘳, 請奏赦囚徒, 並度人入道, 冀蒙福祐.」

后曰:「死生有命, 非人力所加. 若修福可延, 吾素非爲惡者; 若行善無效, 何福可求? 赦者國之大事, 佛道者, 上每示存異方之敎耳, 常恐爲理體之弊, 豈以吾一婦人而亂天下法? 不能依汝言也.」

【皇太子】李乾承.

【瘵】 병약함. 질환으로 매우 약한 상태.

【度人入道】 병이 있을 때 흔히 민간의 僧侶, 道士, 女冠 등을 불러 굿을 하거나 기도하는 것. 여기서는 세속을 벗어나 도인이 되거나 불교에 귀의할 것을 생각함을 말함.

【上】 上皇. 唐太宗을 가리킴.

【異邦之敎】 佛敎를 뜻함. 唐 太宗은 비록 玄奘을 예우하기는 하였지만 내심으로는 불교를 반대하여 蕭瑀에게 내린 詔書 중에 "至于佛敎, 非意所遵, 雖有國之常經, 固弊俗之虛術"이라 함.

33. 공부貢賦

　각 지방에서 올라오는 공물과 부세, 그리고 다른 나라에서 바쳐 오는 조공에 대하여 기준을 세운 것이다. 특히 고구려가 보냈다는 백금과 두 미녀에 대한 처리에 대한 기록은 자못 우리의 흥미를 끌고 있다.

蕭繹〈職貢圖〉

223(33-1)
남의 땅에서 나는 산물을 공물로 바치지 말라

정관 2년(628), 태종이 조집사朝集使에게 말하였다.

"땅을 맡겨 그곳의 생산물을 바치게 한 것은 옛날의 경전에 널리 적혀 있다. 마땅히 그 해당 주州에서 나는 산물로 해도 조정에 가득 찰 수 있다. 그런데 근래 듣기로 도독과 자사들이 자신의 명성을 높이고자 그 땅에서 나는 것을 바치면서 혹 그것으로 충분하지 못할 것이라 여겨 자신의 영지를 넘어 다른 곳에서 물품을 구하고자 하며 서로 이러한 풍조를 흉내 내고 있어 드디어 풍속처럼 되어 버렸으니 지극히 우려되는 바이다. 의당 이러한 폐단을 고쳐 다시는 이러한 일이 없도록 하라."

貞觀二年 太宗謂朝集使曰:「任土作貢, 布在前典, 當州所産, 則充庭實. 比聞都督·刺史邀射聲名, 厥土所賦, 或嫌其不善, 踰意外求, 更相倣效, 遂以成俗, 極爲勞擾. 宜改此弊, 不得更然.」

【朝集使】'考使'라고도 하며 여러 주의 세금과 업적을 조사하여 보고하는 직책. 전국의 조집사가 10월 25일에 모두 서울에 모여 11월 1일 戶部의 인솔로 尙書省에서 상견례를 마친 뒤 考堂에 모여 업적을 考覈함.
【前典】옛날의 법전. 여기서는 《尙書》禹貢을 가리킴.
【庭實】제후가 조정에게 바치는 貢物. 이들 물건을 조정에 진열해 놓았음.
【邀射】희망함. 바람.

224(33-2)
임읍국林邑國에서 바친 앵무새

정관 연간에 임읍국林邑國에서 흰 앵무새를 바쳐왔는데 그 새는 말을 알아듣고 지혜로우며 더욱이 대답을 하는데도 뛰어나 추워서 고통스럽다는 말을 자주 하는 것이었다. 태종은 이를 불쌍히 여겨 그 사신에게 되돌려 주어 가지고 가서 그 나라의 숲 속에 풀어 주도록 명하였다.

貞觀中, 林邑國貢白鸚鵡, 性辯慧, 尤善應答, 屢有苦寒之言. 太宗愍之, 付其使, 令還出於林藪.

【貞觀中】《資治通鑑》에는 貞觀 5년(631) 11월에 이 기사가 실려 있음.
【林邑國】占城·占婆로도 부르며 지금의 越南 중남부.
【愍】불쌍히 여김.
【林藪】山林과 澤地.

225(33-3)
나라가 안정되면 먼 나라에서 조공을 바친다

정관 12년(638), 소륵疏勒과 주구파朱俱波, 감당甘棠 지역 사람들이 사신을 보내어 그곳 방물을 조공으로 바쳐 왔다.

태종이 여러 신하들에게 이렇게 말하였다.

"만약 중국이 안정되지 못하였다면 일남日南과 서역西域의 조공사朝貢使가 무슨 까닭으로 이르겠는가? 내가 무슨 덕이 있어 이를 감당하겠는가! 이러한 모습을 보니 도리어 위험과 두려움을 느끼는구나. 근래 천하를 하나로 평정하고 변방을 개척한 이들로서 오직 진시황秦始皇과 한漢 무제武帝일 뿐이리라. 그러나 진시황은 포학하게 굴어 그 아들 대에 이르러 망하였고 한 무제도 역시 교만과 사치를 부려 나라의 운명이 하마터면 끊어질 뻔하였다.

나는 삼척검三尺劍으로써 사해를 안정시켜 먼 이민족이 모두 굴복하였으며 억조 창생이 편안함을 얻었으니 스스로 그 두 제왕만 못할 것이 없다고 여겼다. 그러나 두 제왕의 말로를 보니 모두가 스스로 지켜 내지 못하였다. 이로써 나는 스스로 위망危亡의 두려움을 느껴 모름지기 감히 게을리 함이 없고자 한다. 오직 그대들을 믿고 있으니 직언과 정간으로 서로 바로잡고 보필해 주기를 바란다. 만약 오직 자랑하는 것만 찬양하고 악한 것은 숨기면서 함께 아첨하는 말만 올린다면 나라의 위망은 가히 서서 기다릴 수밖에 없으리라."

貞觀十二年, 疏勒·朱俱波·甘棠遣使貢方物.

太宗謂群臣曰:「向使中國不安, 日南·西域朝貢使, 亦何緣而至? 朕何德以堪之! 睹此翻懷危懼. 近代平一天下, 拓定邊方者, 惟秦皇·漢武. 始皇暴虐, 至子而亡. 漢武驕奢, 國祚幾絶. 朕提三尺劍以定四海, 遠夷率服, 億兆乂安, 自謂不減二主也. 然念二主末途, 皆不能自保, 由是每自懼危亡, 必不敢懈怠. 惟藉公等, 直言正諫, 以相匡弼. 若惟揚美隱惡, 共進諛言, 則國之危亡, 可立而待也.」

【十二年】《資治通鑑》에는 貞觀 십년(636) 십이월로 되어 있음.
【疏勒】고대 서역의 나라 이름. 지금의 新疆 카쓰(喀什)市.
【朱俱波】朱俱槃으로 표기하며 파미르(葱嶺) 이북 지역.
【甘棠】西海의 남쪽 崑崙 사람.
【日南】越南 중부 지역. 秦나라 때 象郡이었으며 漢나라 때 日南郡으로 交州에
 소속시켰음.
【億兆乂安】모든 백성을 편안히 살도록 함.

226(33-4)
연개소문이 보내온 백금

　정관 18년(644), 태종이 장차 고구려를 정벌하고자 할 때 고구려 막리지莫離支가 시종하는 신하를 보내어 백금白金을 바쳐 왔다.

　그러자 황문시랑黃門侍郞 저수량褚遂良이 이렇게 간언하였다.

　"막리지가 그 임금을 학살하여 구이九夷가 이를 용납하지 않고 있어 폐하께서 군대를 일으켜 장차 그 백성을 조문하고 그런 나라를 토벌하려 합니다. 요동遼東 사람들을 위하여 그 임금의 치욕을 갚아 주려는 것이지요. 옛날 그 임금을 시해한 자는 토벌하였지 그들의 뇌물을 받지는 않았습니다. 옛날 송독宋督이 송나라 임금을 시해하고 노魯나라 임금에게 고정郜鼎을 바치자 노 환공桓公은 이를 받아 태묘大廟에 비치하였습니다. 그러자 노나라 대부 장애백臧哀伯이 이렇게 간하였지요. '임금 된 자는 장차 덕을 밝히고 악을 막아야 할 것인데 지금 덕을 멸하고 악한 행위를 세워 주셔서 그 뇌물을 태묘에 안치하였으니 백관이 이를 본받는 다면 어떻게 그들을 주벌하겠습니까! 무왕武王이 상商을 이기고 나서 구정九鼎을 낙읍雒邑으로 옮기자 의사義士들이 혹 이를 비난하였습니다. 하물며 장차 위란違亂을 칭송하는 뇌물을 태묘에 안치하다니 그 잘못이 어느 정도이겠습니까?'라고 말입니다. 무릇 《춘추春秋》의 기록은 모든 왕들이 법으로 삼는 것이니 만약 신하가 될 수 없는 자가 보낸 광주리를 받아들이고 그 임금을 시역한 자의 조공을 받아들인다면 이는 그를 죄가 없는 것으로 여기는 것이 되니 어찌 그를 토벌하겠습니까? 제가 여기기에는 막리지가 보낸 공물은 받기에 합당하지 않은 줄로 압니다."

　태종은 그 의견을 따랐다.

貞觀十八年, 太宗將伐高麗, 其莫離支遣使貢白金.

黃門侍郎褚遂良諫曰:「莫離支虐殺其主, 九夷所不容, 陛下以之興兵, 將事弔伐, 爲遼東之人, 報主辱之恥. 古者討弒君之賊, 不受其賂. 昔宋督遺魯君以郜鼎, 桓公受之於大廟, 臧哀伯諫曰:『君人者將昭德塞違, 今滅德立違, 而置其賂器於大廟, 百官象之, 又何誅焉! 武王克商, 遷九鼎于雒邑, 義士猶或非之. 而況將昭違亂之賂器, 置諸大廟, 其若之何?』夫《春秋》之書, 百王取則, 若受不臣之筐篚, 納弒逆君之朝貢, 不以爲懲, 將何致伐? 臣謂莫離支所獻, 自不合受.」

太宗從之.

【莫離支】 고구려의 최고 관직 이름. 唐나라의 吏部尙書와 兵部尙書를 겸한 것과 같은 직책. 貞觀 16년(642) 고구려 東部大人 淵蓋蘇文이 27대 榮留王(高建武, 618~642년 재위)을 살해하고 그 아우 28대 寶藏王(高寶藏, 642~668년 재위)을 세우고 자신은 莫離支가 되어 국사를 다스림.

【九夷】 東夷의 아홉 종류. 여러 동이족들을 말함. 원래는 古代 中國 동쪽 바닷가에 살던 사람들을 지칭하는 말. '淮夷'라고도 하며 혹 지금의 韓國을 뜻한다고 보기도 함. 한편 《後漢書》 東夷傳에 「夷有九種: 曰畎夷・于夷・方夷・黃夷・白夷・赤夷・玄夷・風夷・陽夷. 故孔子欲居九夷也」라 하였음.

【弔伐】 그 백성을 불쌍히 여겨 그 정권을 벌함. 전쟁의 명분을 말함.

【宋督】 자는 華父. 춘추시대 宋나라 戴公의 후손으로 일찍이 그 임금 殤公與夷를 죽이고 스스로 재상의 자리에 올랐음.

【魯君】 춘추시대 魯나라 桓公.

【郜鼎】 郜國이 만든 정. 郜는 춘추시대 小國의 이름. 춘추시대 宋나라에게 망함. 《左傳》 桓公 2년에 "夏四月, 取郜大鼎于宋. 戊申, 納于大廟, 非禮也. 臧哀伯諫曰: 「君人者, 將昭德塞違, 以臨照百官, 猶懼或失之, 故昭令德以示子孫, 是以淸廟茅屋, 大路越席, 大羹不致, 粢食不鑿, 昭其儉也. 袞・冕・黻・珽, 帶・裳・幅・舄, 衡・紞・紘・綖, 昭其度也. 藻・率・鞞・鞛, 鞶・厲・游・纓, 昭其數也. 火・龍・黼・黻,

昭其文也. 五色比象, 昭其物也. 錫・鸞・和・鈴, 昭其聲也. 三辰旂旗, 昭其明也. 夫德, 儉而有度, 登降有數, 文・物以紀之, 聲・明以發之, 以臨照百官. 百官於是乎戒懼, 而不敢易紀律. 今滅德立違, 而寘其賂器於大廟, 以明示百官. 百官象之, 其又何誅焉? 國家之敗, 由官邪也. 官之失德, 寵賂章也. 郜鼎在廟, 章孰甚焉? 武王克商, 遷九鼎于雒邑, 義士猶或非之, 而況將昭違亂之賂器於大廟, 其若之何?」 公不聽. 周內史聞之, 曰: 「臧孫達其有後於魯乎! 君違, 不忘諫之以德.」라 함.

【大廟】周公을 모신 사당.

【臧哀伯】魯나라 대부 臧孫達.

【九鼎】하나라 때 천하 九州를 상징하여 만든 鼎으로 국가를 상징하는 寶器가 됨. 湯이 夏를 멸한 뒤 이를 商邑으로 옮겼으며 周 武王이 다시 殷을 멸하고 洛邑으로 옮겼음. 그리고 秦나라가 천하를 통일한 다음 이를 취하여 하나는 泗水에 빠뜨렸으며 나머지 8개는 행방을 알 수 없다 함.

【雒邑】東都 洛陽.

【義士】伯夷와 같은 무리들.

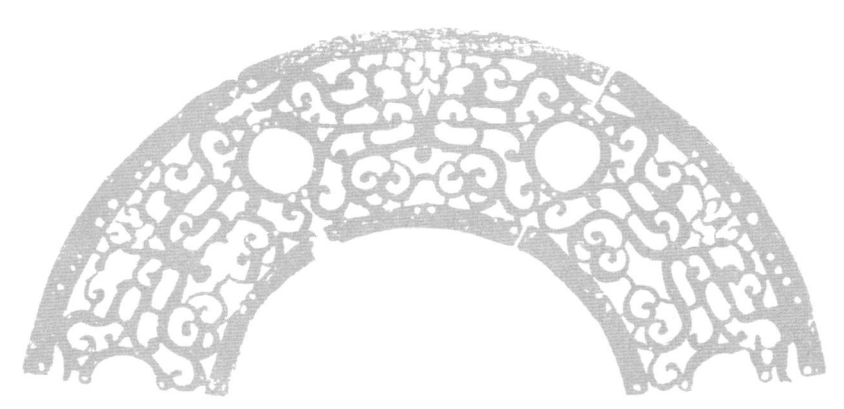

227(33-5)
고구려에서 바쳐온 두 미녀

정관 19년(645), 고구려 왕 고장高藏과 막리지莫離支 연개소문淵蓋蘇文이 사신을 보내어 미녀 두 명을 바쳤다.

그러자 태종은 그 사신들에게 이렇게 말하였다.

"짐은 이 여인들이 본국의 부모형제를 이별하여 이렇게 온 것을 불쌍히 여기고 있다. 만약 그 미색을 좋아하느라 그들의 마음을 아프게 한다면 나는 그렇게 할 수 없다."

그리고 그들을 되돌려 본국으로 보내 주었다.

貞觀十九年, 高麗王高藏及莫離支蓋蘇文遣使獻二美女.

太宗謂其使曰:「朕憫此女離其父母兄弟於本國, 若愛其色而傷其心, 我不取也.」

並却還之本國.

【十九年】《舊唐書》東夷 高麗傳에 고구려가 미인을 마친 사건은 '貞觀 二十年' (646)으로 되어 있음.

【高藏】고구려 왕의 이름. 寶藏王, 642~668년 재위.

【蓋蘇文】淵蓋蘇文. 성은 泉氏, 호는 蓋金. 貞觀 16년(642) 고구려 東部大人 淵蓋蘇文이 27대 榮留王(高建武, 618~642년 재위)을 살해하고 그 아우 28대 寶藏王 (高寶藏)을 세우고 자신은 莫離支가 되어 국사를 다스림.

정관정요

34. 변흥망辯興亡

　역대 이래 그 많은 왕조가 있어 왔고 끝없이 세워지고
사라진 나라들은 모두 그 흥망의 이유가 어디에 있는
가에 대한 분석이다. 결국 덕과 인의, 백성에 대한
사랑만이 국운을 길이 이어 갈 수 있다고 여긴 것이다.

揚州 大運河 〈文光塔〉

228(34-1)
인의와 국운의 길이

정관 초, 태종이 시종하는 신하들에게 조용히 이렇게 말하였다.

"주周 무왕武王은 주紂의 혼란함을 평정하여 천하를 가지게 되었고, 진시황秦始皇은 주周나라 말기의 쇠락함을 틈타 육국六國을 병탄하였다. 천하를 차지한 것에는 다름이 없건만 나라의 운명은 그 장단이 이와 같이 현격하게 차이가 나니 어찌된 것인가?"

상서우복야尙書右僕射 소우蕭瑀가 나서서 말하였다.

"주紂가 무도하게 굴어 천하가 고통을 당하였기에 천하 8백 제후들이 약속을 하지 않았음에도 함께 모여 은나라를 쳤고, 주나라가 비록 쇠미하였지만 육국은 아무런 죄가 없었음에도 진시황이 자신의 꾀와 힘을 믿고 제후를 잠식하였던 것입니다. 천하를 평정한 것은 같으나 사람의 정서가 달랐던 것입니다."

그러자 태종이 말하였다.

"그렇지 않다. 주나라는 은殷을 이기고 나서 인의仁義를 넓히기에 힘을 쏟았고, 진나라를 뜻을 이루고 나서 오로지 거짓과 힘으로 행하였다. 비단 취할 때 상황이 달랐을 뿐 아니라 생각하건대 역시 지키는 방법이 달랐던 것이다. 나라 운명의 장단은 그 뜻이 여기에 있지 않겠는가?"

貞觀初, 太宗從容謂侍臣曰:「周武平紂之亂, 以有天下; 秦皇因周之衰, 遂吞六國. 其得天下不殊, 祚運長短若此之相懸也?」

尚書右僕射蕭瑀進曰:「紂爲無道, 天下苦之, 故八百諸侯, 不期而會. 周室雖微, 六國無罪, 秦氏專任智力, 蠶食諸侯. 平定雖同, 人情則異.」

太宗曰:「不然, 周旣克殷, 務弘仁義; 秦旣得志, 專行詐力. 非但取之有異, 抑亦守之不同. 祚之脩短, 意在茲乎?」

【貞觀初】《冊府元龜》(46)와 《資治通鑑》에 모두 貞觀 元年으로 되어 있음.
【右僕射】가른 기록에는 모두 左僕射로 되어 있으며, 당시 우복야 封德彝는 죽고 얼마 뒤 長孫無忌가 우복야에 임명되었음.
【八百諸侯】周 武王이 紂를 벌하고 孟津에서 팔백 제후와 會盟을 하였다 함.
【脩短】長短과 같음.

229(34-2)
나라의 곡식 창고란 흉년을 대비하기 위한 것

정관 2년(628), 태종이 황문시랑黃門侍郎 왕규王珪에게 말하였다.

"수隋나라 개황開皇 14년 큰 가뭄이 들었을 때 많은 사람들이 굶주리고 궁핍하였다. 이때 창고는 가득 차서 넘쳤지만 끝내 이를 풀어 백성을 진휼하기를 허락하지 아니하고 백성들로 하여금 식량이 있는 곳으로 찾아다니며 스스로 구해 먹도록 하였다. 수 문제文帝는 백성은 내팽개치고 창고는 아끼기를 이와 같이 하였던 것이다. 그러다가 말년에 이르러 천하에 저장된 식량을 계산해 보았더니 모두 50~60년은 먹을 만큼의 많은 양이었다. 양제煬帝는 이러한 부유함을 믿었기 때문에 사치를 부리며 무도하게 굴다가 결국 멸망의 길로 들어서게 된 것이다. 양제가 나라를 잃은 것은 이에서 비롯된 것이다. 무릇 나라를 다스리는 자는 백성에게 온힘을 쏟아야 하는 것이지 창고를 채우는 데에 있지 않았던 것이다. 옛 사람이 '백성이 부족하면 임금이 누구와 더불어 풍족할 수 있겠는가?'라 하였다. 단지 창고란 흉년을 대비하도록 하면 되는 것일 뿐인데 그 외에 무슨 저장을 위해 번거로움을 느낄 일이 있겠는가! 그 뒤를 이은 임금이 만약 어질다면 스스로 천하를 보전해 나갈 수 있을 것이며, 만약 불초하다면 창고에 많은 재물을 저축해 두면 한갓 그 때문에 사치만 다하게 할 뿐이며 이것이 바로 위망의 근본이 되는 것이다."

貞觀二年, 太宗謂黃門侍郎王珪曰:「隋開皇十四年大旱, 人多飢乏. 是時倉庫盈溢, 竟不許賑給, 乃令百姓逐糧. 隋文不憐百姓而惜倉庫如此. 比至末年, 計天下儲積, 得供五六十年. 煬帝恃此富饒, 所以奢華無道, 遂致滅亡. 煬帝失國, 亦此之由. 凡理國者, 務積於人, 不在盈其倉庫. 古人云:『百姓不足, 君孰與足?』但使倉庫可備凶年, 此外何煩儲蓄! 後嗣若賢, 自能保其天下; 如其不肖, 多積倉庫, 徒益其奢侈, 危亡之本也.」

【逐糧】 식량이 있는 곳으로 옮겨 다님. 開皇 14년(594) 關中에 大饑饉이 들자 隋文帝가 주린 백성을 山東으로 옮겨 식량을 구하도록 영을 내렸음.
【古人云】《論語》顔淵篇에 "哀公問於有若曰:「年饑, 用不足, 如之何?」有若對曰:「盍徹乎?」曰:「二, 吾猶不足, 如之何其徹也?」對曰:「百姓足, 君孰與不足? 百姓不足, 君孰與足?」"이라 함.
【後嗣】 뒤를 이을 왕.

230(34-3)
배은망덕은 나라도 망친다

　정관 5년(631), 태종이 시종하는 신하에게 말하였다.
　"하늘의 도란 선한 자에게 복을 내리고 못된 짓을 하는 자에게는 화를 내리는 법이니 이는 그림자와 메아리와 같은 것이다. 옛날 계민啓民 칸이 나라를 잃고 달려왔을 때 수隋 문제文帝는 속백粟帛을 아끼지 않고 크게 병사와 민중을 동원하여 그들을 보위하고 안치시켜 나라를 존속시켜 주었다. 이윽고 그들이 부강해지자 그 자손들은 은혜에 보답할 생각을 아니하고 겨우 시필始畢 칸에 이르렀을 때 즉시 군사를 일으켜 양제煬帝를 안문雁門에서 포위하여 버렸다. 그리고 수나라에 난이 일어나자 다시 강한 힘을 믿고 내지로 깊이 쳐들어갔다가 드디어 옛날 나라를 세워 안전하게 해 주었던 자들과 그 자신 및 자손에 이르도록 모두가 힐리頡利 칸 형제들에게 도륙을 당하고 말았다. 그런데 지금 힐리칸조차도 파망하고 말았으니 어찌 배은망덕의 소치가 아니겠는가!"
　여러 신하들이 함께 말하였다.
　"진실로 폐하의 말씀과 같습니다."

　貞觀五年, 太宗謂侍臣曰:「天道福善禍淫, 事猶影響. 昔啓民亡國來奔, 隋文帝不悋粟帛, 大興士衆, 營衛安置, 乃得存立. 旣而强富, 子孫不思念報德, 纔至始畢, 卽起兵圍煬帝於雁門. 及隋國亂, 又恃强深入, 遂使昔安立其國家者, 身及子孫, 並爲頡利兄弟之所屠戮, 今頡利破亡, 豈非背恩忘義所至也!」

　群臣咸曰:「誠如聖旨.」

【影響】 그림자와 메아리. 실체가 있으면 반드시 결과나 응보가 있음을 말함.

【啓民】 계민칸(可汗). 돌궐의 수령으로 隋나라 開皇 19년(599) 그 형 都藍칸에게 패하여 수나라에 항복하여 계민칸으로 봉을 받음. 그 뒤에 수나라의 도움으로 東突厥의 옛 땅을 모두 회복하여 수령이 됨.

【始畢】 시필칸. 계민칸의 아들. 원문에는 원래 '失脫'칸으로 되어 있으나 《舊唐書》突厥傳에 의해 '始畢'로 바로 잡음.

【雁門】 지금의 山西. 隋나라 大業 11년(615)에 隋 煬帝가 長城을 순수하다가 始畢칸에게 이곳 안문에서 포위를 당하였음.

【頡利】 힐리칸. 始畢칸의 아우. 시필칸이 죽고 그 아우 處羅칸이 뒤를 이었으며 處羅칸이 죽자 힐리칸이 뒤를 이음. 다시 貞觀 4년(630) 唐 太宗이 東突厥을 정벌하여 이 힐리칸을 사로잡음.

【兄弟之所屠戮今頡利】 이 9글자는 원래 없으나 《舊唐書》突厥傳에 의해 보충한 것임.

231(34-4)
승리가 잦을수록 나라는 위험해진다

정관 9년(635), 북변北蕃 사람이 조정에 돌아와 이렇게 상주하였다.

"돌궐突厥에 큰 눈이 내려 사람이 굶주리고 있으며 양과 말들이 모두 죽었습니다. 그곳에 사는 중국中國 사람들도 모두가 산 속으로 들어가 도적이 되어 민심이 흉흉합니다."

태종이 시종하는 신하들에게 말하였다.

"옛 임금들을 보건대 인의를 행하고 현량한 이들을 들어 쓰면 나라가 다스려지지만 포악한 짓을 행하고 소인을 들어 쓰면 실패하고 말았다.

돌궐에서 신임하고 있는 신하들이 어떤 이들인지 그대들은 모두 보아 왔을 것이니 대체로 충직함이나 정직함이 없는 자들로 쓸 만한 자들은 없었다. 힐리頡利칸은 게다가 백성을 걱정하지도 않은 채 제멋대로 하고 싶은 대로 하는 자이다. 내 사람의 일로 이를 관찰하건대 역시 그들이 어찌 장구하게 이어 갈 수 있겠는가?"

위징魏徵이 나서서 말하였다.

"옛날 위魏 문후文侯가 이극李克에게 제후들 중에 어떤 나라가 먼저 망할 것인가를 물었지요. 그러자 이극은 '오吳나라가 먼저 망할 것입니다'라 하였습니다. 문후가 '어찌 그렇소?'라고 되묻자 이극은 '자주 싸워 그때마다 승리하기 때문입니다. 자주 승리하면 임금이 교만해질 것이며 자주 싸우면 백성이 피폐해 질 것이니 망하지 않고 무엇을 기다리겠습니까?'라 하였답니다. 힐리칸은 수隋나라 말 중국이 혼란에 빠졌을 때 자신들 군사의 무리가 많음을 믿고 우리를 안으로 침범하였습니다. 그런데 아직도 이를 그만둘 줄 모르고 있으니 이는 틀림없이 망하고 말 도리입니다."

태종은 심히 그렇다고 여겼다.

貞觀九年, 北蕃歸朝人奏:「突厥內大雪, 人饑, 羊馬並死. 中國人在彼者, 皆入山作賊, 人情大惡.」

太宗謂侍臣曰:「觀古人君, 行仁義, 任賢良則理; 行暴亂, 任小人則敗. 突厥所信任者, 並共公等見之, 略無忠正可取者. 頡利復不憂百姓, 恣情所爲. 朕以人事觀之, 亦何可久矣?」

魏徵進曰:「昔魏文侯問李克, 諸侯誰先亡? 克曰:『吳先亡.』文侯曰:『何故?』克曰:『數戰數勝. 數勝則主驕, 數戰則民疲, 不亡何待?』頡利逢隋末中國喪亂, 遂恃衆內侵, 今尚不息, 此其必亡之道.」

太宗深然之.

【九年】다른 기록에는 모두 정관 원년(627)으로 되어 있음. 頡利可汗은 정관 4년(630)에 포로가 되어 8년 정월에 죽음. 따라서 9년이 될 수 없음.

【北蕃】북방의 이민족. 여기서는 突厥을 지칭함.

【中國】中原 지역을 가리킴.

【魏文侯】전국 초기의 魏나라 영명한 군주. 이름은 斯. B.C.445~B.C.396년까지 50년간 재위함. 李悝를 재상으로, 吳起를 장군을 삼았으며 西門豹를 鄴令으로 하여 개혁을 실시, 부국강병을 이룸. 한편 위문후와 이극의 이 고사는 《韓詩外傳》(10)에 "魏文侯問里克曰:「吳之所以亡者, 何也?」里克對曰:「數戰而數勝.」文侯曰:「數戰數勝, 國之福也. 其獨亡, 何也?」里克對曰:「數戰則民疲, 數勝則主驕; 驕則恣, 恣則極. 上下俱極, 吳之亡猶晚矣. 此夫差所以自喪於干遂.」詩曰:『天降喪亂, 滅我立王.』"이라 하였으며, 그 외 《新序》雜事(五)와 《淮南子》道應訓, 《呂氏春秋》適威篇, 《文子》道德篇 등에도 널리 실려 있음.

【李克】子夏의 제자이며 '里克'으로도 표기함. 魏文侯를 보필한 학자이며 사상가. "食有勞, 祿有功, 使有能, 賞必行, 罰必當"을 건의함. 혹 李悝가 아닌가 여기기도 함.

232(34-5)
북제北齊와 북주北周

정관 9년(635), 태종이 위징魏徵에게 말하였다.

"근래 주北周나라와 제北齊나라의 역사를 읽어 보니 마지막 나라를 망친 군주는 그 악행이 서로 닮은 점이 많음을 알게 되었다. 북주의 임금은 심하게 사치를 좋아하여 모든 창고의 재물을 거의 탕진하도록 사용하였으며 그것도 모자라 모든 세관과 시장에서 있는 대로 세금을 거두어들였다. 나는 이를 보고 항시 마치 이는 사람이 제살 깎아 먹는 것과 같다고 여겼다. 자신의 살을 깎아 배를 채운다면 그 살이 다하면 틀림없이 죽고 말 것이다. 백성의 임금으로서 세금이 그치지 않는다면 백성이 피폐해지면 그 임금 역시 망하고 마는 것이니 북제의 임금이 바로 그러한 자였다. 그렇다면 북주의 천원황제天元皇帝와 북제의 후주의 우열은 어떠한가?"

위징이 대답하였다.

"두 군주가 나라를 망친 것은 비록 같으나 그 행동에는 차이가 있습니다. 북제의 후주는 나약하기 그지없어 정치가 많은 사문私門에서 나와 나라에 기강이 없었기에 결국 멸망에 이른 것입니다. 그러나 천원황제는 성격이 흉포하고 강하여 자신이 위엄을 부리는 것이 복이라 여겼으니 망국의 원인은 오직 그 한 몸에만 있었던 것입니다. 이로써 논하건대 제나라 후주가 모자라는 군주입니다."

貞觀九年, 太宗謂魏徵曰:「頃讀周齊史, 末代亡國之主, 爲惡多相類也. 齊主深好奢侈, 所有府庫, 用之略盡, 乃至關市無不稅斂. 朕常謂此猶如饞人自食其肉, 肉盡必死. 人君賦斂不已, 百姓旣弊, 其君亦亡, 齊主卽是也. 然天元·齊主, 若爲優劣?」

徵對曰:「二主亡國雖同, 其行則別. 齊主懦弱, 政出多門, 國無綱紀, 遂至亡滅. 天元性兇而强, 威福在己, 亡國之事, 皆在其身. 以此論之, 齊主爲劣.」

【周齊】 北齊와 北周. 남북조 시대 북조의 두 나라. 北齊는 高洋이 세웠으며 551년부터 578년까지 鄴(지금의 河南 臨漳)에 도읍을 정하였고 北周에게 망함. 한편 北周는 宇文覺이 長安(지금의 陝西 西安)에 나라를 세워(556~581) 뒤에 隋나라에게로 왕통이 넘어갔음.

【齊主】 北齊의 後主 高緯. 北周에게 멸망함.

【關市】 세관과 시장.

【天元】 北周 宣帝 宇文贇이 자칭 天元皇帝라 칭하였으며 그가 죽고 어린 宇文靜이 이어받았으나 얼마 뒤 隨國公 楊堅이 정권을 탈취하였음. 楊堅은 이에 국호를 ‘隨’자에거 ‘辶’을 제거하고 ‘隋’로 정함.

정관정요

35. 정벌征伐

　　당나라 당시 중국을 둘러싸고 있던 이민족의 국가
들은 주로 북쪽의 돌궐과 철륵, 설연타, 서쪽의 서역,
남쪽의 임읍林邑, 그리고 동방의 고구려였다. 그중에
돌궐과 고구려는 가장 상대하기 어려운 나라들로서
이들을 어떻게 정벌할 것인가에 대한 적극적인 토론이
본장의 주요 내용이다. 물론 이웃 나라 무고한 백성을
구제하고 왕통이 이어지도록 한다는 명분이었지만
실제로는 태종의 욕심과 확장 정책을 실현하여 위공을
세우겠다는 야망이었으며 이에 대한 반대 의견도 대단
하였음을 알 수 있다.

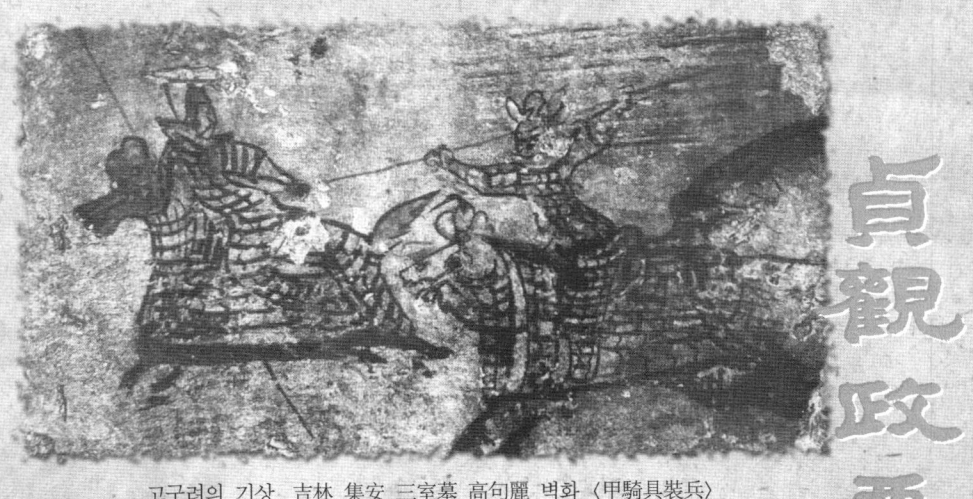

고구려의 기상. 吉林 集安 三室墓 高句麗 벽화 〈甲騎具裝兵〉

233(35-1)
돌궐과 편교便橋 사건

무덕武德 9년(626) 겨울, 돌궐突厥의 힐리頡利칸과 돌리突利칸이 무리 20만을 이끌고 위수渭水의 편교便橋 북쪽에 이르러 그 장수 집시사력執矢思力을 보내어 입조하여 태종을 만나 허장성세를 폈다.

"두 분 칸께서 백만 대군을 거느리고 지금 이미 도착하였다."

그러면서 돌아가 보고할 수 있도록 대답을 하라고 하였다.

태종은 이렇게 말하였다.

"나와 돌궐은 얼굴을 맞대고 화친을 맺었었는데 네가 이를 배반한 것이지 나는 부끄럽게 느끼는 것이 아무것도 없다. 어찌 문득 군사를 이끌고 우리 경기京畿의 현縣까지 들어와 허장성세를 부리는 것이냐? 내 당장 먼저 너부터 죽여 없애리라!"

집시사력은 두려워 목숨을 살려줄 것을 청하였다. 이에 소우蕭瑀와 봉덕이封德彝 등이 예를 갖추어 그를 돌려보낼 것을 청하자. 그러자 태종은 이렇게 말하였다.

"안 된다. 지금 만약 이를 풀어 주면 틀림없이 우리가 두려워하고 있다고 여길 것이다."

이에 그를 감옥으로 보내어 가두도록 하였다. 그리고 태종은 이렇게 말하였다.

"힐리칸은 우리나라에 내란內難이 있었고, 다시 내가 금방 즉위하였다는 말을 듣고 그 때문에 군사를 거느리고 곧바로 들이닥치면 내가 감히 저항하지 못할 것이라 여기고 있는 것이다. 내가 만약 문을 걸어 잠그고 스스로 지키기만 한다면 저들은 틀림없이 군사를 마구 풀어 제멋대로 약탈할 것이니 누가 강한가를 결판낼 시기는 바로 지금이다. 내 장차 홀로 나가서 그들을 가볍게 보고 있음을 보여 줄 것이며 아울러 우리 군사의 위용을 보여 그들로 하여금 우리가 반드시 맞싸울 것임을 알도록 할 것이다. 의외의 일을 보여 그들의 의도를 어그러뜨려 흉노를 제압하여 굴복시키는 것은 바로 이번 거사에 있다!"

그리고 드디어 한 필 말에 올라 나가서 나루를 사이에 두고 말을 건넸다.

힐리칸은 예측을 할 수가 없었다. 이윽고 당나라 육군六軍이 줄을 이어 나타나자 힐리칸은 그 군사의 위용이 대단함을 보게 되었고, 아울러 집시사력이 구금되었음을 알게 되었다. 이로 인해 그는 크게 겁을 먹고 맹약을 맺고 물러설 것을 청하였다.

武德九年冬, 突厥頡利·突利二可汗, 以其衆二十萬, 至渭水便橋之北, 遣酋帥執矢思力, 入朝爲覘, 自張聲勢云:「二可汗總兵百萬, 今已至矣.」

乃請返命.

太宗謂曰:「我與突厥面自和親, 汝則背之, 我無所愧, 何輒將兵入我畿縣, 自夸强盛? 我當先戮爾矣!」

思力懼而請命. 蕭瑀·封德彝等, 請禮而遣之. 太宗曰:「不然. 今若放還, 必謂我懼.」

乃遣囚之. 太宗曰:「頡利聞我國家新有內難, 又聞朕初卽位, 所以率其兵衆, 直至於此, 謂我不敢拒之. 朕若閉門自守, 虜必縱兵大掠, 强弱之勢, 在今一策. 朕將獨出, 以示輕之, 且耀軍容, 使知必戰. 事出不意, 乖其本圖, 制服匈奴, 在茲擧矣!」

遂單馬而進, 隔津與語, 頡利莫能測. 俄而六軍繼至, 頡利見軍容大盛, 又知思力就拘, 由是大懼, 請盟而退.

【頡利】 頡利可汗. 突厥의 추장. '可汗'은 '칸'. 우두머리, 왕, 수령, 지도자라는 뜻.

【突利】 突利可汗. 始畢可汗의 아들 什鉢苾. 頡利可汗의 조카.

【便橋】 渭水에 있는 다리 이름. 長安 便門과 마주하여 便橋라 함. 漢 武帝 때 건설하였으며 長安城 북쪽에 있음.

【執矢思力】 돌궐 장수의 이름. 성은 執矢, 이름은 思力. 힐리칸의 심복이며 장수.

【返命】 돌아와 보고함.

【畿縣】 京畿 지역.

【內難】 武德 9년(626) 6월 4일에 있었던 玄武門 政變을 말함.

【匈奴】 여기서는 突厥을 지칭함. 漢나라 때 중국과 대립되었던 민족이 匈奴이며 당나라 때는 돌궐이었음. 이에 혼용하여 쓴 것.

【請盟】 무덕 9년 8월 乙酉에 당 태종이 힐리칸과 便橋에서 맹약을 맺은 일.

234(35-2)
반란을 일으킨 것 같지 않습니다

정관 초, 영남嶺南 여러 저에서 고주高州의 추장 풍앙馮盎과 담전談殿이 병력을 믿고 반란을 일으켰다고 보고가 들어왔다.

태종은 장군 인모藺謨를 불러 강남江南과 영남 두 도 열 개 주의 군사를 모아 이를 토벌하도록 명하였다.

그러자 비서감秘書監 위징魏徵이 이렇게 간언하였다.

"중원이 지금 막 안정을 찾았으나 그 동안의 상처는 아직 회복되지 못하였습니다. 영남은 풍토병이 많고 산천이 막혀 있어 군사와 물자를 계속 이어 보내기도 어렵고 만약 역질이라도 번지면 그때 뜻대로 되지 않는다고 후회해야 이미 늦고 맙니다. 게다가 풍앙이 만약 반란을 꾀하였다면 모름지기 중원이 아직 안정되지 못한 틈을 이용하여 먼 곳의 무리와 결탁, 험한 지형에 군사를 보내어 단절시킨 채 乙-지의 주현州縣을 노략질하고 각기 자신의 부서를 설치할 것입니다. 그런데 어찌하여 반란의 보고가 들어온 지 몇 해가 지나도록 아직 그 경내를 나서지 않겠습니까? 이는 반란의 형세가 아직 무르익지 않았기 때문일 것이니 섣불리 군사를 동원할 때가 아닙니다. 폐하께서는 아직 사신을 파견하여 그들을 관찰하지도 않으셨으니 그들이 찾아와 조알朝謁을 한다 해도 그 사정에 대하여 분명하게 알지 못할 것입니다. 지금 만약 사신을 파견하여 그 사정을 명백히 알고 그들을 달래어 깨우친다면 틀림없이 먼 여정의 군사를 노고롭게 하지 않고도 그들은 스스로 이 조정을 찾아올 것입니다."

태종이 이 의견에 따르자 영남이 모두 평정을 찾게 되었다. 이에 시종하는 신하들이 이렇게 상주하였다.

"풍앙과 담전은 지난날 항상 서로 다투어 정벌을 일삼았으나 폐하께서 한 명의 사신을 보내자 지금 영남이 조용해졌습니다."

태종은 이렇게 말하였다.

"당초 영남의 여러 주에서 풍앙이 반란을 일으켰다고 할 때 나는 반드시 이들을 토벌하겠다고 다짐하였소. 그런데 위징이 자주 간언을 하면서 오직 덕으로써 그들을 품기만 하면 틀림없이 토벌하지 않아도 스스로 찾아올 것이라 하였소. 이에 그의 계책을 따랐더니 드디어 영남이 무사하게 된 것이오. 아무런 노고로움도 없이 안정을 얻었으니 십만 군사를 보낸 것보다 나은 것이오."

이에 위징에게 비단 5백 필을 하사하였다.

貞觀初, 嶺南諸州奏言高州酋帥馮盎·談殿, 阻兵反叛. 詔將軍藺謩發江·嶺數十州兵討之.

秘書監魏徵諫曰:「中國初定, 瘡痍未復, 嶺南瘴癘, 山川阻深, 兵運難繼, 疾疫或起, 若不如意, 悔不可追. 且馮盎若反, 卽須及中國未寧, 交結遠人, 分兵斷險, 要破掠州縣, 署置官司. 何因告來數年, 兵不出境? 此則反形未成, 無容動衆. 陛下旣未遣使人就彼觀察, 卽來朝謁, 恐不見明. 今若遣使, 分明曉諭, 必不勞師旅, 自致闕庭.」

太宗從之, 嶺表悉定. 侍臣奏言:「馮盎·談殿往年恆相征伐, 陛下發一單使, 今嶺外帖然.」

太宗曰:「初, 嶺南諸州盛言盎反, 朕必欲討之. 魏徵頻諫, 以爲但懷之以德, 必不討自來. 旣從其計, 遂得嶺表無事, 不勞而定, 勝於十萬之師.」

乃賜徵絹五百匹.

【貞觀初】《資治通鑑》 등에 의하며 정관 원년(627)으로 되어 있음.

【馮盎】 ?~646. 자는 明達, 高州 良德(지금의 廣東 高州縣) 사람으로 隋나라가 망하자 嶺南을 점거하였다가 唐나라가 일어서자 당에 항복하여 越國公에 봉해짐.

【談殿】 역시 嶺南 지역을 점거하였던 인물.

【藺謩】 인명. 당시의 장군. 구체적인 사적은 알 수 없음. 謩는 음이 '도'이며 '謨'자와 같음.

【江嶺】 江南道와 嶺南道.

【秘書監】 당시 魏徵이 尙書右丞兼諫議大夫로 있었다가 정관 3년(629)에 秘書監에 올랐음.

【瘴癘】 남방 풍토병. 습기로 인하여 발병하는 癘疾. 疫病.

【闕庭】 조정. 궁궐.

【嶺表】 오령의 남쪽 바깥. 영남을 말함.

235(35-3)
임읍林邑을 정벌합시다

정관 4년(630), 유사有司가 상언上言하였다.

"임읍林邑은 만이의 나라인데 표나 상서에 그 말투가 순종함이 없으니 병력을 발동하여 토벌하기를 청합니다."

태종이 말하였다.

"병력이란 흉기이다. 부득이할 때만 사용하는 것이다. 그래서 한漢 광무제光武帝는 '매번 병력을 발동할 때마다 나도 모르게 머리카락과 수염이 희게 될 정도로 두렵다'라 하였다. 자고로 병력을 죽음에 이르도록 지독하게 쓰고도 망하지 않은 나라는 없다.

부견苻堅은 스스로 병력이 강함을 믿고 반드시 진晉나라를 집어삼키겠다는 뜻으로 백만 대군을 일으켰으나 일거에 망하고 말았다. 그리고 수隋나라 군주 역시 반드시 고구려高句麗를 취하겠다고 해마다 노역을 벌여 사람들이 그 원한을 이겨내지 못하여 결국 필부의 손에 죽고 말았다. 그런가 하면 힐리頡利칸 같은 경우, 지난날 해마다 우리나라를 침략하여 부락민들이 그 원정과 노역에 피폐해져 드디어 멸망에 이르고만 것이다. 내 이를 직접 보아왔는데 어찌 문득 군사를 발동시킨단 말이냐? 그리고 임읍으로 가자면 험한 산을 넘어야 하고 그곳은 풍토병도 많은데 만약 우리 병사들이 그러한 역질이라도 걸린다면 비록 그 만이들을 이겨 소멸시킨다 해도 무슨 보탬이 되겠는가? 그들 상소문의 말투가 거칠다 해도 어찌 개의할 일이겠는가!"

그리고 끝내 토벌에 나서지 않았다.

貞觀四年, 有司上言:「林邑蠻國, 表疏不順, 請發兵討擊之.」

太宗曰:「兵者, 凶器, 不得已而用之. 故漢光武云:『每一發兵, 不覺頭鬚爲白.』自古以來窮兵極武, 未有不亡者也. 符堅自恃兵强, 欲必吞晉室, 興兵百萬, 一擧而亡. 隋主亦必欲取高麗, 頻年勞役, 人不勝怨, 遂死於匹夫之手. 至如頡利, 往歲數來侵我國家, 部落疲於征役, 遂至滅亡. 朕今見此, 豈得輒卽發兵? 但經歷山險, 土多瘴癘, 若我兵士疾疫, 雖剋翦此蠻, 亦何所補? 言語之間, 何足介意!」

竟不討之.

【林邑】지금의 越南 중남부. 貞觀 4년(630)에 임읍에서 火珠를 헌납할 때 그 사신이 거만하다고 여겨 토벌할 것을 청하였던 것임.

【兵者, 凶器】《老子》31장에 "夫佳兵者不祥之器, 物或惡之, 故有道者不處"라 함.

【漢光武】東漢을 세운 光武帝 劉秀.

【符堅】東晉 五胡十六國 때 前秦의 황제. 氐族이었으며 백만 대군을 이끌고 동진을 공격하였다가 淝水戰에 패하여 뒤에 羌族의 수령 姚萇에게 죽음을 당함.

【隋主】隋나라 煬帝를 가리킴. 두 번이나 고구려 원정에 나섰으나 모두 실패하였고 그로 인해 나라가 망함.

【剋翦】소멸시킴.

236(35-4)
백성에게 이익이 되지 않는 정벌

정관 5년(631), 강국康國이 부귀해 오기를 청하자 이때 태종은 시종하는 신하들에게 이렇게 말하였다.

"전대前代의 제왕들은 크게 영토를 넓히는 데에 힘을 쏟아 자신이 죽은 뒤의 헛된 이름을 남기기에 바랐지만 자신에게 아무런 이익도 없었을 뿐더러 백성만 심한 고통을 당하였다. 설령 자신에게는 이익이 되지만 백성에게는 손해가 나는 일이라면 이긴다 해도 틀림없이 이런 짓은 하지 않을 것이거늘 하물며 헛된 이름을 요구하면서 백성에게 손해를 끼치는 일임에랴?

강국이 이미 우리 조정에 귀의해 오고 나면 그 나라에 급하고 어려운 일이 생기면 구제해 주지 않을 수 없다. 그렇게 되면 군대가 만 리의 길을 가야 하니 어찌 백성을 노고롭게 하는 것이 아니겠는가? 만약 백성을 노고롭게 하면서 이름을 구하고자 한다면 나는 이러한 일은 하지 않겠다. 그들이 귀부해 오기를 청한 일을 꼭 들어줄 필요는 없다."

貞觀五年, 康國請歸附. 時太宗謂侍臣曰:「前代帝王, 大有務廣土地, 以求身後之虛名, 無益於身, 其民甚困. 假令於身有益, 於百姓有損, 勝必不爲, 況求虛名而損百姓乎? 康國旣來歸朝, 有急難不得不救; 兵行萬里. 豈得無勞於民? 若勞民求名, 非朕所欲, 所請歸附, 不須納也.」

【康國】 당시 서역의 나라 이름. 漢나라 때는 康居國으로 불렀으며 지금의 우즈베 키스탄 사마르칸트 지역.

【務廣土地】 영토를 넓히기에 온 힘을 쏟음.

〈騎馬紋〉 漢代 畫像磚

237(35-5)
정벌에도 도의를 지켜야

정관 14년(640), 병부상서兵部尙書 후군집侯君集이 고창高昌을 정벌하러 나섰다. 그들이 유곡柳谷에 이르렀을 때 후기侯騎가 이렇게 말하였다.

"고창 왕 국문태麴文泰가 죽어 날짜에 맞추어 장례를 치르려고 나라 사람들이 모두 모여들었습니다. 지금 가벼운 기마병 2천 명이면 모두 진멸시킬 수 있습니다."

부장副將 설만균薛萬均과 강행본姜行本은 모두가 그러리라 여겼다.

그러자 후군집은 이렇게 말하였다.

"천자께서 고창이 교만하다고 여겨 나로 하여금 공경을 다하여 그들의 주벌하도록 임무를 내렸다. 그런데 묘지를 축조하는 틈을 노려 모인 사람들을 그 장례 행렬을 습격한다면 이는 정당한 무武라 칭할 수 없다. 이는 죄를 따져 묻는 군대일 수가 없다."

드디어 행군을 중지하고 기다렸다가 장례가 끝나자 진격하여 그 나라를 평정하였다.

貞觀十四年, 兵部尙書侯君集, 伐高昌. 及師次柳谷, 候騎言:
「高昌王麴文泰死, 剋日將葬, 國人咸集, 以二千輕騎襲之, 可盡得也.」

副將薛萬均‧姜行本, 皆以爲然.

君集曰:「天子以高昌驕慢, 使吾恭行天誅, 乃於墟墓間以襲其葬, 不足稱武, 此非問罪之師也.」

遂按兵以待. 葬畢, 然後進軍, 遂平其國.

【侯君集】?~643. 당나라 초기의 명장. 豳州 三水(陝西 旬邑) 출신으로 정관
　4년(630) 兵部尙書가 되었으며 정관 14년(640)에 高昌을 정벌하고 交河行軍大
　總管과 吏部尙書를 겸하였음.
【高昌】서역의 나라 이름. 지금의 新疆 투르판(吐魯番)에 있었음. 지금도 고창
　고성이 남아 있음.
【柳谷】柳谷渡. 西州 交河縣에 있는 지명.
【候騎】斥候의 임무를 맡은 기마병.
【麴文泰】고창국의 왕. 정관 14년(640) 8월 당나라 군사가 磧口에 이르렀다는
　보고를 받고 울분을 토하다가 병으로 죽음.
【剋日】정해진 날짜.
【薛萬均】당나라 초기의 장군. 당시 交河行軍副總管 및 左屯衛大將軍의 직책을
　가지고 있었음.
【姜行本】당나라 초기 명신 姜謩의 아들로 당시 行軍副總管의 직함을 가지고
　있었음.

238(35-6)
설연타薛延陀 부락

정관 16년(642), 태종이 시종하는 신하에게 말하였다.

"북적北狄이 대대로 우리를 괴롭히더니 지금 설연타薛延陀 부락이 강해졌으니 서둘러 조치를 취하지 않으면 안 된다. 나는 여러 가지 깊이 생각해 보았는데 오직 두 가지 대책이 있을 뿐이다. 우선 10만 병사를 뽑아 그들을 습격하여 포로로 잡아 흉악한 자들을 씻어 없애 백 년 동안 환난이 없도록 하는 것으로 이것이 하나의 책략이다. 다음으로 만약 그들이 순종하기를 청하여 찾아온다면 그들과 혼인 관계를 맺는 것이다. 나는 천하 창생의 부모로서 그렇게 하는 것이 진실로 이로운 것이라면 내 어찌 딸 하나를 아끼겠는가!

북적의 풍속에는 주로 여자들에 의해 정치가 이루어진다니 만약 내 딸이 아들을 낳는다면 그 아이는 나의 외손자가 되는 것이다. 외손자가 우리 중국을 침략하지는 않을 것임은 판단으로 가히 알 수 있다. 이로써 말한다면 변경은 족히 30년 동안은 무사할 것이다. 이 두 가지 책략 중에 어느 것을 먼저 하여야겠는가?"

사공司空 방현령房玄齡이 대답하였다.

"수隋나라 말의 대란을 만난 이후 호구戶口가 태반은 아직 회복되지 못하고 있는 터에 전쟁의 고통과 위험에 대하여 성인께서 신중을 기하셔서 화친의 정책을 쓰신다면 실로 천하가 다행인 줄로 압니다!"

貞觀十六年, 太宗謂侍臣曰:「北狄世爲寇亂, 今延陀倔强, 須早爲之所. 朕熟思之, 惟有二策: 選徒十萬, 擊而虜之, 滌除凶醜, 百年無患, 此一策也. 若遂其來請, 與之爲婚媾, 朕爲蒼生父母, 苟可利之, 豈惜一女! 北狄風俗, 多由內政, 亦旣生子, 則我外孫, 不侵中國, 斷可知矣, 以此而言, 邊境足得三十年來無事. 擧此二策, 何者爲先?」

司空房玄齡對曰:「遭隋室大亂之後, 戶口太半未復, 兵凶戰危, 聖人所愼, 和親之策, 實天下幸甚!」

【北狄】 북방의 소수민족. 당시 북쪽에는 거란, 突厥, 鐵勒 등이 있었음.
【延陀】 薛延陀. 鐵勒 여러 部 중에 延陀部와 薛部가 합친 가장 강력한 부락으로 돌궐과 풍습이 비슷하였음.
【爲之所】 그들이 있는 곳에 어떤 조치를 취함.
【遂】 순종함. 복종함.
【蒼生】 일반 백성을 일컫는 말.
【內政】 아내를 통해 가정의 일을 처리함.

239(35-7)
고구려 원정은 안 됩니다

정관 17년(643), 태종이 시종하는 신하에게 말하였다.

"연개소문淵蓋蘇文이 그 임금을 시해하고 나라의 정권을 탈취하였으니 진실로 참을 수 없다. 오늘 우리나라의 병력으로 이를 취하기에 어렵지 않다. 그럼에도 내가 아직 군대를 발동시키지 않는 것은 이 틈에 거란契丹과 말갈靺鞨로 하여금 그들을 교란시키려는 뜻이 있어서이다. 어떻게 생각하는가?"

이에 방현령房玄齡이 대답하였다.

"제가 고대 여러 나라를 보건대 강한 자가 약한 자를 능멸하고 많은 수가 적은 수에게 포악하게 굴지 않음이 없었습니다. 지금 폐하께서 창생蒼生을 무양撫養하셔서서 장사는 용감하고 날래며 힘은 남아도는데도 그들을 취하지 않는 것은 이를 일러 '전쟁을 그치게 하는 것이 무武'라는 것입니다. 옛날 한漢 무제武帝는 여러 차례 흉노匈奴를 토벌하였고, 수隋나라 임금은 세 번이나 요좌遼左를 원정하였으나 백성은 빈한해졌고 나라는 망하고 말았으니 실로 이러한 이유 때문이었습니다. 폐하께서는 자상하게 살펴 주시기를 바랍니다."

태종이 말하였다.

"훌륭하오!"

貞觀十七年, 太宗謂侍臣曰:「蓋蘇文弑其主而奪其國政, 誠不可忍, 今日國家兵力, 取之不難. 朕未能卽動兵衆, 具令契丹·

靺鞨攪擾之, 何如?」

　房玄齡對曰: 臣觀古之列國, 無不强陵弱, 衆暴寡. 今陛下撫養蒼生, 將士勇銳, 力有餘而不取之, 所謂止戈爲武者也. 昔漢武帝屢伐匈奴, 隋主三征遼左, 人貧國敗, 實此之由, 惟陛下詳察.」

　太宗曰:「善!」

【蓋蘇文】淵蓋蘇文(?~666). 高句麗의 莫離支. 일명 蓋金. 성은 泉. 대대로의 벼슬에 올랐다가 628년 영류왕 11년 장성을 쌓으면서 백성들이 고통을 느껴 왕과 신하들이 그를 죽이고자 밀의하자 이를 알고 榮留王과 신하 백여 명을 죽이고 642년 寶藏王을 앉힌 다음 자신은 막리지가 됨. 643년 당에서 보낸 사신을 구금하자 태종이 격분하여 644년 張亮, 李世勣 등과 함께 직접 전투에 나서서 安市城을 포위하였으나 실패하고 돌아갔음. 뒤에 666년 연개소문이 죽고 장남 男生이 막리지가 되었으나 아우 男建, 男産과의 세력 다툼으로 낙생이 당나라고 도망하여 당나라가 이세적을 보내어 668년 결국 고구려는 멸망하고 말았음.

【契丹】원래 東胡族이었으며 北魏 때 '거란'으로 호를 바꾸었음. 지금의 遼河 근처에서 유목생활을 하다가 뒤에 遼나라를 세움.

【靺鞨】고대 민족 이름. 肅愼의 후예로 지금의 松花江과 牡丹江 유역, 黑龍江 아래에 분포하였음.

【止戈爲武】'武'자의 의미를 破字式으로 풀이한 것. '武'이란 마지막 목적이 전쟁이 없도록 함을 뜻함. 《左傳》宣公 12년에 "楚子曰:「非爾所知也. 夫文, 止戈爲武. 武王克商, 作頌曰:『載戢干戈, 載櫜弓矢. 我求懿德, 肆于時夏, 允王保之.』又作武, 其卒章曰:『耆定爾功.』其三曰:『鋪時繹思, 我徂惟求定.』其六曰:『綏萬邦, 屢豐年.』夫武, 禁暴·戢兵·保大·定功·安民·和衆, 豐財者也, 故使子孫無忘其章」 이라 함.

【遼左】遼河의 동쪽. 遼東 지역을 말함. 고대 南面하여 방향의 기준을 잡아 서쪽은 右, 동쪽은 左라 하였음.

240(35-8)
고구려 원정 다시 논의

정관 18년(644), 태종은 고구려高句麗 막리지莫離支 연개소문이 그 임금을 죽이고 백성에게 잔혹하게 군다고 여겨 이를 토벌할 것을 논의하게 되었다.

간의대부諫議大夫 저수량褚遂良이 나서서 말하였다.

"폐하께서는 병력을 부리심에 그 책략이 신묘하셔서 그 누구도 알아차리지 못합니다. 그리하여 지난날 수隋나라 말기의 혼란에 도적들을 이겨 평정하셨습니다. 그리고 북적北狄이 변방을 침략하고 서번西蕃이 복종의 예를 잃자 폐하께서 장차 진격을 명하고자 할 때 많은 신하들은 불가하다고 괴롭도록 고하지 않은 자가 없었지만 오직 폐하께서만은 명석한 책략으로 결단을 내리셔서 마침내 그들을 주벌하셨습니다. 지금 듣기로 폐하께서 장차 고구려를 정벌하려 하심에 모두가 당혹해하고 있습니다. 그러나 폐하의 신명한 책략과 영명하신 명성은 저 후주後周나 수隋나라 군주에 비할 바가 아니지만 만약 병력을 요하遼河를 건너게 했다면 모름지기 기한 내에 승리를 거둘 수 있어야만 합니다. 만에 하나 승리를 거두지 못한다면 위엄을 원방에 떨치지 못할뿐더러 틀림없이 더욱 노하셔서 다시 많은 군사를 동원하게 되실 것입니다. 만약 이러한 지경에 이르게 되면 그때는 안위를 헤아리기 어렵게 됩니다."

태종은 그렇다고 여겼다.

貞觀十八年, 太宗以高麗莫離支賊殺其主, 殘虐其下, 議將討之.

諫議大夫褚遂良進曰:「陛下兵機神算, 人莫能知, 昔隋末亂離, 克平寇難. 及北狄侵邊, 西蕃失禮, 陛下欲命將擊之, 群臣莫不苦諫, 唯陛下明略獨斷, 卒並誅夷. 今聞陛下將伐高麗, 意皆熒惑. 然陛下神武英聲, 不比周・隋之主. 兵若渡遼, 事須剋捷, 萬一不獲, 無以威示遠方, 必更發怒, 再動兵衆. 若至於此. 安危難測.」

太宗然之.

【莫離支】高句麗의 관직 이름으로 행정의 최고 책임자. 당시 연개소문이 莫離支의 직위에 있었음.

【兵機】용병의 뛰어난 智謀.

【西蕃】당시 西域(지금의 신강위구르자치구)의 나라들을 가리키며 여기서는 吐谷渾과 高昌 등의 나라를 말함.

【夷】모두 죽여 없앰. 盡滅함.

【熒惑】미혹함에 빠짐.

【周】南北朝시대의 北周(557~581)를 가리킴. 宇文泰가 세운 나라이며 靜帝 宇文闡 때 隋나라에게 망함.

【遼】요동의 遼河.

【剋捷】기한 내에 승리를 거둠.

241(35-9)
고구려 원정에 직접 나선 당태종

정관 19년(645), 태종이 장차 친히 고구려 정벌에 나섰다. 그러자 개부의동삼사開府儀同三司 울지경덕尉遲敬德이 이렇게 상주하였다.

"폐하의 수레가 만약 요동까지 행차하시면 황태자가 다시 정주定州에서 나라를 감독하여야 합니다. 도경과 서경은 나라의 창고가 있는 곳으로 비록 지킨다고는 하나 끝내 텅 비게 될 것입니다. 그리고 요동은 먼 길로서 혹 그 사이 양현감楊玄感과 같은 변고가 생길까 두렵습니다. 게다가 변방에 치우친 작은 나라는 만승의 폐하께서 직접 힘들여 나서기에는 족하지 않습니다. 만약 이긴다 해도 무력을 자랑할 만한 것이 되지 못하며 만약 진다면 도리어 웃음거리가 되고 말 것입니다. 엎으려 청하건대 뛰어난 장수에게 맡겨 주시면 저절로 꺾여 망할 때를 맞출 수 있을 것입니다."

태종은 비록 그의 간언을 따르지는 않았지만 식자들은 그의 말이 옳다고 여겼다.

貞觀十九年, 太宗將親征高麗. 開府儀同三司尉遲敬德奏言:「車駕若自往遼左, 皇太子又監國定州, 東西二京, 府庫所在, 雖有鎭守, 終是空虛. 遼東路遙, 恐有玄感之變. 且邊隅小國, 不足親勞萬乘. 若克勝, 不足爲武, 儻或不勝, 翻爲所笑, 伏請委之良將, 自可應時摧滅.」

太宗雖不從其諫, 而識者是之.

【開府儀同三司】직관 명칭. 文散官의 가장 높은 부서로 開府에 관직을 두고
  三公의 동의를 구하여 일을 처리함.
【車駕】황제를 가리킴.
【皇太子】李治를 가리킴.
【定州】河北에 속하였으며 치소는 定縣.
【二京】西京 長安과 東京 洛陽.
【玄感之變】隋 煬帝가 고구려 정벌에 나서자 禮部尙書 楊玄感이 기병하여 洛陽을
  포위하였으나 실패한 사건.

242(35-10)
고구려 원정과 이도종李道宗

　　예부상서禮部尙書 강하왕江夏王 이도종李道宗이 태종을 따라 고구려 원정에 나서게 되었는데 태종은 이도종에게 조칙을 내려 이적李勣과 함께 선봉에 서도록 하였다. 그들이 요수遼水를 건너 개모성蓋牟城에 이르러 많은 적군이 몰려옴을 만나게 되었다. 군중에서는 모두가 깊은 구덩이를 파고 들어가 안전을 취한 채 태종의 군대가 오기를 기다렸다가 그때 서서히 진격하고자 하였다.

　　그러자 이도종이 토의 끝에 이렇게 말하였다.

　　"안 된다. 적병은 멀리서 급히 왔기 때문에 병사들은 실제로 지쳐 있음에도 무리가 많음을 믿고 우리를 얕보고 있는 것이다. 한번 맞붙으면 꺾을 수 있다. 옛날 경엄耿弇은 도적을 그대로 광무제 유수에게 남겨둔 채 먼저 나서서 더 큰 적을 토벌하였다. 내 이미 선봉의 직책을 맡았으니 의당 길을 청소하여 황제의 여가輿駕를 기다려야 한다."

　　이적은 그의 의견을 크게 인정하고 이에 이도종이 효용驍勇 수백 기騎를 이끌고 적진으로 곧바로 치고 들어가 좌우로 드나들었으며 그때 이적이 합세하여 공격을 서둘러 크게 깨뜨렸다. 태종이 이르러 심히 이 노고에 대하여 상을 얻어 주었다. 이도종은 그 싸움에서 다리에 상처를 입고 말았는데 태종은 친히 그에게 침을 놓고 뜸을 떠 주면서 임금의 식사를 하사하기도 하였다.

禮部尙書江夏王道宗從太宗征高麗, 詔道宗與李勣爲前鋒. 及濟遼水, 剋蓋牟城, 逢賊兵大至, 軍中僉欲深溝保險, 待太宗至, 徐進.

道宗議曰: 「不可, 賊赴急遠來, 兵實疲頓, 恃衆輕我. 一戰可摧. 昔耿弇不以賊遺君父. 我旣職在前軍, 當須淸道以待輿駕.」

李勣大然其議, 乃率驍勇數百騎, 直衝賊陣, 左右出入. 勣因合擊, 大破之. 太宗至, 深加賞勞. 道宗在陣損足, 帝親爲針灸, 賜以御膳.

【道宗】 李道宗. 자는 承範. 唐 高祖 李淵의 종형제로 나이 17세에 秦王 李世民을 따라 정벌 전쟁에 나서 큰 공을 세웠으며 뒤에 江夏郡王에 봉해짐.
【蓋牟城】 지금의 遼寧 蓋縣에 있던 고구려의 성.
【耿弇】 東漢 초기의 명장. 建威大將軍의 지냈음. 《後漢書》에 전이 있음.
【君父】 東漢 光武帝 劉秀를 가리킴. 경엄이 張步 등을 토벌할 때 광무제가 오기 전에 출병하고자 짐짓 "乘輿且到, 臣子當擊牛醨酒以待百官, 反欲以賊虜遺君父邪?"라 함. 《後漢書》 耿弇傳 참조.
【輿駕】 황제를 가리킴.
【驍勇】 驍騎의 용병. 날랜 기마병으로 돌격대 기병.
【御膳】 임금만이 먹을 수 있는 식사나 음식물.

243(35-11)
태종의 《제범帝範》

　태종의 《제범帝範》에 이렇게 말하였다.

　"무릇 병갑兵甲이란 나라의 흉기凶器이다. 영토를 비록 넓혔다 해도 전쟁을 좋아하면 백성이 피폐해지게 마련이며 중국中國이 비록 편안하다 해도 전쟁을 잊고 살면 백성이 위태로워진다. 백성을 피폐하게 몰고 가는 것은 온전히 지켜 내는 술책이 아니며, 백성을 위태롭게 하는 것은 적을 제압하는 방법이 될 수 없다. 따라서 전쟁이란 완전히 없앨 수도 없는 것이며 언제나 전쟁만으로 해결할 수도 없는 것이다. 그러므로 농사짓는 틈을 내어 무력을 익히며 위의威儀를 연습해 두어야 하며, 3년에 한 번씩 병력을 점검하여 그 전투력을 변별해 두어야 한다. 그러므로 구천句踐은 자신의 수레에 달려드는 개구리를 보고 그 용맹을 가상히 여겨 식軾을 하여 마침내 패업을 이룬 것이며, 서徐나라 언왕偃王은 인의만 있으면 된다고 여겨 무비를 없앴다가 마침내 나라를 잃고 말았다. 어찌 그렇겠는가? 월越나라 구천은 그 위엄을 연습하였고 서나라 언왕은 그 무비를 잊고 살았기 때문이다. 공자孔子는 '백성을 가르치지 아니하고 전쟁에 내모는 것은, 이를 일러 백성을 버린다고 하는 것이다'라 하였다. 이로써 무기의 위력이란 천하를 이롭게 하는 것이니 이것이 용병用兵의 임무이다."

　太宗《帝範》曰:「夫兵甲者, 國家凶器也. 土地雖廣, 好戰則民凋; 中國雖安, 忘戰則民殆. 凋非保全之術, 殆非擬寇之方, 不可以全除, 不可以常用. 故農隙講武, 習威儀也; 三年治兵, 辨等列也. 是以句踐軾蛙, 卒成霸業; 徐偃棄武, 終以喪邦. 何也? 越習其威, 徐忘其備也. 孔子曰: 『以不敎民戰, 是謂棄之.』 故知孤矢之威, 以利天下, 此用兵之職也.」

【帝範】 貞觀 22년(648) 당 태종이 《帝範》 12편을 지어 태자 李治에게 나려 준 책 이름.

【凶器】 《老子》 31장에 "夫佳兵者不祥之器, 物或惡之, 故有道者不處"라 함.

【好戰則民凋】 《司馬法》 人本篇에 "故國雖大, 好戰必亡; 天下雖安, 忘戰必危"라 함.

【句踐】 춘추 말기 越나라 군주. 句踐이 吳와 夫差에게 원한을 갚고자 군대를 일으켰을 때 길에서 노하여 덤비는 개구리를 보고 절을 하여 병사들로 하여금 개구리처럼 노기를 가지고 싸우도록 격려하였다 함. 《吳越春秋》 勾踐伐吳外傳에 "恐軍士畏法不使, 自謂未能得士之死力. 道見蛙張腹而怒, 將有戰爭之氣, 卽爲之軾. 其士卒有問於王曰:「君何爲敬蛙蟲而爲之軾?」 句踐曰:「吾思士卒之怒久矣, 而未有稱吾意者. 今蛙蟲無知之物, 見敵而有怒氣, 故爲之軾」 於是, 軍士聞之, 莫不懷心樂死, 人致其命"이라 함.

【軾】 수레에 탄 채 앞의 횡목을 잡고 절을 하여 예를 표하는 것.

【徐偃】 徐偃王. 춘추시대 西戎의 수령으로 무비를 갖추지 않았다가 楚나라에 병탄되었다가 뒤에 결국 吳나라에게 망하였음. 서언왕에 대한 고사는 《搜神記》(14), 《博物志》(7), 《水經注》 등에 아주 널리 전하고 있으며 《博物志》 등에 "偃王治國, 仁義著聞. 欲舟行上國, 乃通溝陳蔡之間, 得朱弓矢以得天瑞, 遂因名爲號, 自稱徐偃王. 江淮諸侯服從者, 三十六國. 周王聞之, 遣使至楚令伐之, 偃王愛民, 不鬪, 遂爲楚敗"라 함.

【孔子曰】 《論語》 子路篇의 구절. 《孟子》 告子(下)에는 "不敎民而用之, 謂之殃民"이라 하였고, 《周禮》 大司馬 「中春, 敎振武」의 鄭玄 注에는 「兵者, 守國之備. 孔子曰: 『以不敎民戰, 是謂棄之.』 兵者凶事, 不可空設, 因蒐狩而習之. 凡師, 出曰治兵; 入曰振旅, 皆習戰也」라 함.

244(35-12)
죽으면서 고구려 원정을 반대한 방현령

정관 22년(648), 태종이 다시 고구려高句麗를 토벌하려 하였다. 이 때 사공司空 방현령房玄齡은 병이 더욱 심하여 여러 아들들을 돌아보며 이렇게 일렀다.

"지금 천하는 맑고 고요해졌다. 모든 것이 그 마땅함을 얻었는데 오직 동쪽으로 고구려를 토벌하고자 하니 이는 나라에 손해가 될 것이다. 나는 알고 있지만 말은 할 수가 없다. 한을 머금은 채 지하로 들어갈 수밖에 없구나."

그리고는 드디어 표를 올려 이렇게 간하였다.

"제가 듣기로 용병用兵이란 그치지 않는 것이 악한 것이며 무武란 전쟁을 그치게 하는 것을 귀하게 여긴다 하더이다. 지금 오늘날은 성스러운 교화가 널리 펴져 어느 먼 곳도 미치지 않는 곳이 없습니다. 상고시대 중국에 신복해 오지 않던 자들도 폐하께서는 모두 신하로 삼으셨고, 제압을 당하지 않던 그들도 모두 능히 제압하셨습니다. 고금을 자세히 살펴보건대 중국의 우환이 되었던 이민족으로 돌궐突厥보다 더한 자들이 없었습니다. 그런데 드디어 폐하께서 앉아서 신책神策을 운용하시며 전당에서 내려와 보지 않으시고도 크고 작은 칸可汗들이 서로 차례로 손을 묶고 찾아와 우리 궁전을 지키는 금위병으로 직책을 분담하여 창을 잡고 그 사이사이에 서 있습니다. 그 위 연타延陀 부족이 흥맹하였으나 얼마 뒤 소멸되자 철륵鐵勒 부족은 우리의 의를 사모하여 그곳에 주현州縣을 설치해 달라고 청할 정도였습니다. 이리하여 사막 이북은 더 이상 먼지를 일으키는 일이 없게 되었습니다. 이를테면 고창高昌이 유사流沙에서 반란을 일으키고 토욕혼吐谷渾이 적석積石에서 진퇴를 결정하지 못하여 머뭇거릴 때 폐하께서는 일부 군사만 동원하여 이들을 토벌하여 모두 평정하여 소탕해 버렸습니다. 그런데 고구려는 역대로 도망하기도 하고 주벌을 당하기도 하였지만 아무도 이를 토벌하여 격퇴하지 못하였습니다. 폐하께서 그들이 역란逆亂을 일으켜 막리지 연개소문이 그 임금을 죽이고 백성을 학대한 것을 책하시며, 친히 육군六軍을 거느리고 그 죄를 묻겠다고 요동遼東의 갈석산碣石山까지 가셨습니다. 그리하여 채 열흘이 안 되어 요동을 뽑아 버렸습니다. 그 싸움에서 차례로 노획한 자가 수십 만으로 헤아릴 정도였으며 이들을 여러 주에 분산 배치하여 주마다 넘쳐나지 않는 곳이 없습니다. 지난날 묵은 치욕을 씻었으며 효릉崤陵의 마른 뼈를 묻어 줄 수 있었으니 그 공과 덕을 비교한다면 옛 왕들에 비하여 만 곱절이나 됩니다. 이는 폐하께서도 스스로 알고 있는 것으로 미약한 제가 어찌 감히 모두 갖추어 설명 드리겠습니까!

게다가 폐하의 인풍仁風은 사해에 널리 퍼져 나가고 있으며, 효덕孝德은 하늘과 짝을 지어 드러나고 있습니다. 이적夷狄이 장차 망할 것임을 예측하실 때면 몇 년이 가지 못할 것이라 지적하셨고, 장수에게 부절符節의 직책을 내려 주실 때면 만 리 밖의 승리를 미리 알고 결정하셨습니다. 손가락으로 날짜를 세면서 소식이 전해 오리라 기다리셨고 해가 지는 모습을 보면서 승리의 첩보가 오기를 기다리셨습니다. 그 모든 것이 맞아떨어지기가 신과 같았으며 계산을 하시기에는 빠뜨린 책략이 없으셨습니다. 항오行伍 중 뛰어난 자를 뽑아 장수로 발탁하시고 범속한 무리의 말단이라도 뛰어나기만 하며 취하여 쓰셨습니다. 멀리 이민족에게서 온 사신이라면 한번 보고도 그 이름을 잊지 않으셔서 직책 낮은 신하일지라도 그 이름을 두 번 물으신 적이 없습니다. 폐하의 활솜씨는 칠찰七札 두께의 과녁을 뚫을 수 있고, 육균六鈞 무게의 큰 활을 잡아당길 수 있을 정도입니다. 게다가 더하여 《삼분三墳》, 《오전五典》의 옛 전적을 두루 살피시어 그 속의 문장을 연구하시며, 글씨는 종요鍾繇나 장지張芝 같은 서예가를 뛰어넘을 정도요, 문장력은 가의賈誼나 사마상여司馬相如를 궁지로 몰아넣을 정도입니다. 문장의 예리함이 이윽고 떨치시면 궁치宮徵의 오음이 저절로 화음을 이루고, 가벼운 붓 솜씨가 잠깐만 날리면 꽃봉오리가 다투어 피어납니다. 만백성을 사랑으로 어루만지시며 신하들을 예禮로써 대우하십니다. 추호秋毫와 같은 조그만 선행이 있어도 포상을 내리시며, 법망은 배를 삼킬 큰 고기가 빠져나갈 정도로 관대하게 풀어 주셨습니다. 귀에 거슬리는 간언도 반드시 들으시며, 피부에 적셔 오듯 참소하는 말은 아예 끊으셨습니다. 살려 주겠다는 덕을 좋아하셔서 강이나 호수를 모두 막고 고기 잡는 것을 금하셨으며, 살생을 미워하는 인자함을 가지셔서 도살장에서 북을 치고 칼을 휘두르며 가축을 잡는 행사를 그만두도록 하셨습니다. 오리와 학은 나락을 먹는 은혜를 입게 되었고 개나 말조차도 죽으면 수레 덮개로 덮어 묻어 주는 은혜를 입고 있습니다. 지존의 몸을 낮추어 이사마李思摩의 상처를 입으로 빨아 주셨고, 위징魏徵이 죽었을 때 직접 그 정당의 영구靈柩에 올라 곡을 하셨습니다. 전쟁에 죽은 사졸들을 위하여 곡을 하시자 육군의 군사들이 그 슬픔에 감동하였고, 진흙길을 건너면서 직접 장작을 져다 나르시자 천지가 감동하였습니다. 하찮은 백성의 큰 생명을 중시하셔서 감옥에 갇힌 이들조차 특별히 안타까워하셨습니다. 저는 지금 마음과 식견이 병으로 이미 혼미하니 어찌 폐하의 성스러운 그 공이 얼마나 깊고 원대한 지를 논할 수 있겠으며, 천덕天德의 높고 위대함을 거론할 수 있겠습니까! 폐하께서는 그 많은 아름다움을 겸하여 소유하고 계시며 모든 것 어느 하나 갖추지 아니한 것이 없습니다. 미천한 저로서는 폐하를 위하여 그 아름다운 많은 것에 대하여 애석히 여기며 소중히 여깁니다. 부디 아끼시고 보물로 여기옵소서.

《주역周易》에 '앞으로 나갈 줄만 알았지 물러설 줄 모르며, 존속하는 것만 알았지 망한다는 것을 모르며, 얻는 것만 알았지 잃는 것은 모르는구나' 하였고 또 '진퇴와 존망을 알면서 그 바른 것을 잃지 않는 자는 오직 성인聖人이리라!'라 하였습니다. 이로써 말씀드리건대 앞으로 나간다고 하는 것은 물러선다는 의미가 들어 있으며, 존속하고 있다는 것은 망함의 기미를 가지고 있는 것이며 얻는다고 하는 것은 잃는다는 원리를 함께 가지고 있는 것입니다. 이 늙은 신하가 폐하를 위해 안타깝다고 한 것은 바로 이를 두고 한 말입니다. 《노자老子》는 '족함을 알면 치욕이 없고 그칠 줄을 알면 위험하지 않다'라 하였습니다. 제가 폐하를 위해 말씀드리건대 폐하의 위명威名과 공덕功德은 역시 족하며, 땅을 개척하여 영토를 넓힌 것도 역시 그칠 만합니다. 저 고구려라는 나라는 변방 이족夷族으로 천한 무리들로서 인의仁義로써 대접할 상대도 아니며 상리常理로써 책망할 나라도 아닙니다. 고래로 물고기나 자라를 기르며 사는 나라이니 의당 넓은 마음으로 간략히 대하면 됩니다. 반드시 그 족속을 끊어 멸절시키고자 한다면 아마 궁한 야수가 달려드는 형세가 되지 않을까 깊이 염려됩니다. 게다가 폐하는 매번 사형수를 판결할 때마다 반드시 삼복오주三覆五奏의 심사 제도를 거치도록 명하셨고, 소박한 식사를 올리며 음악도 그치라 한 것은 바로 사람의 생명을 중히 여긴 때문일 것이며 이로써 백성들은 폐하의 성스러운 자애로움에 감동을 받고 있습니다. 하물며 지금 병사들이란 아무런 죄도 짓지 아니한 사람들입니다. 이유 없이 전쟁터에 내몰려 날카로운 칼날 아래 임무를 맡기시니 그들로 하여금 간과 뇌가 땅을 뒤덮고 혼백은 돌아갈 곳이 없도록 하며, 그 가족의 늙은 부모와 어린 고아들, 그리고 과부와 자애로운 어머니들로 하여금 시신을 싣고 오는 수레를 바라보며 눈물을 쏟아내도록 하며, 마른 해골을 껴안고 가슴을 치게 한다면 이는 족히 음양을 변동시킬 것이며 화기和氣에 감응을 주어 그를 손상하게 할 것이니 실로 천하의 억울하고 원통한 일입니다! 게다가 무기란 흉기이며 전쟁이란 위험한 일입니다. 그래서 부득이할 때만 이를 사용하는 것입니다. 만약 고구려가 신하로서의 예절을 위배하였기에 그러신다면 폐하께서 주벌하셔도 됩니다. 또 백성을 뒤흔들고 못살게 굴었다는 이유라면 폐하께서 그들을 멸망시켜도 됩니다. 그런가 하면 오랜 기간 동안 우리 중국의 근심거리이기 때문이라면 폐하께서 그들을 제거하셔도 됩니다. 이 가운데 한 가지 이유만이라도 비록 하루에 만 명을 죽여도 부끄러울 것이 없습니다. 그러나 지금 이 세 가지 그 어느 것도 없는데 공연히 앉아서 우리 중국을 번거롭게 한다고 여기며 안으로는 옛 고구려 군주(보장왕)를 위해 원한을 씻어 주고 밖으로는 신라新羅를 위해 원수를 갚아 주겠다고 하시니 이 어찌 그대로 존속시켜도 될 것은 적고 손해를 보는 것은 많은 것이 아니겠습니까?

원컨대 폐하께서는 황조皇祖 노자의 지족지계止足之誠를 준수하셔서 만대의 높고 우뚝한 명예를 보존하소서. 시원한 은덕을 펴시고 관대한 조칙을 내리셔서 봄볕이 만물에 혜택을 펴듯이 고구려가 스스로 새롭게 태어나도록 허락하여 주십시오. 그들이 파도를 넘지르는 배를 불태워 버리며 백성을 모아 군에 징집하는 것을 그치게 하여 자연스럽게 화이華夷가 서로 경사와 믿음을 회복하여 먼 그곳은 조용하고 가까운 우리도 안정을 얻도록 하십시오. 저는 늙어 삼공三公의 자리에 있지만 아침저녁 언제 땅속으로 들어갈지 모릅니다. 한스러운 것은 끝내 티끌만큼이나 이슬만큼의 혜택으로 바다와 같고 산과 같은 폐하의 은혜에 보탬이 되지 못한다는 점입니다. 삼가 남은 혼과 남은 숨을 다 비우며 미리 결초結草의 정성을 대신하고자 합니다. 만약 저의 이 슬픈 마지막 울음을 받아 주신다면 저는 죽어도 그 은혜에 뼈가 썩지 않을 것입니다."

태종은 그가 올린 표문을 보고 이렇게 감탄하였다.

"이 사람 병이 이토록 위독한데도 나와 나라를 이토록 걱정하고 있구나."

비록 그의 간언을 듣지는 않았지만 끝내 훌륭한 책략이라 여겼다.

貞觀二十二年, 太宗將重討高麗. 是時, 司空房玄齡寢疾增劇, 顧謂諸子曰:「當今天下淸謐, 咸得其宜, 唯欲東討高麗, 方爲國害. 吾知而不言, 可謂銜恨入地.」

遂上表諫曰:

「臣聞兵惡不戢, 武貴止戈. 當今聖化所覃, 無遠不曁. 上古所不臣者, 陛下皆能臣之; 所不制者, 皆能制之. 詳觀古今, 爲中國患害, 無過突厥. 遂能坐運神策, 不下殿堂, 大小可汗, 相次束手,分典禁衛, 執戟行間. 其後延陀鴟張, 尋就夷滅, 鐵勒慕義, 請置州縣, 沙漠已北, 萬里無塵. 至如高昌叛渙於流沙, 吐渾首鼠於積石, 偏師薄伐, 俱從平蕩. 高麗歷代逋誅, 莫能討擊. 陛下責其逆亂, 殺主虐人, 親總六軍, 問罪遼碣. 未經旬日, 卽拔遼東. 前後虜獲, 數十萬計, 分配諸州, 無處不滿. 雪往代之宿恥, 掩崤陵之枯骨, 比功校德, 萬倍前王. 此聖主之所自知, 微臣安敢備說!

且陛下仁風被于率土, 孝德彰於配天. 睹夷狄之將亡, 則指期數歲; 授將帥之節度, 則決機萬里. 屈指而候驛, 視景而望書, 符應若神, 筭無遺策. 擢將於行伍之中, 取士於凡庸之末. 遠夷單使, 一見不忘; 小臣之名, 未嘗再問. 箭穿七札, 弓貫六鈞. 加以留情《典墳》, 屬意篇什, 筆邁鍾張, 詞窮賈馬. 文鋒旣振, 則宮徵自諧, 輕翰暫飛, 則花葩競發. 撫萬姓以慈, 遇群臣以禮. 褒秋毫之善, 解吞舟之網. 逆耳之諫必聽, 膚受之愬斯絕. 好生之德, 禁障塞於江湖; 惡殺之仁, 息鼓刀於屠肆. 鳧鶴荷稻粱之惠, 犬馬蒙帷蓋之恩. 降尊吮思摩之瘡, 登堂臨魏徵之柩. 哭戰亡之卒, 則哀動六軍; 負填道之薪, 則情感天地. 重黔黎之大命, 特盡心於庶獄. 臣心識昏憒, 豈足論聖功之深遠, 談天德之高大哉! 陛下兼衆美而有之, 靡不備具, 微臣深爲陛下惜之重之, 愛之寶之.

《周易》曰: 『知進而不知退, 知存而不知亡, 知得而不知喪.』又曰: 『知進退存亡, 而不失其正者, 其惟聖人乎!』由此言之, 進有退之義, 存有亡之機, 得是喪之理, 老臣所以爲陛下惜之者, 蓋謂此也.《老子》曰: 『知足不辱, 知止不殆.』臣謂陛下威名功德, 亦可足矣; 拓地開疆, 亦可止矣. 彼高麗者, 邊夷賤類, 不足待以仁義, 不可責以常理. 古來以魚鱉畜之, 宜從闊略. 必欲

絶其種類, 深恐獸窮則搏. 且陛下每決死囚, 必令三覆五奏, 進素
食·停音樂者, 蓋以人命所重, 感動聖慈也. 況今兵士之徒, 無一
罪戾. 無故驅之於戰陣之間, 委之於鋒刃之下, 使肝腦塗地, 魂魄
無歸, 令其老父孤兒·寡妻慈母, 望轜車而掩泣, 抱枯骨而摧心,
足以變動陰陽, 感傷和氣, 實天下之冤痛也! 且兵, 凶器; 戰,
危事, 不得已而用之. 向使高麗違失臣節, 而陛下誅之可也; 侵擾
百姓, 而陛下滅之可也; 久長能爲中國患; 而陛下除之可也. 有一
於此, 雖日殺萬夫, 不足爲愧. 今無此三條, 坐煩中國, 內爲舊主
雪怨, 外爲新羅報讎, 豈非所存者小, 所損者大?

　願陛下遵皇祖老子止足之誡, 以保萬代巍巍之名. 發霈然之恩,
降寬大之詔, 順陽春以布澤, 許高麗以自新. 焚凌波之船, 罷應
募之衆, 自然華夷慶賴, 遠肅邇安. 臣老病三公, 朝夕入地, 所恨
竟無塵露, 微增海嶽. 謹罄殘魂餘息, 豫代結草之誠. 儻蒙錄此
哀鳴, 卽臣死骨不朽.」

　太宗見表, 歎曰:「此人危篤如此, 尙能憂我國家.」

　雖諫不從, 終爲善策.

【武貴止戈】武는 '止+戈'의 會意字로 용병의 마지막 목적은 전쟁이 없도록 하는
　것임.《左傳》宣公 12년에 "楚子曰:「非爾所知也. 夫文, 止戈爲武. 武王克商,
　作頌曰:『載戢干戈, 載櫜弓矢. 我求懿德, 肆于時夏, 允王保之.』」"라 함.
【延陀】鐵勒의 別部 이름. 원래 延陀部가 薛部와 혼합되어 薛延陀로 부르게
　되었음. 정관 후기 때 당 태종이 여러 차례 李勣으로 하여금 토벌하도록 하였음.
【鴟張】매우 凶猛함. 貞觀 19년(645)에 薛延陀가 침입하였다가 이듬해 완전히
　패망함을 뜻함. 설연타 부족은 모두 3主 20년 만에 망하고 말았음.
【鐵勒】민족 이름. 漢代에는 丁令이라 불렸으며 사막 북쪽에 15개 부락을 형성
　하고 있었음. 그중 薛延陀와 回紇(위구르)이 가장 이름이 났으며 정관 20년

설연타가 패망한 뒤 회흘 등 11개 鐵勒 부락이 조공을 바치면서 州縣을 설치해 줄 것을 원하였음.

【叛渙】 배반하여 난을 일으킴.

【流沙】 서북 사막 지역.

【首鼠】 일을 결정하지 못하고 머뭇거림을 말함. 쥐가 나설 것을 결정하지 못하고 머리를 좌우로 살핌을 비유한 것.

【積石】 積石關. 지금의 甘肅 臨夏縣 城 서북쪽.

【薄伐】 肉薄戰과 같이 서로 맞붙어 공격함.

【逋誅】 도망가기도 하고 주벌을 당하기도 함.

【遼碣】 遼東의 碣石. 지금의 河北 昌黎縣.

【掩殽陵之枯骨】 殽陵의 고골을 묻어 줌.《左傳》僖公 33년에 秦나라 군대가 殽陵에서 晉나라에게 패하였는데 뒤에 秦나라가 다시 晉나라 정벌에 나섰다가 돌아오면서 지난날 패배하여 죽은 시신의 고골들을 묻어 주고 크게 제사를 지냈음.

【視景而望書】 해가 지는 모습을 보며 승리의 첩보가 날아오기를 기다리고 있음. '景'은 '影'의 본자. 여기서는 해가 기울어 감을 말함. 서는 보고서, 승리의 첩보.

【筭無遺策】 빠뜨린 것이 없이 모두 계산함.

【箭穿七札】 춘추시대 楚나라 楊由基는 활을 쏘면 7겹 가죽이나 철갑을 뚫었음. 《史記》周本紀에 "去柳葉百步而射之, 百發而百中之"라 하였으며,《搜神記》(11)에는 "楚王遊於苑, 白猿在焉. 王令善射者射之, 矢數發, 猿搏矢而笑. 乃命由基, 由基撫弓, 猿卽抱木而號"라 함.

【弓貫六鈞】 춘추시대 顏高는 6균 무게의 활을 능히 잡아당길 수 있었다 함. 鈞은 30근 무게를 말함.

【墳典】《三墳》,《五典》의 줄인 말.《三墳》은 三皇 때의 책이라 하며《五典》은 五帝 때의 기록이라 함. 혹《삼분》은 伏羲, 神農, 黃帝의 책이며,《오전》은 少昊, 顓頊, 高辛, 唐堯, 虞舜의 역사 기록이라 함. 孔安國의《古文尙書》序 참조.

【鍾張】 魏나라 때 太尉 鍾繇와 東漢 때의 태위 張芝. 모두가 뛰어난 서예가였음.

【賈馬】 賈誼와 司馬相如. 모두 한나라 때 유명한 문학가.

【宮徵】 오음 宮商角徵羽 중의 궁과 치(徵) 음조를 말함.

【翰】 붓, 모필.

【解呑舟之網】呑舟는 ‘呑舟之魚’의 줄인 말. 배를 삼킬 정도의 큰 물고기. 그러한 물고기도 빠져나갈 정도의 그물. 법망이 매우 느슨하여 관용을 베풂을 말함.

【膚受之愬】피부에 차츰 젖어들 듯 먹혀드는 참소를 뜻함.

【屠肆】도살장. 푸주간. 가축을 잡기 전에 북을 치고 칼을 휘두르는 의식 절차. 태종이 이를 불쌍히 여겨 그러한 의식을 하지 말도록 함.

【帷蓋】수레를 덮는 지붕. 이것이 낡아 못쓰게 되면 버리지 않고 두었다가 죽은 말을 묻을 때 사용함. 《禮記》檀弓(下)과 《孔子家語》曲禮公西赤問에 “仲尼之畜 狗死, 使子貢埋之, 曰:「吾聞之也, 敝帷不棄, 爲埋馬也; 敝蓋不棄, 爲埋狗也. 丘也貧, 無蓋; 於其封也, 亦予之席, 毋使其首陷焉.」 路馬死, 埋之以帷”라 함.

【吮思摩之瘡】정관 19년(645) 고구려 정벌 때 右衛大將軍 李思摩가 활에 맞아 피를 흘리자 唐 太宗이 친히 그 피를 입으로 빨아 줌.

【魏徵之柩】정관 17년(643) 정월 魏徵이 죽자 당 태종이 친히 그 빈소를 찾아 靈柩 앞에서 애도함.

【哭戰亡之卒】정관 19년(645) 고구려 정벌에 실패하고 돌아올 때 당 태종이 柳城을 지나면서 죽은 사졸들을 위하여 크게 제사를 올리고 곡을 함.

【負塡道之薪】정관 19년(645) 9월 요동에서 돌아오면서 遼河를 건널 때 진흙이 심하여 말과 수레가 나갈 수 없게 되자 장손무기가 나무를 베어 메우도록 하였음. 이때 당 태종도 직접 나무를 지고 날랐다 함.

【周易】 《周易》 文言傳의 乾卦를 풀이한 말. 그 아래도 같음.

【三覆五奏】訟事에서 三審制와 다섯 번 용서를 상주하는 제도.

【肝腦塗地】간과 뇌가 땅을 덮음. 매우 처참하게 죽음을 말함.

【轜車】전쟁에서 죽은 이들의 시신을 싣고 오는 수레. ‘세거’로 읽음.

【舊主】여기서는 淵蓋蘇文에게 죽은 고구려 27대 榮留王(高建武)을 가리킴. 618~642년 재위.

【新羅】정관 17년(643) 신라가 사신을 보내어 백제가 신라의 40여 개 성을 빼앗고 고구려와 연합하여 신라의 입당조공을 막고 있으니 원병을 보내 줄 것을 요구함.

【皇祖老子】武德 3년(620) 당 고조 李淵이 노자의 사당을 晉州에 세우고 노자를 ‘皇祖’라 존칭함.

【結草之誠】‘結草報恩’을 말함. 죽어서도 그 은혜를 갚음. 춘추시대 晉나라 魏武子에게 첩이 있었는데 아들이 없이 무자가 병이 들자 본 부인의 아들 顆(魏顆)에게 그 첩을 시집보내 주도록 하라고 하였다가 다시 마음이 바뀌어 순장해 주도록

유언을 남기고 죽음. 그러자 아들 위과는 그 첩을 불쌍히 여겨 시집을 보내 주었음. 뒤에 秦나라가 晉나라를 침입하여 전투에 나간 위과가 쫓길 때 어떤 노인이 나타나 풀을 엮어 뒤쫓던 秦나라 장수 杜回를 넘어뜨려 살려 주었는데 위과의 꿈에 그 노인이 나타나 자신은 시집간 그 첩의 죽은 아버지라 함. 《左傳》 宣公 15년에 "秦桓公伐晉, 次于輔氏. 壬午, 晉侯治兵于稷, 以略狄土, 立黎侯而還. 及雒, 魏顆敗秦師于輔氏, 獲杜回, 秦之力人也. 初, 魏武子有嬖妾, 無子. 武子疾, 命顆曰:「必嫁是.」疾病, 則曰:「必以爲殉!」及卒, 顆嫁之, 曰:「疾病則亂, 吾從 其治也.」及輔氏之役, 顆見老人結草以亢杜回. 杜回躓而顚, 故獲之. 夜夢之曰: 「余, 而所嫁婦人之父也. 爾用先人之治命, 余是以報.」"라 함.

【哀鳴】마지막 유언을 말함.《論語》泰伯篇에 "曾子有疾, 孟敬子問之. 曾子言曰: 「鳥之將死, 其鳴也哀; 人之將死, 其言也善.」"이라 함.

245(35-13)
후궁 서혜徐惠의 상소문

정관 23년(649), 자주 군대를 동원하고 궁실을 짓는 일이 벌어지자 백성들이 자못 힘들어하고 피폐하게 되었다. 이에 후궁 비빈 충용充容 서혜徐惠가 상소하여 이렇게 간하였다.

"정관 이래 20여 년 동안 풍우風雨가 순조롭고 해마다 풍년이 들어 백성들에게는 수재나 가뭄의 재앙이 없었으며, 나라에는 기근의 재난이 없었습니다. 옛날 한漢 무제武帝는 문치를 주장한 평범한 군주였음에도 오히려 태산에 올라 각옥刻玉의 부를 위해 봉선을 올렸고, 제齊 환공桓公은 작은 나라의 그저 그런 임금이면서도 오히려 이금泥金을 바르는 봉선을 하였습니다. 바라건대 폐하는 그 이미 이루어 놓은 공을 생각하셔서 자신의 자만심을 덜고 덕은 남에게 양보하여 그에 자처하지 않으시기를 바랍니다. 억조의 백성이 마음을 기울여 주고 있는데도 아직 하늘에 봉선을 올리지 아니하고 있으며, 운운산云云山과 정정산停停山이 저렇게 찾아오기를 기다리고 있는데도 아직 그곳에 올라 제천의식을 치르지 않고 있습니다. 폐하의 큰 공덕은 족히 백왕百王을 초월할 것이며 천대千代를 망라할 정도입니다. 그러나 옛사람들은 '비록 자랑할 것이 있어도 자랑하지 말라'하였으니 진실로 이유가 있었던 것입니다. 처음 마음을 지키시고 그 끝마무리를 지켜낸 사례는 아무리 성스럽고 명철한 자라도 두 가지를 겸한 예는 드뭅니다. 이로써 업적이 큰 자는 쉽게 교만에 빠진다는 것을 알 수 있습니다. 원컨대 폐하께서는 그것을 어렵다 여기시고 교만한 마음이 생기지 않도록 하실 것이며, 시작을 잘한 자는 끝을 잘 마무리하기가 어렵다 하였으니 폐하께서는 그쯤은 쉽게 여겨 끝을 잘 마무리하시기 바랍니다.

몰래 보건대 근래 몇 년 이래로 노역이 겹쳐 동쪽으로는 요해遼海의 고구려와의 전쟁이 있었고 서쪽으로는 곤구崑丘 구자龜玆와의 전쟁이 있었습니다. 병사와 말은 전투에 지쳐 있고 배와 수레는 짐을 나르기에 지쳐 있습니다. 게다가 징집을 당하여 변방으로 나선 자들과 고향에 머물러 있는 가족은 그 죽음의 고통을 가슴에 안고 살며 바람과 파도로 인해 사람과 식량이 물에 빠져 잃을까 위험합니다. 한 농부가 열심히 농사를 지어도 한 해에 수십 섬을 수확하지 못하는데 배 한 척으로 인한 손실은 수백 섬의 식량을 그대로 엎어 버립니다. 이는 농사로 지은 공로를 다 실어다가 끝없는 파도 속에 채워 넣는 것과 같으며 아직 잡지도 못한 남의 무리를 이기겠다고 도모하다가 우리의 군대만 잃어버리는 형세입니다. 비록 흉악하고 포악한 자를 제거하는 일이란 나라로서 늘 있는 일이지만 그럼에도 병력을 마구 쓰며 전쟁을 즐기는 것은 옛 철인들이 경계했던 바입니다. 옛날 진시황秦始皇은 육국六國을 병탄하고 도리어 급히 위화危禍의 길로 들어섰고, 진晉 무제武帝는 오吳, 촉蜀, 위魏 세 나라를 차지하고는 도리어 그 패업을 엎어 버리는 화를 자초하였습니다. 그러니 어찌 공을 자랑하고 위대함을 뽐내며 덕을 버리고 나라를 가벼이 보며, 이익을 도모하느라 그 해를 잊고 뜻대로 마구 하면서 욕심을 풀어 놓았기 때문이 아니었겠습니까? 그리하여 드디어 이 넓고 넓은 우주가 비록 아무리 넓어도 그 망하는 것을 구제할 수 없었으며 울부짖는 백성들이 그 폐단 때문에 재앙을 부르고 만 것입니다. 이로써 땅이 넓어도 그것이 항상 안전한 술책이 아니며, 사람을 피로하게 하면 그것이 쉽게 난을 일으키는 근원이 된다는 것을 알 수 있습니다. 원컨대 폐하께서는 은택을 널리 펴서 백성에게 흐르게 하시며 피폐하고 궁핍한 자를 불쌍히 여기시어 노역을 감해 주시고 우로雨露와 같은 은혜를 보태어 주시기를 바랍니다.

　첩이 또 듣건대 위정爲政의 근본은 무위無爲를 귀히 여기는 데에 있다 하였습니다. 몰래 보건대 토목공사는 겸하여 함께 벌일 수 없습니다. 북궐北闕을 처음 지으실 때 남쪽에는 취미궁翠微宮을 지으시면서 아직 그 기간도 지나지 않았는데 다시 옥화궁玉華宮을 새로 지으셨습니다.

건축의 노동이 힘들 뿐 아니라 자못 공사비도 드는 것입니다. 비록 다시 모자茅茨로 약속을 보여 주신다 해도 오히려 건축 재료인 목석木石을 모아야 하고 설령 나라의 돈으로 사람을 고용한다 해도 번요煩擾의 폐단은 없을 수 없습니다. 이로써 낮은 궁궐에 거친 음식이란 성왕聖王이 편안히 여긴 바이며, 금옥金屋과 요대瑤臺는 교만한 군주가 화려하게 여겼던 것입니다. 그 때문에 도가 있는 임금이라면 백성을 편안히 해 주고 무도한 군주는 자신만을 즐기고자 하는 것입니다. 원컨대 폐하께서는 백성을 부리되 때를 맞추어 하시면 그 백성의 힘이 다하지 않을 것이요 부리면서 쉬도록 하면 백성들은 마음속으로 즐거워할 것입니다.

무릇 즐기기 좋은 물건이나 기교를 다한 재주는 나라를 잃는 도끼요, 구슬과 수놓은 비단은 사람의 마음을 미혹하게 하는 짐독酖毒입니다. 몰래 보건대 지금 복장의 화려함이나 선명함은 마치 자연의 변화처럼 여겨지며, 각 곳에서 보내는 공물貢物의 진기한 것들은 신선이 만든 것인 듯합니다. 비록 화려함을 좋아하는 말세를 쫓아가는 것이라고는 하나 실제 이는 순박한 풍속을 무너뜨리는 것입니다. 이로써 칠기漆器가 반란을 끌어오는 것은 아니지만 걸桀은 이를 만들었기에 백성이 반기를 든 것이며, 옥배玉杯가 어찌 멸망을 불러오는 것이겠습니까만, 주紂가 이를 쓰다가 나라가 망하였음을 알 수 있습니다. 바야흐로 사치의 근원이었음을 징험하는 것이니 막지 않을 수 없습니다.

무릇 법은 검소함을 지키도록 제정하셔도 오히려 사치를 부리는 자가 있을까 두려운 것인데 사치를 부리도록 법을 정한다면 어찌 그 뒤를 통제할 수 있겠습니까? 엎드려 바라건대 폐하께서는 아직 드러나지 않은 형태를 밝게 보시고 끝이 없는 가장자리를 두루 알아내시어 기린각麒麟閣에 있는 치국의 비책을 끝까지 연구하실 것이며, 유림儒林들을 통해 현묘한 도리를 끝까지 탐구하소서. 천년 제왕 치란의 발자취와 백대 나라 안위의 흔적, 흥망쇠란의 운수, 득실성패의 기틀은 진실로 폐하 마음속에 모두 들어 있으니 이를 차례대로 눈의 범위가 닿는 곳까지 훑어보시는 일이라면 이미 폐하의 마음속에 오랫동안 살펴오신 것이니 한두 마디로 설명드릴 겨를조차 없습니다. 오직 아는

것은 어렵지 않지만 실행하는 것도 쉽지는 않아 가끔 이미 이루어
놓은 업적이 드러난다고 해서 뜻이 교만할 수 있고 시대가 편안하다고
해서 몸이 안일하게 굴 수도 있습니다. 엎드려 원하건대 뜻을 억제하시고
마음을 제재하셔서 끝마무리를 삼가기를 시작할 때처럼 하시고, 가벼운
허물은 깎아 없애며 중한 덕은 더 보태시며, 지금의 옳은 것을 잘
선택하여 지난날의 과오를 대신하십시오. 그렇게 되면 크신 명예가
일월과 더불어 무궁할 것이며, 풍성한 업적이 건곤乾坤과 더불어 영원
안전하실 것입니다!"

　태종은 그 말을 심히 훌륭히 여기며, 특별히 우대하여 많은 하사품을
아주 후하게 내렸다.

　貞觀二十二年, 軍旅亟動, 宮室互興, 百姓頗有勞弊.
　充容徐氏上疏諫曰:
「貞觀已來, 二十有餘載, 風調雨順, 年登歲稔, 人無水旱之弊,
國無饑饉之災. 昔漢武帝, 守文之常主, 猶登刻玉之符; 齊桓公
小國之庸君, 尚塗泥金之事. 望陛下推功損己, 讓德不居. 億兆
傾心, 猶闕告成之禮; 云亭佇謁, 未展升中之儀. 此之功德, 足以
咀嚼百王, 網羅千代者矣. 然古人有云:『雖休勿休.』良有以也.
守初保末, 聖哲罕兼. 是知業大者易驕, 願陛下難之; 善始者難終,
願陛下易之.
　竊見頃年以來, 力役兼總, 東有遼海之軍, 西有崑丘之役. 士馬
疲於甲冑, 舟車倦於轉輸. 且召募役戍, 去留懷死之痛; 因風阻浪,
人米有漂溺之危. 一夫力耕, 年無數十之獲; 一船致損, 則傾覆
數百之糧. 是猶有運盡之農功, 塡無窮之巨浪; 圖未獲之他衆,
喪已成之我軍. 雖除凶伐暴, 有國常規; 然黷武玩兵, 先哲所戒.
昔秦皇併吞六國, 反速危禍之基; 晉武奄有三方, 翻成覆敗之業.

豈非矜功恃大, 棄德而輕邦國, 圖利而忘害, 肆情而縱欲? 遂使
悠悠六合, 雖廣不救其亡; 嗷嗷黎庶, 因弊以成其禍. 是知地廣非
常安之術, 人勞乃易亂之源. 願陛下布澤流人, 矜恤弊乏, 減行
役之煩, 增雨露之惠.

　妾又聞爲政之本, 貴在無爲. 竊見土木之功, 不可遂兼. 北闕
初建, 南營翠微, 曾未踰時, 玉華創制. 非惟構架之勞; 頗有工
力之費. 雖復茅茨示約, 猶興木石之疲; 假使和雇取人, 不無煩
擾之弊. 是以卑宮菲食, 聖王之所安; 金屋瑤臺, 驕主之爲麗.
故有道之君, 以逸逸人; 無道之君, 以樂樂身. 願陛下使之以時,
則力不竭矣; 用而息之, 則斯悅矣.

　夫珍玩技巧, 爲喪國之斧斤; 珠玉錦繡, 實迷心之酖毒. 竊見
服玩鮮靡, 如變化於自然, 職貢奇珍, 若神仙之所製, 雖馳華於
季俗, 實敗素於淳風. 是知漆器非延叛之方, 桀造之而人叛; 玉杯
豈招亡之術, 紂用之而國亡. 方驗侈麗之源, 不可不遏. 夫作法
於儉, 猶恐其奢; 作法於奢, 何以制後? 伏惟陛下, 明照未形,
智周無際, 窮奧秘於麟閣, 盡探賾於儒林. 千王治亂之蹤, 百代
安危之跡, 興亡衰亂之數, 得失成敗之機, 固亦包吞心府之中,
循環目圍之內, 乃宸衷久察, 無假一二言焉. 惟知之非難, 行之
不易, 志驕於業著, 體逸於時安. 伏願抑志裁心, 愼終成始, 削輕
過以添重德, 擇今是以替前非, 則鴻名與日月無窮, 盛業與乾
坤永泰!」

　太宗甚善其言, 特加優賜甚厚.

【亟動】자주 동원함.
【充容】당나라 때 후궁 女官의 칭호. 皇帝 九嬪 중의 하나.

【徐氏】 徐惠. 徐孝德의 딸로 총명하여 唐 太宗이 듣고 才人으로 뽑아 입궁시켜 充容으로 삼음. 唐 高宗 永徽초에 죽어 '賢妃'로 추증함.

【常主】 보통의 군주.

【登刻玉之符】 泰山에 올라 봉선을 함을 말함. 刻玉之符는 玉牒書로 하늘에 고하는 제문.

【塗】 '圖'와 같음.

【泥金】 제단에 금을 입혀 꾸밈.

【云停佇謁】 전설에 黃帝는 停停山에서 봉선을 하였고 五帝는 云云山에서 봉선을 하였다 함. 여기서는 그 산들이 자신에게 봉선을 할 것을 기다리고 있음을 말함.

【咀嚼】 맛을 즐김. 씹는 동작. 여기서는 공이 그보다 커서 초월함을 뜻함.

【遼海之軍】 정관 19년(645) 고구려를 공략한 사건.

【崑丘之役】 정관 21년(647) 12월 조서를 내려 崑丘道行軍大總管 阿史那社爾로 하여금 군사를 이끌고 龜玆國을 토벌하도록 한 사건을 말함. 崑丘는 崑崙山.

【晉武奄有三方】 晉 武帝(265~290 재위) 司馬炎이 魏, 蜀, 吳를 통합하여 통일을 이룸을 말함.

【翠微】 翠微宮. 驪山 정상에 있으며 貞觀 21년(647) 4월 폐궁이 되었던 太和宮을 수리하고 개칭한 것임.

【玉華】 玉華宮. 宜君縣 서쪽에 있으며 貞觀 21년(647) 7월 취미궁이 너무 좁아 백관을 수용할 수 없어 다시 이곳 鳳凰谷에 궁궐을 새로 짓도록 하였음.

【和雇】 나라의 돈을 내어 일꾼을 고용하는 것을 말함.

【卑宮菲食】 궁궐을 검소하게 짓고 음식도 사치를 부리지 않음을 말함. 고대 堯임금 때 궁궐이 茅茨土階였으며 舜임금은 惡衣菲食이었음을 본받고자 한 것임.

【金屋瑤臺】 漢 武帝의 궁궐이 金屋이었으며 夏桀의 궁궐이 瑤臺였음을 말함.

【季俗】 말세의 풍속.

【玉杯】 물소 뼈나 옥으로 만든 잔. 殷紂의 사치를 뜻함.

【麒麟閣】 漢 宣帝가 이 누각을 지어 놓고 공신들의 초상을 그려 붙였음.

【探賾】 오묘한 이치를 깊이 궁구하여 밝혀냄.

【目圍】 視力이 닿을 수 있는 범위.

【宸衷久察】 제왕의 내심을 이미 오랫동안 살피고 있음. 宸은 임금의 궁궐을 말함. 여기서는 제왕을 뜻함.

정관정요

36. 안변安邊

중국 변방의 안정은 곧 조정의 안정을 가져온다. 이에 항복해온 이민족의 처리 문제와 정복한 지역의 행정 처리, 군현과 도호부都護府 설치 등에 대한 내용이다.

만리장성 동쪽 끝 〈山海關〉과 서쪽 끝 〈嘉峪關〉

246(36-1)
항복해 온 돌궐인의 안치 문제

정관 4년(630), 이정李靖이 돌궐突厥의 힐리頡利를 공격하여 그들을 패배시키자 그 부락 많은 이들이 거의 투항해 왔다.

이에 태종이 신하들을 모아 변방을 안전하게 할 대책을 논의하게 되었는데 그때 중서령中書令 온언박溫彦博이 이렇게 의견을 내었다.

"청컨대 그들을 하남河南에 배치하기를 원합니다. 이는 한漢나라 건무建武 연간에 항복해 온 흉노匈奴를 오원五原의 변새邊塞 아래 안치했던 것과 같으며, 그 부락을 온전히 하여 그들로 하여금 울타리를 삼을 수 있었던 것입니다. 그리고 그들 본래의 풍속에서 멀어지지 않게 하는 것으로써 그들을 위무慰撫하면, 첫째는 빈 땅을 메우는 것이 되며 둘째는 그들에게 의심을 갖지 않음을 보여 주는 것이 됩니다. 이것이 그들을 품어 기르는 방법입니다."

태종이 그의 의견을 따랐다.

그러자 비서감秘書監 위징魏徵이 이렇게 말하였다.

"흉노돌궐은 예로부터 지금에 이르도록 이렇게 깨뜨려졌던 적이 없습니다. 이는 하늘이 그들을 멸절시켜 준 것이며 종묘가 신령스럽게 우리를 도와 준 것입니다. 그들은 대대로 우리 중국을 노략질하여 모든 백성이 원수로 여기고 있었는데 폐하께서는 그들이 항복했다는 이유로 더 이상 주멸하지는 않으시니 의당 그들을 하북河北으로 보내어 그들의 옛 땅에 살도록 해야 합니다. 흉노는 사람 얼굴에 짐승 마음을 가진 자들이며 우리와 같은 족속도 아닙니다. 강해지면 노략질을 하고 약해지면 비굴하게 항복하며 인의는 돌아볼 줄도 모르는 것이 그들의 천성입니다. 진秦, 한漢 시대에는 이를 걱정하여 그 때문에 맹장猛將을 보내어 격파하여 그 하남을 수복하여 군현郡縣으로 삼았던 것입니다. 폐하께서 이들을 내지內地에 살도록 한다면 지금 항복한 자가 거의 10만에 이르는데 몇 년 뒤에는 그들이 수가 불어 배는 될 것입니다. 이들이 우리의 팔꿈치나 겨드랑이에 살게 되고, 왕기王畿에 아주 가까우니 뱃속의 병이 되어 장차 후환이 될 것인데 더구나 그들을 하남에 처하도록 한다는 것은 더욱 불가합니다."

그러자 온언박이 말하였다.

"천자는 만물에 있어서 하늘 아래 땅 위에 있는 것은 모두 덮어 주고 실어 줍니다. 항복해 온 자는 반드시 길러 주어야 합니다. 지금 돌궐이 망해서 제거되자 그 나머지 부락들이 귀순해 왔는데 폐하께서 이들에게 연민의 정을 더해 주지 않은 채 버려두고 받아 주지 않는다면 이는 천지의 도에 어긋날 뿐만 아니라 사이四夷가 흠모하는 길을 막는 것이 됩니다. 저의 어리석은 뜻으로는 심히 불가하다 여깁니다. 그러니 의당 하남에 살 수 있도록 해야 합니다. 이것이 소위 죽을 자를 살려 주고 망할 자를 존속시키는 것으로 그들은 두터운 은혜를 고맙게 여겨 배반하는 일을 길이 없을 것입니다."

위징이 말하였다.

"진晉나라가 위魏나라를 이었을 때 오랑캐의 부락들이 내지의 가까운 군郡에 살았습니다. 그때 강통江統이 무제武帝에게 권하여 그들을 변새 밖으로 내쫓도록 하였지만 무제는 이를 듣지 않았다가 몇 년 뒤 드디어 전수瀍水와 낙수洛水가 함락 당하고 말았습니다. 전대의 엎어진 수레를 보면 은殷나라 망한 일 거울삼을 일 먼 옛날이 아닙니다. 폐하께서 반드시 온언박의 의견을 들으셔서 그들을 하남에 살도록 한다면 이를 일러 맹수를 길러 스스로 화를 자초한다고 하는 것입니다."

그러자 온언박이 다시 말하였다.

"제가 듣기로 성인의 도란 통하지 않을 것이 없다 하였습니다. 돌궐의 남은 부락들이 그 목숨을 우리에게 바쳤는데 이들을 거두어 내지에 살도록 하여 그들에게 예법禮法을 가르쳐 교화시키며 그들 중 추장을 선발하여 궁중의 숙위宿衛로 삼는다면 황제의 위엄을 두려워하며 덕을 고맙게 여길 것인데 무슨 걱정이 있겠습니까? 게다가 동한 광무제光武帝가 하남의 흉노 선우單于를 내지의 군현으로 옮겨 살도록 하여 한나라의 울타리로 삼자, 그 동한이 끝날 때까지 반역을 저지른 일이 없었습니다."

그리고 이렇게 덧붙였다.

"수隋 문제文帝는 병마를 노고롭게 하고 나라의 창고를 다 허비하면서 돌궐의 계민啓民칸을 세워 그들의 나라를 다시 일으키도록 해 주었습니다. 그런데 뒤에 그 은혜를 버리고 믿음을 저버린 채 양제煬帝를 안문雁門에서 포위하였습니다. 지금 폐하께서는 인후仁厚하셔서 그들의 뜻에 따라 하남과 하북에 살도록 해 주시며 그들 뜻대로 삶을 이어 가도록 하시며, 각기 추장을 두어 서로 접촉이 되지 못하도록 한다면 그 세력이 분산될 것인데 어찌 해가 될 수 있겠습니까?"

그때 급사중給事中 두초객杜楚客이 나서서 이렇게 말하였다.

"북쪽 오랑캐는 사람 모습에 짐승과 같아 덕으로 회유하기는 어려우며 위엄으로 복종시키는 것이 쉽습니다. 지금 그 부락을 하남에 흩어져 살도록 한다면 이는 중화中華에 너무 가까워 오랫동안 틀림없이 화환이 될 것입니다. 그러나 안문과 같은 사례는 비록 돌궐이 은혜를 배반한 것이라 하나 이는 수나라 임금이 무도하여 생긴 것으로 중국이 이로 인해 혼란을 겪은 것이지 어찌 수나라가 그 망한 나라를 부흥시켰기 때문에 이러한 화를 불러온 것이라 말할 수 있겠습니까? 오랑캐는 중국을 혼란시킬 수 없음은 옛 군주들의 명확한 가르침이며 망하는 자를 존속시키고 끊어진 계통을 이어 주는 것은 많은 성인들이 통상의 규칙으로 삼은 것입니다. 저는 옛것을 스승으로 삼지 아니하면 장구하게 이어 가지 못할까 두렵습니다."

태종은 그 말을 가상히 여겼지만 마침 이민족에 대한 회유정책에 힘쓰고 있던 터라 이들의 말을 따르지 않았다. 그리고 마침내 온언박의 책략을 따라 유주幽州로부터 영주靈州에 이르는 지역에 순주順州, 우주祐州, 화주化州, 장주長州의 네 주에 도독부都督府를 두어 살게 하였다. 이에 장안長安에 살게 된 돌궐 가구가 거의 만 가나 되었다.

돌궐의 힐리頡利부가 깨어진 뒤 여러 부락의 수령들로서 항복해 온 자는 모두 장군將軍이나 중랑장中郞將의 직함을 주어 조정에 포진시키며 이로써 오품 이상을 받은 자가 백여 명이나 되었으며 이 숫자는 조정 인사의 거의 반이었다.

오직 당시 탁발족拓跋族, 西突厥만은 오지 않아 다시 이들을 불러 위무하느라 그 일로 오가는 사신이 길에 서로 보일 정도였다.

그때 양주涼州 도독都督 이대량李大亮은 탁발족에게 이렇게 하는 것이 이익이 되지 않으며 한갓 중국이 물자를 허비하는 것이라 여겨 이렇게 상소하였다.

"제가 듣기로 먼 지역을 편안히 하고자 하는 자는 반드시 가까운 곳부터 안정시킨다 하더이다. 중국의 백성은 천하의 뿌리와 줄기이며 사이四夷의 사람들은 가지와 잎이나 마찬가지입니다. 그 뿌리와 줄기를 흔들면서 가지와 잎이 무성하게 하여 길이 편안하기를 구하는 것은 있어본 적이 없습니다. 자고로 명철한 임금은 중국은 믿음으로써 교화하고 오랑캐는 권위로써 통제하였습니다. 그 때문에 《춘추春秋》에 '융적은 시랑과 같아 만족할 줄을 모른다. 그럼에도 중국은 이들을 친히 하여 가히 버릴 수는 없다'라 하였습니다. 폐하께서 천하에 근림한 이래 그 뿌리를 깊게 하고 줄기를 튼튼히 하여 백성은 편안하고 병력은 강해졌으며 구주九州는 부유함을 누리고 사이는 스스로 복종해 왔습니다. 지금 돌궐이 항복해 왔다고 이들을 불러 비록 직함을 주었으나 제가 어리석게 생각하기에는 점차 노고와 비용만 들 뿐 이익이 있으리라고는 아직 생각되지 않습니다. 그런데 하서河西 일대의 백성들은 번이蕃夷를 진수하고 방어하느라 주현이 삭막해졌으며 호구는 크게 줄어들었습니다. 거기에 수나라 때의 혼란을 이어받은 뒤라 그 감소는 더욱 심합니다. 돌궐이 평정되기 전에는 그때도 생업에 안정을 찾을 수 없었는데 흉노가 미약해진 이래로 그나마 농사에 매달리기 시작하고 있는 터에 만약 그들에게 노역을 부담시킨다면 그들에게 방해가 되고 손실이 있을 것이라 걱정됩니다. 저의 어리석은 생각으로는 탁발족을 불러 위무하는 일은 중지하셨으면 합니다. 게다가 황복荒服이라 불리는 아주 먼 곳은 신하가 되겠다 해도 받아 주지 않았습니다. 그 때문에 주周나라 때는 자신의 백성을 사랑하되 이민족은 내쳤습니다. 그리하여 주나라는 8백 년의 사직을 이어 갈 수 있었습니다. 그러나 진시황秦始皇은 전쟁을 가볍게 여기며 오랑캐를 상대하느라 그 때문에 40여 년 만에 나라가 망하고 만 것입니다. 한漢 문제文帝는 군사를 기르면서도 조용히 지켜 천하가 안정되고 풍요로웠으며 효무제孝武帝는 위엄을 드날려 먼 곳을 공략하느라 천하가 텅 비고 말았습니다. 그는 비록 윤대輪臺를 설치한 것을 후회하였지만 이미 어쩔 수 없었습니다. 수나라 때에 이르러서는 일찍 이오伊吾를 얻고 아울러 선선鄯善까지 관할하였으나 이미 얻고 나서는 노력과 비용이 날로 늘어나 안을 비치하면서 밖을 다스린 꼴로 마침내 손해만 있고 이익은 없었습니다. 멀리 진한秦漢에서 사례를 찾아 보고 가까이 수나라 때의 일을 관찰한다면 동정動靜과 안위安危는 밝게 드러나는 것입니다. 이오는 비록 우리에게 신하가 되어 복종하였지만 너무 먼 변방 사막이었고 게다가 그곳 사람들은 우리 민족이 아니었으며 땅은 모래와 소금 땅이었습니다. 그곳에 번신藩臣을 칭하는 부용附庸을 세워 놓고 그저 끈을 매어 묶어 놓는 것으로 수용하시면서 변방 밖에 거하도록 하면 틀림없이 우리의 위엄을 두려워하면서 아울러 우리를 은혜로 여길 것입니다. 그들을 영원히 번신으로 삼기만 하면 대체로 명분으로만 혜택을 실행하면서 실제의 복은 거두어들이는 것이 됩니다. 근래 돌궐은 나라가 기울자 많은 수가 우리나라에 들어왔는데 이미 그들을 강회江淮 지역으로 포로로 보내어 그 풍속을 고치도록 하지도 못한 채 이들을 내지에 안치하였으나 그곳은 서울과도 멀지 않습니다. 비록 관대한 인의로 한다고는 하나 역시 장구한 계책은 아닙니다. 매번 보건대 돌궐인이 항복해 오면 그들에게 비단 5필과 이불 한 벌씩 주며 추장에게는 모두 큰 벼슬자리까지 주어 녹은 후하고 지위는 높으니 이치로 보아 많은 비용이 들 것입니다. 중국의 조세와 부역으로 악이 누적된 흉한 포로에게 공급하고 있으니 그 무리가 점점 많아지면 이는 중국에 이로울 것이 없습니다."

태종은 이 의견을 받아들이지 않았다.

그런데 정관 13년(639), 대종이 구성궁九成宮에 행차하였을 때 돌리突利칸의 아우 중랑장 아사나결사솔阿史那結社率이 몰래 자신 부족과 결탁하고 아울러 돌리하라골突利子賀邏鶻을 옹위하며 밤에 태종이 머무는 숙소를 침범하였다가 일이 실패로 돌아가 모두가 참수를 당하는 일이 벌어지고 말았다. 태종은 이로부터 돌궐인이 당직을 서지 못하도록 하고 그들 여러 부락을 중국에 살도록 한 것을 후회하였다. 그리하여 그들을 옛날 살던 하북으로 돌려보내고 그들의 옛 근거지인 정양성定襄城에 아장牙帳을 설치하고 이사마李思摩를 을미니숙사리필乙彌泥熟俟利苾 칸으로 삼아 다스리도록 하였다.

그리고 시종하는 신하들에게 이렇게 말하였다.

"중국의 백성은 진실로 천하의 뿌리이며 줄기이다. 그리고 사이의 이민족은 가지나 잎과 같다. 그 뿌리와 줄기를 흔들면서 가지와 잎이 무성해져 길이 편안함을 구한다는 것은 있을 수 없다. 처음 내 위징의 말을 받아들이지 않았다가 드디어 노력과 비용이 날로 심해지는 것을 깨달았다. 하마터면 길이 안정을 얻는 길을 잃을 뻔하였다."

貞觀四年, 李靖擊突厥頡利, 敗之, 其部落多來歸降者.

詔議安邊之策, 中書令溫彦博議:「請於河南處之, 準漢建武時, 置降匈奴於五原塞下, 全其部落, 得爲捍蔽, 又不離其土俗, 因而撫之, 一則實空虛之地, 二則示無猜之心, 是含育之道也.」

太宗從之.

秘書監魏徵曰:「匈奴自古至今, 未有如斯之破敗, 此是上天剿絶, 宗廟神武. 且其世寇中國, 萬姓冤讎, 陛下以其爲降, 不能誅滅, 卽宜遣發河北, 居其舊土. 匈奴人面獸心, 非我族類, 强必爲寇盜, 弱則卑伏, 不顧恩義, 其天性也. 秦·漢患之者若是, 故發猛將以擊之, 收其河南以爲郡縣. 陛下以內地居之, 且今降者幾至十萬, 數年之後, 滋息過倍, 居我肘腋, 甫邇王畿, 心腹之疾, 將爲後患, 尤不可處以河南也.」

溫彦博曰:「天子之於萬物也, 天覆地載, 有歸我者則必養之. 今突厥破除, 餘落歸附, 陛下不加憐愍, 棄而不納, 非天地之道, 阻四夷之意, 臣愚甚謂不可, 宜處之河南. 所謂死而生之, 亡而存之, 懷我厚恩, 終無叛逆.」

魏徵曰:「晉代有魏時, 胡部落分居近郡, 江統勸逐出塞外, 武帝不用其言, 數年之後, 遂傾瀍洛. 前代覆車, 殷鑒不遠. 陛下必用彦博言, 遣居河南, 所謂養獸自遺患也.」

彦博又曰:「臣聞聖人之道, 無所不通. 突厥餘魂, 以命歸我, 收居內地, 敎以禮法, 選其酋首, 遣居宿衛, 畏威懷德, 何患之有? 且光武居河南單于於內郡, 以爲漢藩翰, 終于一代, 不有叛逆.」

又曰:「隋文帝勞兵馬, 費倉庫, 樹立可汗, 令復其國, 後孤恩失信, 圍煬帝於雁門. 今陛下仁厚, 從其所欲, 河南·河北, 任情居住, 各有酋長, 不相統屬, 力散勢分, 安能爲害?」

給事中杜楚客進曰:「北狄人面獸心, 難以德懷, 易以威服. 今令其部落散處河南, 逼近中華, 久必爲患. 至如雁門之役, 雖是突厥背恩, 自由隋主無道, 中國以之喪亂, 豈得云興復亡國以致此禍? 夷不亂華, 前哲明訓, 存亡繼絶, 列聖通規. 臣恐事不師古, 難以長久.」

太宗嘉其言, 方務懷柔, 未之從也, 卒用彦博策, 自幽州至靈州, 置順·祐·化·長四州都督府以處之, 其人居長安者近且萬家.

自突厥頡利破後, 諸部落首領來降者, 皆拜將軍·中郎將, 布列朝廷, 五品已上百餘人, 殆與朝士相半.

唯拓跋不至, 又遣招慰之, 使者相望於道.

涼州都督李大亮, 以爲於事無益, 徒費中國, 上疏曰:

「臣聞欲綏遠者, 必先安近. 中國百姓, 天下根本; 四夷之人,
猶於枝葉. 擾其根本, 以厚枝葉, 而求久安, 未之有也. 自古明王,
化中國以信, 馭夷狄以權. 故《春秋》云: 『戎狄豺狼, 不可厭也;
諸夏親昵, 不可棄也.』自陛下君臨區宇, 深根固本, 人逸兵強,
九州殷富, 四夷自服. 今者招致突厥, 雖入提封, 臣愚稍覺勞費,
未悟其有益也. 然河西民庶, 鎮禦藩夷, 州縣蕭條, 戶口鮮少,
加因隋亂, 減耗尤多. 突厥未平之前, 尚不安業; 匈奴微弱以來,
始就農畝, 若卽勞役, 恐致妨損. 以臣愚惑, 請停招慰. 且謂之荒
服者, 故臣而不納. 是以周室愛民攘狄, 竟延八百之齡; 秦王輕
戰事胡, 故四十載而絶滅. 漢文帝養兵靜守, 天下安豐; 孝武揚
威遠略, 海內虛耗, 雖悔輪臺, 追已不及. 至於隋室, 早得伊吾,
兼統鄯善, 且旣得之後, 勞費日甚, 虛內致外, 竟損無益. 遠尋秦漢,
近觀隋室, 動靜安危, 昭然備矣. 伊吾雖已臣附, 遠在藩磧, 民非
夏人, 地多沙鹵. 其自豎立稱藩附庸者, 請羈縻受之, 使居塞外,
必畏威懷德, 永爲藩臣, 蓋行虛惠而收實福矣. 近日突厥, 傾國
入朝, 旣不能俘之於江淮, 以變其俗, 乃置於內地, 去京不遠,
雖則寬仁之義, 亦非久安之計. 每見一人初降, 賜物五匹, 袍一領,
酋長悉授大官, 祿厚位尊, 理多靡費. 以中國之租賦, 供積惡之
凶虜, 其衆益多, 非中國之利也.」

太宗不納.

十三年, 太宗幸九成宮. 突利可汗弟中郎將阿史那結社率陰
結所部, 并擁突利子賀邏鶻夜犯御營, 事敗, 皆捕斬之. 太宗自
是不直突厥, 悔處其部衆於中國, 還其舊部於河北, 建牙於故
定襄城, 立李思摩爲乙彌泥熟俟利苾可汗以主之.

因謂侍臣曰:「中國百姓, 實天下之根本, 四夷之人, 乃同枝葉.

擾其根本, 以厚枝葉, 而求久安, 未之有也. 初, 不納魏徵言,
遂覺勞費日甚, 幾失久安之道.」

【建武】 東漢 光武帝 劉秀의 연호. 25년~55년까지 31년간.
【五原】 군 이름. 漢 武帝 元朔 2년(B.C.127)에 두었으며 치소는 九原(지금의
　내몽고 包頭市).
【肘腋】 아주 가까운 곳. 內地를 말함.
【江統】 인명. 자는 應元, 陳留(지금의 河南 開封 경내) 사람으로 진 무제 때
　山陰令(지금의 浙江)으로 〈徙戎論〉을 지어 이민족을 변방 밖으로 몰아낼 것을
　주장하였음.
【瀍洛】 瀍水와 洛水. 西晉의 도읍이었던 洛陽 근처를 말함.
【鮮于】 匈奴族 수령을 일컫는 말.
【可汗】 '칸'을 음사한 것. 突厥 및 북방 민족의 수령에 대한 칭호. 隋 文帝 때
　처음으로 突厥 啓民칸에게 義成公主를 시집보내면서 칸의 칭호를 인정하였음.
【杜楚客】 인명. 당초 재상이었던 杜如晦의 아우. 정관 4년(630) 給事中이 되었다가
　뒤이어 工部尚書가 되었음.
【幽州】 지금의 北京 및 河北 지역을 통괄하는 주.
【靈州】 지금의 寧夏 中衛 및 中寧 이북 지역을 통괄하던 주.
【拓跋】 拓跋氏. 여기서는 西突厥을 가리킴.
【綏遠】 먼 지역 이민족까지 잘 위무함.
【春秋】《左傳》閔公 원년의 내용. 管仲이 齊 桓公에게 이른 말. "狄人伐邢. 管敬
　仲言於齊侯曰:「戎狄豺狼, 不可厭也; 諸夏親暱, 不可棄也. 宴安酖毒, 不可懷也.
　詩云:『豈不懷歸? 畏此簡書.』簡書, 同惡相恤之謂也. 請救邢以從簡書.」齊人救邢"
　이라 함.
【河西】 甘肅의 甘州, 涼州, 瓜州, 沙州, 肅州 등의 지역.
【荒服】 王畿로부터 5백 리씩 멀어지면서 5등급으로 나누어 甸服, 侯服, 綏服,
　要服, 荒服으로 구분하였음.
【四十載】 秦始皇의 재위 37년간을 말함. B.C.246~B.C.210년까지임.
【輪臺】 지금의 新疆 輪臺 이동 지역. 漢 武帝 때 桑弘羊이 이곳에 屯田을 둘
　건의하였으나 무제가 듣지 않았음.

【伊吾】 지금의 新疆 哈蜜. 漢나라 때 伊吾盧라 하였으며 隋나라 대업 6년(610)에 군을 두었음.

【鄯善】 지명. 지금의 新疆에 있으며 樓蘭의 王居扜泥城. 수나라 대업 5년에 군을 설치함.

【沙鹵】 사막과 소금기가 있는 땅.

【羈縻】 굴레와 고삐.

【阿史那結社率】 阿史那結社爾로도 쓰며, 돌리칸(突利可汗)의 아우. 돌리의 아들 賀羅鶻과 결탁하여 御帳을 습격하였다가 실패하여 結社率은 참수를 당하였고 賀羅鶻은 嶺南으로 유배를 당함.

【建牙】 牙帳을 설치함. 牙帳은 돌궐 수령이 거처하는 大本營. 御帳.

【定襄城】 지금의 山西 大同市 동쪽.

【李思摩】 突厥 頡利部 출신으로 李氏姓을 하사 받아 化州都督이 되었음. 태종에 의해 定襄城을 다스리는 乙彌泥熟俟利苾칸에 임명되었으며 遼東 정벌에 나서기도 하였음.

247(36-2)
고창에 설치한 안서도호부安西都護府

정관 14년(640), 후군집侯君集이 고창高昌을 평정한 뒤 태종은 그 고창을 주현州縣으로 삼고자 하였다.

위징魏徵이 말하였다.

"폐하께서 처음 천하에 군림하셨을 때 고창왕高昌王이 먼저 조알을 왔었습니다. 그로부터 자주 호족胡族 상인들이 고창의 길을 막고 자신들의 조공품을 가져올 수 없도록 길을 끊었다고 알려 왔으며, 아울러 우리 사신들이 자신들에게 예를 갖추지 않는다는 트집을 부리기에 드디어 폐하로 하여금 그들을 다시 주벌하도록 화를 자초한 것입니다. 만약 그 죄가 그저 고창왕 국문태麴文泰에게만 그친다면 이는 역시 가한 일이지만 그것도 그 백성을 위무하고 그 아들을 왕으로 세워 주느니만 못합니다. 이를 일러 죄 있는 자를 벌하고 그 백성을 위로하며 폐하의 위덕이 먼 곳까지 덮어 준다고 말하는 것으로 나라를 위한 훌륭한 계책이지요. 지금 만약 그 땅을 이롭다 여겨 그곳에 주현을 설치한다면 언제나 모름지기 천여 명은 그곳에 주둔시켜야 할 것입니다. 그리고 이들을 수년에 한 번씩 교체해야 하며 매번 순번대로 오고가느라 열에 서너 명은 죽게 될 것입니다. 게다가 그들은 의복과 식량도 스스로 책임져야 하며 친척을 이별하여야 하니 이렇게 10년이 지난 뒤면 그들을 징발했던 농우隴右 지역은 텅 비고 말 것입니다. 그렇게 되면 폐하께서는 끝내 고창으로부터 이 중국에 도움이 될 곡식 한 줌도 베 한 필도 얻지 못하는 것이 됩니다. 이를 일러 유용한 것을 흩어 쓸모없는 일에 퍼붓는다고 하는 것이니 저는 그렇게 하는 것이 옳다고 보지 않습니다."

태종은 이에 따르지 아니하고 마침내 그 땅에 서주西州를 설치하고, 관례대로 그 서주에 안서도호부安西都護府를 두었다. 그리하여 매년 천여 명씩 징발하여 그 땅을 막아 방비하도록 하였다.

황문시랑黃門侍郞 저수량褚遂良 역시 불가하다고 여겨 이렇게 상소하였다.

"제가 듣기로 옛날의 명철한 군주가 조정에 임하고 명석한 왕이 창업을 함에는 반드시 우리 화하華夏를 먼저하고 이적은 뒤로 미루었으며 덕화德化를 펴기에 힘쓰면서 먼 이민족 땅은 탐내지 않았습니다. 이로써 주周나라 선왕宣王은 험윤玁狁을 내쫓아 토벌하되 그 경계에 이르러 되돌아왔고, 진시황秦始皇은 멀리 요새를 쌓아 중국과 이민족을 분리시키는 것으로 목표를 삼았습니다. 폐하께서는 고창을 벌하셔서 그 위세를 서역西域에 떨치셨으며, 그 강하고 질긴 이들을 거두어 주현으로 삼으셨습니다. 그러나 왕의 군대가 처음 그곳을 향해 떠나던 해, 하서河西에서 이들에게 물자를 공급한 그 해에 꼴을 나르고 군량을 끌어다 주느라 열 집에 아홉 집은 먹을 것이 텅 비게 되었습니다. 이리하여 그곳의 몇 개 군은 삭막해 졌고 5년이 지나도록 회복이 되지 않은 채 그대로입니다. 폐하께서 매년 천여 명씩 보내어 그들이 먼 이역에서 주둔하며 수자리를 지키느라 해가 가도록 가족과 이별하여 만 리에 돌아가고 싶은 생각뿐입니다. 떠나는 자는 그 장비와 먹을 것을 스스로 마련하고 가져가야 하니 그 식량을 사느라 그 집안의 베틀이 기울어질 정도입니다. 게다가 가는 도중에 사망하는 경우는 다시 거론 밖입니다. 그들 중에는 죄인을 보내어 그곳의 방비를 증가시켰지만 파견된 자들 중에는 다시 도망하여 관리들이 이들을 잡아들이느라 나라의 새로운 일거리를 만드는 셈이 되고 말았습니다. 고창으로 가는 길은 모래와 자갈이 쌓인 천리 길로 겨울에는 바람과 매서운 얼음이 가로막고 여름에는 살을 태우는 더위가 가로막아 행인이 이런 경우를 만나면 거의가 죽음을 당하고 맙니다.

《역易》에 '편안할 때 위험을 잊지 말 것이며 다스려질 때 혼란함을 잊지 말라'라 하였습니다. 그런데 설령 장액張掖에 전쟁이 나서 주천酒泉에서 봉홧불이 올라온다면 폐하께서는 어찌 능히 그 먼 고창의 군사들이 먹고 있는 한 사람의 군량이라도 얻어 이 일에 대처할 수 있겠습니까? 끝내 모름지기 농우의 여러 주에서 내달아 그 전쟁을 치러야 할 것입니다. 이로 말미암아 말씀을 드리건대 이 하서라는 곳은 나의 심복心腹에 해당하고 저 먼 고창은 남의 수족手足에 불과한 것이니 어찌 중화의 비용을 그토록 써서 무용한 일에 그토록 매달리는 것입니까? 폐하께서 힐리頡利칸을 사막에서 평정하시고, 토욕혼吐谷渾을 서해西海에서 멸하셨습니다. 그런데 돌궐突厥의 나머지 부락들이 다시 그들의 칸을 세웠으며 토욕혼도 그 후손을 찾아 군장으로 다시 세웠습니다. 그러나 고창도 국문태의 후손을 세워 주는 것은 전례에 없던 것은 아닙니다. 이를 일러 죄가 있는 자는 주벌하되 이미 복종해 왔다면 이를 존속시켜야 한다는 것입니다. 의당 고창에 가히 뒤를 이을 자를 세워 그를 불러 수령首領의 지위를 준 다음 본국으로 귀환시키는 것입니다. 그러면 그는 큰 은혜를 짊어지고 길이 우리의 번방이 될 것이며 중국은 중국대로 소요가 없어 부귀와 평안을 누리게 될 것입니다. 이렇게 자손에게 전해 주어 후손에게 물려주면 됩니다."

이 상소에 대하여 태종은 받아들이지 않았다.

그러다가 정관 16년(642)에 이르러 서돌궐西突厥이 군대를 보내어 서주를 노략질하자 태종이 시종하는 신하들에게 이렇게 말하였다.

"내 서주의 긴급한 상황을 듣고 비록 아직 큰 해는 입지 않았지만 그렇다고 어찌 근심을 하지 않겠는가? 지난날 처음 고창을 평정하였을 때 위징과 저수량이 나에게 국문태의 자제를 세워 옛날처럼 나라를 이어 갈 수 있도록 권하였지만 내 끝내 그 계책을 듣지 않았다가 오늘 바야흐로 후회를 하게 되었구나. 옛날 한漢 고조高祖 유방이 평성平城에서 포위를 당하였을 때 그전에 말렸던 누경婁敬에게 상을 주었으나 원소袁紹는 관도官渡에서 패했을 때 도리어 말렸던 전풍田豊을 죽여 버렸다. 나는 항상 이 두 가지 사례를 경계로 삼아왔으니 어찌 지난날 말려 주었던 자들을 잊을 수 있겠는가!"

貞觀十四年, 侯君集平高昌之後, 太宗欲以其國為州縣.

魏徵曰:「陛下初臨天下, 高昌王先來朝謁. 自後數有商胡, 稱其過絕貢獻, 加之不禮大國詔使, 遂使王誅載加. 若罪止文泰, 斯亦可矣, 未若因撫其民, 而立其子, 所謂伐罪弔民, 威德被於遐外, 為國之善者也. 今若利其土壤, 以為州縣, 常須千餘人鎮守, 數年一易, 每來往交替, 死者十有三四, 遣辦衣資, 離別親戚, 十年之後, 隴右空虛. 陛下終不得高昌撮穀尺布以助中國. 所謂散有用而事無用, 臣未見其可.」

太宗不從, 竟以其地置西州, 仍以西州為安西都護府, 每歲調發千餘人, 防遏其地.

黃門侍郎褚遂良亦以為不可, 上疏曰:

「臣聞古者哲后臨朝, 明王創業, 必先華夏而後夷狄, 廣諸德化, 不事遐荒. 是以周宣薄伐, 至境而返; 始皇遠塞, 中國分離. 陛下誅滅高昌, 威加西域, 收其鯨鯢, 以為州縣. 然則王師初發之歲, 河西供役之年, 飛芻挽粟, 十室九空, 數郡蕭然, 五年不復. 陛下每歲遣千餘人, 而遠事屯戍, 終年離別, 萬里思歸. 去者資裝, 自須營辦, 既賣菽粟, 傾其機杼. 經途死亡, 復在言外; 兼遣罪人, 增其防遏, 所遣之內, 復有逃亡, 官司捕捉, 為國生事. 高昌塗路, 沙磧千里, 冬風冰冽, 夏風如焚, 行人遇者遇之多死.

《易》云:『安不忘危, 治不忘亂.』設令張掖塵飛, 酒泉烽舉, 陛下豈能得高昌一人菽粟而及事乎? 終須發隴右諸州, 星馳電擊. 由斯而言, 此河西者方於心腹, 彼高昌者他人手足, 豈得糜費中華, 以事無用? 陛下平頡利於沙塞, 滅吐渾於西海. 突厥餘落, 為立可汗; 吐渾遺萌, 更樹君長. 復立高昌, 非無前例, 此所謂有罪而誅之, 既服而存之. 宜擇高昌可立者, 徵給首領,遣還本國, 負載洪恩, 長爲藩翰. 中國不擾, 旣富且寧, 傳之子孫, 以貽後代.」

疏奏, 不納.

至十六年, 西突厥遣兵寇西州, 太宗謂侍臣曰:「朕聞西州有警急, 雖不足爲害, 然豈能無憂乎? 往者初平高昌, 魏徵·褚遂良勸朕立麴文泰子弟, 依舊爲國, 朕竟不用其計, 今日方自悔責. 昔漢高祖遭平城之圍, 而賞婁敬; 袁紹敗於官渡, 而誅田豐. 朕恆以此二事爲誡, 寧得忘所言者乎!」

【侯君集】 ?~643. 당나라 초기의 명장. 關州 三水(陝西 旬邑) 출신으로 정관 4년(630) 兵部尙書가 되었으며 정관 14년(640)에 高昌을 정벌하고 交河行軍大總管과 吏部尙書를 겸하였음.

【朝謁】 정관 4년(630) 高昌王 麴文泰가 당나라 조정에 이르러 조알함.

【文泰】 麴文泰. 西域 고창국의 군주.

【隴右】 隴右道. 지금의 甘肅 六盤山 서쪽으로부터 靑海 靑海湖 및 新疆 동부의 행정구역.

【西州】 지금의 新疆 吐魯番 분지 일대.

【安西都護府】 交河城(지금의 新疆 투르판)에 두었던 도호부.

【黃門侍郎】 諫議大夫여야 함. 정관 18년(644) 9월 諫議大夫 褚遂良이 黃門侍郎이 되어 조정의 정치에 관여하기 시작하였음.

【周宣薄伐】 周나라 宣王. 玁狁, 즉 흉노의 전신을 토벌하여 太原에 이른 더 이상 추격하지 아니하고 돌아옴. '薄伐'은 '迫伐'과 같음. 압박하여 토벌함.

【鯨鯢】 아주 굳세고 질기며 흉악함을 말함.

【機杼】 베틀의 바디. 여기서는 옷감을 말함.

【張掖】 河西外廊. 河西走廊에 있는 四郡(張掖, 武威, 酒泉, 敦煌)의 하나. 지금의 감숙성에 있음.

【酒泉】 역시 河西四郡 중의 하나.

【吐渾】 토욕혼(吐谷渾).

【西海】 지금의 靑海湖를 말함.

【平城之圍】漢 高祖가 일찍이 흉노를 토벌하기 위하여 平城 白登山에 이르렀다가 포위를 당하여 7일만에 풀려났음. 平城은 지금의 山西 大同 동북.

【婁敬】劉敬. 한나라 초기 齊나라 사람으로 漢 高祖 5년(B.C.202) 낮은 직급의 戍卒로서 감히 고조 劉邦을 뵙고 關中 長安을 도읍으로 정할 것을 건의하여 고조가 가상히 여겨 劉氏 성을 하사함. 뒤에 고조에게 흉노 토벌을 말렸으나 고조가 이를 듣지 않고 나섰다가 평성에서 흉노에게 포위를 당하였음.《新序》善謀篇 및《史記》劉敬叔孫通列傳,《漢書》등을 참조할 것.

【袁紹】동한 말 割據 세력의 하나. 官渡 전투에서 曹操에게 패함. 官渡는 지금의 河南 中牟 동북. 그리고 그 전투에서 패배할 것임을 말했던 전풍을 죽여 버림.

【田豐】원소의 부하. 일찍이 원소가 官渡에서 패할 것임을 예고하였으며 결국 원소에게 피살당함.

정관정요

37. 행행行幸

황제의 순수와 행차에 대한 내용이다. 수나라 양제가
대운하를 수축하고 멀리 강도江都에까지 갔다고 돌아
오지 못하고 나라가 망한 예를 거울로 삼아 황제의
즐거움을 위한 행차는 자제되어야 함을 밝힌 것이다.

新疆 투루판 아스타나(阿斯塔那) 唐墓 벽화 〈胡服美女像〉

貞觀政要

248(37-1)
수 양제가 지은 화려한 궁전들

정관 초, 태종이 시종하는 신하에게 말하였다.

"수隋 양제煬帝는 궁실을 화려하게 짓고 자기 하고 싶은 대로 유람하고자 서경西京 장안으로부터 동도東都 낙양에 이르기까지 이궁과 별관을 서로 마주 보일 정도로 즐비하게 지었으며 게다가 병주幷州, 탁군逐郡까지 모두 이렇게 하지 않은 곳이 없었다. 그리고 황제 전용도로인 치도馳道는 모두 백 보步의 너비에 나무를 심고 그 곁에 온갖 장식을 해 걸었다. 그러자 백성들은 그 힘을 감당할 수 없어 서로 모여 도적이 되고 말았다. 그리고 말년에 이르자 한 척의 땅도 하나의 사람도 어느 하나 다시는 그의 소유가 아니었다. 이로써 보건대 궁실을 넓히고 놀이를 좋아하던 것이 끝내 무슨 이익이 되었겠는가? 이는 내가 귀로 듣고 눈으로 본 것으로서 내 자신 깊이 경계로 삼고 있다. 그러므로 감히 경솔히 인력을 부리지 못하며 오직 백성으로 하여금 안녕을 얻어 나에게 원한이나 배반의 뜻이 없도록 하고자 할 뿐이다."

貞觀初, 太宗謂侍臣曰:「隋煬帝廣造宮室, 以肆行幸, 自西京至東都, 離宮別館, 相望道次, 乃至幷州·逐郡, 無不悉然. 馳道皆廣數百步, 種樹以飾其傍. 人力不堪, 相聚爲賊. 逮至末年, 尺土一人, 非復己有. 以此觀之, 廣宮室, 好行幸, 竟有何益? 此皆朕耳所聞, 目所見, 深以自誡. 故不敢輕用人力, 惟令百姓安靜, 不有怨叛而已.」

【幷州】지금의 山西省. 隋나라 때 이곳의 치소는 太原이었음.

【涿郡】지금의 北京 서남쪽 薊縣으로 隋나라 大業 때 幽州로 고쳤으며 치소는 薊縣.

【馳道】제왕이 다닐 수 있도록 넓게 닦은 幹線도로.

249(37-2)
수나라의 실패를 거울삼아

정관 2년(628), 태종이 낙양궁洛陽宮에 행차하여 적취지積翠池에 배를 띄웠다. 그리고 시종하는 신하들을 돌아보며 이렇게 말하였다.

"이 궁원宮苑과 대소臺沼는 모두 양제煬帝가 만든 것으로 소위 백성을 부리고 노역시켜 아름다움을 끝까지 해보겠다고 하였던 곳이다. 그런데 이 도읍을 더 이상 지켜 내지 못하였으니 백성들에게 염려만 끼친 것이다. 그는 행차하기를 끊임없이 좋아하여 백성들이 이를 감당할 수 없을 정도였다. 그래서 옛 시인들은 '그 어느 풀인들 누렇게 마르지 않겠으며 그 어느 날인들 바삐 돌아다니지 않을 수 있겠는가?'라 하였고, 또 '동쪽 작고 큰 나라들 비단 짜는 북이 모두 사라졌네'라고 하였으니 바로 이를 두고 한 말일 것이다. 드디어 천하로 하여금 원망과 반기를 들게 하여 자신은 죽고 나라는 망하고 말았으며 지금 이 궁원은 모두가 내 소유가 되고 만 것이다. 그러니 수나라의 멸망이 어찌 그 임금이 무도하여 그런 것이겠는가? 역시 고굉股肱들이 선량하지 못하였기 때문이었다. 이를테면 우문술宇文述, 우세기虞世基, 배온裴蘊의 무리들은 높은 관직에, 많은 녹을 받아 남으로부터 임무를 부여받았음에도 오직 아첨과 참녕한 짓만 하면서 임금의 총명함을 막아 버렸으니 그 나라를 위망에 빠뜨리지 않고자 한다고 이치로 보아 불가한 것이었다."

그러자 사공司空 장손무기長孫無忌가 이렇게 말씀을 올렸다.

"수나라가 망한 것은 그 임금은 충성된 옳은 말을 막아 버렸고 신하는 구차스럽게 자신만이 안전하기에 바빴기 때문입니다. 좌우 신하들은 과실이 있을 때면 처음에 이를 바로잡지도 않았고 도적이 만연한 다음에도 역시 사실대로 보고하지 않았습니다. 이를 근거로 본다면 천도만이 나라를 망하게 한 것이 아니라 실제로는 임금과 신하 모두가 서로 바르지도, 보필하지 않았기 때문입니다."

태종이 말하였다.

"나와 경들은 그러한 수나라의 병폐를 이어받았으니 모름지기 도를 넓히고 풍속을 바로잡아 만세로 하여금 길이 이에 힘입을 수 있도록 해야 될 것이오."

貞觀十一年, 太宗幸洛陽宮, 泛舟于積翠池, 顧謂侍臣曰:「此宮苑臺沼並煬帝所爲, 所謂驅役生民, 窮此雕麗, 復不能守此一都, 以萬民爲慮. 好行幸不息, 民所不堪. 昔詩人云:『何草不黃, 何日不行?』『小東大東, 杼軸其空.』正謂此也, 遂使天下怨叛; 身死國滅, 今其宮苑盡爲我有. 隋氏傾覆者, 豈惟其君無道, 亦由股肱無良. 如宇文述・虞世基・裴蘊之徒, 居高官, 食厚祿, 受人委任, 惟行諂佞, 蔽塞聰明, 欲令其國無危亡, 理不可得也.」

司空長孫無忌奏言:「隋氏之亡, 其君則杜塞忠讜之言, 臣則苟欲自全. 左右有過, 初不糾擧, 寇盜滋蔓, 亦不實陳. 據此, 卽不惟天道, 實由君臣不相匡弼.」

太宗曰:「朕與卿等承其餘弊, 惟須弘道移風, 使萬世永賴矣.」

【積翠池】 洛陽宮 西苑에 있는 연못. 그 뒤에 北邙山이 있으며 서쪽은 孝水, 남쪽는 洛水의 지류인 도랑이 있으며 穀水와 洛水가 그 사이에 모여듦.
【何草不黃】《詩經》小雅 何草不黃의 구절.
【小東大東】《詩經》小雅 大東의 구절.
【宇文述】 隋나라 때의 대신.

【虞世基】자는 茂世. 會稽 姚餘 사람으로 隋 煬帝 때 內史侍郎이었으며 양제가
폭정을 일삼아도 이를 간언하지 않아 뒤에 부하 병사들에게 죽음을 당함.
【裴蘊】역시 隋나라 때의 대신으로 일찍이 民部侍郎과 御使大夫 등의 관직을
역임하였음.

250(37-3)
강도江都에 행차하였다가 죽은 수 양제

정관 13년(639), 태종이 위징魏徵 등에게 말하였다.

"수隋 양제煬帝는 문제文帝의 남긴 업적을 이어받아 해내海內가 부유하였으니 만약 평상시대로 관중關中을 지키고 있기만 하였더라도 어찌 기울어 망했겠는가? 그런데 드디어 백성을 돌아보지 않은 채 놀이에 빠져 기약도 없이 강도江都까지 달려가서는 동순董純과 최상崔象 등의 간쟁을 받아들이지 않았다가 자신은 육시를 당하고 나라는 멸망하여 천하의 웃음거리가 되고 말았다. 비록 제왕의 장단이 하늘에 맡겨져 있다고는 하나 선은 복을 가져오고 음일은 화를 부르는 것이니 이 역시 사람에게 달린 일이다. 나는 매번 이를 생각할 때마다 만약 임금과 신하가 장구하고 나라에 위패危敗가 없고자 한다면 임금이 과실을 범할 때 신하는 모름지기 극간을 해야 한다고 여기고 있다. 내 그대들의 규간規諫을 들으면서 비록 그 즉시 따라 주지는 못하는 경우가 있기는 하지만 재삼 심사숙고하여 반드시 좋은 것을 택해 채납할 것임을 약속하노라."

貞觀十三年, 太宗謂魏徵等曰:「隋煬帝承文帝餘業, 海內殷阜, 若能常據關中, 豈有傾敗? 遂不顧百姓, 行幸無期, 徑往江都, 不納董純·崔象等諫諍, 身戮國滅, 爲天下笑. 雖復帝祚長短, 委以玄天, 而福善禍淫, 亦由人事. 朕每思之, 若欲君臣長久,國無危敗, 君有違失, 臣須極言. 朕聞卿等規諫, 縱不能當時卽從, 再三思審, 必擇善而用之.」

【殷阜】 ‘殷富’와 같음. 부유하고 풍족함을 일컫는 말.
【江都】 지금의 江蘇省 揚州. 수 양제가 최후를 마친 곳.
【董純】 인명. 隋나라 때의 宿將으로 拜柱國을 거쳐 郡公에 이르렀으나 煬帝에게 피살됨.
【崔象】 인명. 隋煬帝 때 奉信郎이었으며 황제의 江都행을 간언하다가 죽음을 당하였음.
【玄天】 하늘.

251(37-4)
낙양의 현인궁顯仁宮

정관 12년(638), 태종이 동쪽으로 순수巡狩하여 낙양洛陽으로 들어
가면서 현인궁顯仁宮에 들르게 되었는데 궁원宮苑의 관사官司들이 제대로
모시지 않았다고 많은 이들이 처벌을 받았다.

이에 시중侍中 위징魏徵이 나서서 이렇게 말하였다.

"폐하께서 지금 낙주洛州에 행차하시는 것은 옛날 이곳이 전투하던
곳으로 안정을 바라며 그 때문에 이곳의 옛 사람들에게 은혜를 베풀고자
함입니다. 성곽에 살던 백성들은 아직 폐하의 은덕을 입지도 못하였는데
관원과 원감苑監이 거의 죄에 걸려들었습니다. 그들의 죄목은 혹 임금께
올린 음식이 깔끔하지 못하였다거나 또는 임금에게 아예 먹을 것을
올리지 않았다는 이유들입니다. 이는 만족을 그치려 생각하지 않은
것이며 아직도 임금께서는 사치에 뜻을 두고 있다는 것입니다. 이미
이처럼 행차의 본래 의도를 어그러뜨리고서 어찌 백성들의 소망에
부응할 수 있겠습니까? 수隋나라 임금들은 먼저 아랫사람들에게 많은
음식을 준비하도록 하였고 바치는 음식이 많지 않으면 위엄을 내세워
처벌하였습니다. 윗사람이 좋아하는 것이 있으면 아랫사람은 틀림없이
그보다 심하게 할 수밖에 없습니다. 이렇게 서로 경쟁하다가 끝이
없으면 결국 멸망하고 마는 것입니다. 이는 기록을 통해 볼 수 있을
뿐만 아니라 폐하께서 직접 눈으로 본 것입니다. 수나라가 그토록
무도하여 천명이 폐하께 이를 대신하도록 한 것입니다. 마땅히 두렵고
무섭게 느껴야 하며 매사에 절약을 서둘러 앞선 이들의 실패를 참작,
자손에게 밝게 훈계를 내리신다면서 어찌 지금은 그보다 못한 사람이

되려 하십니까? 폐하께서 만약 만족하게 여기신다면 이는 오늘 하루만 만족하는 것이 아닙니다. 그러나 만약 부족하다고 여기신다면 이에 만 곱절을 더한다 해도 역시 부족하다 여길 것입니다."

태종이 크게 놀라 말하였다.

"그대가 아니었으면 나는 이런 말을 들어 볼 수 없었을 것이오. 지금부터 다시는 이런 일이 없을 것이라 기대하오."

貞觀十二年, 太宗東巡狩, 將入洛, 次於顯仁宮, 宮苑官司多被責罰.

侍中魏徵進言曰:「陛下今幸洛州, 爲是舊征行處, 庶其安定, 故欲加恩故老. 城郭之民未蒙德惠, 官司苑監多及罪辜. 或以供奉之物不精, 又以不爲獻食, 此則不思止足, 志在奢靡. 旣乖行幸本心, 何以副百姓所望? 隋主先命在下多作獻食, 獻食不多, 則有威罰. 上之所好, 下必有甚, 競爲無限, 遂至滅亡. 此非載籍所聞, 陛下目所親見, 爲其無道, 故天命陛下代之. 當戰戰慄慄, 每事省約, 參蹤前列, 昭訓子孫, 奈何今日欲在人之下? 陛下若以爲足, 今日不啻足矣. 若以爲不足, 萬倍於此, 亦不足也.」

太宗大驚曰:「非公, 朕不聞此言, 自今已後, 庶幾無如此事.」

【十二年】《資治通鑑》에 의하면 貞觀 11년(637) 2월로 되어 있음.

【洛】東都 洛陽宮을 말함.

【顯仁宮】河南 新安縣에 있던 궁궐로 隋 煬帝 大業 元年에 세웠음.

【官司】궁궐과 원유를 관리하는 관원. 태종이 이곳에 이르렀을 때 음식과 기타 준비를 제대로 하지 않아 많은 이들이 처벌을 받았음.

【侍中】'特進'이어야 함. 정관 7년 魏徵이 侍中이었으나 2년(628) 6월 이를 사직하고 特進이 됨.

【洛州】 東都 洛陽.

【舊征行處】 옛날 천하를 정벌할 때 지나갔던 곳. 武德 4년(621) 秦王 李世民이 東都 洛陽을 평정하였음.

【苑監】 宮苑을 관리하는 직책.

【隋主】 隋 煬帝를 가리킴.

【不啻】 '不僅, 不止, 不只'와 같음.

정관정요

38. 전렵畋獵

옛날에는 네 계절별로 공식적으로 사냥 제도를 두어 황제가 즐기고 놀 수 있는 명분을 만들었다. 그러나 어느 시대나 즐거움은 도를 넘으면 백성의 원망을 사며 즐기는 당사자로서는 헤어나기 어려운 중독에 빠지게 된다. 지금도 지도자의 사교 업무로 인정을 받으면서도 가끔 문제가 되는 골프라는 것이 있어 이와 거의 같은 유형이라 볼 수 있다. 자제하여 건전하게 즐길 수 있는 여부는 바로 자신의 의지에 달려 있을 뿐이다.

고구려 集安 壁畵 〈狩獵圖〉

貞觀政要

252(38-1)
사냥에 빠지지 마십시오

비서감秘書監 우세남虞世南은 태종이 자못 사냥을 좋아한다고 여겨 이렇게 상소하였다.

"제가 듣기로 추선동수秋獮冬狩 대체로 항상 통용되던 전례典禮이며 새를 잡고 짐승을 쫓는 것은 옛 책에도 기록되어 있습니다. 그러나 엎드려 말씀드리건대 폐하께서는 듣고 보고 남는 시간을 이용하여 천도에 순응하여 사냥을 하셔야 합니다. 폐하께서는 장차 무늬 있는 맹수를 꺾고 발바닥 있는 곰을 부수고자 직접 피헌皮軒을 몰아 맹수의 굴속까지 뒤지겠다고 하시며 뛰어난 재능을 숲 속에서 다해보겠다고 하시고 있습니다. 그러나 포악하고 흉한 짐승을 다 없애 백성을 보위하며, 가죽과 깃털을 모아 군용에 충당하겠다고 깃발을 휘날리며 사냥에서 잡은 것을 바치는 것을 옛 법에 따르려 하십니다. 그러나 황제란 궁궐에 처하시는 지존이며 금여金輿를 타고 다니는 귀한 신분으로 온 세상 사람들이 그 덕을 앙모하며 만국이 그 마음에 매어있어 한번 행차를 하시면 길을 청소하여야 통행할 수 있으며 말과 말뚝을 박아 경계를 하니 이는 모두가 사소한 일이라도 방비하기에 신중을 기하여 사직을 지키기 위함입니다. 이 까닭으로 사마상여司馬相如는 무제武帝 앞에서 직간을 하였고, 장소張昭는 뒤에서 얼굴을 찡그렸던 것입니다. 저는 진실로 미천한 신분이지만 어찌 감히 이런 의義를 잊겠습니까? 또 하늘같은 활에 별이 퍼지듯 넓은 그물로 그에 걸리는 짐승은 이미 많이 잡았고 잡은 짐승을 널리 나누어 주셨으니 황제의 은혜는 역시 널리 퍼진 셈입니다. 엎드려 원하건대 때때로 사냥의 수레를 쉬도록 하시고 긴 창은 자루에 보관하셔서 추요蒭蕘의 청을 거절하지 마시고 낮추어 연회涓澮의 작은 물줄기도 받아들여 주시옵소서. 웃통을 벗고 맨손으로 짐승과 싸우는 일은 여러 아랫사람에게 맡기시면 모든 왕들에게 그 모범을 끼쳐 만대를 두고 길이 영광이 될 것입니다."

태종은 그 말을 심히 가상하게 여겼다.

秘書監虞世南以太宗頗好畋獵, 上疏諫曰:
「臣聞秋獮冬狩, 蓋惟恆典; 射隼從禽, 備乎前誥. 伏惟陛下因聽覽之餘辰, 順天道以殺伐, 將欲摧班碎掌, 親御皮軒, 窮猛獸之窟穴, 盡逸材于林藪. 夷兇翦暴, 以衛黎元, 收革擢羽, 用充軍器, 擧旗效獲, 式遵前古. 然黃屋之尊, 金輿之貴, 八方之所仰德, 萬國之所繫心, 清道而行, 猶戒銜橛, 斯蓋重愼防微, 爲社稷也. 是以馬卿直諫於前, 張昭變色於後, 臣誠細微, 敢忘斯義? 且天弧星畢, 所殪已多, 頒禽賜獲, 皇恩亦溥. 伏願時息獵車, 且韜長戟, 不拒蒭蕘之請, 降納涓澮之流, 袒裼徒搏, 任之群下, 則貽範百王, 永光萬代.」

太宗深嘉其言.

【春獮冬狩】 고대 천자의 사냥은 계절별로 그 이름이 있었으며 봄에는 蒐, 여름은 苗, 가을은 선(獮), 겨울은 狩라 하였음.
【誥】 경계하고 훈계하는 말. 《尚書》의 大誥, 康誥, 酒誥, 召誥, 洛誥 등을 말함.
【殺伐】 여기서는 사냥을 뜻함.
【摧班碎掌】 사냥의 활동을 말함. 班(斑) 무늬의 호표를 꺾고 발이나 다리를 부수어 잡음.

【皮軒】사냥용 수레로 가죽으로 튼튼하게 감싼 것.

【林藪】수풀과 늪. 사냥터.

【黎元】머리가 검은 백성. 일반 백성을 뜻함.

【收革擢羽】가죽을 모으고 깃을 뽑음.

【黃屋】황제가 타는 수레. 노란 천으로 장식을 하였음.

【銜橛】말의 재갈과 말뚝.

【馬卿】司馬相如. 자는 長卿. 漢나라 때 유명한 문학가. 漢 武帝를 따라 사냥을 나가 그 일을 상소하였음.

【張昭】三國시대 吳나라 孫權의 무관. 손권이 말을 타고 호랑이를 쏘자 이 일을 간언하였음.

【天弧星罼】활은 하늘이며 그물은 별과 같다는 뜻.

【韜】칼이나 활을 보관하는 활집. 칼집.

【芻蕘】蒭蕘와 같음. 원래는 꼴이나 땔나무. 꼴이나 땔나무를 하는 하찮은 백성을 말함. 임금은 이러한 자에게도 그 의견을 묻고 듣는 것을 부끄럽게 여기지 않아야 함.《詩經》大雅 板에 "先民有言, 詢于芻蕘"라 함.

【涓澮】아주 작은 도랑이나 졸졸 흐르는 물. 개천.

【袒裼徒搏】맨몸으로 싸움.

253(38-2)
비가 오는데도 사냥에 나선 태종

곡나율谷那律이 간의대부諫議大夫를 맡았을 때 일찍이 태종을 따라 사냥에 나선 적이 있었다. 그때 도중에 비를 만나자 태종이 물었다.

"기름 먹인 옷은 어떻게 지으면 비가 새지 않도록 할 수 있을까?"

곡나율이 대답하였다.

"기와로 지으면 틀림없이 비가 새지 않을 것입니다!"

그 뜻은 태종으로 하여금 이렇게 잦게 사냥에 나서지 말도록 권하고자 함이었는데 태종에게 그 말이 즐겁게 채납되어 비단 50필과 황금 허리띠까지 더하여 하사를 받게 되었다.

谷那律爲諫議大夫, 嘗從太宗出獵, 在途遇雨, 太宗問曰:「油衣若爲得不漏?」

對曰:「能以瓦爲之, 必不漏矣!」

意欲太宗弗數遊獵, 大被喜納. 賜帛五十段, 加以金帶.

【谷那律】인명. 魏州 昌樂(지금의 山東 昌樂) 사람으로 貞觀 후기에 諫議大夫兼弘文館學士를 역임함. 《舊唐書》儒學傳 참조.

【油衣】기름을 칠한 비단으로 모자를 만들어 비가 새지 않도록 한 것. 이미 南朝 때 이러한 복장이 있었음. 이를 기와로 만들면 된다고 한 것은 기와로 지은 궁중에 그대로 있으면 비를 맞지 않을 것이란 뜻으로 사냥을 말린 것임.

【五十段】《舊唐書》谷那律 본전에는 '二百段'으로 되어 있음.

254(38-3)
간언도 분위기에 맞게

　정관 2년(628), 태종이 시종하는 신하에게 말하였다.

　"내 어제 회주懷州로 가려고 했더니 어떤 자가 상서를 이렇게 올렸더이다. '어찌 항상 산동山東의 장정들을 차출하여 궁원의 공사에 동원하십니까? 지금의 요역은 수隋나라 때보다 덜한 것 같지 않습니다. 회주와 낙양洛陽 동쪽은 사람이 잔폐하여 생명을 이어 갈 수 없을 정도인데 다시 사냥도 그렇게 자주하시니 교만하고 안일한 군주로군요! 지금 다시 회주에 오셔서 사냥을 하신다면 내 충성스러운 간언이 낙양에까지만 가는 것이 아닌 줄로 알고 계시오.'라고 말입니다. 사시에 따라 사냥을 하는 것은 제왕으로서 일상 있는 일이오. 오늘 회주에 사냥 가는 것도 백성에게는 털끝만큼의 간섭도 되지 않는 일이오. 무릇 상서란 바른 것을 간언하는 것이며 항상 그에 맞는 준칙이 있소. 신하는 상서에서 그 말을 귀히 여기는 것이며 임금은 그 간언을 받아들여 고치는 것을 귀히 여기는 것인데 이토록 거친 말로 헐뜯고 있으니 마치 나를 저주하는 글 같소이다."

　이에 시중侍中 위징魏徵이 말씀을 올렸다.

　"나라가 직언의 길을 열어 놓자 상서를 올리는 이들이 더욱 많아졌습니다. 폐하께서는 직접 이를 펼쳐 보시고 혹 신하의 말 중에 가히 취할 만한 것이 있나 바라게 되니 그 때문에 요행을 바라는 선비들이 마구 그 추한 꼴을 드러내 보이는 것입니다. 신하가 그 임금에게 간언을 할 때는 조용히 풍간을 해야 하지요. 한漢 원제元帝는 일찍이 종묘宗廟에 제사를 지내러 가면서 편문便門을 나서서 누선樓船을 타고 건너려 하였지요. 그때 어사대부御史大夫 설광덕薛廣德이 임금의 수레를 막아서서 관을 벗고 '모름지기 다리를 건너셔야 합니다. 폐하께서 저의 말을 듣지 않으시면 저는 스스로 목을 잘라 그 피로써 임금님 수레에 뿌리겠습니다. 그렇게 되면 폐하는 사당에 들어갈 수 없습니다'라고 하였지요. 원제는 불쾌히 여겼지요. 그러자 광록경光祿卿 장맹張猛이 나서서 '제가 듣기로 군주는 성스럽고 신하는 곧아야 한다고 하였습니다. 임금께서 배를 타시면 위험하오니 다리를 건너는 것이 안전합니다. 성주께서 위험한 배를 타지 않도록 설광덕이 말한 것이니 들어줄 만합니다'라고 하였습니다. 이에 언제는 '남을 깨우치는 것이 이와 같아서는 안 되겠지요?'라고 하면서 다리를 건넜던 것입니다. 이로써 말한다면 장맹은 곧은 신하로서 임금에게 간언한 자라 할 수 있겠지요."

태종은 크게 기뻐하였다.

貞觀十一年, 太宗謂侍臣曰:「朕昨往懷州, 有上封事者云: 『何爲恆差山東衆丁於苑內營造? 卽日徭役, 似不下隋時. 懷·洛以東, 殘人不堪其命, 而田獵猶數, 驕逸之主也! 今者復來懷州田獵, 忠諫不復至洛陽矣.』四時蒐田, 旣是帝王常禮; 今日懷州, 秋毫不干於百姓. 凡上書諫正, 自有常準, 臣貴有詞, 主貴能改. 如斯詆毀, 有似咒詛.」

侍中魏徵奏稱:「國家開直言之路, 所以上封事者尤多, 陛下親自披閱, 或冀臣言可取, 所以僥倖之士得肆其醜. 臣諫其君, 甚須折衷, 從容諷諫. 漢元帝嘗以酎祭宗廟, 出便門, 御樓船, 御史大夫薛廣德當乘輿免冠曰:『宜從橋, 陛下不聽臣言, 臣自列, 以頸血汙車輪, 陛下不得入廟矣.』元帝不悅. 光祿卿張猛進曰: 『臣聞主聖臣直, 乘船危, 就橋安. 聖主不乘危, 廣德言可聽.』

元帝曰:『曉人不當如是耶?』乃從橋. 以此而言, 張猛可謂直臣諫君也.」

太宗大悅.

【懷州】지금의 河南. 치소는 沁陽縣.

【山東】太行山 동쪽 지역을 말함.

【殘人】고통을 당한 백성.

【蒐田】사냥. 고대 천자의 사냥은 계절별로 그 이름이 있었으며 봄에는 蒐, 여름은 苗, 가을은 선(獮), 겨울은 狩라 하였음.

【侍中】特進이어야 함. 貞觀 10년(636) 6월 魏徵이 侍中의 자리를 固辭하여 特進으로 임명하였음.

【漢元帝】西漢의 8대 황제. 劉奭. B.C.48~B.C.33년까지 재위함.

【以酎祭宗廟】많은 술을 준비하여 高祖廟에 제사를 올림. 酎는 세 번 거른 술을 말함.

【便門】한나라 長安城 西門의 하나. 章城門이라고도 함.

【薛廣德】자는 長卿. 沛郡 사람으로 御史大夫를 지냈음. 《漢書》(71) 薛廣德傳에 "其秋, 上酎祭宗廟, 出便門, 欲御樓船, 廣德當乘輿車, 免冠頓首曰:「宜從橋.」 詔曰:「大夫冠.」 廣德曰:「陛下不聽臣, 臣自刎, 以血汙車輪, 陛下不得入廟矣!」 上不說. 先歐光祿大夫張猛進曰:「臣聞主聖臣直. 乘船危, 就橋安, 聖主不乘危. 御史大夫言可聽.」 上曰:「曉人不當如是邪!」 乃從橋"라 함.

【張猛】한나라 元帝 때의 대신. 光祿卿을 지냈음.

255(38-4)
맹수를 잡는 즐거움을 그쳐 주십시오

정관 14년(640), 태종이 동주同州의 사원沙苑으로 행차하여 직접 맹수를 때려잡는 사냥에 빠져 이른 새벽에 나가 밤이 늦어서야 돌아오는 것이었다.

이에 특진特進 위징魏徵이 이렇게 상주하였다.

"제가 듣기로 《서書》에 문왕文王이 사냥에 빠지지 않았음을 찬미하였고 《전傳》에는 〈우잠虞箴〉을 써서 동이東夷의 유궁후예有窮后羿가 사냥에 빠진 것을 경계하였습니다. 옛날 한漢 문제文帝가 가파른 언덕에서 아래로 내려쳐 달리려 하자 원앙袁盎이 그 고삐를 잡고 '성주는 위험한 말을 타지 않는 것입니다. 요행이란 있을 수 없습니다. 지금 폐하께서 날아갈 듯 빠른 말을 타시고 예측할 수 없는 벼랑을 내려가시다가 만약 말이 놀라거나 수레가 엎어지면 폐하께서 비록 가볍게 여길지 모르나 어찌 고조高祖의 사당에 나갈 수 있겠습니까?'라고 하였습니다. 그리고 효무제孝武帝가 맹수를 맨손으로 때려잡기를 즐기자 사마상여司馬相如가 나서서 '힘은 오획烏獲에 맞먹고 동작은 경기慶忌처럼 빠른 경우, 분명 사람으로서 그런 자가 있을 수 있습니다. 그러나 짐승도 역시 그만큼 빠른 놈이 있습니다. 갑자기 그런 날랜 짐승을 만나 피할 곳이 없는 경우라면 비록 오획이나 방몽逢蒙의 재능으로도 어쩌지 못하여 고목이나 썩은 기둥처럼 난을 당하고 말 것입니다. 비록 만전을 기하여 전혀 걱정이 없다 해도 본래 천자로서 할 일은 아닙니다'라고 간언하였습니다. 한편 효원제孝元帝가 태산泰山에 교제를 지내고 그 기회에 사냥을 나서자 설광덕薛廣德이 '몰래 생각하건대 관동關東이 지극히 빈곤하여 백성은 재난에 떠돌고 있습니다. 지금 망한 진秦나라의 종을 두드리고 정위鄭衛의 음란한 음악을 연주하며 사졸들은 햇볕에 고통을 당하고 따르는 관리들은 피로에 지쳐 있는데, 그러면서 사직과 종묘를 편안히 하겠다고 하니 맨발로 강을 건너고 맨손으로 호랑이를 잡겠다는 것이니 어찌 경계로 삼지 않습니까?'라고 주청하였습니다. 제가 이 몇몇의 제왕을 생각하건대 그들도 목석이 아닌 다음에야 어찌 홀로 사냥으로 달리며 즐거워하고 싶지 않았겠습니까? 그러나 하고 싶은 욕구를 줄여 신하의 말을 들어야 하는 것은 그 뜻을 나라에 둔 것이지 그 한 몸만을 위한 것이 아니었기 때문이었을 것입니다. 저는 엎드려 듣건대 폐하께서 근래 수레를 몰고 나가 직접 맹수를 잡으시느라 아침에 나가 밤에 돌아오신다니 만승의 지존으로서 어두운 밤에 황야를 다니시며 깊은 숲을 헤치고 다니며, 무성한 풀을 건너다니는 것은 만전의 계책이 아닌 줄 압니다. 원컨대 폐하께서는 사사로운 감정의 오락을 줄이시고 맹수를 잡는 즐거움을 그쳐 주십시오. 그리하여 위로는 종묘사직을 위하시고 아래로는 많은 신하들과 억조 서민을 위로해 주십시오."

태종이 말하였다.

"어제의 일은 우연히 속세에 혼미하여 생겼던 것이오. 고의로 그렇게 아니었소. 이제부터 깊이 경계로 삼겠소."

貞觀十四年, 太宗幸同州沙苑, 親格猛獸, 復晨出夜還. 特進魏徵奏言:

「臣聞《書》美文王不敢盤於遊田, 《傳》述〈虞箴〉稱夷羿以爲戒. 昔漢文臨峻坂欲馳下, 袁盎攬轡曰: 『聖主不乘危, 不徼幸. 今陛下騁六飛, 馳不測之山, 如有馬驚 車覆, 陛下縱欲自輕, 奈高廟何?』 孝武好格猛獸, 相如進諫: 『力稱烏獲, 捷言慶忌, 人誠有之, 獸亦宜然. 猝遇逸材之獸, 駭不存之地, 雖烏獲·逢蒙之伎不得用, 而枯木朽株盡爲難矣. 雖萬全而無患, 然而本非天子所宜.』 孝元帝郊泰時, 因留射獵, 薛廣德奏稱: 『竊見關東

困極, 百姓離災. 今日撞亡秦之鍾, 歌鄭衛之樂, 士卒暴露, 從官
勞倦, 欲安宗廟社稷, 何憑河暴虎, 未之戒也?』臣竊思此數帝,
心豈木石, 獨不好馳騁之樂? 而割情屈已, 從臣下之言者, 志存
爲國, 不爲身也. 臣伏聞車駕近出, 親格猛獸, 晨往夜還, 以萬乘
之尊, 闇行荒野, 踐深林, 涉豐草, 甚非萬全之計. 願陛下割私情
之娛, 罷格獸之樂, 上爲宗廟社稷, 下慰群寮兆庶.」

太宗曰:「昨日之事偶屬塵昏, 非故然也, 自今深用爲誡.」

【同州】 관내도의 행정구역. 關內道에 同州, 華州, 涇州, 岐州 등 22주가 있었음.
  치소는 지금의 陝西 大荔.
【書】《尙書》 周書 無逸篇의 구절.
【傳述虞箴】《左傳》에 인용된 〈虞箴〉의 구절. "在帝夷羿, 冒于原獸"라 함.
【夷羿】 有窮后羿. 원래 夏나라 때 東夷族의 수령이었으며 夏나라 太康의 왕위를
  탈취하였다가 결국 피살당함. 그의 아내 姮娥가 天桃를 훔쳐먹고 달나라로
  도망한 고사를 가지고 있음.
【漢文】 西漢의 3대 황제 文帝 劉恒. B.C.179~B.C.157년 재위.
【袁盎】 爰盎으로도 표기하며 漢 文帝 때의 中郞將을 지낸 인물.《史記》袁盎鼂錯
  列傳 및《漢書》爰盎傳 참조.
【高廟】 漢 高祖 劉邦을 모신 사당.
【孝武】 孝武帝. 西漢의 5대 황제 武帝 劉徹. B.C.140~B.C.87년 재위.
【孝元帝】 서한의 8대 황제 元帝 劉奭. B.C.48~B.C.33년 재위.
【烏獲】 전국시대 秦 武王의 大力士. 九鼎을 들다가 다리를 부러뜨렸다 함.
【慶忌】 춘추시대 吳王 僚의 아들로 아주 달리기에 빨랐다 함.
【逢蒙】 逢蒙으로도 표기하며, 하나라 때 활쏘기에 뛰어났던 인물.《左傳》襄公
  4年에「有窮后羿, 自鉏遷於窮石. 因夏氏以伐夏政, 恃其射也, 不修民事, 而淫于
  原野. 用寒浞以爲己相, 將歸自田, 家衆殺而亨(烹)之」라 하였으며, 有窮后羿의
  여러 제자 중 하나로 뒤에 寒浞과 함께 후예를 죽였음.《孟子》離婁(下) 및
  《莊子》,《呂氏春秋》,《荀子》,《史記》 등에 널리 실려 있음.
【郊泰畤】 천자의 교제에 받드는 천신. 郊는 祭天. 泰는 泰一神, 畤는 祭壇.

【薛廣德】자는 長卿. 沛郡 사람으로 御史大夫를 지냈음.《漢書》(71) 薛廣德傳에 "廣德爲人溫雅有醞藉. 及爲三公, 直言諫爭. 始拜旬日間, 上幸甘泉, 郊泰時, 禮畢, 因留射獵. 廣德上書曰:「竊見關東困極, 人民流離. 陛下日撞亡秦之鐘, 聽鄭衛之樂, 臣誠悼之. 今士卒暴露, 從官勞倦, 願陛下亟反宮, 思與百姓同憂樂, 天下幸甚.」上卽日還"이라 함.

【關東】函谷關, 혹은 潼關의 동쪽. 흔히 山東이라 함.

【鄭衛之樂】고대 매우 음미한 것으로 알려진 중원의 음악. 鄭나라와 衛나라의 음악이 가장 화려하면서도 현혹하는 것이었다 하여 부정적으로 널리 거론됨.

【憑河暴虎】걸어서 하수를 건너고 맨 손으로 호랑이를 잡으려는 무모한 행동을 말함. '호랑이를 맨손으로 잡는 것'을 포호(暴虎)라 하며, '맨발로 물을 건너는 것'을 馮河(《周易》泰卦 爻辭.《詩經》小雅 小旻)라 함. 馮은 憑, 河는 黃河(河水) 라기보다는 汎稱으로 江河를 뜻함.《論語》述而篇에 "子謂顏淵曰:「用之則行, 舍之則藏, 惟我與爾有是夫!」子路曰:「子行三軍, 則誰與?」子曰:「暴虎馮河, 死而無悔者, 吾不與也. 必也臨事而懼, 好謀而成者也.」"라 함.

【群寮】寮는 僚와 같음. 많은 官僚.

256(38-5)
수확 철에 사냥에 나섰다가

　정관 14년(640) 겨울 12월, 태종이 역양櫟陽으로 행차하여 사냥에
나서고자 하였다. 그때 그곳의 현승縣丞 유인궤劉仁軌 농작물 수확이
아직 끝나지 않았으니 임금으로서 움직일 때가 아니라 여겨 행소行所를
찾아가 표를 올려 간절히 간언하였다. 태종은 드디어 사냥을 그만두고
유인궤를 발탁하여 신안령新安令으로 배수하였다.

　貞觀十四年, 冬十月, 太宗將幸櫟陽遊畋. 縣丞劉仁軌以收
穫未畢, 非人君順動之時, 詣行所, 上表切諫. 太宗遂罷獵, 擢拜
仁軌新安令.

【櫟陽】 현 이름. 京兆에 속하였으며 지금의 陝西 臨潼縣 북쪽. 다른 기록에
　"太宗將幸同州校獵"이라 함.
【劉仁軌】 자는 正則. 汴州 尉氏(지금의 河南 開封 부근) 사람으로 陳倉尉에서
　발탁되어 櫟陽丞에 오름.
【順動】 그 움직임이 天時運行에 순응함.
【行所】 제왕의 행차에 머물던 곳.
【新安令】 新安은 지금의 河南 서북쪽의 新安縣. 令은 縣令.

정관정요

39. 재상災祥

　고대는 어느 시대나 임금의 정치를 하늘이 가늠하여 복을 내릴 때는 상서로운 징표를 내려 주고, 화를 내릴 때는 재앙의 징조를 내려 준다고 믿었다. 그러나 태종은 상서의 징표도 자랑할 것이 되지 못하며 그저 자연 현상에 불과한 것이라 여겼고 재앙이라는 것도 자신이 덕을 닦으면 사라지는 것이라 믿었다. 이것이 지도자의 올바른 처신일 것이다. '그 어떤 요괴함도 덕을 이기지는 못하기 때문妖不勝德'이다.

〈靈界圖〉 山東 嘉祥縣 武梁祠 磚畫

257(39-1)
상서로운 징조를 보고하지 말라

정관 6년(632), 태종이 시종하는 신하에게 말하였다.

"내 근래 보니 많은 이들이 무슨 상서로운 징조가 있다고 이를 아름다운 일로 여기면서 자주 표를 올려 축하하고 경축하고 있는데, 나의 본심은 단지 천하로 하여금 태평하게 하고 집집마다 풍족하게 하기만 하다면 비록 상서로운 징표가 나타나지 않는다 해도 역시 그 덕을 요순堯舜에 비할 수 있다고 생각한다.

만약 백성은 부족하고 이적夷狄은 내침해 오는데 비록 상서롭다는 지초芝草가 거리에 두루 생겨나고 봉황鳳凰이 원유苑囿에 둥지를 튼들 어찌 걸주桀紂와 다를 바가 있겠는가? 일찍이 듣건대 석륵石勒 때 어느 군에서는 관리가 연리지連理木를 때어 백치白雉의 살을 삶아먹을 정도로 상서로운 물건이 많이 나타났다고 하던데 그때를 과연 영명한 군주가 다스리던 때라고 할 수 있겠는가? 또 수隋 문제文帝는 상서를 심히 사랑하여 비서감秘書監 왕소王劭로 하여금 의관을 갖추고 조당朝堂에 보내어 고사考使들에게 향을 피우며 《황수감서경皇隋感瑞經》을 읽어주도록 하였다. 옛날 일찍이 전설에서 이러한 일을 본 적이 있는데 실로 가소로운 일이다. 무릇 임금이 된 자는 마땅히 지공至公으로써 천하를 다스려 만백성의 즐거운 마음을 얻어야 한다. 만약 요순 같은 성왕이 위에 있으면 백성들은 그를 하늘처럼 공경하며 부모에게 하듯 사랑할 것이다. 그리고 그들을 동원하여 일을 벌일 때면 사람들은 즐거운 마음으로 해 줄 것이다. 이것이 바로 커다란 상서로움이다. 지금 이후로는 여러 주州에서 상서로운 징조가 나타났다 해도 더 이상 이를 상주하여 보고하는 일이 없도록 하라."

貞觀六年, 太宗謂侍臣曰:「朕比見衆議以祥瑞爲美事, 頻有表賀慶. 如朕本心, 但使天下太平, 家給人足, 雖無祥瑞, 亦可比德於堯舜. 若百姓不足, 夷狄內侵, 縱有芝草徧街衢, 鳳凰巢苑囿, 亦何異於桀紂? 嘗聞石勒時, 有郡吏燃連理木, 煮白雉肉喫, 豈得稱爲明主耶? 又隋文帝深愛祥瑞, 遣秘書監王劭著衣冠, 在朝堂對考使焚香以讀《皇隋感瑞經》. 舊嘗見傳說此事, 實以爲可笑. 夫爲人君, 當須至公理天下, 以得萬姓之懽心. 若堯舜在上, 百姓敬之如天地, 愛之如父母. 動作興事, 人皆樂之; 發號施令, 人皆悅之, 此是大祥瑞也. 自此後, 諸州所有祥瑞, 並不用申奏.」

【六年】《資治通鑑》에는 정관 2년(628) 9월로 되어 있음.
【祥瑞】길상의 징조.《儀制令》에 의하며 景星과 慶雲이 나타나면 大瑞, 白狼, 赤兎가 나타나면 上瑞, 蒼烏, 朱雁 등이 나타나면 中瑞, 嘉禾, 芝草, 連理枝 등이 나타나면 下瑞로 여겼다 함.
【石勒】자는 世龍(274~333). 五胡十六國 시대 上黨 출신으로 羯族이며 後趙를 세운 건국자.(319~333년 재위) 어려서 洛陽으로 팔려와 노예가 되었다가 八王의 난을 틈타 成都王(司馬穎)의 부장이 됨. 그 뒤 흉노족의 劉淵, 劉聰 등과 세력을 다투었으며 晉 成帝 咸和 5년(330)에 칭제하여 후조를 건립하고 연호를 建平이라 함.《晉書》에 전이 있음.
【王劭】隋 文帝 때의 대신으로 자는 君懋.
【朝堂】조정의 당상. 朝集使들이 모여 있는 곳.
【考使】당나라 제도로 '朝集使'라고도 하며 여러 주의 세금과 업적을 조사하여 보고하는 직책. 전국의 조집사가 10월 25일에 모두 서울에 모여 11월 1일 戶部의 인솔로 尚書省에서 상견례를 마친 뒤 考堂에 모여 업적을 考覈함.
【皇隋感瑞經】王劭가 지은 책으로 모두 30권이며 符瑞와 歌謠, 圖讖, 佛經 문자 등을 적은 책.
【懽心】'歡心'과 같음.

258(39-2)
그 어떤 요괴도 덕을 이기지는 못한다

정관 8년(634), 농우隴右의 산이 무너지고 큰 뱀이 자주 출현하였으며, 산동山東에는 강수江水와 회수淮水가 넘쳐 많은 곳에 홍수가 났다.

태종이 이 일을 시종하는 신하들에게 질문하자 비서감秘書監 우세남虞世南이 대답하였다.

"춘추시대 양산梁山이 무너지자 진晉나라 임금이 백종伯宗을 불러 물었습니다. 그러자 백종은 '나라는 산천을 주인으로 합니다. 그 때문에 산이 무너지고 내가 마르면 임금은 이를 위해 음악도 듣지 아니하며 복장도 한 등급 낮추어 검소하게 입고 폐물을 가지고 산천에 빌며 예를 올려야 합니다'라고 대답하였지요. 양산은 진나라의 주산입니다. 진나라 왕이 이를 따르자 더 이상 재해는 없었습니다. 한편 한漢 문제文帝 원년, 제초齊楚지역 29개 산이 한 날에 무너지고 물이 솟구쳐 올랐습니다. 그러자 군국郡國에 명하여 공물을 바치지 말도록 하여 천하에 혜택이 돌아가도록 하였습니다. 그러자 원근 백성들이 모두 즐거워하였고 역시 재앙도 일어나지 않았습니다. 후한後漢 영제靈帝 때에는 푸른 뱀이 임금의 보좌에 나타났고, 진晉 혜제惠帝 때에는 큰 뱀이 길이가 3백 보나 되는 것이 제齊 땅에 나타나 시장을 경유하여 그곳 궁궐에까지 들어왔습니다. 생각하건대 뱀은 의당 초야에 있어야 하는 것인데 시장을 지나 조정에까지 들어온 것은 괴이하게 여길 수밖에 없었겠지요. 지금 산택에 뱀이 나타났다고 하는 것은 아마 심산대택에는 반드시 용이나 뱀이 살고 있는 것으로 괴이히 여길 바가 되지 못합니다. 그리고 산동에 비가 내리는 것은 비록 특별한 일은 아니지만 음우陰雨에 잠긴 지가 지나치게 오래되어 혹 감옥에 갇힌 자들이 억울함이 있어서 그런 것이 아닌가 하오니, 마땅히 재판을 중지하고 갇힌 자들을 줄여 주셔서 하늘의 뜻에 혹 합당하도록 하면 어떨까 합니다. 그리고 그 어떤 요괴함도 덕은 이기지 못합니다. 오직 덕을 닦으면 가히 소멸시킬 수 있을 것입니다."

태종은 그렇다고 여겨 사자를 보내어 굶주린 자를 진휼하고 억울함을 소송한 자들을 심리하여 많은 이들에게 관용을 베풀 수 있도록 하였다.

貞觀八年, 隴右山崩, 大蛇屢見, 山東及江淮多大水. 太宗以問侍臣, 秘書監虞世南對曰:「春秋時, 梁山崩, 晉侯召伯宗而問焉. 對曰:『國主山川, 故山崩川竭, 君爲之不擧樂, 降服乘縵, 祝幣以禮焉.』梁山, 晉所主也. 晉侯從之, 故得無害. 漢文帝元年, 齊楚地二十九山同日崩, 水大出. 令郡國無來獻, 施惠於天下, 遠近歡洽, 亦不爲災. 後漢靈帝時, 青蛇見御座; 晉惠帝時, 大蛇長三百步, 見齊地, 經市入朝. 按蛇宜在草野, 而入市朝, 所以爲怪耳. 今蛇見山澤, 蓋深山大澤, 必有龍蛇, 亦不足怪. 又山東之雨, 雖則其常, 然陰潛過久, 恐有冤獄, 宜斷省繫囚, 庶或當天意. 且妖不勝德, 唯修德可以銷變.」

太宗以爲然, 因遣使者賑恤飢餒, 申理冤訟, 多所原宥.

【隴右】 지명.

【梁山】 춘추시대 晉나라 땅으로 지금의 山西 呂梁山. 이 산이 지진으로 무너진 사건은 《左傳》成公 5년에 "梁山崩, 晉侯以傳召伯宗. 伯宗辟重, 曰:「辟傳!」重人曰:「待我, 不如捷之速也.」問其所. 曰:「絳人也.」問絳事焉. 曰:「梁山崩, 將召伯宗謀之.」問將若之何. 曰:「山有朽壞而崩, 可若何? 國主山川, 故山崩川竭, 君爲之不擧·降服·乘縵·徹樂·出次, 祝幣, 史辭以禮焉. 其如此而已. 雖伯宗,

其若之何?」伯宗請見之. 不可. 遂以告, 而從之"라 하였고《說苑》등에 널리
실려 있음.

【晉侯】 당시 晉나라 군주 景公(B.C.599~B.C.581년 재위)을 가리킴.

【伯宗】 당시 진나라 대부.

【降服乘縵】 복장을 한 등급 낮추어 수수하게 입고 수레도 채색을 하지 않은
것을 탐. 절약과 검소함을 말함.

【祝幣】 제수를 갖추어 기도를 드림. '幣'는 祭品을 뜻함.

【漢文帝】 西漢의 3대 황제 劉恒. B.C.179~B.C.157년 재위.

【郡國】 군현과 제후국.

【靈帝】 東漢의 12대 제왕 劉宏. 168~189년 재위하였으며 매우 昏庸한 군주로
널리 알려짐.

【晉惠帝】 西晉 2대 황제 司馬衷. 아주 백치에 가까웠음. 290~306년 재위. 위의
사건은《搜神記》(7)에 "元康五年三月, 臨淄有大蛇, 長十許丈, 負二小蛇, 入城
北門. 逕從市入漢陽城景王祠中, 不見"이라 하였고,《晉書》五行志(下)에 "惠帝元
康五年三月癸巳, 臨淄有大蛇, 長十餘丈, 負二小蛇入城北門, 逕從市入漢城陽景王
祠中, 不見. 天戒若曰:「昔漢景王有定傾之功, 而不厲節忠慎, 以至失職奪功之辱.
今齊王冏不寤, 雖建興復之功, 而驕陵取禍. 此其徵也.」"라 하였으며,《宋書》
五行志(二)에도 실려 있음.

【餒】 굶주려 죽음. 굶주림에 시달림.

【原宥】 불쌍히 여겨 사면해 줌. 용서하여 관용을 베풂.

259(39-3)
불길한 혜성의 출현

정관 8년(634), 혜성彗星이 남방에 나타났는데 길이라 여섯 곳이며 백여 일이 지나서야 사라지는 것이었다.

태종이 시종하는 신하에게 말하였다.

"하늘에 혜성이 나타남은 나의 부덕 때문이며 정치에 잘못된 것이 있어서일 것이니 이는 어떤 재앙을 가져옵니까?"

우세남虞世南이 대답하였다.

"옛날 제齊 경공景公 때에 혜성이 나타나 경공이 안자晏子에게 물었더니 안자는 '공께서는 못을 파면서 더 깊이 파지 않는다고 안달하고 누대를 세우면서 더 높이 짓지 못한다고 겁을 내며, 형벌을 내릴 때는 더욱 혹독하게 하지 않는다고 사람을 괴롭힙니다. 그 때문에 하늘이 혜성을 보여 공을 경계하도록 한 것입니다!'라고 하였습니다. 그리하여 경공이 덕을 닦자 그 뒤 16일 뒤에 혜성은 사라졌습니다. 폐하께서 만약 덕정을 베풀지 않으면 비록 기린과 봉황이 자주 나타난다 해도 끝내 아무런 이득이 되지 않을 것입니다. 그러나 조정에는 누락된 정책이 없이 하고 백성은 안락하도록 한다면 비록 재앙이나 변고가 있다 해도 어찌 그 덕에 손상이 가겠습니까? 원컨대 폐하께서 공이 옛사람보다 늦다고 스스로 뽐내는 일이 없도록 하시며 태평시대가 점차 오래간다고 교만한 마음을 갖지 않으시기 바랍니다. 만약 능히 그 끝을 신중히 하기를 처음 마음먹을 때처럼만 한다면 혜성이 비록 나타났다 해도 족히 우려할 일이 못 될 것입니다."

태종이 말하였다.

"내가 나라를 다스리면서 진실로 경공만큼의 큰 허물은 없었소. 단지 나이 열여덟에 왕업을 경륜하면서 북쪽으로 유무주劉武周를 잘라 없애고 서쪽으로 설거薛擧를 평정하였으며 동쪽으로 두건덕竇建德과 왕세충王世充을 사로잡았으며, 스물넷에 천하를 평정하고 스물아홉에 제위에 올라 사이四夷가 항복하고 해내가 안정을 얻게 되었소. 그리하여 스스로 고래 영웅으로 난을 평정한 군주로서 이 만한 자가 없다고 자못 뽐내는 뜻을 가지고 있었으니 이것이 나의 허물일 것이요. 그러니 하늘이 변고를 보이는 것이 진실로 마땅하지 않겠소? 진시황秦始皇은 육국六國을 평정하였고, 수隋 양제煬帝는 부유하기가 사해를 가졌지만 결국 교만과 안일로 인해 하루아침에 패망하고 말았으니 내 역시 어찌 교만함을 부리겠소. 이런 생각을 하니 나도 모르게 두렵고 또한 무서운 생각이 드는군요."

위징魏徵이 나서서 말하였다.

"제가 듣건대 자고로 제왕으로서 재앙과 변고가 없었던 적이 없었습니다. 다만 능히 덕을 닦아 그 재앙과 변고가 스스로 사라졌을 뿐입니다. 폐하께서 하늘의 변고로 인해 능히 경계하시며 두려워하셔서 반복하여 생각하신 끝에 깊이 자신을 책망하여 극복하시니 비록 이러한 변고라 할지라도 결코 재앙이 될 수는 없습니다."

貞觀八年, 有彗星見于南方, 長六丈, 經百餘日乃滅.

太宗謂侍臣曰:「天見彗星, 由朕之不德, 政有虧失, 是何妖也?」

虞世南對曰:「昔齊景公時有彗星見, 公問晏子. 晏子對曰: 『公穿池沼畏不深, 起臺榭畏不高, 行刑罰畏不重, 是以天見彗星 爲公戒耳!』景公懼而修德, 後十六日而星沒. 陛下若德政不修, 雖麟鳳數見, 終是無益. 但使朝無闕政, 百姓安樂, 雖有災變, 何損於德? 願陛下勿以功高古人而自矜大, 勿以太平漸久而 自驕逸, 若能愼終如始, 彗星縱見, 未足爲憂.」

太宗曰:「吾之理國, 良無景公之過. 但朕年十八便經綸王業, 北剪劉武周, 西平薛擧, 東擒竇建德·王世充, 二十四而天下定, 二十九而居大位, 四夷降伏, 海內乂安. 自謂古來英雄撥亂之主無見及者, 頗有自矜之意, 此吾之過也. 上天見變, 良爲是乎? 秦始皇平六國, 隋煬帝富有四海, 旣驕且逸, 一朝而敗, 吾亦何得自驕也? 言念於此, 不覺惕焉而震懼.」

魏徵進曰:「臣聞自古帝王未有無災變者, 但能修德, 災變自銷. 陛下因有天變, 遂能戒懼, 反覆思量, 深自剋責, 雖有此變, 必不爲災也.」

【彗星】掃帚星. 꼬리가 있어 빗자루 같다하여 붙여진 이름. 이 별이 나타나면 국가에 흉사가 있을 것이라 여겼음.《晏子春秋》(7)에 "寡人聞之:「彗星出, 其所向之國, 君當之, 今彗星出而向吾國, 我是以悲也.」晏子曰:「君之行義回邪, 無德于國, 穿池沼, 則欲其深以廣也, 爲臺榭, 則欲其高且大也; 賦斂如撝奪, 誅僇如仇讎. 自是觀之, 茀又將出, 彗星之出, 庸可懼乎?」于是公懼, 酒歸, 賓池沼. 廢臺榭, 薄賦斂, 緩刑罰, 三十七日而彗星亡"이라 함.
【齊景公】춘추 말기 제나라 군주. 이름은 杵臼. B.C.547~B.C.490년까지 58년간 재위하였으며 晏子가 보필함.
【晏子】晏嬰. 자는 平仲. 제나라 재상으로 재치와 덕으로 이름이 높았으며 그의 일화를 모은《晏子春秋》가 있음.《史記》管晏列傳 참조.
【經綸】씨줄과 날줄. 여기서는 많은 능력과 경험을 갖춘 국사처리를 말함.

260(39-4)
엄청난 수재

정관 2년(628), 큰비가 내려 곡수穀水가 범람, 낙양성의 성문을 치고 낙양궁까지 들어왔다. 평지는 5척이 잠겼으며 궁시宮寺가 19곳이나 허물어졌고 7백여 가옥이 물에 떠내려갔다.

태종이 시종하는 신하들에게 말하였다.

"내가 부덕하여 하늘에 재앙을 내렸다. 이는 내 시청視聽이 명확하지 못하고 형벌이 그 도를 잃어 음양을 어그러지게 하여 비가 이렇게 상궤를 벗어난 듯하다. 백성을 불쌍히 여기고 내 죄를 책하면서 근심과 경계를 삼고 있다. 내 이러니 어찌 음식의 좋은 맛을 내 홀로만 먹을 수 있겠는가? 상식관尙食官으로 하여금 고기는 끊고 채소만 올리도록 하라. 그리고 문무백관은 각기 글을 올려 극언으로 나의 과실을 지적하도록 하라."

중서시랑中書侍郎 잠문본岑文本이 이렇게 글을 올렸다.

"제가 들건대 혼란을 극복하고 창업을 이루는 것은 그 공이 이미 어렵지만 이미 이루어 놓은 기틀을 지켜 내는 것도 역시 쉽지는 않다 하였습니다. 그 때문에 편안할 때는 위험한 것을 생각하는 것은 그 업을 안정시키기 위한 것이며, 처음이 있고 끝이 있는 것은 그 기틀을 숭고히 여기기 위함입니다. 지금 비록 억조창생이 안정을 얻어 바야흐로 조용하다고는 하나 상란喪亂의 뒤를 이어받았고 조폐凋弊한 나머지를 이어가는 중이라 호구戶口의 감손減損이 아직도 상당수이며 농토도 충분히 개간되어 있지 않습니다. 그리고 폐하의 은혜를 입고는 있다고 하나 역시 상처가 아직 아물지 않았으며, 덕교德教의 풍화가 퍼져가고는 있으나 백성들의 자산은 아직 비어 있습니다. 이 까닭으로 옛사람은 나무를 심어 가꾸는 것에 비유하였으니 심은 지 오래 되어야 가지와 잎이 무성한 것이며 뿌리와 줄기가 아직 견고하지 못할 때는 비록 양분 있는 검은 흙을 덮어 주고 따뜻한 봄볕을 쬔다 해도 한 사람이 이를 흔들어 버리면 틀림없이 말라죽고 말 것입니다. 지금 우리 백성은 자못 이와 같습니다. 그러니 항상 양분을 머금도록 한다면 날로 자라날 것이며 잠시라도 정역征役을 요구하면 날로 시들어 갈 것입니다. 시들기가 심해지면 백성들은 살아갈 방법이 없어지며 백성들이 살아가지 못하면 원한의 기운이 가득 차게 되고 원한이 가득 차서 막히면 이반하고자 하는 마음이 생겨날 수밖에 없습니다. 그러므로 제순帝舜은 '사랑스러운 것이 임금이 아니겠는가, 두려워할 것이 백성이 아니겠는가'라 고 하였고 공안국孔安國은 이를 두고 '백성은 임금을 생명으로 여기니 그 때문에 임금을 사랑한다 하는 것이요 임금이 도를 잃으면 백성들은 반기를 들게 되는 것이니 두려워할 바가 백성이다'라고 풀이하였습니다. 그리고 공자는 '임금은 배와 같고 백성은 물과 같다. 물은 배를 띄워 주지만 역시 배를 엎어 버리기도 한다' 하였던 것입니다. 이 때문에 옛날 명철한 왕으로서 비록 자랑할 것이 있어도 자랑하지 아니하며 하루하루 신중히 한 것은 진실로 이 때문이었던 것입니다.

엎드려 생각하건대 폐하께서는 고금의 일들을 들춰 보시고 안위의 기틀을 살피셔서 위로는 사직을 중히 여기시며 아래로는 백성을 늘 염두에 두소서. 관리를 선발하는 일을 명확히 하시며 상벌을 신중히 하시고 어진 이를 등장시키고 불초한 자는 물리치셔야 합니다. 허물을 들으면 고칠 것이요, 간언을 따르기를 물 흐르듯 하셔야 합니다. 훌륭한 일을 한 자에게는 더 이상 의심을 하지 말 것이며 법령을 내릴 때는 반드시 미덥게 하십시오. 정신과 심성을 편안히 기르시며 사냥의 즐거움을 줄이시고 사치를 제거하고 검소함을 좇으며 공사와 노역의 비용을 줄이셔야 합니다. 나라 안을 조용하도록 하기에 힘쓰시며 영토를 넓히겠다는 생각은 하지 마십시오. 무기를 무기고에 갈무리하되 그렇다고 무비武備를 잊어서는 안 됩니다. 무릇 이상 몇 가지는 비록 나라가 지켜야 할 항도恒道이면서 폐하께서도 늘 실천해 오셨습니다만 저의 어리석은 의견으로는 오직 폐하께서 생각하시면서 태만히 하지 않으신다면 지극한 도의 아름다움은 삼왕三王 오제五帝에 비교될 만큼 융성해질 것이며 수억 년을 두고 나라의 수명이 천지와 더불어 장구하게 될 것입니다. 비록 상곡桑穀이 요얼妖孽이 되고, 용사龍蛇가 나쁜 징조가 되며, 어린 꿩이 솥귀에 앉으며, 돌이 진晉나라 땅에서 말을 하는 변고가 있다 해도 오히려 이는 전화위복轉禍爲福이 될 것이요 재앙이 변하여 길상(祥)이 될 것입니다. 하물며 지금 홍수의 재해가 있다 하나 이는 음양의 자연스러운 이치이니 어찌 하늘이 견책하여 성스러운 폐하의 마음을 얽어매는 것이라 여길 수 있겠습니까? 제가 듣기로 옛 사람들은 '농부는 노고롭게 일하여 군자가 이를 통해 봉양을 받는 것이며, 어리석은 자의 말이 있음으로 해서 지혜로운 자가 선택될 수 있는 것이다'라 하였습니다. 문득 미치고 귀먹은 이의 진술을 올렸사오니 부월斧鉞로써 죄를 기다리나이다."

태종은 그 말을 깊이 채납하였다.

貞觀十一年, 大雨, 穀水溢, 衝洛城門, 入洛陽宮, 平地五尺, 毁宮寺十九, 所漂七百餘家.

太宗謂侍臣曰:「朕之不德, 皇天降災, 將由視聽弗明, 刑罰失度, 遂使陰陽舛謬, 雨水乖常. 矜物罪己, 載懷憂惕. 朕又何情獨甘滋味? 可令尙食斷肉料, 進蔬食. 文武百官各上封事, 極言得失.」

中書侍郞岑文本上封事曰:

「臣聞開撥亂之業, 其功旣難; 守已成之基, 其道不易. 故居安思危, 所以定其業也; 有始有卒, 所以崇其基也. 今雖億兆乂安, 方隅寧謐, 旣承喪亂之後, 又接凋弊之餘, 戶口減損尙多, 田疇墾闢猶少. 覆燾之恩著矣, 而瘡痍未復; 德敎之風被矣, 而資産屢空. 是以古人譬之種樹, 年祀綿遠, 則枝葉扶疏; 若種之日淺,根本未固, 雖壅之以黑墳, 暖之以春日, 一人搖之, 必致枯槁.
今之百姓, 頗類於此. 常加含養, 則日就滋息; 暫有征役, 則隨
日凋耗. 凋耗旣甚, 則人不聊生; 人不聊生, 則怨氣充塞; 怨氣
充塞, 則離叛之心生矣. 故帝舜曰:『可愛非君, 可畏非民.』孔安
國曰:『人以君爲命, 故可愛. 君失道, 人叛之, 故可畏.』仲尼曰:
『君猶舟也, 人猶水也, 水所以載舟, 亦所以覆舟.』是以古之哲王
雖休勿休, 日愼一日者, 良爲此也.

　伏惟陛下覽古今之事, 察安危之機, 上以社稷爲重, 下以億
兆在念. 明選擧, 愼賞罰, 進賢才, 退不肖. 聞過卽改, 從諫如流.
爲善在於不疑, 出令期於必信. 頤神養性, 省遊畋之娛; 去奢從儉,
減工役之費. 務靜方內, 而不求闢土; 載橐弓矢, 而不忘武備.
凡此數者, 雖爲國之恆道, 陛下之所常行, 臣之愚昧, 惟願陛下思
而不怠, 則至道之美, 與三五比隆; 億載之祚與天地長久. 雖使
桑穀爲妖, 龍蛇作孼, 雉雊於鼎耳, 石言於晉地, 猶當轉禍爲福,
變災爲祥. 況雨水之患, 陰陽恆理, 豈可謂天譴之而繫聖心哉?
臣聞古人有言:『農夫勞而君子養焉, 愚者言而智者擇焉.』輒陳
狂瞽, 伏待斧鉞.」

　太宗深納其言.

【穀水】물 이름.
【尙食】尙食官. 황제의 식사를 관장하는 임무를 맡은 직책.
【方隅】四方과 四隅. 통치권이 미치는 온 강역을 말함.
【覆燾】음식물이나 항아리 따위를 천으로 덮음. 여기서는 볕을 따뜻하게 쬐어
　주듯이 널리 은혜를 베풂을 말함.
【可愛非君】《尙書》虞書 大禹謨의 구절. "可愛非君, 可畏非民"이라 하였고,
　孔安國의 傳에 "民以君爲命, 故可愛; 君失道民叛之, 故可畏"라 함.

【仲尼曰】《孔子家語》五儀解에 孔子가 魯 哀公에게 한 말. "夫君者, 舟也; 庶人者, 水也. 水所以載舟, 水所以覆舟. 君以此思危, 則危可知矣!"라 하였고, 《荀子》 哀公篇에도 "且丘聞之, 君者, 舟也; 庶人者, 水也. 水則載舟, 水則覆舟. 君以此 思危, 則危將焉而不至矣?"라 하였음.

【載橐】수장함. 소장함. 자루에 담아 보관함.

【三五】三皇과 五帝.

【桑穀爲妖】商나라 때 뜰에 桑樹와 楮樹가 자라 이를 요괴로 여겨 덕을 닦아 물리친 고사.《史記》殷本紀에 "帝雍己崩, 弟太戊立, 是爲帝太戊. 帝太戊立伊陟 爲相. 亳有祥桑穀共生於朝, 一暮大拱. 帝太戊懼, 問伊陟. 伊陟曰:「臣聞妖不勝德, 帝之政其有闕與? 帝其修德.」太戊從之, 而祥桑枯死而去. 伊陟贊言于巫咸. 巫咸 治王家有成, 作咸艾, 作太戊. 帝太戊贊伊陟于廟, 言弗臣, 伊陟讓, 作原命. 殷復興, 諸侯歸之, 故稱中宗"이라 함.

【龍蛇作孼】용과 뱀을 요얼로 여긴 고사.《漢書》五行志 참조.

【雉鴝於鼎耳】꿩이 정의 솥귀에 앉아 울어 흉조로 여겼던 고사.《尙書》商書 高宗肜日의 序 참조. 한편《十八史略》(1)에 "自盤庚, 歷小辛·小乙, 至武丁. 夢得 良弼曰說, 說爲胥靡, 築于傅巖, 求得之, 立爲相. 武丁祭湯, 有飛雉, 升鼎而雊. 武丁懼而反己, 殷都復興, 號稱高宗"이라 함.

【石言於晉地】《左傳》昭公 8년에 실려 있는 고사. "八年春, 石言于晉魏楡. 晉侯問 於師曠曰:「石何故言?」對曰:「石不能言, 或馮焉. 不然, 民聽濫也. 抑臣又聞之曰: ‘作事不時, 怨讟動于民, 則有非言之物而言.’ 今宮室崇侈, 民力彫盡, 怨讟並作, 莫保其性, 石言, 不亦宜乎?」於是晉侯方築虒祁之宮, 叔向曰:「子野之言君子哉! 君子之言, 信而有徵, 故怨遠於其身. 小人之言, 僭而無徵, 故怨咎及之. 詩曰‘哀哉 不能言, 匪舌是出, 唯躬是瘁. 哿矣能言, 巧言如流, 俾躬處休’, 其是之謂乎! 是宮 也成, 諸侯必叛, 君必有咎, 夫子知之矣.」"라 함.

40. 신종 愼終

　끝마무리처럼 힘든 것도 없으며 그것처럼 모든 것을 결정하는 척도도 없다. 창업할 때는 모든 것이 긍정이요 그 어떤 고통도 감내해 낼 수 있는 것이었지만 일단 공을 이루어 놓고 나면 즐겨야 할 것이 눈에 보이기 시작하고 행복을 누림이 얼마나 좋은 것인가 하는 것이 눈앞을 가리게 된다. 그리하여 자신도 모르게 태만해지고 각오도 느슨해지게 마련이다. 이를 경계하여 자손만대 복록이 이어지도록, 욕심을 절제하고 자신을 다시 가다듬는 것만이 살아남을 길이라고 절박하게 다짐하는 내용이다. 특히 태종의 긴 재위 기간 끝에 인간으로서 어쩔 수없이 나약해지는 모습을 두고 신하들이 충정으로 조목조목 들어 간언한 내용은 이 때문에 나라가 그토록 융성하였음을 일러 주는 아름다운 마무리이다.

〈天祿圖〉 四川 瀘州 출토 畫像石

貞觀政要

261(40-1)
편안할 때 위험을 생각하라

정관 5년(631), 태종이 시종하는 신하에게 말하였다.

"자고로 제왕이라고 해서 언제나 교화를 늘 성취하는 것은 아니다. 가령 내부가 안정되면 틀림없이 밖으로 소요가 있을 수 있다. 지금 먼 이민족이 복종해 오고 백곡이 풍성하게 익어 가며 도적도 일어나지 않으며 내외가 모두 안정되고 편안한 것은, 이는 나 한 사람의 힘으로 된 것이 아니요 실로 그대들이 서로 바로잡아 주고 보필해 주었기 때문이다.

그러나 편안할 때 위험을 잊지 아니하며 다스려질 때 혼란을 잊지 않아야 하는 것이니 비록 오늘 아무런 탈이 없다 해도 모름지기 그 끝과 시작을 염두에 두어야 한다. 항상 이와 같이만 하여야 비로소 가히 훌륭하다 할 수 있으리라."

위징魏徵이 대답하였다.

"자고로 머리인 임금과 고굉인 신하가 능히 구비되어 있지 못하면 혹 당시 임금이 성인이라 칭한다 해도 신하가 똑똑하지 못할 경우가 있고, 또 군주가 훌륭한 신하를 만났다 해도 임금이 성주가 아닐 수가 있습니다. 그런데 지금 폐하께서는 성스럽고 영명하시니 그 때문에 태평을 이룩한 것입니다. 설사 현명하고 곧은 신하가 있다 해도 임금이 교화를 염두에 두지 않는다면 역시 아무런 이익이 없는 것입니다. 천하가 지금 태평을 이루었다고는 하나 저희들은 오히려 아직 기쁘다고 여기지 아니하고 있습니다. 오직 원컨대 폐하께서 편안할 때 위험을 생각하셔서 열심을 다하여 해이해짐이 없기만을 바랄 뿐입니다!"

貞觀五年, 太宗謂侍臣曰:「自古帝王亦不能常化. 假令內安, 必有外擾. 當今遠夷率服, 百穀豐稔, 盜賊不作, 內外寧靜. 此非朕一人之力, 實由公等共相匡輔. 然安不忘危, 治不忘亂, 雖知今日無事, 亦須思其終始. 常得如此, 始是可貴也.」

魏徵對曰:「自古已來, 元首股肱不能備具, 或時君稱聖, 臣卽不賢; 或遇賢臣, 卽無聖主. 今陛下聖明, 所以致治. 向若直有賢臣, 而君不思化, 亦無所益. 天下今雖太平, 臣等猶恐未以爲喜, 惟願陛下居安思危, 孜孜不怠耳!」

【常化】治化가 길이 이어 감. 언제나 잘 다스려 짐.
【率服】순종하여 복종함.
【元首股肱】元首는 군주를 뜻하며, 股肱은 보필하는 대신들을 가리킴.

262(40-2)
끝까지 초심을 잃지 않기를

정관 6년(632), 태종이 시종하는 신하에게 말하였다.

"자고로 임금으로서 잘했던 자들도 흔히 그 일을 능히 굳게 지켜 내지 못한 경우가 있다. 이를테면 한漢 고조高祖 유방은 사상泗上의 일개 정장亭長이었는데 처음으로 능히 위험에서 구하고 포악함을 주벌하여 제업帝業을 이루었다. 그러나 다시 십여 년이 지나자 방종과 사치로 실패하고 말았으니 역시 잘 보존하지 못한 것이다. 어떻게 그렇다고 여기는가? 효혜제孝惠帝가 적자로서 왕위를 이을 중요한 태자였고 게다가 그의 성품이 온공하고 인자하며 효성스러웠음에도 고조는 애첩 척부인戚夫人 소생의 아들 여의如意에게 혹하여 태자를 폐할 생각을 가졌었다. 당시 소하蕭何와 한신韓信은 공과 업적이 심히 높았건만 소하는 이미 엉뚱하게 감옥에 갇혀 있었고, 한신은 쫓겨나 죽음을 당하고 말았으며 그 나머지 공신이었던 경포黥布의 무리들은 두려움 끝에 불안을 느끼고 도리어 반역의 길로 들어서고 말았다. 군신과 부자 사이의 패덕스러운 오류가 이와 같았으니 어찌 지켜 내기의 어려움에 대한 명확한 징험이 아니겠는가? 나는 그 때문에 감히 천하가 안정되었음을 믿지 않고 매번 위망의 경우를 생각하며 스스로 경계하여 두려워하는 것으로써 그 끝을 잘 보존하고자 한다."

貞觀六年, 太宗謂侍臣曰:「自古人君爲善者, 多不能堅守其事. 漢高祖, 泗上一亭長耳, 初能拯危誅暴, 以成帝業, 然更延十數年,縱逸之敗, 亦不可保. 何以知之? 孝惠爲嫡嗣之重, 溫恭仁孝, 而高帝惑於愛姬之子, 欲行廢立. 蕭何·韓信, 功業甚高, 蕭旣妄繫, 韓亦濫黜, 自餘功臣黥布之輩, 懼而不安, 至於反逆. 君臣父子之間悖謬若此, 豈非難保之明驗也? 朕所以不敢恃天下之安, 每思危亡以自戒懼, 用保其終.」

【泗上】 山東 曲阜 및 泰安 지역을 흐르는 물 이름. 한 고조 유방은 이곳의 정장으로 봉기하여 천하를 잡았음. 亭長은 亭(고대 시골 행정 조직의 단위)의 장. 요즈음의 구장이나 이장 정도에 해당함.

【孝惠】 西漢의 2대 황제인 孝帝 劉盈. B.C.194~B.C.188년 재위함.

【愛姬】 戚夫人. 漢 高祖 劉邦이 태자 劉盈을 폐하고 척부인 소생의 趙王 如意가 자신을 닮았다고 사랑하여 이를 태자로 삼고자 하였으며 留后 張良이 商山四皓를 모셔 오도록 하여 고조의 마음을 되돌렸음.

【蕭旣妄繫】 승상 蕭何가 上林苑의 공지를 농토로 활용할 것을 건의하였다가 高祖 劉邦의 노여움을 사서 며칠 간 옥에 갇힌 적이 있음.《史記》참조.

【韓亦濫黜】 韓信이 楚王에 봉해졌으나 어떤 사람이 모반을 꾀한다고 밀고하여 淮陰侯로 강등되었으며 뒤에 呂后가 계략을 꾸미며 한신을 죽이고 삼족을 멸함.

【黥布】 英布. 秦나라 말기 범죄를 저질러 이마에 墨刑을 받아 黥布라 하였으며 漢나라 초기에 淮南王에 봉해졌으나 뒤에 모반을 꾀하다가 劉邦에게 피살됨.

263(40-3)
나의 위대한 세 가지 공적

정관 9년(635), 태종이 공경公卿들에게 말하였다.

"나는 팔을 끼고 단정히 앉아 무위이치로 다스려 사이가 모두 복종해 오도록 하였으니 이것이 어찌 나 한 사람의 힘이었겠는가? 사실 여러 공公들의 힘을 입었을 뿐이다! 의당 처음을 선하게 하고 끝을 잘 마무리 하여 영원히 이 큰 업적을 공고히 하여 자자손손으로 하여금 계속 이어 서로 보좌하고 날개가 되어 주어야 할 것이다. 그리하여 풍부한 공적과 후한 이익을 뒤 후손에게 베풀어 백년 뒤 지금 나의 역사 기록을 읽으면 넓은 공훈에 무성한 업적이 찬연하게 빛난다고 여기도록 해야 할 것이다. 그렇게 되면 어찌 오직 융성한 주周나라와 한漢나라 및 건무建武, 영평永平의 고사만을 칭찬하겠는가?"

방현령房玄齡이 나서서 진언하였다.

"폐하께서 천하를 공손하신 뜻으로 그 공을 우리들에게 미루시나 이렇게 승평을 이룬 것은 본래 성덕에 의한 것이지 어찌 우리 신하들의 힘이 있었겠습니까? 오직 원하기는 폐하께서 시작이 있으면 끝도 있음을 생각하신다면 천하가 길이 은택을 입을 수 있을 것입니다."

태종이 다시 말하였다.

"내 옛날 난을 평정한 군주들을 보건대 모두가 마흔이 넘어서 성취하 였고 오직 광무제光武帝만은 서른셋에 뜻을 이루었다. 그러나 나는 열여덟에 거병하여 스물넷에 천하를 평정하였으며 스물아홉에 천자의 지위에 올랐다. 그렇다면 나이 무공武功은 옛사람보다 뛰어나다 할 수 있다. 그런데 나는 어려서부터 전투에 뛰어들어 책을 읽을 틈이 없었다. 그리하여 정관 이래로 손에 책을 놓아 본 적이 없어 풍화의 근본을 알게 되었고 정치의 근원을 알 수 있었다. 이렇게 몇 년을 노력한 끝에 천하가 크게 다스려졌고 풍속이 바르게 변하여 자식은 효도하고 신하는 충성하게 되었으니 이는 문치文治가 옛사람보다 낫다고 할 수 있다. 옛날 주진周秦이래도 융적戎狄이 내침하였으나 지금은 융적들이 머리를 조아리며 모두 나의 신하나 첩이 되겠다고 하니 이는 또한 먼 곳을 회유한 공이 옛사람보다 낫다고 할 수 있다. 이 세 가지를 나의 덕으로 어찌 감당할 수 있겠는가? 기왕 이러한 공과 업적을 이루었으니 어찌 좋은 시작과 신중한 끝을 얻고자 하지 않을 수 있겠는가?"

貞觀九年, 太宗謂公卿曰:「朕端拱無爲, 四夷咸服, 豈朕一人之所致? 實賴諸公之力耳! 當思善始令終, 永固鴻業, 子子孫孫, 遞相輔翼. 使豐功厚利, 施於來葉, 令數百年後讀我國史, 鴻勳茂業, 粲然可觀. 豈惟稱隆周・炎漢及建武・永平故事而已哉?」

房玄齡因進曰:「陛下攟挹之志, 推功群下, 致理昇平, 本關聖德, 臣下何力之有? 惟願陛下有始有卒, 則天下永賴.」

太宗又曰:「朕觀古先撥亂之主皆年踰四十, 惟光武年三十三. 但朕年十八便擧兵, 年二十四平定天下, 年二十九昇爲天子, 此則武勝於古也. 少從戎旅, 不暇讀書, 貞觀以來, 手不釋卷, 知風化之本, 見政理之源. 行之數年, 天下大治而風移俗變, 子孝臣忠, 此又文過於古也. 昔周秦已降, 戎狄內侵, 今戎狄稽顙, 皆爲臣妾, 此又懷遠勝古也. 此三者, 朕何德以堪之? 旣有此功業, 何得不善始愼終耶?」

【端拱】 단정하게 앉아 손을 모은 채 작위 없이 다스림을 말함.

【來葉】 내세. 후대.

【隆周】 융성했던 周나라 시대.

【炎漢】 불길이 번쩍이듯 흥성했던 西漢 시대.

【建武】 東漢 첫 황제 光武帝 劉秀의 연호. 25년~55년까지 31년 간이었음.

【永平】 東漢 2대 황제 明帝 劉莊(58~75)의 연호.

【撝挹】 '휘읍'으로 읽으며 謙讓을 뜻함.

【稽顙】 이마를 조아림. 고대 拜禮의 하나. 죄를 고하거나 투항할 때 극도의
황송함을 표함을 말함.

264(40-4)
끝을 잘 지키기 위해서는

정관 12년(638), 태종이 시종하는 신하에게 말하였다.

"내가 책을 읽다가 전대 왕들의 훌륭한 일들을 보게 되었는데 모두가 힘써 실천하면서 게으름을 피우지 않은 점이다. 그리고 그들이 임용한 공경들 몇몇은 진실로 어질었다고 생각한다. 그러나 그 치적은 삼황·오제 때에 비하여 오히려 미치지 못하니 어찌 그러한가?"

위징魏徵이 대답하였다.

"지금 사이四夷가 복종해 오고 천하가 무사한 것은 진실로 먼 옛날로 보아도 있어 본 적이 없었습니다. 그러나 자고로 제왕들이 처음 즉위할 때는 누구나 정성을 다해 힘써 정치를 시행하면서 요순堯舜의 업적에 따르고자 합니다. 그러다가 그들이 안정되고 즐거운 경지에 이르면 교만과 사치에 방종과 일탈이 시작되어 그 끝을 잘 마무리하지 못합니다.

신하 된 자도 처음 임용될 때는 누구나 임금을 바로잡고 당시를 구제하여 후직后稷이나 설契처럼 되겠다고 나섭니다. 그러다가 부귀하게 되면 구차스럽게 자신의 관작官爵이나 보전하면 그 뿐이라 여기며 충절을 다하지 아니하게 됩니다. 만약 임금과 신하로 하여금 항상 나태함과 해이함을 없도록 하여 그 끝을 각각 잘 보존하도록 한다면 천하에 다스려지지 않을 걱정은 없을 것이며 저절로 먼 옛날을 훨씬 뛰어넘을 수 있을 것입니다."

태종이 말하였다.

"진실로 경의 말과 같소."

貞觀十二年, 太宗謂侍臣曰:「朕讀書見前王善事, 皆力行而不倦. 其所任用公輩數人, 誠以爲賢. 然致理比於三五之代, 猶爲不逮, 何也?」

魏徵對曰;「今四夷賓服, 天下無事, 誠曠古所未有. 然自古帝王初卽位者, 皆欲勵精爲政, 比迹於堯舜; 及其安樂也, 則驕奢放逸, 莫能終其善. 人臣初見任用者, 皆欲匡主濟時, 追縱於稷契; 及其富貴也, 則思苟全官爵, 莫能盡其忠節. 若使君臣常無懈怠, 各保其終, 則天下無憂不理, 自可超邁前古也.」

太宗曰:「誠如卿言.」

【三五之代】三皇五帝의 시대. 태평성대와 치적이 뛰어났던 이상 시대.
【賓服】복종해 옴.
【曠古】옛날에는 없었음.
【縱】踪과 같음. 踪跡.
【稷】周나라 시조 后稷. 姬棄. 舜임금 때 農稷之官을 지냄. 《史記》周本紀 참조.
【契】商나라 시조. 舜임금 때 司徒를 지냄. 둘 모두 훌륭한 신하로서의 모범이었음을 말함.

265(40-5)
태종의 열 가지 과오

　정관 13년(639), 위징魏徵이 태종이 능히 근검절약을 지켜 내지 못하여 근래 자못 사치와 방종을 부리는 것을 걱정하여 이렇게 상소하여 간언하였다.

　"제가 보기에 자고로 제왕이 하도河圖를 받고 구정九鼎을 정하여 제왕에 오른 다음에는 모두가 만대를 이어 가도록 그 자손을 위해 모책을 짭니다. 그러므로 조정에서 옷깃을 늘어뜨리고 팔을 잡고 천하에 정치를 펼쳐갑니다. 그리고 치국의 도를 말할 때면 반드시 먼저 순박淳하게 하여 부화浮華을 억제하겠노라 하고 인물을 등용할 때면 언필칭 충량忠良을 귀히 여기고 사녕邪佞을 멀리하겠다고 하며, 제도를 말할 때면 사치를 끊고 검약을 숭상하겠노라 다짐하며, 물산物産을 거론할 때면 곡식과 옷감을 중시하고 진기한 물건은 천히 여기겠노라 합니다. 그런데 천명을 받은 초기에는 모두가 이를 준수하여 치도를 이루지만 조금 안정되고 난 뒤에는 거의가 이에 거꾸로 풍속을 어그러뜨리게 되니 이는 무슨 이유에서이겠습니까? 어찌 만승의 높은 지위에 처하여 사해를 다 가지고 있는 부유함에 말을 내놓으면 아무도 이를 거역하지 못하고 하는 일이라면 누구나 이를 따라 주며 공도公道는 사사로운 정에 빠져 버리고 예절은 자신의 기욕嗜欲에 의해 허물어지기 때문이 아니겠습니까? 속담에 '아는 것이 어려운 것이 아니라 이를 실행하는 것이 어려운 것이며, 이를 실행하는 것이 어려운 것이 아니라 이를 끝까지 지켜 내는 것이 어렵다' 하였으니 이 말은 미덥습니다!

엎드려 생각하건대 폐하께서는 겨우 약관弱冠의 나이에 가로 흐르는 천하의 혼란에서 백성을 크게 건져내셔서 천하를 휘어잡아 제업帝業을 개창하셨습니다. 정관 초기 폐하는 그 나이가 바야흐로 무엇이든지 이겨내며 장대하셔서 기욕을 억눌러 더시고 절약과 검소함을 몸소 실천하셔서 내외가 편안하여 드디어 지극한 치도가 다가온 것입니다. 그리하여 그 공으로 논하면 탕湯, 무武가 비교가 안 될 정도였으며 덕으로 말하자면 요순堯舜에게도 멀지 않았습니다. 저는 그때 발탁되어 폐하의 좌우가 되어 10여 년이 되도록 궁궐에서 그 밝으신 뜻을 받들어 왔습니다. 항상 인의의 도를 허락하시면서 이를 지켜 잃지 않으셨고, 검약의 뜻을 지니신 채 시종 이를 중도에 그치신 적이 없으셨습니다. 한 말씀이면 나라를 흥성하게 한다는 말이 바로 이를 두고 이른 것입니다. 그 덕음德音이 귀에 생생하니 어찌 감히 잊겠습니까? 그런데 근래 몇 년을 흘러오면서 조금씩 그 옛날의 뜻이 허물어져 가고 있으며 돈박敦朴에 대한 의지가 점차 그 끝마무리를 제대로 하지 못하고 계시오니 삼가 제가 들은 바를 아래에 열거하겠습니다.

폐하께서 정관 초기에는 무위무욕無爲無欲하셔서 청정淸靜으로 정치를 펴 먼 이민족도 모두 그 교화를 입었습니다. 그런데 지금은 그 풍화가 점차 추락하고 말았습니다. 남의 말을 듣기에는 높은 성인의 경지를 훨씬 초과하면서 그 하시는 일은 중간 정도의 임금도 넘어서지 못하고 있습니다. 어찌 이렇게 말할 수 있느냐구요? 한漢 문제文帝나 진晉 무제武帝는 모두가 아주 높은 철인이 아니었지만 한 문제는 천리마를 바쳐 오자 이를 사양하였고, 진 무제는 꿩 머리털로 짠 외투를 바쳐 오자 이를 궁궐 뜰에서 불태워 버렸습니다. 그런데 지금 폐하께서는 만리 밖에서 준마를 구해 오시고 아주 먼 역외域外에서 진기한 물건을 구해 즐기시니 길가는 사람들이 괴이하다고 여기고 융적戎狄에게는 경솔하다는 평을 받고 있습니다. 이것이 점차 그 끝마무리를 제대로 하지 않는다는 것의 첫 번째입니다.

옛날 자공子貢이 공자에게 백성을 다스리는 일에 대하여 여쭙자 공자는 '두려워하기를 마치 썩은 새끼줄로 여섯 마리 말을 다루듯 하라'라고 하였습니다. 자공이 '그토록 두려운 것입니까?'라고 되묻자 공자는 '그 바른 도로 인도하지 아니하면 그들은 나의 원수가 될 것인데 어찌 두렵지 않겠느냐?'하고 하였습니다. 그 때문에 《서書》에 '백성은 나라의 근본이니 근본이 바르면 나라는 평안을 얻을 수 있다'라 하였습니다. 남의 윗사람이 되어 어찌 경건히 하지 않을 수 있겠습니까? 폐하께서는 정관 초기에 사람을 보면 마치 다친 사람을 보듯이 불쌍히 여기셨고 힘써 노동하는 사람을 긍휼히 여겨 백성은 마치 자식처럼 아끼며 매번 간단히 일을 쉽게 하도록 해 주셨으며 궁전을 짓는 등 큰 토목공사는 벌이지 않으셨습니다. 그런데 근년 이래로 뜻은 사치와 방종에 두시고 겸손함과 검소함은 홀연히 잊으신 채 사람 부리기를 아주 가볍게 여기시고 있습니다. 그러면서 '백성이란 일이 없으면 교만하고 안일해진다. 힘든 노역을 시켜야 쉽게 부릴 수 있다'라고 하십니다. 자고로 백성이 편안히 즐긴다는 이유 때문에 나라가 기울로 무너진 경우는 있어 본 적이 없습니다. 그런데 어찌 거꾸로 폐하의 교만과 안일을 두려워해야 할 판에 고의로 백성에게 힘든 노역을 시키려 하실 수 있습니까? 폐하가 하신 말씀은 나라를 일으키는 지극한 논리가 될 수 없을 것 같습니다. 이것이 어찌 백성을 편안하게 하는 장구한 계산이란 말입니까? 이것이 그 끝은 잘 마무리하지 못하시는 두 번째입니다.

폐하께서 정관 초기에는 자신을 덜어 나이 이롭도록 하셨습니다. 그런데 오늘에 이르러서는 욕심을 풀어 놓고 백성을 힘들게 하고 있습니다. 겸손함과 검소함의 흔적은 세월이 갈수록 바뀌어 교만과 사치가 날로 달라지고 있습니다. 비록 남의 간언을 우려하여 그 입을 막고 있지는 않지만 폐하의 몸을 즐기는 일이라면 그 마음에 간절함을 두고 있습니다. 혹 때에 따라서는 자신이 하고 싶은 바에 욕심을 내면서 남이 간언을 해 올까 염려하여 '내 이렇게 하지 않으면 내 몸이 편안하지 못하오'라고 하십니다. 사람의 정으로 보아 그렇게 말씀하시는 데다 대고 어찌 다시 간쟁을 하겠습니까? 이는 간언하는 자의 입을 막겠다는 데에 뜻을 둔 것이니 어찌 그러한 폐하를 두고 선을 택하여 이를 실행하는 자라고 말할 수 있겠습니까? 이것이 그 끝은 잘 마무리하지 못하시는 세 번째입니다.

자신을 세우는 성패는 어떻게 물이 드는가에 있습니다. 향내 나는 지초芷草와 냄새 나는 생선은 그와 함께 함으로써 그 향내와 냄새가 베어드는 것입니다. 그러니 그 습관에 신중을 기해야 함은 생각하지 않을 수 없는 것입니다. 폐하께서 정관 초기에는 명예와 절의를 열심히 갈고 문질러 외물에 사사롭게 대하지 않고 오직 훌륭한 이와 함께 하시며 군자를 친애하고 소인을 멀리 하셨습니다. 그런데 지금은 그렇지 않습니다. 경솔하게 소인을 가까이하시고 군자에게는 예를 갖추라 요구하십니다. 군자에게 예를 중시하여 공경하되 멀리하고, 소인은 가볍고 편하다 여겨 친압하면서 가까이하고 계십니다. 가까이하면 그 비리가 눈에 보이지 않는 법이요, 멀리하면 그 장점을 알 수 없는 것입니다. 그 장점을 알지 못하면 누가 이간질을 하지 않아도 저절로 소원하게 되며, 그 비리를 보지 못하게 되면 그 때마다 저절로 친밀히 느끼게 되는 것입니다. 소인을 친히 여기는 것은 다스림의 도리가 아니며 군자를 멀리하는 것이 어찌 나라를 일으키는 바른 의리이겠습니까? 이것이 그 끝은 잘 마무리하지 못하시는 네 번째입니다.

《서書》에 '무익한 일을 하느라 유익한 일에 해가 되지 않도록 하면 공을 이루리라. 기이한 물건을 귀히 여기느라 이용의 중한 물건을 천히 여기지 아니하면 백성이 풍족해 지리라. 견마犬馬는 그 땅에 나는 것이 아니면 기르지 말 것이며, 진기한 짐승은 그 나라에서 기르지 말 것이니라' 하였습니다. 폐하께서 정관 초기에는 행동은 요순을 준수하셔서 황금이나 구슬은 거들떠보지도 않으신 채 순박함으로 모든 것을 돌리셨습니다. 그런데 근년 이래로 기이한 것을 좋아하시며 얻기 어려운 물건을 숭상하셔서 그 어느 먼 곳에 있더라고 구해 오지 않는 것이 없고, 진기한 즐길 물건은 때도 없이 요구하여 그칠 날이 없습니다. 윗사람이 사치를 좋아하면서 아랫사람에게 돈독하고 박실하기를 바란다고 그렇게 된 적은 없습니다. 말초의 물건을 자꾸 흥하게 하견서 나라가 풍성하고 박실하기를 요구하는 것은 그렇게 될 수 없다는 것이 이미 명확한 사실입니다. 이것이 그 끝은 잘 마무리하지 못하시는 다섯 번째입니다.

정관 초기에는 어진 이를 구하기를 마치 목마른 듯이 하셔서 훌륭한 사람을 추천하면 이를 믿고 맡기셨으며 그 장점을 취하면서 마치 그에 미치지 못하면 어쩌나 걱정하셨습니다. 그런데 근래에 이르러 폐하의 호오好惡에 따라 사람을 쓰고 혹 많은 사람이 그를 훌륭하다 천거하면 등용은 해놓고 혹 한 사람이라도 그를 비방하면 즉시 버리십니다. 그리고 몇 년을 두고 등용했다가 혹 하루아침에 의심을 품고 이를 멀리하십니다. 무릇 사람의 행동이란 평소 실천하는 바가 있었고, 일이란 그가 이루어 놓은 자취가 있는 법입니다. 비방을 받은 사람은 그를 천거한 사람에게 꼭 믿음을 끝까지 사야한다는 법도 아니며, 몇 년을 두고 쌓아 온 행실이 하루아침에 무너져야 한다는 것도 아닐 것입니다. 군자가 품고 있는 도란 인의仁義를 밟고 서서 대덕大德을 넓히겠다는 것이며, 소인의 성품이란 참녕讒佞을 좋아하여 자신을 위해 이익을 추구하는 것입니다. 폐하께서는 그 근원을 잘 살피지 않으시고 경솔히 그 장부臧否만을 기준으로 하시니 이는 도를 지키는 자로 하여금 날로 멀어지게 하고, 자신의 이익을 위한 자는 날로 다가오도록 하는 것이니 그 때문에 사람은 구차스럽게 죄에서 면하면 그뿐 자신의 힘을 다 할 수 없도록 하는 것입니다. 이것이 그 끝은 잘 마무리하지 못하시는 여섯 번째입니다.

폐하께서 처음 제위에 오르셨을 때 높이 거하시면서 깊이 살피시고, 일이란 오직 청정淸靜함에 두셨고, 마음은 기욕을 없애는 데 두셨습니다.

안으로 각종 사냥 도구는 모두 없애 버리고 밖으로는 사냥터를 아예 끊어 버렸습니다. 그런데 몇 년 뒤에는 그 굳은 의지를 지키지 못하신 채 비록 열흘 동안의 긴 사냥은 하지 않았지만 가끔 삼구三驅의 사냥법은 지키지 않으셨습니다. 그리하여 드디어 쏘다니는 즐거움에 빠져 백성으로부터 놀림을 받게 되었으며 사냥에 쓰이는 매와 개를 멀리 있는 사이四夷에게까지 바치도록 하셨습니다. 게다가 때로는 사냥 연습을 하는 곳은 그 길이 먼 곳이어서 이른 새벽에 나가 밤늦어서야 겨우 돌아올 수 있었으며, 사냥 수레를 몰아 마구 달리는 즐거움이 예측할 수 없는 변고가 일어날 지도 모를 일에 대하여 아무런 염려도 하지 않으셨습니다. 일이 벌어지면 측량할 수 없었을 텐데 그때 구제해 낼 수 있었겠습니까? 이것이 그 끝은 잘 마무리하지 못하시는 일곱 번째입니다.

  공자는 '임금은 신하를 예로써 부리고 신하는 임금을 충으로써 섬긴다'라고 하였습니다. 그렇다면 임금으로서 신하를 대우함에는 그 의가 야박해서는 안 될 것입니다. 폐하께서 처음 제위에 등극하실 때 공경을 다해 아랫사람을 대접하여 임금의 은혜가 아래로 흐르고 신하의 사정이 위로 통달되어 모두가 그 힘을 다 쏟았으며 마음에 숨기는 일이 없었습니다. 그런데 근래에 이르러 이를 홀략히 여기시어 혹 외관外官으로서 사신의 임무를 띠고 일을 보고하고자 조정에 들어온 자가 궁궐에 들어 임금을 뵙기를 기대하며 자신의 소견을 진술하고 할 때, 폐하께서는 그가 말을 하고자 하면 안색이 접견하기를 귀찮아하는 눈치이고 청원을 올리고자 하면 은혜로운 예를 더해 주지 않습니다. 그러한 중간에도 사신의 단점이 보이면 그 미세한 허물을 힐난하시니 비록 그가 아무리 총명하고 달변에 뛰어난 책략을 가지고 있다 해도 능히 자신의 충성된 마음을 펴 보일 수 없습니다. 그러면서 상하가 같은 마음이 되기를 바라고 임금과 신하고 서로 융합하기를 바란들 어찌 어려운 일이 아니겠습니까? 이것이 그 끝은 잘 마무리하지 못하시는 여덟 번째입니다.

오만함은 오래 갈 수 없으며 욕심은 마구 풀어 놓을 수 없는 것이요, 즐거움은 끝까지 가도록 내버려두어서는 안 되는 것이며, 뜻은 가득 채워서는 안 되는 것입니다. 이 네 가지는 옛 왕들이 복을 불러온 이치이며 통달한 현자들이 깊은 경계로 삼았던 덕목입니다. 폐하께서 정관 초기에는 열심을 다해 태만함이 없이 하였으며 자신을 굽혀 남을 따르면서 항상 그에 부족한 듯이 여기셨습니다. 그런데 근년에 들어 약간씩 자신의 긍지를 풀어 놓으며 이미 이룬 공과 업적이 크다고 믿고 계시는가 하면, 옛 왕들을 별것 아닌 것이라 깔보아 폐하의 명철하신 성지聖智를 저버리기도 하고, 지금 이 당대를 가볍게 여기는 마음을 가지고 계십니다. 이것은 오만이 자꾸 자라고 있는 것입니다. 그리고 하고 싶은 일은 꼭 하고야말겠다고 하시며 모든 것을 욕구를 완수하겠다는 데에 두셔서 비록 가끔은 감정을 억눌러 간언을 따르다가고 끝내 품고 있는 욕망을 잊지 못하고 계시니 이는 그 욕구를 풀어 놓고 계신 것입니다. 그런가 하면 놀이에 뜻을 두시고 감정에 싫증이나 권태가 없으시니 비록 이것이 정치에 모두가 방해가 되는 일은 아니라 할지라도 치 도에 더 이상 전심하지 않는 것이니 이것은 바로 즐거움을 끝까지 해 보겠다는 생각입니다. 또 나라 안이 편안하고 다스려 지며 사이四夷가 모두 복종해 왔는데도 여전히 말과 병사를 먼 곳으로　보내어 고생을 시키며 먼 이민족에게 죄를 묻겠다고 하시니 이는 그 뜻을 장차 가득 채우겠다는 생각이십니다. 친압하는 자는 임금의 뜻에 아부할 뿐 직언을 하려 들지 아니하고, 소원한 자는 임금의 위엄이 두려워 감히 간언을 하지 못하니 이런 일이 쌓이면서 그치지 않고 있어 장차 임금의 성덕을 훼손하고 말 것입니다. 이것이 그 끝은 잘 마무리하지 못하시는 아홉 번째입니다.

　옛날 도당陶唐과 성탕成湯 때라고 해서 재난과 근심이 없었던 것은 아니지만 그래도 그들을 성덕聖德이라고 칭하는 것은 시작과 끝을 잘 처리하여 욕심도 작위도 부리지 않았으며 재앙을 만나면 지극히 우려하며 부지런히 하였고, 편안할 때라면 교만과 안일을 없이 하였기 때문입니다.

정관 초기에 서리와 가뭄의 피해가 잦아 기내畿內에 사는 호구는 관동關東으로 먹을 것을 찾아 노인을 부축하고 어린애는 업고 수년을 왕래하면서도 누구나 도망하거나 어느 한 사람 원망하고 괴로워하는 이가 없었습니다. 이는 진실로 폐하께서 불쌍히 여겨 길러 주는 뜻을 가지고 있음을 알았기 때문에 죽음에 이르러서도 배반할 마음을 품지 않았던 것입니다. 그러나 근래에 이르러 백성은 요역에 지쳐 있고 관중關中의 사람들은 더욱 피폐해졌고 괴로움을 토로하고 있습니다. 게다가 온갖 잡된 일에 징집된 장인들은 일이 끝난 그날 모두가 나라의 공임을 받는 일꾼으로 머물러 있도록 하며, 정식 군대에 징집된 무리들은 당번의 차례가 되면 거의가 다른 일에 부림을 당하고 있습니다. 그리고 화시和市의 물건을 끊임없이 시골에서 바치느라 이를 날라 옮겨오는 역부들은 도로에 서로 이어질 정도입니다. 이미 이렇게 피폐해지고 나면 쉽게 놀라고 동요하게 마련인데 혹시 어떤 이유로 수재나 가뭄이 들어 곡식을 거두어들일 수 없는 경우가 생긴다면 백성의 마음은 옛날처럼 평안하지 못할 수도 있지 않을까 두렵습니다. 이것이 그 끝은 잘 마무리하지 못하시는 열 번째입니다.

제가 듣기로 '화와 복이란 문이 따로 있는 것이 아니다. 오직 사람이 불러오는 것이다'라 하였습니다. 사람이 흠이 없으면 요괴는 마구 생겨날 수 없습니다. 엎드려 바라건대 폐하께서 천하를 통치하신 지 13년 째 되어 도는 천하에 흡족하고 위엄은 해외까지 더해졌으며, 해마다 풍년이 들었고 예교는 중흥을 이루어 집집마다 봉지를 주어도 될 정도로 선량해졌으며, 곡식은 물이나 불처럼 풍부해졌습니다. 그런데 금년에 이르러 하늘의 재앙이 퍼져 나가고 여름의 더운 기운은 가뭄을 더하여 멀리 군국郡國에까지 피해를 주고 있고, 흉악한 도적은 날로 일어나고 있어 홀연히 근래 곡하穀下의 사건이 터지고 말았던 것입니다. 무릇 하늘이 무슨 말을 하겠습니까? 상징을 보여 경계하도록 하는 것입니다. 이는 진실로 폐하께서 놀라고 두렵게 여길 때이며 우려와 부지런함을 다해야 할 때입니다. 경계를 보면 두려워하시고, 선을 가려 이를 따르되 주周 문왕文王처럼 조심하시고, 은殷나라 탕왕湯王처럼 모든 것을 자신의 죄로 여기셔야 합니다. 옛 왕들이 치도를 이룬 것은 부지런히 하여 이를 실행했기 때문이니, 지금 이렇게 덕이 허물어지고 있으니 이를 생각하여 고치셔야 합니다. 만물과 더불어 새롭게 바꾸고, 백성의 입장에서 보고 듣게 된다면 폐하의 복은 끝이 없을 것이며 천하가 모두 다행으로 여길 것인데 어찌 재앙이나 패배가 있겠습니까? 그렇다면 사직의 안위와 국가의 치란은 오직 산 사람에게 달려 있는 것입니다. 지금 태평의 기초는 이미 높은 하늘처럼 우뚝합니다. 그러나 하고 아홉 길 쌓아 놓은 것도 오직 마지막 한 소쿠리의 흙을 더 얹음으로써 그렇게 된 것입니다. 이는 천년에 한번 만날까 하는 좋은 기회이며 때는 다시 얻을 수 없습니다. 밝으신 임금께서 가히 할 수 있는 일임에도 하지 않고 계시니 미약한 저로서는 가슴이 답답하여 길이 탄식을 하고 있습니다.

저는 진실로 우둔하고 비루하여 일의 기미를 제대로 알고 있지 못합니다. 이에 대략 10가지를 들어 나타내오니 문득 임금께서 성스럽게 들어주시옵소서. 엎드려 원하옵건대 폐하께서 저의 이 미치광이 눈먼 이의 말을 채납해 주시고 추요芻蕘의 의견을 참작하시어 천 번 염려에 한 가지라도 얻음이 있어 곤직袞職에 어떤 보탬이라도 있다면 저는 죽는 날이 곧 살아 있는 날이 될 것이며 부월斧鉞을 달게 여겨 따르겠나이다."

상소가 올라가자 태종은 위징에게 이렇게 말하였다.

"남의 신하가 되어 임금을 모시면서 그 뜻을 따르기는 아주 쉬우나 임금의 뜻을 거스르기는 아주 어렵소. 그대는 나의 이목과 고굉이 되어 항상 논리를 펴 이를 받아 주기를 권하였소. 내 지금 허물을 듣고 능히 이를 고쳐 끝마무리를 잘 하도록 노력해 보겠소. 만약 이 말을 위배한다면 내 무슨 낯으로 그대로 볼 수 있겠소? 또 무슨 방법으로 천하를 다스릴 수 있겠소? 그대의 상소를 보고 나서 반복하여 연구하고 찾아 보아 깊이 그 말이 강하고 이치가 곧음을 느꼈다오. 그리하여 드디어 이를 병풍에 붙여 놓고 아침저녁으로 쳐다보고 있다오. 그리고 다시 사관史官에게 이를 기록하도록 하여 천년 뒤에 임금과 신하의 의를 알 수 있도록 바라고 있다오."

이에 위징에게 황금 10근과 마구간에 있던 말 2필을 하사하였다.

貞觀十三年, 魏徵恐太宗不能克終儉約, 近歲頗好奢縱, 上疏
諫曰:

「臣觀自古帝王受圖定鼎, 皆欲傳之萬代, 貽厥孫謀. 故其垂
拱巖廊, 布政天下. 其語道也, 必先淳樸而抑浮華; 其論人也,
必貴忠良而鄙邪佞; 言制度也, 則絶奢靡而崇儉約; 談物産也,
則重穀帛而賤珍奇. 然受命之初, 皆遵之以成治; 稍安之後, 多反
之而敗俗. 其故何哉? 豈不以居萬乘之尊, 有四海之富, 出言而
莫己逆, 所爲而人必從, 公道溺於私情, 禮節虧於嗜欲故也? 語曰:
『非知之難, 行之惟難; 非行之難, 終之斯難.』 所言信矣!

伏惟陛下, 年甫弱冠, 大拯橫流, 削平區宇, 肇開帝業. 貞觀之初,
時方克壯, 抑損嗜欲, 躬行節儉, 內外康寧, 遂臻至治. 論功則湯
武不足方, 語德則堯舜未爲遠. 臣自擢居左右, 十有餘年, 每侍
帷幄, 屢奉明旨. 常許仁義之道, 守之而不失; 儉約之志, 終始而
不渝. 一言興邦, 斯之謂也. 德音在耳, 敢忘之乎? 而頃年已來,
稍乖曩志, 敦朴之理, 漸不克終. 謹以所聞, 列之如左:

陛下貞觀之初, 無爲無欲, 清靜之化, 遠被遐荒. 考之於今,
其風漸墜. 聽言則遠超於上聖, 論事則未踰於中主. 何以言之?
漢文·晉武俱非上哲, 漢文辭千里之馬, 晉武焚雉頭之裘. 今則
求駿馬於萬里, 市珍奇於域外, 取怪於道路, 見輕於戎狄, 此其
漸不克終, 一也.

昔子貢問理人於孔子. 孔子曰:『懍乎若朽索之馭六馬.』子貢
曰:『何其畏哉?』子曰:『不以道導之, 則吾讎也, 若何其無畏?』

故《書》曰：『民惟邦本, 本固邦寧.』爲人上者奈何不敬? 陛下貞觀之始, 視人如傷, 恤其勤勞, 愛民猶子, 每存簡約, 無所營爲. 頃年已來, 意在奢縱, 忽忘卑儉, 輕用人力, 乃云：『百姓無事則驕逸, 勞役則易使.』自古以來, 未有由百姓逸樂而致傾敗者也, 何有逆畏其驕逸, 而故欲勞役者哉? 恐非興邦之至言. 豈安人之長算? 此其漸不克終, 二也.

陛下貞觀之初, 損己以利物. 至於今日, 縱欲以勞人. 卑儉之迹歲改, 驕侈之情日異. 雖憂人之言不絶於口, 而樂身之事實切於心. 或時欲有所營, 慮人致諫, 乃云：『若不爲此, 不便我身.』人臣之情, 何可復爭? 此直意在杜諫者之口, 豈曰擇善而行者乎? 此其漸不克終, 三也.

立身成敗, 在於所染. 蘭芷鮑魚, 與之俱化. 愼乎所習, 不可不思. 陛下貞觀之初, 砥礪名節, 不私於物, 唯善是與, 親愛君子, 疏斥小人. 今則不然, 輕褻小人, 禮重君子, 重君子也, 敬而遠之; 輕小人也, 狎而近之. 近之則不見其非, 遠之則莫知其是. 莫知其是, 則不間而自疏; 不見其非, 則有時而自昵. 昵近小人, 非致理之道; 疏遠君子, 豈興邦之義? 此其漸不克終. 四也.

《書》曰：『不作無益害有益, 功乃成; 不貴異物賤用物, 人乃足. 犬馬非其土性不畜, 珍禽奇獸弗育於國.』陛下貞觀之初, 動遵堯舜, 捐金抵璧, 反朴還淳. 頃年以來, 好尚奇異, 難得之貨, 無遠不臻; 珍玩之作, 無時能止. 上好奢靡而望下敦朴, 未之有也. 末作滋興, 而求豐實, 其不可得亦已明矣. 此其漸不克終, 五也.

貞觀之初, 求賢如渴, 善人所舉, 信而任之, 取其所長, 恆恐不及. 近歲已來, 由心好惡, 或衆善舉而用之, 或一人毀而棄之, 或積年任而用之, 或一朝疑而遠之. 夫行有素履, 事有成跡. 所毀之人,

未必可信於所擧; 積年之行, 不應頓失於一朝. 君子之懷, 蹈仁義
而弘大德; 小人之性, 好讒佞以爲身謀. 陛下不審察其根源, 而輕
爲之臧否, 是使守道者日疏, 干求者日進, 所以人思苟免, 莫能
盡力. 此其漸不克終, 六也.

陛下初登大位, 高居深視, 事惟清靜, 心無嗜慾. 內除畢弋之物,
外絶畋獵之源. 數載之後, 不能固志, 雖無十旬之逸, 或過三驅
之禮. 遂使盤遊之娛, 見譏於百姓, 鷹犬之貢, 遠及於四夷. 或時
教習之處, 道路遙遠, 侵晨而出, 入夜方還. 以馳騁爲歡, 莫慮不
虞之變, 事之不測, 其可救乎? 此其漸不克終, 七也.

孔子曰: 『君使臣以禮, 臣事君以忠.』然則君之待臣, 義不可薄.
陛下初踐大位, 敬以接下, 君恩下流, 臣情上達, 咸思竭力, 心無
所隱. 頃年已來, 多所忽略, 或外官充使, 奏事入朝, 思睹闕庭,
將陳所見, 欲言則顏色不接, 欲請又恩禮不加. 間因所短, 詰其
細過, 雖有聰辯之略, 莫能申其忠款, 而望上下同心, 君臣交泰,
不亦難乎? 此其漸不克終, 八也.

傲不可長, 欲不可縱, 樂不可極, 志不可滿. 四者, 前王所以致福,
通賢以爲深誡. 陛下貞觀之初, 孜孜不怠, 屈己從人, 恆若不足.
頃年以來, 微有矜放, 恃功業之大, 意蔑前王, 負聖智之明, 心輕
當代, 此傲之長也. 欲有所爲, 皆取遂意, 縱或抑情從諫, 終是不
能忘懷, 此欲之縱也. 志在嬉遊, 情無厭倦, 雖未全妨政事, 不復
專心治道, 此樂將極也. 率土乂安, 四夷款服, 仍遠勞士馬, 問罪
遐裔, 此志將滿也. 親狎者阿旨而不肯言, 疏遠者畏威而莫敢諫,
積而不已, 將虧聖德. 此其漸不克終, 九也.

昔陶唐・成湯之時, 非無災患, 而稱其聖德者, 以其有始有終,
無爲無欲, 遇災則極其憂勤, 時安則不驕不逸故也. 貞觀之初,

頻年霜旱, 畿內戶口並就關外, 攜負老幼, 來往數年, 曾無一戶逃亡, 一人怨苦, 此誠由識陛下矜育之懷, 所以至死無攜貳. 頃年已來, 疲於徭役, 關中之人, 勞弊尤甚. 雜匠之徒, 下日悉留和雇; 正兵之輩, 上番多別驅使. 和市之物不絕於鄉閭, 遞送之夫相繼於道路. 旣有所弊, 易爲驚擾, 脫因水旱, 穀麥不收, 恐百姓之心, 不能如前日之寧帖. 此其漸不克終, 十也.

臣聞: 『禍福無門, 唯人所召.』人無釁焉, 妖不妄作. 伏惟陛下統天御宇十有三年, 道洽寰中, 威加海外, 年穀豐稔, 禮教聿興, 比屋喻於可封, 菽粟同於水火. 暨乎今歲, 天災流行, 炎氣致旱, 乃遠被於郡國; 凶醜作孽, 忽近起於轂下. 夫天何言哉? 垂象示誡. 斯誠陛下驚懼之辰, 憂勤之日也. 若見誡而懼, 擇善而從, 同周文之小心, 追殷湯之罪己. 前王所以致理者, 勤而行之; 今時所以敗德者, 思而改之, 與物更新, 易人視聽, 則寶祚無疆, 普天幸甚, 何禍敗之有乎? 然則社稷安危, 國家治亂, 在於一人而已. 當今太平之基, 旣崇極天之峻; 九仞之積, 猶虧一簣之功. 千載休期, 時難再得, 明主可爲而不爲, 微臣所以鬱結而長嘆者也.

臣誠愚鄙, 不達事機, 略舉所見十條, 輒以上聞聖聽. 伏願陛下採臣狂瞽之言, 參以芻蕘之議, 冀千慮一得, 袞職有補, 則死日生年, 甘從斧鉞.」

疏奏, 太宗謂徵曰:「人臣事主, 順旨甚易, 忤情尤難. 公作朕耳目股肱, 常論思獻納. 朕今聞過能改, 庶幾克終善事. 若違此言, 更何顏與公相見? 復欲何方以理天下? 自得公疏, 反覆研尋, 深覺詞強理直, 遂列爲屏障, 朝夕瞻仰. 又錄付史司, 冀千載之下識君臣之義.」

乃賜徵黃金十斤, 廐馬二疋.

【受圖定鼎】왕조가 자리를 잡고 시작됨을 뜻함. 河圖, 즉 고대 龍馬가 그림을 지고 黃河에서 나왔으며 九鼎을 제자리에 놓음.

【貽厥孫謀】자손을 위해 모책을 세움.《尙書》五子之歌에 "明明我祖, 萬邦之君. 有典有則, 貽厥子孫"이라 함.

【垂拱】옷을 늘어뜨리고 손을 모아 단정히 하면서 無爲而治를 실행함.

【嚴廊】조정을 뜻함.

【中主】보통 중간의 군주.

【漢文辭千里之馬】漢 文帝 때 어떤 사람이 천리마를 바치자 문제가 이를 돌려주며 여비까지 주었다 함.《十八史略》(2) 西漢 孝文皇帝에 "時有獻千里馬者, 帝曰: 「鸞旗在前, 屬車在後, 吉行日五十里, 師行日三十里. 朕乘千里馬, 獨先安之?」 於是還其馬, 與道里費, 而下詔曰: 「朕不受獻也. 其令四方毋來獻.」"이라 함.

【晉武焚雉頭之裘】晉 武帝 때 어떤 사람이 꿩의 머리 깃으로 짠 외투를 바치자 이를 궁전 뜰에서 불태워 버림.《十八史略》(3) 西晉 世祖武皇帝에 "晉代魏十有六年, 至太康元年而滅吳, 又十年帝崩, 帝初卽位, 嘗焚雉頭裘於太極殿前, 以示儉, 旣而侈縱. 後宮數千, 常乘羊車, 宮人揷竹葉于門, 洒鹽以待之. 羊車所至, 卽留酣宴, 與羣臣語, 未嘗有經國遠謀. 自吳旣平, 謂天下無事, 盡去州郡武備. 山濤獨憂之"라 함.

【子貢】端木賜. 공자 제자. 이하의 문답은《孔子家語》致思篇에 "子貢問治民於孔子, 子曰: 「懍懍焉若持腐索之扞馬.」 子貢曰: 「何其畏也!」 孔子曰: 「夫通達御皆人也, 以道導之, 則吾畜也; 不以道導之, 則吾仇也, 如之何其無畏也!」"라 하였으며,《說苑》政理篇에도 "子貢問治民於孔子, 孔子曰: 「懍懍焉, 如以腐索御奔馬.」 子貢曰: 「何其畏也!」 孔子曰: 「夫通達之國, 皆人也, 以道導之, 則吾畜也; 不以道導之, 則吾讐也, 若何而毋畏?」"라 함.

【書】《尙書》夏書 五子之歌의 구절.

【蘭芷鮑魚】훌륭한 인품을 가진 자와 냄새 나는 생선을 비유함.《孔子家語》六本篇에 "孔子曰: 「吾死之後, 則商也日益, 賜也日損.」 曾子曰: 「何謂也?」 子曰: 「商也好與賢己者處, 賜也好說不若己者. 不知其子, 視其父; 不知其人, 視其友; 不知其君, 視其所使; 不知其地, 視其草木. 故曰: 與善人居, 如入芝蘭之室, 久而不聞其香, 卽與之化矣. 與不善人居, 如入鮑魚之肆, 久而不聞其臭, 亦與之化矣. 丹之所藏者赤, 漆之所藏者黑, 是以君子必愼其所與處者焉.」"이라 하였으며,《說苑》指武篇에는 "顔淵曰: 「回聞鮑魚蘭芷, 不同篋而藏, 堯舜桀紂, 不同國而治.」"라 하였고,《韓詩外傳》(卷9)에도 "鮑魚不與蘭茝同而藏, 桀紂不與堯舜

同時而治"라 함.

【書】《尚書》周書 旅獒의 구절.

【捐金抵璧】귀중한 보물을 받지 않음. 貪鄙篇 참조.

【末作】근본이 아닌 지엽적인 일. 주로 상업과 수공업이나 임금이 좋아하는 기이한 물건으로 직접 백성에게 도움이 되지 않는 것을 말함.

【臧否】훌륭한 점과 그렇지 못한 점.

【畢弋之物】사냥에 쓰이는 각종 도구들.

【十旬之日】夏나라 왕 太康이 사냥에 빠져 백일이 되도록 돌아오지 않은 일. 《尚書》夏書 五子之歌를 볼 것.

【三驅】사냥을 할 때 세 쪽에서만 몰아 한쪽은 짐승이 빠져 도망갈 수 있도록 열어 주는 것.

【孔子曰】《論語》八佾篇의 定公과 문답한 내용. "定公問:「君使臣, 臣事君, 如之何?」孔子對曰:「君使臣以禮, 臣事君以忠.」"이라 함.

【交泰】천지와 시운이 형통함.《周易》泰卦에 "象曰: 天地交, 泰; 后以財成天地之道, 輔相天地之宜, 以左右民"이라 함.

【傲不可長】《禮記》曲禮(上)에 "敖不可長, 欲不可從, 志不可滿, 樂不可極"이라 함.

【陶唐】陶唐氏. 堯임금을 말함.

【攜貳】배반하고 이반함을 뜻함.

【下日】복역을 완전히 마침.

【和雇】나라의 돈으로써 백성이 노동력을 사는 것을 말함.

【和市】나라 돈으로 백성들의 물건을 사들임.

【脫因】'혹시 ~한 이유로'의 뜻.

【寧帖】편안하고 흔들림 없이 고정되어 있음.

【禍福無門】《左傳》襄公 23년의 閔子馬의 말. "子無然. 禍福無門, 唯人所召. 爲人子者, 患不孝, 不患無所. 敬共父命, 何常之有? 若能孝敬, 富倍季氏可也. 姦回不軌, 禍倍下民可也.」"라 함.

【比屋喩於可封】집집마다 봉을 받을 정도로 훌륭한 덕행을 실천함.

【戞下】魏徵이 상소하기 얼마 전 돌궐이 반란을 꾀하며 당 태종의 九成宮을 습격한 일을 말함. 246장 참조.

【天何言哉】《論語》陽貨篇에 "子曰:「予欲無言.」子貢曰:「子如不言, 則小子何述焉?」子曰:「天何言哉? 四時行焉, 百物生焉, 天何言哉?」"라 함.

【一簣之功】《論語》子罕篇에 "子曰:「譬如爲山, 未成一簣, 止, 吾止也. 譬如
平地, 雖覆一簣, 進, 吾往也.」"라 함.

【芻蕘】蒭蕘와 같음.《詩經》大雅 板에 "我雖異事, 及爾同僚. 我卽而謀, 聽我
囂囂. 我言維服, 勿以爲笑. 先民有言, 詢于芻蕘"라 함. '芻蕘'는 꼴 베고 나무하는
하찮은 사람. 임금은 이러한 자에게도 그 의견을 묻고 듣는 것을 부끄럽게
여기지 않아야 함을 뜻함.

【千慮一得】《史記》淮陰侯列傳에 「智者千慮, 必有一失; 愚者千慮, 必有一得」
이라 하였고,《晏子春秋》(雜下)에 「聖人千慮, 必有一失; 愚人千慮, 必有一得」
이라 함.

【袞職】임금의 옷이 袞龍袍이므로 임금을 대신하여 쓴 말.

【斧鉞】고대의 刑具. 여기서는 죽음을 내려 줄지라도 달게 여기겠다는 뜻. 자신의
의견을 겸손히 표현한 것.

266(40-6)
전쟁에 이기기는 쉬우나
　　승리를 지키기는 어렵다

정관 14년(640), 태종이 시종하는 신하에게 말하였다.

"천하를 평정하고 짐은 비록 이러한 사업을 성취하였으나 만약 천하를 지키는데 실패한다면 이제껏 쌓은 공과 업적은 지켜내기 어려울 것이다. 진시황秦始皇이 최초로 역시 육국六國을 평정하여 사해를 거머쥐었지만 말년에 능히 이를 잘 지켜 내지 못한 것은 실로 경계로 삼을 만하다. 그대들도 마땅히 공적인 일을 생각하여 사사로운 일은 잊는다면 영예로운 이름과 높은 지위가 끝까지 아름답게 이어 갈 수 있을 것이다."

위징魏徵이 대답하였다.

"제가 듣기로 전쟁에 이기기는 쉬우나 승리를 지키기는 어렵다 하였습니다. 폐하께서는 깊은 생각과 원대한 사려가 있으시며 편안할 때 위험함을 잊지 않으시니 공과 업적이 이미 드날리고 있으며 덕과 교화가 다시 흡족하게 되었습니다. 항상 이와 같은 심정으로 정치에 임하신다면 종묘사직은 다시 기울거나 패하는 일이 없을 줄로 압니다."

貞觀十四年, 太宗謂侍臣曰:「平定天下, 朕雖有其事, 守之失圖, 功業亦復難保. 秦始皇初亦平六國, 據有四海, 及末年不能善守, 實可爲誡. 公等宜念公忘私, 則榮名高位, 可以克終其美.」

魏徵對曰:「臣聞之, 戰勝易, 守勝難. 陛下深思遠慮, 安不忘危, 功業旣彰, 德敎復洽, 恆以此爲政, 宗社無由傾敗矣.」

【六國】戰國시대 殽山 동쪽의 여섯 나라. 秦나라와 대립된 동쪽 여섯 나라인 韓, 趙, 魏, 燕, 楚, 齊. 뒤에 모두 진나라에 의해 멸망함.
【宗社】宗廟와 社稷. 국가를 뜻함.

〈西域人三彩俑〉唐 1957 陝西 長安 출토

267(40-7)
그 아름다움을 끝까지

정관 16년(642), 태종이 위징魏徵에게 물었다.

"내가 근고近古의 제왕들을 보건대 제위를 10대까지 이어 전한 자도 있고 또 그 일대나 양대에 그친 자도 있으며, 자신이 얻어 놓고 자신이 잃은 자도 있더이다. 내가 항상 우려하고 두려워하는 것은 혹 백성을 무양撫養하면서 그에 맞게 하지 못하면 어쩌나 하는 것이며, 혹 내 마음에 교만함과 일탈이 생겨 희로喜怒를 도에 넘치게 나타내면 어쩌나 하는 것입니다. 그러나 내 스스로 이를 알지 못하니 경께서는 나를 위해 일러 주어 이를 법칙으로 삼도록 해 주시기 바라오."

위징이 대답하였다.

"기욕嗜慾과 희로의 감정은 어진 이나 어리석은 이나 모두가 똑같습니다. 어진 이는 이를 능히 절제하여 도에 넘지 않도록 하는 것이며 어리석은 자는 제멋대로 하여 실수를 많이 저지르는 것입니다. 폐하께서는 성스러운 덕에 아득히 원대한 명석함을 가지고 계시며 편안할 때 위험을 생각하시니 엎드려 바라옵건대 폐하께서 항상 스스로 자제하셔서 그 아름다움을 끝까지 지켜 주신다면 만대를 두고 길이 그에 힘입을 수 있을 것입니다."

貞觀十六年, 太宗問魏徵曰:「觀近古帝王, 有傳位十代者, 有一代兩代者, 亦有身得身失者. 朕所以常懷憂懼, 或恐撫養生民,

不得其所; 或恐心生驕逸, 喜怒過度. 然不自知, 卿可爲朕言之,
當以爲楷則.」

　徵對曰:「嗜慾喜怒之情, 賢愚皆同. 賢者能節之, 不使過度;
愚者縱之, 多至失所. 陛下聖德玄遠, 居安思危, 伏願陛下常能
自制, 以保克終之美, 則萬代永賴.」

【楷則】 모범이 되는 準則.
【失所】 절제할 시기나 기회를 놓침.

부 록

1. 上貞觀政要表 .... 吳兢

　臣兢言: 臣愚, 比嘗見朝野士庶, 有論及國家政教者, 咸云:「若陛下之聖明, 克遵太宗之故事, 則不假遠求上古之術, 必致太宗之業.」故知天下蒼生所望於陛下者, 誠亦厚矣!《易》曰:「聖人感人心而天下和平.」今聖德所感, 可謂深矣! 竊惟太宗文武皇帝之政化, 自曠古而來, 未有如此之盛者也. 雖唐堯・虞舜・夏禹・殷湯・周之文武・漢之文景, 皆所不逮也. 至如用賢納諫之美, 垂代立教之規, 可以弘闡大猷, 增崇至道者, 幷煥乎國籍, 作鑒來葉. 微臣以早居史職, 莫不誠誦在心. 其有委質策名, 立功樹德, 正詞鯁義, 志在匡君者, 幷隨事載錄, 用備勸戒, 撰成一帙十卷, 合四十篇, 仍以《貞觀政要》爲目. 謹隨表奉進, 望紆天鑒, 擇善而行, 引而伸之, 觸類而長.《易》不云乎?「聖人久於其道而天下化成.」伏願行之而有恒, 思之而不倦, 則貞觀巍巍之化, 可得而致矣! 昔殷湯不如堯舜, 伊尹恥之; 陛下儻不修祖業, 微臣亦恥之.《詩》云:「念我皇祖, 陟降庭止.」又云:「無忝爾祖, 聿修厥德.」此誠欽奉祖先之義也, 惟陛下念之哉, 則萬方幸甚! 不勝誠懇之至, 謹奉表以聞, 謹言.

2. 貞觀政要序 ······························· 吳兢

衛尉少卿兼國史弘文館學士臣吳兢幷撰序

有唐良相曰侍中安陽公·中書令河東公, 以時逢聖明, 位居宰輔, 寅亮帝道, 弼諧王政, 恐一物之乖所, 慮四維之不張, 每克己勵精, 緬懷改實, 未嘗有乏. 太宗時政化, 良足可觀, 振古而來, 未之有也. 至於垂世立教之美, 典謨諫奏之詞, 可以弘闡大猷, 增崇至道者, 爰命不才, 備加甄錄, 體制大略, 咸發成規. 於是綴集所聞, 參詳舊史, 撮其指要, 擧其宏綱, 詞兼質文, 義在懲勸, 人倫之紀備矣, 軍國之政存焉. 凡一帙一十卷, 合四十篇, 名曰《貞觀政要》.

庶乎有國有家者克遵前軌, 擇善而從, 則可久之業益彰矣, 可大之功尤著矣, 豈必祖述堯舜, 憲章文武而已哉! 其篇目次第列之於左.

第一: 君道 政體

第二: 任賢 求諫 納諫

第三: 君臣鑒戒 論擇官 論封建

第四: 太子諸王定分 論尊師傅 教戒太子諸王 規諫太子

第五: 論仁義 論忠義 論孝友 論公平 論誠信

第六: 論儉約 論謙讓 論仁惻 愼所好 愼言語 杜讒邪 論悔過 論奢縱 論貪鄙

第七: 崇儒學 論文史 論禮樂

第八: 務農 論刑法 論赦令 論貢賦

第九: 議征伐 議安邊

第十: 論行幸 論畋獵 論祥瑞 論灾害 論愼終

3. 重刻貞觀政要序 ·························· 宋濂

《貞觀政要》者, 唐史臣吳兢之所輯也. 兢, 浚儀人, 有良史才. 用魏元忠·朱敬則薦, 詔直史館修國史, 遷右拾遺內供奉. 神龍中, 改右補闕, 累遷起居郎. 數上疏論事, 言人之所難言, 尋拜諫議大夫. 復修史, 轉太子左庶子.

開元十三年, 元宗東封泰山, 道中頻馳射爲樂, 兢復極諫. 明年六年, 大風, 詔群臣陳得失. 兢言斥屏群小, 不爲慢游, 出不御之女, 減不急之馬, 明選擧, 愼刑罰, 杜僥幸, 存至公八事, 皆當時所諱者.

景龍間, 所修國史失實, 兢患之, 乃私述《唐書》·《唐春秋》, 皆未就. 至是, 詔赴館撰錄, 進封長垣縣男.

久之, 坐書事不當, 貶荊州司馬, 累遷洪州刺史. 復坐累, 下除舒州. 天寶初, 入爲恒王傅, 卒年八十.

兢嘗定《武后實錄》, 敍張昌宗誘張說誣證魏元忠事, 頗言說已許之, 賴宋璟等邀礪若切, 故轉禍爲忠, 不然皇嗣且殆. 后說爲相, 屢以情蘄改. 兢拒曰:「徇公之情, 何名實錄?」卒不從. 世比之爲董狐云. 其爲人大略如此.

初, 兢屢修國史, 見文皇之朝, 君明臣忠, 可取爲後嗣法, 乃撰是書十卷, 合四十篇, 上之中宗. 然當復辟之初, 轉移之機, 間不容髮, 使中宗能觀之, 以法文皇, 則削武氏位號, 而崇恩之廟不復矣; 信任舊臣敬暉諸人, 不罷政事矣; 嚴于陰治, 韋氏之禍不致蹈覆轍矣. 奈何視爲空文而弗之講? 徒使兢之孤忠湮湮焉而無所伸, 可勝嘆哉! 厥後文宗踐位, 始喜讀而篤行之. 太和初, 政燦然可觀, 雖未能如貞觀之治, 亦可謂能法其祖武者矣.

自是以來, 其書盛行於世. 南北刻本, 多有舛訛. 臨川戈直嘗集諸家而校讎之, 然亦未能盡善. 升有良士曰:「王敬仁, 故大族也, 欲刊梓於家塾以傳.」予遂假中秘本重爲正之. 理有可通者, 因仍其舊, 不敢輒改.

夫讀其書者, 不可不知其人, 古之道也. 復詳序兟之行事於首簡云. 書之篇端, 謂兟爲衛尉少卿兼修文館學士, 與史所載頗不合. 濂疑神龍進書之峕, 方改左補闕, 未應. 外遷如此, 豈或他有所據耶? 奉議大夫國子司業金華宋濂謹序.

4. 吳兢傳 ···《舊唐書》(102)

吳兢, 卞州浚儀人也. 勵志勤學, 博通經史. 宋州人魏元忠·亳州人朱敬
則深器重之, 及居相輔, 薦兢有史才, 堪居近侍, 因令直史館, 修國史. 累月,
拜右拾遺內供奉. 神龍中, 遷右補闕, 與韋承慶·崔融·劉子玄撰《則天
實錄》成, 轉起居郎. 俄遷水部郎中, 丁憂還鄉里. 開元三年服闋, 抗疏言曰:
「臣修史已成數十卷, 自停職還家, 匪忘紙札, 乞終餘力.」乃拜諫議大夫,
依前修史. 俄兼修文館學士, 歷衛尉少卿·左庶子. 居職殆三十年, 敍事
簡要, 人用稱之. 末年傷於太簡.《國史》未成, 十七年, 出爲荊州司馬, 制許
以史稿自隨. 中書令蕭嵩監修國史, 奏取兢所撰《國史》, 得六十五卷. 累遷
台·洪·饒·蘄四州刺史, 加銀靑光祿大夫, 遷相州長史, 封襄垣縣子. 天
寶初改官名, 爲鄴郡太守, 入爲恆王傅.

恆嘗以梁·陳·齊·周·隋五代史繁雜, 乃別撰《梁·齊·周史》各十卷,
《陳史》五卷·《隋史》二十卷, 又傷疏略. 兢雖衰耗, 猶希史職, 而行步偏
僂, 李林甫以其年老不用. 天寶八年, 卒於家, 時年八十餘. 兢卒後, 其子進
兢所撰《唐史》八十餘卷, 事多紕繆, 不逮於壯年. 兢家聚書頗多, 嘗目錄
其卷第, 號《吳氏西齋書目》.

5. 吳兢傳 ·························《新唐書》(132)

吳兢, 卞州浚儀人. 少勵志, 貫知經史, 方直寡諧比, 惟與魏元忠·朱敬則游. 二人者當路, 薦兢才堪論譔, 詔直史館, 脩國史. 遷右拾遺內供奉.

神龍中, 改右補闕. 節閔太子難, 姦臣誣構安國相王與謀, 朝廷大恐. 兢上言:「文明後, 皇運不殊如帶. 陛下龍興, 恩被骨肉, 相王與陛下同氣, 親莫加焉. 今賊臣日夜陰謀, 必欲實之極法. 相王仁孝, 遭荼苦哀毀, 以陛下爲命, 而自託於手足. 若信邪佞, 委之於法, 傷陛下之恩, 失天下望. 芟劉股肱, 獨任胸臆, 可爲寒心. 自昔翦伐宗支, 委任異姓, 未有不亡者. 秦任趙高, 漢任王莽, 晉家自相魚肉, 隋室猜忌子弟, 海內糜沸, 驗之覆車, 安可重跡? 且根朽者葉枯, 源涸者游竭. 子弟, 國之根源, 可使枯渴哉! 皇家枝幹, 夷芟略盡. 陛下卽位四年, 一子弄兵被誅, 一子以罪謫去, 惟相王朝夕左右. 『斗粟』之刺, 〈蒼蠅〉之詩, 不可不察. 伏願陛下全常棣之恩, 慰岡極之心, 天下幸甚!」

累遷起居郎, 與劉子玄·徐堅等並職. 玄宗初立, 收還權綱, 銳於決事, 羣臣畏伏. 兢慮帝果而不及精, 乃上疏曰:

「自古人臣不諫則國危, 諫則身危. 臣愚食陛下祿, 不敢避身危之禍. 比見上封事者, 言有可采, 但賜束帛而已, 未嘗蒙召見, 被拔擢. 其忤旨, 則朝堂決杖, 傳送本州, 或死於流貶. 由是臣下不敢進諫, 古者設誹謗木, 欲聞己過. 今封事, 誹謗木比也. 使所言是, 有益於國; 使所言非, 無累於朝. 陛下何遽加斥逐, 以杜塞直言? 道路流傳, 相視怪愕. 夫漢高帝赦周昌桀·紂之對, 晉武帝受劉毅桓·靈之譏, 況陛下豁達大度, 不能容此狂直耶? 夫人主居尊極之位, 顓生殺之權, 其爲威嚴峻矣. 開情抱, 納諫諍, 下猶懼不敢盡, 奈何以爲罪? 且上有所失, 下必知之. 故鄭人欲毀鄉校, 而子産不聽也. 陛下初卽位,猶有褚无量·張廷珪·韓思復·辛替否·柳澤·袁楚客等數上疏爭時政得失. 自頃上封事, 往往得罪, 諫者頓少. 是鵲巢覆而鳳不至, 理之然也. 臣誠恐天下骨鯁士以讜言爲戒, 橈直就曲, 斲方爲刓, 偸合苟容, 不復能盡節忘身, 納君於道矣.

夫帝王之德, 莫誠於納諫. 故曰：『木從繩則正, 后從諫則聖.』又曰：『朝有諷諫, 猶髮之有梳. 猛虎在山林, 藜藿爲之不采.』忠諫之有益如此. 自古上聖之君, 恐不聞己過, 故堯設諫鼓, 禹拜昌言. 不肖之主, 自謂聖智, 拒諫害忠, 桀殺關龍逢而滅於湯, 紂殺王子比干而滅於周, 此其驗也. 夫與治同道罔不興, 與亂同道罔不亡. 人將疾, 必先不甘魚肉之味；國將亡, 必先不甘忠諫之說. 嗚呼, 惟陛下深監于玆哉！隋煬帝驕矜自負, 以爲堯舜莫己若, 而諱亡憎諫, 乃曰：「有諫我者, 當時不殺, 後必殺之.」大臣蘇威欲開一言, 不敢發, 因五月五日獻《古文尙書》, 帝以爲訕己, 卽除名. 蕭瑀諫無伐遼, 出爲河池郡守. 董純諫無幸江都, 就獄賜死. 自是蹇諤之士, 去而不顧, 外雖有變, 朝臣鉗口, 帝不知也. 身死人手, 子孫剿絶, 爲天下笑. 太宗皇帝好悅至言, 時有魏徵·王珪·虞世南·李大亮·岑文本·劉洎·馬冑·褚遂良·杜正倫·高季輔, 咸以切諫, 引居要職. 嘗謂宰相曰：『自知者爲難. 如文人巧工, 自謂己長, 若使達者大匠詆訶商略, 則蕪辭拙跡見矣. 天下萬機, 一人聽斷, 雖甚憂勞, 不能盡善. 今魏徵隨事諫正, 多中朕失, 如明鑑照形, 美惡畢見.』當是時, 有上書益於政者, 皆黏寢殿之壁, 坐望臥觀, 雖狂瞽逆意, 終不以爲忤. 鼓外事必聞, 刑戮幾措, 禮義大行. 陛下何不遵此道, 與聖祖繼美乎？夫以一人之意, 綜萬方之政, 明有所不燭, 智有所不周, 上心未諭於下, 下情未達於上. 伏惟以虛受人, 博覽兼聽, 使深者不隱, 遠者不塞, 所謂『闢四門·明四目』也. 其能直言正諫不避死亡之誅者, 特加寵榮, 待以不次, 則失之東隅, 冀得之桑楡矣.」

尋以母喪去官, 服除, 自陳脩史有緒, 家貧不能具紙筆, 願得少祿以終餘功. 有詔拜諫議大夫, 復脩史. 睿宗崩, 實錄留東都, 詔兢馳驛取進梓宮. 以父喪解, 宰相張說用趙佟曦代之. 終喪, 爲太子左庶子.

開元十三年, 帝東封太山, 道中數馳射爲樂. 兢諫曰:「方登岱告成, 不當逐狡獸, 使有垂堂之危, 朽株之殆.」帝納之. 明年六月, 大風, 詔羣臣陳得失. 兢上疏曰:「自春以來, 亢陽不雨, 乃六月戊午, 大風拔樹, 壞居人廬舍. 傳曰:『敬德不用, 厥災旱. 上下蔽隔, 庶位踰節, 陰侵於陽, 則旱災應.』又曰:『政悖德隱, 厥風發屋壞木.』風, 陰類, 大臣之象. 恐陛下左右有姦臣擅權, 懷謀上之心. 臣聞百王之失, 皆由權移於下, 故曰:『人主與人權, 猶倒之太阿, 授之以柄.』夫天降災異, 欲人主減悟, 願深察天變, 杜絶其萌. 且陛下承天后·和帝之亂, 府庫未充, 冗員尙繁, 戶口流散, 法出多門, 賕謁大行, 趨競彌廣. 此斃未革, 寔陛下庶政之闕也, 臣不勝惓惓. 願斥屏羣小, 不爲慢游, 出不御之女, 減不急之馬, 明選舉, 愼刑罰, 杜僥倖, 存至公, 雖有旱風之變, 不足累聖德矣.」

始, 兢在長安·景龍間任史事, 時武三思·張易之等監領, 阿貴朋佞, 釀澤浮辭, 事多不實. 兢不得志, 私撰《唐書》·《唐春秋》, 未就. 至是, 丐官筆札, 冀得成書. 詔兢就集賢院論次. 時張說罷宰相, 在家脩史. 大臣奏國史不容在外, 詔兢等赴館撰錄. 進封長垣縣男. 久之, 坐書事不當, 貶荊州司馬, 以史草自隨. 蕭嵩領國史, 奏遣使者就兢取書, 得六十餘篇.

累遷洪州刺史, 坐累下除舒州. 天寶初, 入爲恆王傅. 雖年老衰僂心, 意猶願還史職. 李林甫嫌其衰, 不用. 卒, 年八十.

兢敍事簡核, 號良史. 晚節稍疏悟, 時人病其太簡. 初與劉子玄撰定《武后實錄》, 敍張昌宗誘張說誣證魏元忠事, 頗言「說已然可, 賴宋璟等邀勵苦切, 故轉禍爲忠, 不然, 皇嗣且殆.」後說爲相, 讀之, 心不善, 知兢所爲, 卽從容謬謂曰:「劉生書魏齊公事, 不少假借, 奈何?」兢曰:「子玄已亡, 不可受誣地下. 兢實書之, 其草故在.」聞者歎其直. 說屢以情蘄改, 辭曰:「徇公之情, 何名實錄?」卒不改. 世謂今董狐云.

〈牽駱駝黃釉陶俑〉 당 1957 섬서 장안 출토

임동석(茁浦 林東錫)

慶北 榮州 上茁에서 출생. 忠北 丹陽 德尙골에서 성장. 丹陽初中 졸업. 京東高 서울敎大 國際大 建國大 대학원 졸업. 雨田 辛鎬烈 선생에게 漢學 배움. 臺灣 國立臺灣師範大學 國文研究所(大學院) 博士班 졸업. 中華民國 國家文學博士(1983). 建國大學校敎授. 文科大學長 역임. 成均館大 延世大 高麗大 外國語大 서울대 등 大學院 강의. 韓國中國言語學會 中國語文學研究會 韓國中語中文學會 會長 역임. 저서에《朝鮮譯學考》(中文)《中國學術槪論》《中韓對比語文論》. 편역서에《수레를 밀기 위해 내린 사람들》《栗谷先生詩文選》. 역서에《漢語音韻學講義》《廣開土王碑硏究》《東北民族源流》《龍鳳文化源流》《論語心得》〈漢語雙聲疊韻硏究〉등 학술 논문 50여 편.

임동석중국사상100

정관정요 貞觀政要

吳兢 撰 / 林東錫 譯註
1판 1쇄 발행/2009년 12월 12일
2쇄 발행/2013년 9월 1일
발행인 고정일
발행처 동서문화사
창업 1956. 12. 12. 등록 16-3799
서울강남구신사동563-10 ☎546-0331~6 (FAX)545-0331
www.dongsuhbook.com
잘못 만들어진 책은 바꾸어 드립니다.

*

*

사업자등록번호 211-87-75330
ISBN 978-89-497-0573-6 04080
ISBN 978-89-497-0542-2 (세트)